◼ 《民事程序法研究》编委会

（以姓氏拼音为序）

蔡　虹　　蔡彦敏　　姜建初　　景汉朝　　李　浩　　李仕春　　刘荣军
潘剑锋　　齐树洁　　宋朝武　　谭　兵　　汤维建　　田平安　　姚　红
张晋红　　张卫平　　章武生　　赵　钢

◼ 编委会召集人

张卫平　　李　浩

【第十二辑】

民事程序法研究

中国民事诉讼法学研究会会刊

ON CIVIL PROCEDURE

- 中国民事诉讼法学研究会 主办
- 执行主编　任　重

- 2014年11月

刊 首 语

问题的提出

■ 张卫平

写文章,除了文学类的,大体上都要首先提出问题。学术性文章更是如此。我写文章的习惯格式常常是将"问题的提出"作为文章的第一部分,有时用"引子""引言""导言""引语""绪言"等说法。这些前言性的内容目的只有一个,就是提出问题,解释这为什么是个问题、问题的意义如何等。

一般而言,能够提出问题,且问题是一个有学术价值的问题,则文章已经成就了一半。分析问题和解决问题的方式可以是多种方式,解决问题的方法不佳,论证不充分,也能起到抛砖引玉的作用。是否能提出有价值,且价值大的问题,是我们做学问的学者所常常苦恼的问题。有创见的硕士论文、博士论文更是如此,提不出问题往往就只能重复他人的东西无所作为。

初期做研究的人往往习惯于从概念之间是否存在矛盾、概念表述是否周延、是否准确、文章表述是否前后一致、文章引用是否错误等方面去发现问题、提出问题。不错,这些都是问题,但往往不能构成有学术价值的问题。尤其是概念矛盾、不周延、不准确等属于逻辑和语言表达的问题,本身不是法学的学术问题,也难以成为语言学上的学术问题。因此,虽然学生们也常常提出各种问题,但实际上大都是文章语法、文字、逻辑方面的错误,而非学术问题。在我讲授的课程结束后,出了一道题,"请你提出一个问题,并说明这是一个问题"。以此希望学生们能够提出有价值的问题,并考察一下他们发现问题、概括问题的能力。有些同学除了书本上提到的问题之外,很难提出有价值的问题。但有的同学提出的问题则相当不错,真正是一个学术性的问题。当然是否值得研究则是另一个问题。基于知识面和基础程度限制,有时学生们提出的问题学界已经提出。

作为学术问题,首先应当是具有学术性。与立法、司法、诉讼中的技术性问题相区别,这些问题必然涉及理论和原理。理论、原理清楚,仅仅是技术操作的问题,虽然也是问题但不是学术问题。我们接触到一些实务工作者,他们常常也会提出许多问题,并且认为学术界有许多问题都没有涉及,没有答案。其实这些问题因为已经有基本理论和原理,其仅仅是实际运用的问题而已。例如,关于举证责任分配,按照《最高人民法院关于民事诉讼证据的若干规定》第5条第1款的规定,在合同纠纷案件中,主张合同关系成立并生效的一方当事人对合同订立和生效的事实承担举证责任。只要了解了什么是结果上举证责任的含义和分配原则,至于具体的合同案件中,哪些事实的举证责任应该分配给哪一方,仅仅是应用问题。应用的问题一般而言就是技术性问题。当然,关于如何理解结果上的举证责任、分配的原则应当是什么,这是学术理论问题。所以,法律硕士所撰写的案例分析性论文尽管也是硕士论文,但其学术含量就要低一些,不过与法律硕士的应用型人才要求是一致的。

学术理论的问题有很多,尤其是传统问题,许多问题并非短时期内能够解决,有些问题需要倾其一生的精力,且往往不能最终解决问题,虽然有些学术性副产品。从学术研究的效率而言,多数学者还是希望能够发现新问题,解决新问题。这是一个如何发现问题的问题。不能发现问题便不能提出问题。民事诉讼实务中倒是有不少问题,但正如上面所言这些问题往往不是学术问题,或者说是学术价值不大的问题。这就需要人们透过问题表象挖掘深层的原因,只要是深层的,就一定是制度的问题,往往也是学术理论问题。

起诉难、再审难、执行难以及诉讼中许多难点问题都可能深藏着、隐含着理论问题。当然,有的问题不是民事诉讼法的问题,甚至不是法学的问题,"三难"中的问题存在制度的问题,也有学术问题,但主要不是民事诉讼法的制度问题,更不是民事诉讼法学的理论问题。尤其是再审难和执行难,其是司法制度和司法权的问题,后者涉及政治层面的问题。而且起诉难、再审难、执行难作为问题的表述本身就不是学术性问题的表达,它只是一种诉讼乱象,是一种现实的描述或概括。对此还需要透过现象挖掘、提炼出学术问题。所以往往人们关于这些问题的文章要么是一般描述性的,要么就是对策性的应对措施,而缺乏理论上的揭示,或者走向司法制度和政治的分析,进而成为司法制度或与政治学、政策学、社会学交叉的学术问题。

再审制度和执行制度中的问题当然包含着许多学术性的问题,例如,我国再审事由应当如何规定,这是一个制度建构的问题;为何如此规定,其理论依据是什么。起诉难中关涉到制度问题,例如关于案件受理的条件问题。现有的制度为何如此设立,与国外起诉制度相比较差异何在,为何有这些差异,其诉讼原理是什么,我们应当如何看待这些差异,这些问题无疑是学术问题,涉及民事诉讼理论问题,一旦涉及原理性的问题就是具有重要学术价值的问题,也是我们应该提出来的问题,值得投入精力去深入研究的问题。

制度的调整或重构是发现问题、提出问题的契机,但提出制度应当调整或重构已经意味着提出了问题。因此发现制度运行中的问题,而且真正是制度性问题,不是技术性问题,也不是非法律的问题,认识到这一点也是非常重要的。在前几年发生的三鹿毒奶粉事件中,法院对于消费者所提起损害赔偿诉讼不予理睬,就不是民事诉讼法的问题,实体法和民事诉讼法都有明确的规定。对这样的问题只能做制度运行的政治学、社会学分析。从事交叉研究的学者不妨试一试。

民事诉讼法的修改时期往往成为发现问题、提出问题的好时期,这段时间发表的文章也最多。为什么这一时期人们容易提出问题,并且成为人们所"需要"的问题和重视的问题?这与学术研究的适时性和实用性有关。民事诉讼法没有修改的时候,人们当然也可以通过对现有制度的质疑提出问题,通过比较研究就可以提出这类问题。但往往难以成为人们的关注点,尤其是一些非基本性制度。在修改期间就不一样了,修改的语境鼓励人们对现有制度提出质疑。

拥有越多法律基础理论知识,功底越扎实的学者就越容易发现问题。越是学术性问题,越是基础性问题,理论层次也越高。具有丰富且扎实的基础理论功底,在观察诉讼现象时就如同有了放大镜和显微镜,因此就容易发现问题。头脑中所储存的知识和长期养成的思维习惯使得研究者更容易将现象背后的实质问题揭示出来。如果仅有民事诉讼法知识,而没有实体法的知识当然无法发现牵连实体法或隐藏于实体法与程序法之间的那些问题。

有些人虽然知识储备已经达到一定的程度,但还是不能有效或很好地发现新问题,尤其是"中国问题"(在中国,当然是关于中国问题的理论分析更具有学术竞争力),依然只能在域外的理论中打转。问题可能在于对中国的问题不了解,或者无法将实践中的实务问题加以提炼、抽象概括或深化为本土化的学术问题。例如,如果不了解实践中存在上级法院不通过二审程序就直接撤销下级裁定的情形(因为能够通过二审程序撤销的裁定,只能是可上诉的裁定),如上级法院直接撤销下级法院作出的关于财产保全的裁定,并且当事人对此提出了异议,作为学者不会考虑这一行为的合理性问题。这一问题很难凭空想象出来。能否不通过二审程序直接撤销下级法院的裁定的实质是什么?作为法律问题是上级法院的权限,法律规定的有无;作为学术问题则是一审法院裁定的性质和效力问题,即法院裁定的拘束力问题。按照司法行政化思维惯习,上级法院撤销下级法院的裁定是理所当然的。但如果按照司法规律,上级法院就不能不通过二审程序撤销下级法院的裁定。否则,在诉讼理论上,下级法院就没有了相对独立的司法裁判权。那么进一步的问题是,作出裁定的法院对自己作出的裁定是否具有撤销权呢?作为法律问题,要看法律的规定。法律没有规定的就涉及解释,而解释必然涉及理论和原理,在理论上就涉及裁定的功能和作用的问题。只有弄清这一问题,才能回答法院能否撤销自己作出的裁定。如果理论研究达到一定高度和深度,那么对任何涉及裁定的问题,都能够从中得到正确的答案。

总之,提出具有法学学术价值的问题取决于自己对法学知识的把握程度,对诉讼实践的了解、体会和感悟,以及善于观察思考、提炼概括的能力。这些都需要一定时期的积累和摸索。只要勤于实践和思考,发现问题、提出问题的能力必将大大提高。

目 录

■ **刊首语**

001　张卫平　　问题的提出

■ **诚实信用原则制度与实施**

001　本间靖规　　民事诉讼中的诚实信用原则
　　　　　　　　——试比较中日法律中的相关规定
016　董少谋　　诚实信用原则在民事诉讼上的适用
026　段厚省　　商谈视野下的民事诉讼诚信原则
034　唐东楚　　民事诉讼法诚信原则的适用实施问题研究
046　郭　翔　　诚信原则的具象化与禁反言规则的中国式建构
061　曲昇霞　　论裁判境域中诚实信用原则之适用
071　索站超　　论律师真实义务与虚假诉讼的规制
080　江　伟　陈巧林　　诚实信用原则到诉讼规则
　　　　　　　　——对民事诉讼虚假陈述规制的探析

■ **学理研析**

091　刘明生　　对协同主义之检讨
117　李亚凝　　从理想到现实：台湾地区司法文化的转向

■ **制度探究**

131　胡夏冰　　韩国国参参与审判：制度与启示
142　张陈果　　德国民事送达改革研究
　　　　　　　　——写在德国《民事送达改革法》颁行十年之际
157　李文革　罗　林　　虚假诉讼检察监督
176　周洪江　　比较视野下的民事拘传制度

■ 实务探微

191 石东洋 刘新秀　执行权内部优化配置与规范化运行模式探析
　　　　　　　　　　——以山东省阳谷县人民法院为样本

■ 青年论坛

203 索站超　　第三届民事诉讼青年论坛概述
205 刘哲玮　　形成之诉诉讼标的考辨
　　　　　　　——以合同解除权为例
212 任　重　　法律意义上的虚假诉讼存在吗？
217 吴泽勇　　论第三人撤销之诉的原告适格
221 郑金玉　　检察抗诉效力与7号指导性案例程序规则研析
225 刘加良　　民事检察权之新型实现方式：民事督促起诉研究
229 袁中华　　劳动法上证明责任分配之基本原则
234 刘明生　　民事诉讼诉讼标的理论之研究
　　　　　　　——以未来民事诉讼之发展方向为中心
238 熊德中　　司法改革中的法官说理义务

■ 紫荆学术沙龙

243 许　可　　从诉讼法视角论共同危险行为之构成要件与免责事由
　　　　　　　——以《侵权责任法》第10条为中心
253 曹云吉（记录人）　第一届民事诉讼沙龙实录

■ 民事诉讼教学模式改革报告

283 刘哲玮　　民事诉讼法学传统教学模式改革报告

诚实信用原则制度与实施

民事诉讼中的诚实信用原则
——试比较中日法律中的相关规定

■本間靖規著 张英译*

摘　要　日本《民事诉讼法》第2条规定了公正及时地裁判以及诚实信用原则。这是1996年修改民事诉讼法时加入的规定。但在此之前,在学术上区别于民法中的诚实信用原则,民事诉讼中也应适用诚信原则的见解就占据主流。法院亦在还没有直接法律规定时就已经开始适用民事诉讼中的诚信原则并积累了相当多的判例。本稿主要通过介绍日本法院在具体案例中对此原则的适用,解析剖明作为一般条款的诚信原则的具体适用场合。中国《民事诉讼法》第13条第1款新规定了诚信原则,但具体在怎样的场合使用此规定则需注意从现在开始的实践动向。本文参照被看作是诚信原则的具体化的恶意诉讼,以及由第三人提起的撤销等个别规定,在注意中日民事诉讼法体系本身的差异的同时,对在有关具体案例中,中日的处理方法试做一个比较。

关键词　日本民事诉讼法　中国民事诉讼法修改　诚实信用原则　诚信原则在民诉中的适用

---

* ［日］本間靖規,日本早稻田大学教授;张英,西北政法大学研究员。

一、引言

日本《民事诉讼法》在第 2 条中就法院以及当事人的职责义务规定如下:"法院应为民事诉讼公正并及时地进行而努力;当事人须以信义诚实地履行民事诉讼。"该民事诉讼中的诚实信义原则(以下简称为"诚信原则")是在 1996 年民事诉讼法修改时被规定到条文中的。但在此之前,日本的判例和学术界就已经区别于民法上的诚实信用原则(《民法》第 1 条第 2 款),承认了民事诉讼中的诚信原则。对民事诉讼中是否能适用诚信原则追本溯源,可看到在德国早就有了学术界的探讨积累,而日本最初制定的近代民事诉讼法是仿效德国法的。日本有关涉及诚信原则的论文,一般也都是从民事诉讼中是否可以适用诚信原则来开始进行论述的。① 否定在民事诉讼中适用诚信原则的人,从各个角度展开其否定论见解,举几个具体议论可以看到比如说,(有主张认为)诉讼属于争斗关系,从其激烈的利害对立关系考虑,导入带有为对方着想或者拥有伦理色彩的义务不合适;又如,针对诉讼法律关系学说而提出的诉讼法律状态学说认为,因诉讼是为了获得既判力而连续进行的诉讼行为,从这一观点出发,大凡义务观点被否定其本身就意味着反对将诚信原则作为诉讼中的义务②等等。但是即使在德国,自 1933 年修改的民事诉讼法对诚信原则的适用采用肯定的立场以来,学术界亦不见否定见解了,反而是诚信原则占据了支配民事诉讼的指导原理的地位。③ 在民事诉讼中,可以考虑到确实有对立的当事人之间争斗的一面,而另一面亦可以认为以系属诉讼为契机,法院与当事人之间形成了协作互动的法律关系,因此应该认定涉及诉讼的主体负有为了实现公正及时合理的裁判而诚实地进行诉讼的义务。亦即,在诉讼这一争斗场合,将当事人应公正地(fair)进行博弈,法院也应站在中立的立场进行公正地裁判这一"fairness"(公正)的观念注入到裁判中,并应以此为指导方针来进行裁判。

日本《民事诉讼法》第 2 条,从其规定的体裁来看,可以被解读为只规定了法院负有公正及时地进行诉讼程序的义务(法院与当事人之间的义务),而仅对当事人之间课以诚信原则。现实中也确有"诚信原则是[在相互平等中,一方对另一方并不拥有强制(令其接受)自己意志的手段的当事人,为了做到公平调整相

---

① 参见中野贞一郎:《民事诉讼中的诚实信用原则》,载《诉讼关系与诉讼行》(1961年),第 38 页。

② 前引中野贞一郎书,第 38 页以下有关于德国的学说,判例的详细介绍。

③ 拥有相当于日本《民事诉讼法》第 2 条规定的国家是:规定真实义务的德国(《民事诉讼法》第 138 条)、奥地利(《民事诉讼法》第 178 条),规定遵守适度义务的法国(《民事诉讼法》第 24 条),以及对当事人课以诚信原则的意大利(《民事诉讼法》第 88 条),韩国的规定几乎同日本相同(《民事诉讼法》第 1 条)等。

互的利益,才被要求的原则,而作为单方面权利主体的法院在与服从于其的当事人之间的关系上,法院已经完成了司法赋予自己的义务,却还必须期待当事人的诚信,这样的情况很难被接受]"之见解。① 但是应该说诚信原则是在法院与当事人之间也须被适用的原则。在由法院、原告、被告这三者关系而形成的诉讼关系中,仅限于当事人之间的义务虽然在概念上是能够存在的,然而在实践中,却难于与法院所负之义务进行区别。当事人所提出的主张、证据,并不仅是针对方当事人,同时也是针对法院的一种行为,结合这点考虑,就可清楚要区分它是比较难的。因此一般地,日本《民事诉讼法》第2条所规定的义务,通常被理解为是在诉讼主体的法院与原告以及被告三者之间发生的义务。

此外,民法中的诚信原则(日本《民法》第1条第2款)是适用于当事人之间的法律行为(契约)的原则。这运用在诉讼中时,就是当事人须主张、证明的事项;而民事诉讼中的诚信原则则是法院依据职权进行调查的事项。因此,在诉讼中这两者的操作是不同的。当然,不可否认在实践中也存在难以区分的情形。

二、适合诚信原则的情形

针对有关诉讼中被要求诚实地进行诉讼的情形,日本民事诉讼法对个别情形做的规定较多。比如,攻击防御方法的适时提出主义(日本《民事诉讼法》第156条),对迟延提交的攻击防御方法予以驳回(日本《民事诉讼法》第157条);在争点整理程序结束后追加提出攻击防御方法时,对方当事人的要求说明权(日本《民事诉讼法》第167条);当事人不执行文书提出命令时产生的后果(日本《民事诉讼法》第224条);对无故缺席庭审等不积极参加诉讼的,根据审理的情况进行裁判(日本《民事诉讼法》第224条),对滥用控诉权的进行制裁(日本《民事诉讼法》第303条)等等不胜枚举。发生涉及上述条文的问题时,首先应通过对个别条款的解释来解决问题。在这种场合中民诉第2条的诚信原则不是直接提倡于前,而是仅仅作为在背后控制的理念发挥其作用。诚信原则属于普通条款,因此对其适用法官拥有广泛的裁量空间。但是,如果这令审理的预期失去透明性,就不恰当了。② 因此对于通过解释个别条款能解决的事项,就有必要慎用诚信原则。当然,在适用个别条款时,也会有必须遭到谴责的当事人的违反伦理性的行为存在,此时就有必要警示当事人其行为已违反了诚信原则。此外,如果完全按照个别条款的言语去适用的话,还有可能出现无法妥善地解决问题的情形。

---

① 竹下守夫:《诉讼行为与诚信原则》,载《判例演习民事诉讼法》(1977年),第146页。
② 参见坂口裕英在《诚信原则在民事诉讼法中的功能》的见解[载《法学教室》(第2期)8号第149页]。仅仅只认定事实的经过,对所适用的基准未判明,就立刻根据诚信原则得出只得排除之结论的裁判中的诚信原则,反而是有害的。

此时,诚信原则就能发挥功效对个别条款的结果进行调整、补充,引领其得出稳妥的皆大欢喜的结果。亦即,诚信原则是极其适合并且也可以在实践中运用的。①

因适用诚信原则而出现令当事人的诉讼行为被否定的情形时,必须将由于否定了该当事人的行为而给其带来的不利益同对方当事人的利益进行衡量比较,随时注意保持平衡,这一点被认为至关重要。从此种意义上来说,诚信原则是一个具有相当空间的概念,对其进行适用也是对(法律定义)解释者的全体平衡感的一个考验。

三、适用诚信原则的类型

由于诚信原则是极具概括性的概念,为了使其不被恣意适用,有必要对其发挥作用的情形进行分类,尽可能明确其适用事例。对此,日本学术界通常将其分为四大类进行讨论。② 需要特别注意的是一个案件往往不只局限于归类于4种类型中的哪一类,一个案件往往可以对应多种类型,因此以下只是大致的分类。

1. 排除不当形成的诉讼状态

一方当事人玩弄奸计制造出符合诉讼法规条件的状况试图不当适用,或者与此相反,故意妨碍此种状态的发生企图不当回避法规的适用。出现此种情形时,应该适用诚信原则将由这些行为而产生的结果否定。其例如下:① 故意制造出管辖条件以期刻意增加被告应诉的负担。③ 这种情况下,作为具体的措施,即使不刻意使用诚信原则,也可通过将案件移送到被告地的方法去解决(日本《民事诉讼法》第17条),但是也有意见认为,为了原告违反伦理性的行为提出警示有必要适用诚信原则。④ ② 在诉讼临近尾声败诉已成定局的被告,为了逃避履行对原告的债务而以低廉的价格获取几乎无实际价值的债权,并以此作为自动债权进行抵销。这种情形,这种人为地制造出的实体法上的状态,违反了诚信原则,以滥用抵销权为由,应该不允许其进行抵销抗辩。⑤

2. 诉讼中的禁反言(禁止与先前行为相矛盾的举动)

诉讼中的禁反言是指,一方当事人在诉讼过程中的行为、主张已经取得对方当事人的相信,并在对方当事人因此而构筑好诉讼中的地位后,却又采用与前行

---

① 参见松浦馨:《作为当事人行为规制原理的诚信原则》,载《讲座民事诉讼法④》(1985年),第257页。
② 参见中野贞一郎、松浦馨、铃木正裕:《新民事诉讼法讲义(第2版补订2版)》(2008年)。
③ 参见札幌高等法院1966年9月19日判决,高民集19卷5号第428页。
④ 参见中野、松浦、铃木书,第27页。
⑤ 参见大阪地方法院1983年2月7日判决,刊载在《判例TIMES》498号163页。

为或之前陈述相矛盾的行为或主张。比如案①：在诉求为返还房屋诉讼中的被告，主张自己有承租权，在其主张得到认可，法院驳回了原告的诉求后，前诉的原告以前诉被告同一人为对手，再次提起要求支付房租的诉讼，而此时被告却主张不存在拥有承租权的案例就属于此种情形。案②：被原告当作被告的人已经死亡，被告的继承人委托诉讼代理人申请承接、继续进行诉讼，法院认可继承人承接参加诉讼，并按程序继续进行诉讼，最终判决认可原告的诉讼要求。但是此后，该继承人在上告理由中却主张原告提起诉讼时以死者为被告，是违法的，应驳回其起诉。此种情况中，（该继承人）直到上告前为止一直作为继承人参加诉讼，到了上告的阶段却提出被告是死者的主张，这本身就违反了诚信原则不能被允许。① 案③：原告 X 根据所拥有的票据债权，对诉外 A 的优待动产进行临时扣押，被告 Y（A 的女婿）以包括此优待动产在内的 A 的经营权已经转让给了自己为由提起第三人异议的诉讼（前诉）。其时，Y 就经营权转让一事非常积极地进行了举证活动，并作为证据提交了有关伴随转让的商号使用权等契约公证资料。但是在随后原告 X 对被告 Y 提起的以接受了经营权转让为理由要求其支付同一个票据款的诉讼后（后诉），被告 Y 否认从 A 处接受了经营权转让。在此案中最高法院指出，"根据已经发生的事实提起诉讼，对此事实的存在极力主张并举证之人，在其后对方当事人依据此事实存在为前提而提起的别的诉讼中，却截然否认此事实的存在，毋庸置疑这严重违背了诚信原则"，认可了禁反言原则，并认为真实情况不是经营权转让，故以前诉是被推认为撤销的为由，判定本案的否定并不违反诚信原则。② 本案显示了法院在处于被要求须作出符合真实的实际情况的判决与必须对当事人违反伦理的行为进行责备的这一处境时，对诚信原则的适用有过犹豫这一情形。在本案中，由于原告 X 弃前诉不理以致到期后裁判自动结束之情况，是后诉时 Y 的否认经营权转让被认可的理由。

3. 诉讼上的权能失效

当事人一方长期不行使其诉讼中的权力，令对方当事人由此产生该权力已不会被行使了并深信此判断后，才又开始要行使此权能，这应该不被允许。也就是说为了保护深信此权能的行使已经不会被使用了的对方当事人的信赖，而应该认定诉讼上的权能失效。比如案①：原告的上一代对被告的上一代提起要求确认不动产的所有权以及撤销登记的诉讼后死去。原告作为继承人承继了诉讼后，被征召入伍送去战场，而诉讼也因之中断。原告在 35 年后再次请求法院重新开启口头辩论程序。法院虽认可了重新开始辩论，但以原告 35 年来对诉讼置

---

① 参见最高法院判例 1966 年 7 月 14 日民集 20 卷 6 号 1173 页。
② 参见最高法院判例 1973 年 7 月 20 日民集 27 卷 7 号 890 页。

之不理的态度违反了诚信原则为由驳回了其诉求。① 这明确表示了因原告对诉讼欠缺热情,令被告构筑成了(对方)已经不会请求了的信赖之后,原告采取的行动是违反伦理性的。案②:在受到公司的免职处分后从公司辞职并拿了退职金,却在9年后提起诉求为确认免职处分无效的诉讼,此起诉本身违反了诚信原则被不予认可。② 诉讼上的权能失效同禁反言的不同之处在于,后者是期待对由于积极的依据自己的意志行动后制造出的外观情况形成信赖的对方当事人进行保护,而前者则是对因不作为的结果而产生的外观情况形成信赖的当事人进行保护为目的的。③

4. 禁止诉讼中的权能滥用

法律上诉行为的权力即使被认可,但如果其行使违反了认可这一权力的法律宗旨,作为滥用将被认为是违反了诚信原则。④ 其例有,案①:亲自将所持有的公司股份转让出去离开公司经营之人,为了恢复自己在公司的经营权,对该股份的受让人,提起以因没有召开全体员工大会让股份转让有效,故而其决议为不存在的确认诉讼。此案中,对有义务召开全体员工大会,却懈怠之人提出这样的诉讼应当被认为是滥用诉权。⑤ 另如案②:在要求撤销不认可专利申请的审判决定之诉中,接到请被驳回的原告,自己亲自撤回专利申请而令诉讼利益丧失后,却又以此驳回为理由要求撤销原审而提起的上诉案件中,其上诉是上诉权的滥用,不合法应该予以驳回上诉。⑥ 诉讼上的权能滥用事例,常见的有以拖延诉讼为目的,而对法官提出行使回避权的情形。现行民事诉讼法为了应对这类问题,对理应由该法官所属的地方法院进行裁判的回避之申请,如果有关该回避的申请明显地是为了拖延诉讼的,判例认可该法官有权简易驳回回避申请⑦,但学术界对此做法的妥当性存在分歧。

在上述事例中,考虑到与国民接受裁判的权利受到宪法保障之间的关系,对认可诉讼权能滥用的问题,主流学说的意见是应予以慎重。如果通过审理能判明作为诉讼物的本案请求权不存在,就并非定要驳回诉讼,原则上应是直接进行判决。诉讼中的权能滥用(特别是诉权的滥用)可看成主要是当事人对法院违反

---

① 参见最高法院1988年4月14日判决,刊载在《判例 TIMES》683号62页。
② 参见东京高等法院判决1974年4月26日《判例时报》741号111页。
③ 参见竹下守夫:《判决理由中的判断与诚信原则》,载《实体法与程序法的交错(下)》(有斐阁,1978、山木花甲纪念论文集),第83页。
④ 有关诚信原则与滥用权力的关系,主要是在民法领域有诸多积累,有意见认为在民事诉讼中也应该进行甄别,而两者的适用范围是重叠的这一见解比较普遍。
⑤ 参见最高法院1978年7月10日判决,民集32卷5号888页。
⑥ 参见最高法院1994年4月19日判决,《判例時報》1504号119页。
⑦ 参见大阪高等法院1961年6月20日判决,下民集12卷6号1400页等。

诚信原则,而对双方都适用的诚信原则,在日本的判例中,以当事人方违反被视为问题的较多。针对有关法院须公正、及时地开展程序的义务,留待下文以别的方式论述。

四、中国民事诉讼法修改与有关诚信原则的若干点评

1. 修改的重要内容

中国的民事诉讼法将进行怎样的修改,在日本亦受到关注,纵观此次的修改内容,可以看出规定了很多重要的制度。尤其是如下诸多内容值得关注:①加强了调解程序与诉讼程序的联系;②完善了起诉与受理程序;③完善了送达程序;④完善了开庭前的准备程序;⑤增设小额诉讼程序,完善了简易程序;⑥增设公益诉讼制度;⑦增设由第三人提起的再审程序;⑧完善了人民检察院的监督程序和当事人不服申请再审程序;⑨扩充了保全程序;⑩完善了执行程序等。此外还新增设了当事人在诉讼进行中须遵守诚实信用义务的规定。

2. 中国民事诉讼法新增设的诚信原则

中国《民事诉讼法》第 13 条第 1 款规定:"民事诉讼应当遵循诚实信用原则。"[①]在司法实践中经常可以听到有当事人进行恶意诉讼、虚伪调解、逃避执行等滥用诉讼权力的具体案件。在日本学者看来上述现象是同诚信原则有着重要关联的行为。为了应对这些问题,中国《民事诉讼法》在第 112 条、第 113 条设置了针对妨碍民事诉讼、民事执行行为的制裁规定。同时,作为对因欺诈诉讼而令权力受到侵害的第三人的救济手段,在第 56 条第 1 款、第 2 款的第三人参加诉讼以外,新增设了第三人撤销之诉。针对当事人违反诚信原则的行为,首先应通过对上述这些个别条款的解释来解决问题。如出现个别条款未予以规定的情形发生时,或出现对个别条款形式上的适用未能得到合理结论之情形发生时,此时,第 13 条第 1 款就发挥其机能了。对于其适用方式,为了确保程序的透明性以及人民对裁判的信赖,在适用该条款时希望(对裁判结果)做到一定程度的预见。从这个意义上来说,相信日本积累的相关经验在一定程度上可供参考。当然不仅局限于日本,对韩国、德国、法国、意大利等已经有这一规定的国家的使用情况进行比较研究是非常有意义的。

3. 中国与日本处理具体案件的比较

在中国属于诚信原则类问题进行处理的全部问题,在日本并不全都作为诚信原则问题来研究,有些适用范围是以其他条款来探讨的。在此笔者不拘泥于

---

① 在下文中论述到的有关中国民事诉讼法的规定,参考了白出博之:《有关中国民事诉讼法的修改条文(1)(2)》,载 ICD NEWS 53 号(2012 年)75 页,54 号(2013 年)121 页的日文翻译以及解释。

属于哪种类型处理,而是将在中国被认为是问题的情形,在日本又是如何处理的角度来进行思考。

在中国涉及诚信原则的有:①如何实现让法院或者法官公正、中立地履行职务之问题;②诉讼当事人之间在诉讼过程中遵守诚信原则的问题;③因他人间的诉讼而令第三人权利受到侵害时的救济问题。①

有关问题①,在日本是根据《宪法》第 32 条作为国民的基本人权(接受裁判的权利)而受到保障的。规定本身使用了抽象的表现,但这是禁止国民自力救济,保障其使用国家设置运营的裁判制度的权利。其结论是法院对国民的司法请求权负有应对的义务。其内涵要求公正的程序与听审请求权被认为是很重要的内容②。而在德国(日本 1890 年制定最初的近代民事诉讼法制度时就仿效了其法)联邦宪法法院(BVerfGE 10,302ff.)的司法拒绝(比如说案件不处理)是以相当于德国《宪法》的基本法第 101 条第 1 款之 2 为依据被禁止的。但学术界则要求以基本法第 103 条第 1 款的听审请求权或者宪法所固有的法治国家主义为根据。这些论点亦可供参考。③ 中国认可将依法治国原则作为国家体制的基本原理,也一定会得出相同的结论。此外,作为确保公正裁判的宪法上的保障,日本国《宪法》第 82 条设有裁判公开的规定。裁判必须做到随时可以旁听,进而通过向公众曝光之举使公正得到保障。此公开原则还蕴含了审判记录的公开(阅览、抄写、复印)的意思。日本《民事诉讼法》第 91 条就有关公开记录的具体程序作了规定。④

其次,在民事诉讼法的层次上:a)发生法官、书记员等违反公正程序行为情形时,在中国,中国《民事诉讼法》第 44 条规定了法官的回避制度,法官与当事人之间有一定的身份关联时,当然的回避义务就生效,或是当事人提起的回避申请被认可。在日本亦有相似的规定,日本《民事诉讼法》第 23 条法官的排斥(相当于当然的回避义务),第 24 条回避(相当于根据提出的申请而回避)。对于后面这一条,日本的最高法院作出了仅因为法官是被告诉讼代理人的女婿,就直接认

---

① Yuanshi Bu, The Overhaul of the Chinese Civil Procedure Law in 2012, ZZP international, 17. Bd. 2012, p.415.下文的叙述参考了此文献。

② 参见中野贞一郎:《宪法与民事诉讼》,载《民事诉讼法的论点Ⅰ》(判例 TIMES 社 1994 年),第 1 页,同《民事裁判与宪法》、《要求公正程序的权利》,载《民事程序的现在问题》(判例 TIMES1989 年),第 1、27 页,本间靖规:《程序保障的课题》民诉杂志 57 号 120 页(2011 年)。

③ 参见 Schwab:《现代德国民事诉讼法中权力保障请求权的再生》,载《民事诉讼的理论(上)》(有斐阁、1969 年),第 326 页。

④ 在日本民诉 92 条中,对阅览档案记录有限制规定,针对涉及个人隐私以及商业秘密等,在极其严格的条件下认可限制。

定本条款所指法官应该有妨碍裁判公正地进行的情形存在之说不能肯定断言①的判决,当然公正的裁判并不只是关联到个别法官的资质问题,但保持表面上的公正性亦很重要,此判决令人感到并不是合理的裁判。而对这一点,中国《民事诉讼法》第44条第1款第3项,将此情形作为回避的对象,应被认为是合理的判断。b)有关上述公开裁判记录,中国《民事诉讼法》第156条规定可以查阅判决书、裁定书的裁判记录。同时作为前提中国《民事诉讼法》第152条第1款明确要求判决书上应该写明判决结果和判决理由。据此普通民众等也可接触到判决书等,并能对其是否公正进行验证,这对裁判的透明化是有帮助的。日本《民事诉讼法》第91条、第251条也有同样的规定。② 由于这些规定是将《宪法》第82条具体化之,所以如前所述其限制亦是在严格的要件下被允许(日本《民事诉讼法》92条)。c)中国《民事诉讼法》第38条第1款对从上级法院向下级法院移交管辖权作了规定。其目的是方便实际审理,为防止在此过程中程序不透明,又设置了一些要件。可以看到其宗旨是为了程序透明化。在日本也有可以将简易法院的管辖案件移交到地方法院审理、裁判的规定(日本《民事诉讼法》第16条第2款),但没有相当于中国民事诉讼法的相应规定。d)中国《民事诉讼法》第170条第2款规定原审人民法院对发回重审的案件作出判决后,当事人提起上诉的,第二审人民法院不得再次发回重审。这也同上述c)相同,可以理解为是为了让当事人接受裁判的权利实质化。而这也同日本的体系相异。日本的上诉有控诉和上告,对控诉审发回原法院的判决可以上告,而上告审将案件发回原审法院时,被发回来的法院对上告审的撤销这一理由在事实上受到其法律判断的约束(日本《民事诉讼法》第325条3款)。

  日本拥有国家赔偿法,其第1条第1款规定:"行使国家或者公共团体的公权力的公务员,在行使其职务时,因故意或者过失违法地给他人造成损失时,国家或者公共团体对此负有赔偿责任。"法官以及法院的工作人员的行为出现这种情形,国家有责任进行赔偿。日本最高法院在1997年7月15日民集51卷6号2645页中作出"执行法官在进行实际状况调查时,没有使用一般应采用的调查方法,或者对调查的结果懈怠充分研讨揣摩等,其调查以及判断的过程缺乏合理性,由此带来的结果是实际状况调查报告书中记载的内容与目标不动产的实际状况之间有不容忽视的差异存在,认定执行法官违反了注意义务,国家对因相信了错误的调查报告书中的记载而受到损害的当事人,负有依据本条第1款的损

---

① 最高法院判决1955年1月28日 民集9卷1号83页。
② 日本民诉253条第1款规定:"判决书上须记载以下列举的事项。①判决;②事实;③理由;④口头辩论结束日;⑤当事人以及法定代理人;⑥法院。"第2款:"在事实的记载中必须明确表示请求内容,并且为了表示判决是正确的必需摘示必要的主张。"

害赔偿的责任,这一理解是合理的"的判决。

有关问题②,在日本也是争议最多的,亦积累了很多判例。前文介绍的诚信原则的四种类型化的基准其主要也是为了将此问题中的诚信原则适用的标准明确化。上文中已经介绍了几个判例,下面举几个在日本频繁地成为探讨对象的判例。

(a)案(最高法院,1976年9月30日,民集30卷8号799页)

第二次世界大战后的1946年,为了将农地分配给耕农制定了自作农创设特别措施法。根据此法,原本是地主的A将土地出售处理给B。其后A和B死亡,A的继承人之一原告X对B的继承人被告Y等人,以土地回购契约已经成立为由,提起要求过户登记的诉讼(前诉),此诉讼以原告X的诉求被驳回而结束。但是原告X以该土地的前记出售处理无效为由,再次提起过户登记诉求的是本案诉讼。最高法院首先以前诉同本案的诉讼物不同,前诉判决的既判力拘束不到本案为前提,但与此同时又认定本案诉讼是前诉的重复,尽管在前诉中本案中的主张并没有被妨碍,但X却又提起本案诉讼,更何况本案诉讼提起时已离土地出售过了20年,这令因本件的出售处理而购买到本件土地的B以及继承人Y等人其地位被不正当地长期处于不安定的状态,因此对照诚信原则(X的主张)不应被允许,驳回了X的诉求。日本的法院对有关诉讼物,采用实体法学说,前诉与本案诉讼中因诉讼物不同故不能使用既判力进行处理①,但本案诉讼实际上又是前诉的重复,法院没有再度审查的必要性。这个结论本身被接受,但围绕本判决的理由,除了诉讼物论以外,争点效论、遮断效(期待当事人的决断)的问题,以及作为诚信原则而该属于哪种类型(估计考虑为诉讼权利的失效是比较直接的见解)等争议得非常激烈。(有学者力争)对法院已下了的判决,败诉方当事人再提起实质性相同的诉讼,不应允许颠覆前判决。即使因诉讼物不同既判力扩张不到,也应考虑到法的和平乃至法的安定的需求因素。因司法上的既判力理论(实体法论)不能将此作为既判力问题处理,故而不得不依赖诚信原则处理。(还有的学者)认为根据诉讼法学说,因可以肯定诉讼物是同一个,则此案是可以用既判力去处理的。

(b)案(最高法院,1998年6月12日,民集52卷4号1147页)

原告X受被告Y委托进行住宅地的开发与市场调查,作为报酬获得一部分住宅地的销售或中介权。签约后被告Y的住宅地开发计划终止了,原告X以得不到报酬了为由,向被告Y提起诉求为支付一部分报酬的诉讼。但这个诉讼以原告X的诉求被判决驳回而结束。其后,原告X对被告Y提起要求支付前述报酬的剩余部分的诉讼,即本案诉讼。最高法院在认定对部分请求的诉讼物限定

---

① 有关诉讼物,如果采用学说上有力的诉讼法说,本诉可以使用既判力去驳回。

于债权诉求部分的同时，判定在驳回诉求时已审理了全部债权，明确其债权不存在才作出驳回诉求的，然而（败诉方）还提起要求支付剩余金额的诉讼，这实际上是前诉没被认可的诉求的重复，是对 Y 因前诉判决已生效故认为有关该债权的全部纠纷已经解决了的合理的期待的违反，是为了给 Y 增加两重应诉的负担，因而只要不存在有可以被允许的特殊情况，就是违反了诚信原则不应被允许。尽管前诉已经败诉，而为了达到相同的目的，变更理由再次提起诉讼的，只要无正当的依据，不被允许重复诉讼的判决是合理的。但因将诉讼物限定在债权的一部分（诉求部分），故不能利用既判力，只得依赖于诚信原则。如上所述日本对既判力的消极作用中的遮断效、争点效间关系中使用诚信原则探讨的很多。

（c）案（对在中国被称之为恶意诉讼的问题日本是如何处理的，最高法院，1969 年 7 月 8 日，民集 23 卷 8 号 1407 页）

在本案被告 Y 以本案原告 X 为对方当事人而提起的要求归还借款的诉讼进行过程中，Y 与 X 在庭外达成以 X 支付一定数额为条件 Y 撤诉的合意，尽管 X 支付了合意要求的金额，但 Y 没有撤诉，其后因 X 缺席规定的口头辩论，（法庭）认可 Y 的诉求，判决被确定。并且据此判决申请了强制执行。X 对诉求提起了异议并申请了中止执行但没被认可。强制执行使 Y 得到了满足，后 X 将诉求更改为损害赔偿提起的诉讼就是本案诉讼。问题所在是本案损害赔偿的诉求是否与强制执行依据的前诉判决的既判力相抵触？最高法院认为："在判决生效的情形下，依据其既判力确定此判决对象的请求权存在，并依其内容发生执行力是不言而喻的。在判决成立的过程中，诉讼当事人的意图是为了损害对方当事人利益，通过作为或不作为妨碍对方当事人参与诉讼程序，又或者通过主张虚假的事实等不正行为欺瞒法院，结果令其获得了本来不可能获取的内容的生效判决，更且又已执行了（判决）时，仅因主张上述判决已经生效，就立刻变得不能追究其责任之事是不存在的，而因此受到损害的对方当事人，假设即使可以对上述生效判决提出再审的诉讼，又依据独立诉讼，其因不法行为受到损害而对之（提出）赔偿请求之权力应理解为不受影响。

对具有既判力的判决的取消方法是再审。只要既判力还是法之安定的依据制度，不使用再审这一原本的方法而认可直接进行损害赔偿之举，因其有可能导致既判力制度的崩溃，容忍如此做法被认为是有问题的。但如是因被告参与程序之事完全被妨碍或者因虚假的主张、证据导致判了错误的判决时，坚持要求提起再审之主张对受到利益损害当事人的救济会存在有不合理之情形。如同本案，在已经强制执行过了的背景下，通过再审恢复到前诉进行时状态已失去了其本身意义之情况就属于此情形。对于此情形，以被告的程序保障受到侵害为理由，否定判决的既判力，亦即有必要认可在此范围内的判决无效。但如要得到认可此事则须有非常严格的要件。① 据说在中国也有在民法的损害赔偿法中新增设有关提起不当诉讼的规定的提案,由于根据诉讼提起的权利保护与保护恶意诉讼的被害者之间的平衡问题,规定没被采纳。② 日本有学者提倡放宽严格的再审规定实现救济。究竟是应该认可由程序保障侵害而使既判力减缩,还是将再审的窗口扩大同时还须通过再审去解决问题,这是日本学术界争论的所在。③ 笔者赞成前者的意见。④ 而与此相对的是,日本有的学者认为,适用因不当判决的执行而提请的请求异议(日本《民事执行法》第35条)去对应亦未尝不可。⑤ 最高法院在1987年7月16日的判决中(判例时报1260号10页)指出:"依据债务名义进行强制执行如要被认定为是权力的滥用,其必要条件是应综合该债务名义的性质、由此债务名义的可执行所带来的权利的性质和内容,此债务名义的成立经纬以及债务名义成立后到强制执行为止的些许内情,以及强制执行给当事人带来的影响等诸般情况,债权人的强制执行,明显地违背了诚实信用原则,被认为是与正当的行使权力之名相去甚远的不当的行为的情形。"除此以外,强制执行被认定为是权力滥用的实际案例有(最高法院1962年5月24日 民集16卷5号1157页),此案件是因汽车事故受伤,以将来不能开展业务活动为由提起损害赔偿诉求,并获得法院认可判决的被害人其后恢复健康,尽管已能行动自如地进行业务活动了,却在获得判决的5年后,对因上述事故限于窘境而自杀的加害人的父母提起强制执行案件。最高法院认同了如此强制执行是权力滥用的异议请求申请。对于此判决,有批判认为在与既判力的关系上,原本是必须通过再审程序的。⑥ 以(被害人)的恢复是在口头辩论结束后发生的事为由认可异议请求,被认为并非是牵强附会的解释。而在中国类似的问题,是以对执行申请异议

---

① 其后最高法院在1969年的判决中,在严格规定了一些要件的基础上认可了损害赔偿的诉求。最高法院判决1998年9月10日判例时报1661号81页,最高法院判决2010年4月13日裁判所时报1505号12页等。参见本间靖规:《不当取得判决》,载《实务民事诉讼讲座(第3期)第6卷》(日本评论社,2013年)219页。

② 前引 Yuanshi Bu 论文,前载417页。

③ 德国在1931年的民事诉讼法修改草案中准备了增加"当事人以故意欺瞒骗取判决的既判力的"的再审事由规定(546条6款),但没有得到实现。

④ 有关既判力制度与诚信原则的关系,参见高桥宏志:《重点讲义民事诉讼法(上)》,有斐阁2013年第2版补订版,第801页。

⑤ 日本《民事执行法》第31条第1款规定"对关乎债务名义的请求权的存在或者内容有异议的债务人,为了求得对其债务名义的强制执行不许可,可以提起请求异议的诉讼。对有关裁判以外的债务人名义的成立有异议的,可以相同。第2款规定"对已经生效的判决的异议的理由,仅限于发生在口头辩论结束后的"。

⑥ 中添淳一:《依据生效判决的强制执行与权力滥用》,载《诉讼与判决的法理》,有斐阁1972年,第203页。

来处理的(中国《民事诉讼法》第 223 条),而对此条款的适用范围,笔者想留待作为今后的探讨课题。

③对因他人间的诉讼而使自己的权利领域受到侵害的第三人的救济,是一个令人烦恼的问题。

此次修改的中国民事诉讼法中,在第 56 条第 3 款规定了由第三人提起的撤销之诉。这是对已属于诉讼中的标的物拥有独立请求权的第三人(第 56 条第 1 款)同虽然没有独立请求权但案件的处理结果与他有利害关系的第三人(第 56 条第 2 款),因不能归责于其人的事由未参加诉讼,但有证据证明发生法律效力的判决等损害其民事权益的,在得知或者应该知道其权益受到侵害之日起 6 个月以内,可以起诉请求撤销原判决之规定。日本的独立当事人参加或者可以参加共同诉讼的第三人(日本《民事诉讼法》第 47 条)相当于第 1 款,通常的辅助参加利害关系人(日本《民事诉讼法》第 42 条)就相当于第 2 款①。日本在 1926 年增设独立当事人参加的制度时将延续至此的诈害再审的规定(1890 年法第 483 条)废除了,但这在立法上是否合理是呈现在我们面前的一个疑问。② 通常的有辅助参加利益的第三人,作为辅助参加可以提起再审诉讼(第 45 条),但不能自己作为当事人。虽然不是在民事诉讼法中,但在日本的《行政事件诉讼法》第 22 条第 1 款中规定:"法院在有因诉讼的结果而使权力受到侵害的第三人情形时,根据当事人或者其第三人的申请又或者使用职权可以决定让其第三人参加诉讼。"同第 32 条规定:"对处理决定或者裁决作出的撤销判决,对第三人也有效。"同第 34 条第 1 款规定:"由于对处理决定或者裁决的撤销判决,给第三人的权利造成侵害时,因不能归责于自己的事由未参加诉讼,从而未能提出对判决产生影响的攻击或者防御方法的第三人,可以此为由,对生效的最终判决用再审之诉提出不服申请。"日本的民事诉讼法中,无论是独立当事人参加抑或是通常的辅助参加都未以当事人间的判决效力(主要为既判力)的约束力为前提。在既判力约束到辅助参加人时,主流学说、判例仿效德国区别于通常的辅助参加,认可共同诉讼的辅助参加。

比较中国民事诉讼法的规定,当事人间的判决效力既有拘束到第三人的也有拘束不到的,在与撤销之诉的提诉权(当事人适格)的关系中,判决效力的扩张怎样发挥其作用很值得深入研究。据说中国现在,因诉讼而令第三人的权利受到侵害的问题很多,此制度对第三人权利侵害的救济能发挥多少功能,结合撤销的要件比较严格、判决等内容上的错误以及权利侵害的证明并不容易等情形,今

---

① 前引 Yuanshi Bu 论文,第 419 页,而两者大致相当于 Hauptintervention 同 Nebenintervention。

② 参见新堂幸司:《民事诉讼法》,弘文堂 2011 年第 5 版,第 826 页。

后的司法实践动向须密切关注。此外,针对有关因恶意诉讼给第三人造成的权利侵害,中国在《民事诉讼法》第 112 条中对此作了制裁规定。而日本与此相近的规定,在民事诉讼法中并无存在,仅是以犯罪行为适用刑法予以处理。同样的,对拒绝执行的行为或执行阶段的妨碍行为相关规定非常齐整(中国《民事诉讼法》第 113 条到第 115 条)。而日本这些亦都以刑法来规律(日本《刑法》第 95 条到第 96 条第 6 款)。妨碍强制执行的早期实现的行为,尽管方式各不相同但是任何国家都存在的。日本亦有由反社会势力进行的妨害执行的问题,为了解决这个问题民事执行法修改了数次。

对有关因姓名被盗用诉讼(冒名诉讼)而令权利受到侵害的第三人的救济,有一个旧案,但即使现在也常常被引用(大审院,1935 年 10 月 28 日,民集 14 卷 1785 页)。

案件是 A 公司的破产管财人被告 Y,以原告 X 是 A 公司的股东为由,提起要求支付出资股份金的诉讼,法院认可 Y 的诉求下了判决。其后根据判决在对 X 的动产实施强制执行时,X 才得知前诉的存在。X 以前诉是诉外人 C 伪造了 X 的委托书,冒用 A 的名义委托 B 进行诉讼获取了生效判决为理由,提起要求撤销前诉判决和要求前诉再审判的再审诉讼。此时谁才是前诉的当事人成了先决问题。大审院认为虽然因 B 是当事人,既判力拘束不到 X。但 X 在判决生效前可以通过上诉请求撤销,在判决生效后可以提出再审请求的诉讼。作为对既判力拘束不到而现实中却受到(财产)被查封、冻结的 X 的救济方法,判定可以利用再审这一做法在理论上看上去似乎不合条理,但从 X 所处的现实状况出发,这被认为是对 X 作为救助方法而提出再审诉求的选择的尊重。这亦可被认为是为合理地解决问题而适用诚信原则进行调整的一个情景。

五、民事诉讼中公正及时的裁判与借助诚信诉讼来进行审理的展望

法院接到原告的诉状后及时受理并加盖受领章,向原告交付诉状的受领凭证。① 法官对诉状进行审查后,诉状被送达到被告,同时指定第一次口头辩论日期。诉状中除了写清诉讼标的所需的诉求宗旨以及诉求原因以外,还须标明证明其诉求理由的具体的事实(日本《民事诉讼规则》第 53 条)。被告亦须在答辩状中表明对诉求宗旨的答辩,除此以外还必须标明就起诉状中所记载的事实是否认可,以及抗辩的具体事实,并且必须列举出举证所需的每项事实,同该事实

---

① 日本《民事诉讼规则》第 60 条第 1 款规定"当诉讼被提起时,审判长应及时地指定口头辩论的日期",同第 2 款规定"除有特殊的事由外,前项的日期,应指定自诉讼提起之日起 30 日以内的日期"该条规定基本得到了执行。

相关的、是事实的重要的东西以及证据等（日本《民事诉讼规则》第80条）。法官及时并正确地对当事人初期提出的与案件相关的主张、证据进行整理,确定争点（争点整理程序）为集中进行的证据调查作准备。虽然这个阶段所需时间因案件的复杂程度不同而有所不同,但为了让当事人了解清楚具体的诉讼日程安排,日本《民事诉讼法》第147条第2款规定:"为了实现公正及时的审理,法院以及当事人必须争取有计划地开展诉讼程序。"有关程序的展开,以由法院依据其职责行使的职权进行主义为原则,但在程序进行过程中就其进行方式听取当事人的意见（第92条之2、第168条等）。在1996年民事诉讼法修改时,日本对以往的职权进行主义加以修改,采用了近似协同进行主义的方法。对法院以及当事人双方课以公正及时进行审理、促进诉讼义务,诚实进行诉讼义务等。仅此一项当事人的责任就变得重大了。与此同时,正如民事诉讼程序的关键在于"程序保障"一样,当事人的裁判主体性被认可,作为当事人的权利以及充分的、提出攻击防御方法的机会得到保障。法院和当事人只要负有如上义务,就有必要履行。这是贯穿整部民事诉讼法的根本理念。而体现这个理念的就是《民事诉讼法》第2条有关诚信原则的规定。① 尽管这是否充分地得到了实现是一个问题,但法院将对其进行检证并将结果公之于众。此外还有研究人员对当事人进行诉讼程序满意度的调查。即使如此并不是所有被规定到修改法中的制度都发挥了其功能。还存在有必要找出问题点去解决的亦是事实。笔者认为汇总两国间行之有效的经验和未能得到顺利实现的经验,令双方的经验发挥其作用是非常有意义的。鉴于此意义,殷切期望今后中国的民事诉讼法学会同日本的民事诉讼法学会交流持续地密切地进行下去。

---

① 在日本可以说几乎不存在法官贪污的情况。对此可以认为当事人对法院的信任度是非常高的。

诚实信用原则在民事诉讼上的适用

■ 董少谋*

摘　要　诚实信用原则作为辩论原则的补充和对处分原则的限制,自然必须协调好三者之关系。法院在民事裁判上既包括对事实认定上防止突袭,也包括法律适用上防止突袭,而对事实认定上防止突袭时,对于在辩论中当事人未主张的事实和请求,法院应依职权主动探知调查而排除辩论原则的适用。

关键词　突袭裁判　辩论原则　处分原则　依职权主动探知

民法学者认为,"诚实信用原则性质上属于一般条款,其实质在于,当出现立法者当时未预见的新情况、新问题时,法院可依诚实信用原则行使公平裁量权,直接调整当事人之间的权利义务关系"[①]。而民事诉讼法学者则认为,"诚实信用原则的主要机能在于防止滥用权利,以保障法律的安定性"[②]。

新《民事诉讼法》第 13 条增加规定:"民事诉讼应当遵循诚实信用原则。"然而,民事诉讼采取辩论主义,"法院只允许将裁判建立在当事人提供的事实基础之上。也即当事人在辩论中所未主张之事实,法院不得作为裁判之基础。换言之,事实必须由当事人主张"[③]。在当事人未主张的情况下,法院可否依职权主动探知调查而排除辩论主义的适用,也即:民法上的诚实信用原则的适用所涉及之"社会公共利益",其强度是否足以排除辩论主义的适用?

一、诚实信用原则在域外民事诉讼上的适用

民事诉讼法中的诚实信用并非以一般条款的方式进入立法者的视线。最初罗马诉讼中的诚实信用原则以当事人的"真实义务"和执法官的"裁判诚信"来表

---

* 董少谋,西北政法大学民商法学院教授,陕西省法学会民事诉讼法学研究会会长。
① 梁慧星:《民法总论》,法律出版社 2001 年第 2 版,第 46 页。
② 刘荣军:《诚实信用原则在民事诉讼中的适用》,载《法学研究》1998 年第 4 期。
③ 董少谋主编:《民事诉讼法学》,法律出版社 2013 年第 2 版,第 62 页。

征,①在18世纪末19世纪初,奥地利、匈牙利、意大利大陆法系国家均在民事诉讼立法中对当事人真实义务加以规制。

日本《新民事诉讼法》第2条明确规定"当事人进行民事诉讼,应以诚信信用为之"的一般条款。不过新堂教授认为,是否构成不诚信行为的认定,是另一个纠纷的起因,因而在本诉讼中对于不诚信的辩论行为,若通过施加法律制裁从诉讼的正面遏制这种行为,也是不切实际的。故而诚实信用应当被期待的作用是,作为诉讼代理人辩论活动的行为规范。②

德国民事诉讼法没有与其《民法典》第242条那样将诚实信用作为民法的一般条款,但《民事诉讼法》中包含了大量禁止当事人在民事诉讼中进行欺诈和不法行为的规定:(1)《民事诉讼法》第138条[对于事实的说服义务]规定,当事人应就事实状况为完全而真实的陈述;③(2)《民事诉讼法》第114条第1款第1句关于滥诉时拒绝提供诉讼费用救助的规定;(3)《民事诉讼法》第93条,即起诉并非因为被告的行为所引起,法律争议的费用由胜诉的原告负担;(4)言词辩论以后,诉之变更和撤回变得更加困难(第263条、第269条);(5)逾时提出诉之合法性责问(第296条第3款);(6)其他攻击防御方法时的制裁(第296条、第530条及其下)。这些具体规定表明,民事诉讼法试图以各种方式告诫当事人不赞成不诚实的行为,可以为权利而斗争,但不允许不择手段。

当然,上述民事诉讼法的具体规定并没有穷尽所有可能的欺诈行为。因此,绝大部分的学说和判例在诉讼法中类推适用民法上的诚实信用原则:(1)禁止欺诈性的诉讼状态。从德国《民法典》第242条中可以推导出,禁止欺诈性地创造某种诉讼上的法律状态。例如骗取或者不合理地使用审判籍或者上诉金额,欺诈性地妨碍债务人的送达。(2)禁止自相矛盾的行为。德国《民法典》禁止与以前行为相矛盾的行为(自相矛盾)。④(3)诉讼权失效。在此应当区分个别权限失效和声请法院的权限(例如起诉权)完全失效。(4)滥用诉讼权利。这种类型与法律保护利益相对应。如果构成制度化的诉讼权利滥用,就缺乏法律保护利益。反过来,援引某一诉讼权利也可能违反诚实信用。诉讼和解由于形式瑕疵

---

① 曲昇霞:《论诚实信用原则在民事诉讼法中的发端与传承》,载《扬州大学学报》(人文社会科学版)2007年第4期。

② [日]新堂幸司:《新民事诉讼法》,林剑锋译,法律出版社2008年版,第312页。

③ 打击"诉讼中的谎言"是第138条第1款的目的。真实义务只涉及当事人对事实情况的表示,而不涉及当事人不用主张的法律引述。然而,律师对于法律状态也不能有意识地歪曲,他只能在正当的法律框架内为其当事人伸张利益。

④ 这里不包括违反以某种诉讼行为为标的的合同约定的情形,例如原告违反撤诉或者撤回控诉的约定。在这些情形中应当根据抗辩认定诉讼行为不合法。但这种抗辩不是诉讼欺诈的抗辩,而是在主张诉讼合同的处分效力或者负担效力。

或者缺乏自我代理能力而不生效的,如果在该和解已经履行了很长时间以后再援引这一瑕疵,就是滥用权利。

同时,德国在2001年修改民事诉讼法时从保障宪法上听审权的高度对法院的自由裁量作了三项规定:一是法院须及早与明确"指出"当事人诉讼上重要的观点;二是法院必须赋予当事人充分时间就该观点表达意见的机会;三是法院应于其裁判中对当事人表达的意见予以回应。此既未造成突袭性裁判,也不违反辩论主义。

韩国在1990年修正民事诉讼法时将诚实信用原则放置在法典开篇的位置,在第1条则明确规定"当事人和诉讼关系人应根据信用,诚实地执行诉讼"的一般条款,同时又作了规则化的规定,如:(1)再诉的禁止;(2)禁止以迟延诉讼为目的的回避申请;(3)禁止显著迟延程序的变更请求;(4)禁止迟延本诉的反诉;(5)禁止为了造成小额诉讼的小额部分诉讼请求等。另外,规定了对施奸计取得的判决,即使是判决确定之后也可以改正的几项再审事由(第451条第1款)。如,因虚伪地址引起的公示送达(第11项)、致使他人受处罚的自白和妨害诉讼(第5项)、证据的伪造和编造(第6项)、虚伪陈述证据(第7项)、代理权欠缺(第3项),代理人或代表人骗取判决的也属于此范围。①

我国澳门特别行政区《澳门民事诉讼法典》在第一编[基本规定]第9条中明确规定"当事人应遵守善意原则。当事人尤其不应提出违法请求,亦不应陈述与真相不符之事实、声请采取纯属拖延程式进行之措施及不给予上述上条规定之合作"的善意原则。

这些典型的立法例表明了一个趋势,即诚实信用以具体规则的形式在民事诉讼立法领域得以发展,并逐步以民事诉讼法中一般条款的形式予以表达。与此相伴随,诚实信用原则由最初只规定当事人的真实义务开始向协调法院、当事人和其他诉讼参与人之间的整体关系演变诉讼观的巨大变化,使诉讼不再被理解为纯粹当事人辩论主义的"竞技场"。

20世纪末,英美法系国家以英国为代表,为改变当事人主义模式下诉讼迟延、费用高昂、程序复杂、诉讼结果不确定等弊端开始了司法改革。1999年英国新颁布的《民事诉讼规则》确立了通过法院实施案件管理来确保法院公正解决案件的理念,并因此加强了当事人和律师的诉讼协同义务,如规定了证人的真实义务、当事人的诉讼促进义务等。随着法社会本位代替个人本位及协同主义诉讼观的兴起,诚实信用原则在指引法官公正行使裁判权,促使当事人及其他诉讼参与人依法履行真实义务、诉讼促进义务等方面发挥着越来越大的作用。

---

① 参见[韩]胡文赫:《民事诉讼法中诚实信用原则的制度构建与司法运用》,载《第四届中韩民事诉讼法国际学术研讨会》资料。

诚实信用原则是在现代民事诉讼制度已经建立的基础之上进行的一番自我调整,其目的是通过运用道德伦理来规范诉讼主体在诉讼中的行为方式。一方面体现双方对抗的实质公平性;另一方面加快诉讼进程,避免不必要的诉讼迟延。因此,诚信原则的确立是以现代诉讼制度的建立为前提的。

二、诚实信用原则在民事诉讼法上的规则化

诚实信用原则本为私法上的一条基本原则,其要旨在于运用道德伦理来限制民事主体滥用权利,督促其在行使权利和履行义务时讲究信用、诚信作为。但中国现今的民事诉讼制度尚未完成向当事人主义诉讼模式的彻底改造,而是处于一个"成长期"。在此"成长期"内,尽管在一些地方确实存在着"当事人恶意诉讼、拖延诉讼等滥用诉讼权利的情形"须"减肥",但从现有的制度资源给诉讼当事人所提供的权利实现机制来看,中国现行民事诉讼法所体现的权力和权利在诉讼程序结构中的配置,毋庸置疑是一种法官的审判权主导着整个诉讼过程的"权力优先"结构体制。在此结构下,当事人的诉讼权利也面临着被进一步"架空"和剥夺的危险。因此,我们更须培养"刁民"的权利意识、强化"刁民"的程序正义观点,不宜对当事人诉讼权利的行使方式做过多限制,而是应强调对当事人诉权的保障。否则,公民通过诉讼实现其权益的目标难以很好地实现。当然,在追求实质公正、强调纠纷彻底解决的现实主义的当今,对权利作一些微调也是必要的,但一定要审慎而为。

(一)禁止诉讼上的权利滥用

民事诉讼法基于一定的目的而赋予当事人一定的权利,但是这并不能保证这些权利本身都能按照法律规定的目的得以行使。一方当事人违反民事诉讼法设立该权利的旨意而行使该权利,便构成所谓的"诉讼上的权利滥用"。滥用诉讼权利是指违反诚实信用原则,专门以损害对方当事人、第三人或社会公众信用利益为目的行使诉讼权利的行为。

新《民事诉讼法》从三个方面对权利进行限制:(1)关于恶意诉讼。增设第112条规定,"当事人之间恶意串通,企图通过诉讼、调解等方式侵害他人合法权益的,人民法院应当驳回其请求,并根据情节轻重予以罚款、拘留;构成犯罪的,依法追究刑事责任"。(2)关于恶意逃债。增设第113条规定,"被执行人与他人恶意串通,通过诉讼、仲裁、调解等方式逃避履行法律文书确定的义务的,人民法院应当根据情节轻重予以罚款、拘留;构成犯罪的,依法追究刑事责任"。(3)关于第三人撤销之诉。增设第56条第3款,"第三人,因不能归责于本人的事由未参加诉讼,但有证据证明发生法律效力的判决、裁定、调解书的部分或者全部内容错误,损害其民事权益的,可以自知道或者应当知道其民事权益受到损害之日起六个月内,向作出该判决、裁定、调解书的人民法院提起诉讼。人民法院经审

理,诉讼请求成立的,应当改变或者撤销原判决、裁定、调解书;诉讼请求不成立的,驳回诉讼请求"。

(二)诉讼上的禁反言

民事诉讼中的禁止反言规则是指民事诉讼的当事人在适当的场合对对方提出的不利于自己的事实或证据进行承认后,不得随意撤销,或者主张与承认事实相反的事实的一项规则。禁反言的法理意味着,一方当事人有义务从事对方所预期的一定行为时,实际上实施的却是完全违背对方预期的行为,这种行为就被视为违反诚实信用原则的背信行为而予以禁止。[①] 在民事诉讼领域禁止反悔及矛盾行为的目的,重在保障对方当事人的利益,在基于一方当事人已有的陈述和行为,另一方当事人基于充分的信任而为的行为应当受到法律的保护,不允许一方当事人事后反悔或采取矛盾的行为来损害对方当事人的正当利益。[②] 禁止反言规则体现了诚信原则,即当事人在进行承认这种处分行为后,应当对自己的行为负责。

我国法律及司法解释均没有使用禁止反言规则这一法律术语。但最高人民法院在《最高人民法院关于民事诉讼证据的若干规定》第8条第4款规定:"当事人在法庭辩论终结前撤回承认并经对方当事人同意,或者有充分证据证明其承认行为是在受胁迫或者重大误解情况下作出且与事实不符的,不能免除对方当事人的举证责任。"因此,禁止反言规则是由自认规则派生而出的一项重要认证原则,是对自认规则的一种补充和强调,是针对自认规则中出现的具体情况的细化规定。只有对自认规则明确,才能更好地理解禁止反言规则。

基于此,笔者建议:(1)将最高人民法院《证据规定》第8条第4款自认规定上升为法律;(2)明确规定,法官在诉讼开始时,应当将禁止反言规则以及自认产生的法律后果以书面和口头两种形式同时告知当事人,使当事人在诉讼中对自己的意见、言论时时保持谨慎、负责的态度;(3)对于重要事实的自认,法官可以要求自认人进行宣誓或其他郑重表示的方式确认自认。

(三)诉讼上的权利失效

所谓诉讼上的权利失效,是指一方当事人长时间故意懈怠行使其诉讼权利,长期没有行使权利的意思表示和实施相应的诉讼行为,致使对方当事人有充足的理由认为其已经不会再行使权利而实施了一定的诉讼行为时,方开始行使该项权利,并导致对方的利益受到损害。为了保护与不行使的诉讼行为有利害关系的对方当事人持有的信赖,对此类行为应作为违反诚实信用原则而予以否定。

[①] 参见[日]谷口安平:《程序的正义与诉讼》(增补本),王亚新、刘荣军译,中国政法大学出版社2002年版,第175页。

[②] 田平安主编:《民事诉讼法原理》,厦门大学出版社2005年第2版,第191页。

诉讼上权利失效的法理类似于禁反言。日本学者竹下守夫教授认为,诉讼上权利的失效实质上也是禁反言的一种,但与禁反言相比,这里的禁反言以不作为的方式实施,而上面的禁反言则以积极的行为实施。两种行为的结果都导致对方当事人对他的行为产生了信任感。①

新《民事诉讼法》增加第 65 条规定,"当事人逾期提供证据的,人民法院应当责令其说明理由;拒不说明理由或者理由不成立,人民法院根据不同情形可以不予采纳该证据,或者采纳该证据但予以训诫、罚款"。

三、诚实信用原则在民事裁判上的适用

诚实信用原则是否适用于法官的裁判行为,尽管同属于大陆法系的德、日学者们有不同的看法。但新《民事诉讼法》第 13 条增加规定:"民事诉讼应当遵循诚实信用原则。"据此,可以说诚实信用原则既适用于当事人之间,也适用于当事人与法院之间。其实,无论如何,诚实信用原则究其实质是给法官的"空白委任状",其适用都离不开法院和承办法官。因此,诚实信用原则的确立有可能增加法院审判的随意性以及裁判的不确定性因素,并且极易成为某些法官为自己的随意性裁判行为进行开脱的一个冠冕堂皇的理由。在国外,无论是大陆法系还是英美法系的学术理论界与诉讼实务界,均认为防止发生突袭及突袭性裁判乃是民事诉讼上最基本的要求。学者们一般认为突袭性裁判系指,法官以未经当事人辩论之事实或法律观点作为裁判基础,并因此造成当事人对诉讼程序进行状况无法预见之转变情形。② 正如我国学者所言,"诚实信用原则的应用是一种要求十分精细的司法作业"③。特别是 90% 以上的案件由基层法院一审的情况下,必须为裁判适用此原则首先制定规则:(1)诚实信用原则的适用条件仅限于不适用该原则就无法解决问题的情形;(2)凡特别法有规定时应优先适用具体规定;(3)凡法律规定有模糊,可考虑运用体系解释、利益衡量的方法,向有利于守信的一方解释;(4)凡法律规定有漏洞,也没有相应的司法解释,只有依公正理念及立法者本意仍无法确定时,才可援用诚实信用原则,即在特定情势下对正义和合理的事物行使衡平权;④(5)适用诚实信用原则时应以裁定为之,并允许越级

---

① 竹下守夫:《判决理由中的判断和诚实信用原则》,载山木户纪环历纪念文集:《在程序法与实体法的交错上》,下册,有斐阁 1974 年版,第 72 页;转引自刘荣军:《诚实信用原则在民事诉讼中的适用》,载《法学研究》1998 年第 4 期。

② 2001 年德国民事诉讼法改革法将过去仅限法律观点突袭性裁判防止的阐明义务扩张及于事实观点(包括事实上的评价和证据上的评价)方面之法院阐明义务。

③ 张卫平:《民事诉讼中的诚实信用原则》,载《第四届中韩民事诉讼法国际学术研讨会》资料。

④ 王利明:《民法》,中国人民大学出版社 2005 年版,第 45 页。

上诉至最高人民法院。

(一)防止法官在事实适用上实施突袭

1.对于当事人已经提出的事实,已经发现具备适用违反诚实信用的法律效果,但当事人却没有主张此请求。

民法学界主张,诚实信用原则作为"帝王条款"其性质由补充当事人意思的任意性规范转变为当事人不能以约定排除其适用,甚至不待当事人援引法院可直接依职权适用的强制性规定。① 但从最高人民法院所持的立场看,当事人没有主张请求的,法院不能依职权强制适用。②

2.当法院基于证据资料可以认定违反诚实信用原则的主要事实时,即便当事人未对上述主要事实提出主张,法院应否释明:

(1)法官不须释明:做法一是无须考虑证据调查所显现的事实,此符合辩论原则。日本有学者认为,"对于当事人在辩论中未主张的主要事实,纵使法官通过调查获得了心证,也不能采用"③。同样,在我国"人民法院应当以当事人主张的事实和提供的证据为裁判依据"④。根据最高人民法院《关于审理民事案件适用诉讼时效制度若干问题的规定》第3条的规定,当事人未提出诉讼时效抗辩,法院不应对诉讼时效问题进行释明及主动适用诉讼时效的规定进行裁判。这意味着,即使诉讼时效确已经过,但在审判中如被告没有主动主张诉讼时效经过的抗辩权,则视为其放弃诉讼时效利益,而法院也不得主动释明、援用诉讼时效裁

---

① 梁慧星:《民法总论》,法律出版社2001年第2版,第260~261页。

② 最高人民法院《关于适用〈中华人民共和国合同法〉若干问题的解释(二)》第8条规定:"依照法律、行政法规的规定经批准或者登记才能生效的合同成立后,有义务办理申请批准或者申请登记等手续的一方当事人未按照法律规定或者合同约定办理申请批准或者未申请登记的,属于合同法第四十二条第(三)项规定的'其他违背诚实信用原则的行为',人民法院可以根据案件的具体情况和相对人的请求,判决相对人自己办理有关手续。"第19条规定,"债务人以明显不合理的高价收购他人财产,人民法院可以根据债权人的申请,参照合同法第七十四条的规定予以撤销。"第26条规定:"合同成立以后客观情况发生了当事人在订立合同时无法预见的、非不可抗力造成的不属于商业风险的重大变化,继续履行合同对于一方当事人明显不公平或者不能实现合同目的,当事人请求人民法院变更或者解除合同的,人民法院应当根据公平原则,并结合案件的实际情况确定是否变更或者解除。"第29条规定:"当事人主张约定的违约金过高请求予以适当减少的,人民法院应当以实际损失为基础,兼顾合同的履行情况、当事人的过错程度以及预期利益等综合因素,根据公平原则和诚实信用原则予以衡量,并作出裁决。"

③ [日]新堂幸司:《新民事诉讼法》,林剑锋译,法律出版社2008年版,第308页。

④ 最高人民法院《关于〈中华人民共和国民事诉讼法〉修改立法建议稿》第12条。

判。该解释的理论基础在于《民事诉讼法》第13条第2款的处分原则。①

做法二是可依职权适用该主要事实可能产生的法律效果作出判决。在日本多数说持肯定态度,其理由是诚实信用原则是"不能任由当事人私下处分"之法的一般原则,可以说诚实信用原则是具有强烈公益色彩的"帝王规范"。因此,基于私益自治的辩论主义就应当不予适用。在台湾地区的司法实务中,对于第一审起诉的原因事实有无违反法律的强制性规定或禁止性规定,亦应依职权斟酌。在我国民事诉讼法并未采取古典辩论主义,虽然《民事诉讼法》第64条第1款规定"当事人对自己提出的主张,有责任提供证据";但《证据规定》第9条规定,对于显著的事实(如众所周知等),当事人无须举证。其言外之意在于,当事人即使没有提出该显著事实,法院也可依取权直接适用作出判决。但如此可造成突袭性裁判。

(2)法官必须释明:做法一是当事人依法官的阐明而主张该事实,并与对方当事人展开辩论。日本最高裁判所判例认为,"在当事人未适多地提出申请或主张时,法院应当积极地向其提出和指示,否则将以不行使释明权为由撤销原判"②。台湾地区"民事诉讼法"基于公益,为达公平、正义裁判的要求,第288条第1款规定"法院不能依当事人声请之证据而得心证,为发现真实认为必要时,得依职权调查证据"。同时,为防止发生突袭性裁判,第2款规定"依前项规定为调查时,应令当事人有陈述意见之机会"。第278条规定,"事实于法院已显著或为其职务上所已知者,毋庸举证"。同时又规定,"前项事实,虽非当事人提出者,亦得斟酌之。但裁判前应令当事人就其事实有辩论之机会"。

做法二是法官释明后,当事人仍不主张时,法院可否依该事实作为裁判依据? 依据通常的辩论主义要求,那么在这种情况下,法院无法将该事实及其法的观点用于判决。但是,如果考虑到涉及的"违反诚实信用"法的一般原则之事实,那么应当说,即便当事人未对此等事实进行主张或援用,法院也可以将其作为判决的基础,这样的处理可以说是较为妥当的;而且,这也正是"帝王规范"的意义之所在。因此,对于"违反诚实信用"一般原则之事实,并不是单纯地不适用辩论主义,较为稳妥的解释就是,在肯定法律问题指出义务的基础上,让辩论主义的要求趋于"后退化"③。

上述对立见解,其实质在于:民法上的诚实信用原则之适用所涉及之公益,

---

① 奚晓明主编:《最高人民法院〈关于民事案件适用诉讼时效司法解释〉理解与适用》,人民法院出版社2008年版,第75页。

② [日]新堂幸司:《新民事诉讼法》,林剑锋译,法律出版社2008年版,第315页。

③ [日]高桥宏志:《民事诉讼法制度与理论的深层分析》,林剑锋译,法律出版社2003年版,第371页。

其强度是否足以排除辩论主义的适用？笔者认为，法院为发现客观的真实，对于不懂法律的当事人应尽释明义务，使判决能更接近客观真实的结果，若一味强调极端的辩论主义而昧着良心，以形式上的真实而作出不合客观真实的判决，与法律所追求的正义价值相违背。对此，可借鉴台湾地区"民事诉讼法"第278条规定，"事实于法院已显著或为其职务上所已知者，虽非当事人提出者，亦得斟酌之；但裁判前应令当事人就其事实有辩论之机会"。

（二）防止法官在法律适用上实施突袭

突袭裁判的主要形态，按照台湾地区学者邱联恭和许士宦教授的划分，可分为发现真实的突袭（认定事实的突袭与推理过程的突袭）、促进诉讼的突袭和适用法律的突袭三种。由于法官在诉讼中独揽法律适用的大权，同时便埋下了诉讼中法律适用突袭的隐患。

德国《民事诉讼法》第139条[法官的阐明义务]第1款规定，"审判长应与当事人共同从事实上与法律上两方面对事实关系与法律关系进行阐明"。第2款规定，"某一法律观点，如当事人一方明知而忽略之，认为是无关紧要的，法院只能在该观点不是关系到附带请求时，而且法院已给予发表意见的机会后，才支持当事人的判断①"。同时增加规定"法院必须就异于双方当事人判断的特定观点阐明"。德国与许多国家的主流观点认为，法官不仅保障对事实的听审，而且还应当保障对法律问题的听审。正是这种对法律问题的法定听审使法院产生如下义务：当法院希望将自己的裁判建立在双方当事人及其律师在辩论中认为不能适用的法律条文的基础时，法院需要给予当事人指示。如果在辩论结束后才突然表明将适用没有进行讨论过的法律条文，那么重新开启辩论程序可能是合适的。②

台湾地区2000年修改"民事诉讼法"时，在第199条增订"审判长之职权——阐明权"明确规定，"依原告之声明及事实上之陈述，得主张数项法律关系，而其主张不明了或不完足者，审判长应晓谕其叙明或补充之。被告如主张有消灭或妨碍原告请求之事由，究为防御方法或提起反诉有疑义时，审判长应阐明之"。从其立法理由看，"在当事人就其陈述之事实忽略或误解可能主张之法律见解或应可适用之法律观点，或法院于判决宣示前改变其曾于审理中明示或暗

---

① 2001年德国民事诉讼法改革法修正时，将原第278条第3项移至139条作为第2款。
② ［德］卡尔·海因茨·施瓦布、彼得·戈特瓦尔特：《宪法与民事诉讼》，载米夏埃尔·施蒂尔纳编：《德国民事诉讼法学文萃》，赵秀举译，中国政法大学出版社2005年版，第172页。

示之法律见解等类情形,即负有予以表明之义务"①。

我国大陆民事诉讼法虽然没有保障当事人对法律问题的听审的规定,但最高人民法院《证据规定》第35条关于因为当事人主张的法律关系的性质有错误时的告知义务,就间接反射出法律适用突袭的可能性。

为此,应借鉴德国民事诉讼法和我国台湾地区"民事诉讼法"的规定,明确法官应与当事人共同从法律上与事实上两方面对事实关系与法律关系进行阐明。

---

① 邱联恭:《民事诉讼法修正后之审判实务》,载台湾地区《法学丛刊》之《跨世纪法学新思维》2006年,第581~582页。

商谈视野下的民事诉讼诚信原则*

■ 段厚省**

摘 要 以商谈的视野观察,民事诉讼诚信原则所体现的是对主体言语行为之陈述真实性和表达真诚性的要求,且不仅是对当事人的要求,也应当是对法官的要求。但是从我国确立诚信原则的规范结构来看,立法者增加规定的新《民诉法》第13条第1款的主要目的是约束当事人的诉讼行为。在实务中,诚信原则规范的适用有着宽广的自由裁量空间,应在制度上对法官适用诚信原则规范的行为进行规制,抑制法官滥用诚信原则规范或怠于适用诚信原则规范的行为。

关键词 商谈 民事诉讼 诚信原则

2012年8月新修订的《民事诉讼法》(以下简称新《民诉法》)在第13条第1款增加规定了"民事诉讼应当遵循诚实信用原则"的规范。据此,学界和实务界认为我国正式在立法上确立了民事诉讼诚信原则。在本次民诉法修订之前,学界已经对民事诉讼诚信原则有过比较充分的讨论。从既有的研究成果来看,关于诚信原则之语义的、历史的、比较法的以及价值的和规范的分析,都有涉及。在新民诉法确立诚信原则之后,民诉法学会对于如何理解和适用新民诉法诚信原则规范的研讨还在继续。笔者认为,在当下继续讨论如何理解和适用新民诉法诚信原则规范时,没有必要再重复过去的研究。本文拟从法律商谈理论的视角,来诠释新民诉法中的诚信原则。① 在笔者看来,关于民事诉讼诚信原则的理解和适用问题,所涉及的无非还是诚信原则适用的行为主体、诚信原则对主体行为的具体要求以及诚信原则在民事诉讼法中的规范结构及其适用等几个方面。

---

* 本文是上海市法学会理论法学研究课题"民事诉讼诚信原则的理解与适用"的研究成果。
** 段厚省,法学博士,复旦大学法学院教授。
① 在关于民事诉讼诚信原则的既有研究中,学者刘礼明曾在商谈理论与诚信原则之间有所勾连,但是他的研究主要是从舆论监督与司法公信力之间的关系出发所进行的分析,对于当事人之间以及诉权与审判权之间的商谈关系如何构造,并未进行考察(刘礼明:《过程中的商谈与诚信原则》,载《当代法学》2008年第1期,本文与刘文在立足点以及论证路径方面并不相同。

因此笔者对民事诉讼诚信原则的考察,也将涉及以上几个方面的内容。

一、作为一种法律商谈活动的民事诉讼

社会是通过主体之间的交往所构成的。我们通常所说的社会关系,也就是主体之间的交往关系。因现实利益、价值观念、道德传统或风俗习惯的不同,社会主体在进行交往的过程中,无时无刻不存在着异议风险。所谓异议,以民事诉讼法学的方式来表达,就是纠纷。在人类社会的历史上,人们曾经以带有神秘色彩的宗教方式和具有独白性质的威权方式来强制性地解决异议。而在具有开放性的现代文明社会,平等、自由和民主已经成为普遍性的观念,当异议发生的时候,人们倾向于以对话和沟通来解决。也即在交往过程中发生的异议,仍然以交往行为来消解。这就是哈贝马斯交往行为理论的基本内容。在交往行为理论的基础上,哈贝马斯进一步就目的在于消解异议的交往行为进行研究,提出了他的商谈理论——一种关于通过论辩来寻求解决异议之理性共识的横跨语言学、社会学和哲学的理论。这种目的在于消解异议的交往活动既包含着理解,也包含着说服,因此表现为在交往主体之间展开的论辩活动。又因为这种论辩的目的在于解决异议而不是扩大异议,是在论辩参与者之间寻求解决异议的共识性方案,从目的论上观察具有合作的性质,因此我国学者也将这种论辩(Argumentation)译作商谈,进而将哈贝马斯关于这种论辩的理论,称作商谈理论。[①]

社会主体的交往行为必须在法律的范围内展开,而交往所关涉的问题,也可能与法律直接相关。当与法律相关涉的异议发生的时候,人们专门为了解决异议所采取的论辩或者说商谈活动有多种形态,其中一种形态就是诉讼。因此,以商谈理论的视角观察,诉讼本身就应当是一种专门为了解决关涉法律的异议而进行的商谈活动。进而,我们可以将哈贝马斯提出的在既有法律建制范围内通过商谈来解决法律异议的理论,称作法律商谈理论。基于以上分析,在商谈视野下,民事诉讼就是社会行动主体为解决关涉民事法律的异议,而展开的一种包括说服与理解在内的论辩活动,在性质上也属于交往行为。其具体的体现就是民事诉讼的参与者相互之间,包括双方当事人之间以及当事人和法官之间,通过言语论辩,来寻求解决纷争的共识,以使纠纷不仅仅是基于审判权的强制性安排来解决,而是基于当事人和法官对共识性解决方案的认可与接受来解决。

根据以上分析,在民事诉讼中,当事人和法官都是商谈行为的主体。一方面,纷争原本发生于当事人之间,因此当事人相互之间的论辩是民事诉讼中的商

[①] 相关著述参见[德]哈贝马斯:《交往行为理论·第一卷:行为合理性与社会合理性》,曹卫东译,上海人民出版社2004年版;以及哈贝马斯:《在事实与规范之间——关于法律和民主法治国的商谈理论》,童世骏译,三联书店2003年版。

谈之必组成部分。然而,由于裁判的权利掌握在法官手中,所以当事人之间的论辩,不仅仅是其相互之间的理解与说服活动,更是对法官的一种说服,以争取法官对本方观点的支持。而法官的裁判,是在法官自己所确信的事实基础上,适用自己认为适当的规范。如此一来,当事人希望法官采认的事实以及希望法官适用的规范,就未必是法官愿意认定的事实和愿意适用的规范。在此情况下,当事人和法官之间必然将会发生以理解与说服为内容,以对事实认定和规范适用取得共识为目的的商谈活动。此外,在合议庭审理的情况下,组成合议庭的法官之间,也会发生类似的商谈活动。据此,当事人和法官都应当是民事诉讼中所展开的商谈活动的行为主体。

二、民事诉讼中的商谈对理想言谈情境的要求

哈贝马斯在提出交往行为理论时,认为任何处于交往活动中的人,在施行任何言语行为时,必须满足若干普遍的有效性要求并假定它们可以被验证。这些有效性要求就是言语的有效性基础,它又包括表达的可领会性、陈述的真实性、表达的真诚性和言说的正当性。这四个方面是保证语言交流或话语沟通的基本原则,只有这四条原则得以兑现,理解与共识才能达成。① 对于哈贝马斯提出的这四个言语行为有效性要件,人们应该不会有什么疑问。

由于法律商谈理论是在交往行为理论的基础上建构的,所以法律商谈活动要达到消解关涉法律的异议的目的,也必须遵循以上四个方面的言语行为有效性要件。除此以外,要使商谈能够顺利展开,还需要商谈的参与者享有平等、自由和民主的权利。否则,人们连表达意见的自由和机会都没有,又如何能够展开言语交往行为,进而以商谈来消解交往活动中的异议呢?不过,由于平等、自由以及民主乃是人类社会的普遍性观念,并非是对交往行为的专门性要求。而言语行为的四个有效性要件则是交往行为的专门性要求,因此建基于交往行为的商谈活动,也必须遵循前述言语行为的有效性要件,才能够顺利展开并达成消解异议的成果。基于此,哈贝马斯将言语行为的四个有效性要件,视为商谈活动的理想言谈情境。②

以商谈的视野来观察,民事诉讼也是一种商谈活动,是为了解决关涉法律问

---

① [德]哈贝马斯:《交往行为理论·第一卷:行为合理性与社会合理性》,曹卫东译,上海人民出版社 2004 年版,第 100 页;刘少杰:《国外社会学导论》,高等教育出版社 2006 年版,第 389 页。

② 既然平等、自由和民主是人类社会的普遍性观念,那么民事诉讼中的商谈要顺利展开,当然也应当符合这些观念的要求。实际上,民事诉讼中的平等原则、处分原则以及辩论原则等,就是对上述观念的体现。

题的异议,而通过理解与说服这样的论辩活动来达成理性共识的商谈活动。据此,民事诉讼也应当在理想的言谈情境下展开。换言之,民事诉讼之参与各方,也应当遵守言语行为的四个有效性要件。在上述四个要件中,对于表达的可领会性与言说的正当性,我们在认识上应该不会发生分歧。即使最为传统的民事诉讼程序,也会要求当事人和法官以相互之间可以理解的语言和动作来表达观点,同时不会允许任何一方参与者以不正当的方法,例如暴力或者其他的违法行为来表达观点。存在困惑的应该是对陈述的真实性和表达的真诚性这两个要求如何理解和把握。因为在民事诉讼中,当事人之间在关涉法律的问题上所发生的异议,往往起源于利益上的冲突。从人性的一般动机来看,当事人之间在发生利益冲突时,他们首先选择的是各自维护自身的利益。在这种情况下,他们往往有着采取策略行为[①]的冲动,也就是可能存在通过虚假陈述来追求自身利益最大化的可能。这种虚假陈述,可能是对事实的歪曲陈述,也可能是对立场的虚伪表达。这是其一。其二,法官有时候为了发现真相,或者为了解决当事人之间的纷争,也会尝试采取策略行为,以虚伪的观点表达,来迫使当事人说出真相或者同意作出妥协。前者例如著名的所罗门王裁断婴儿归属的案子,后者例如我国当下民事诉讼活动中经常发生的强迫调解的情形。虽然哈贝马斯认为,在间接的意义上,策略行为也要以理解作为追求的目标。但是不管怎么说,诉讼中的策略行为与交往行为对陈述的真实性与表达的真诚性之要求相矛盾,而其在直接目的上所追求的功利性目标,也与民事诉讼中的商谈所追求的在理性的基础上达成对纷争的共识性解决方案的直接目标相悖。基于此,在民事诉讼中,无论是当事人的策略行为还是法官的策略行为,在一般的意义上都应当是被抑制的。

三、理想言谈情境与民事诉讼诚信原则的确立

理想言谈情境要求的对民事诉讼当事人和法官策略行为的抑制,以及对当事人和法官交往行为的鼓励和督促,应该就是立法者在民事诉讼法上规定诚信原则所要追求的目的。或者也可以这样说,立法者在民事诉讼法上确立诚信原则,其目的乃是与包括为当事人提供翻译的制度和制裁妨碍民事诉讼行为的制度一起,为民事诉讼中的商谈建构理想的言谈情境。因此以商谈的视野来看,所

[①] 哈贝马斯在提出交往行为概念的同时,还提出了一个与交往行为相对立的概念,就是策略行为。策略行为的直接目的是行为者实现自己的某些功利性目标。不过,这种区别仅仅在直接目的的意义上才是成立的。哈贝马斯认为,在间接的意义上,策略行为也要以理解作为追求的目标,因为"冲突、竞争、通常意义上的策略行为——统统是以达到理解为目标的行为的衍生物"。见[德]哈贝马斯:《交往与社会进化》,张博树译,重庆出版社1989年版,第1页。转引自刘少杰主编:《国外社会学理论》,高等教育出版社2006年版,第389页。

谓民事诉讼诚信原则,就是法律商谈所需要的理想言谈情境中的陈述真实性和表达真诚性这两个言语行为有效性要件在民事诉讼法上的体现。进而,我们可以将民事诉讼诚信原则解读为两个方面的要求,也就是陈述的真实性和表达的真诚性。

陈述的真实性,主要是指对程序性事实和实体性事实在陈述上的真实性。所谓程序性事实,是指能够引起程序法上效果或者说能够产生或者消灭程序法上权利义务关系的事实,包括当事人适格的事实,管辖的事实,回避的事实,支持诉讼保全和先予执行的事实,证明妨碍的事实,延期审理、中止或终结诉讼的事实,期间起算或者中止、中断的事实,如此等等。所谓实体性事实,是指当事人之间的纷争可能引起实体上法律效果,或者说可能引起或者消灭实体上权利义务关系的事实。此类事实要依当事人纷争的具体内容而定,若从罗森贝克的规范分类说出发来进行类型化,主要是指实体法律规范的构成要件事实,包括权利发生事实、权利消灭事实、权利妨碍事实以及权利排除事实等。

而表达的真诚性,主要是就当事人行使诉权和具体的诉讼权利,以及法官行使诉讼指挥权和裁判权而言。所谓真诚,是要求当事人和法官的商谈行为,均应以消解异议为目标,也就是真诚追求民事诉讼法确立的解决纷争的目的。就当事人而言,其在行使诉权方面的真诚性,无非就是不滥用诉权,不进行虚假诉讼和恶意诉讼;其在行使诉讼权利方面的真诚性,依学者们列举,无非就是不恶意造成有利于本方的诉讼状态、不恶意拖延诉讼,以及不滥用法律赋予的其他诉讼权利的情形。就法官而言,其在行使诉讼指挥权方面的真诚性,无非就是给予双方当事人充分表达意见的机会,充分进行程序权利义务的阐明、促进诉讼等;其在行使裁判权方面的真诚性,无非就是对心证的随时公开、对法律观点随时和充分地阐明、裁判所依据的事实和所适用的法律均为法庭调查和法庭辩论之结果、裁判文书公开并充分说理等,也就是不进行突袭性裁判和秘密裁判。此外,在涉及法律允许的自由裁量时,要根据法庭调查和法庭辩论的结果,遵守自由裁量规范的立法目的,本着良心与理性进行裁量,也就是不滥用自由裁量权。

四、对我国民事诉讼诚信原则规范的诠释与反思

根据笔者在前面的分析,以商谈的视野来观察,民事诉讼诚信原则适用的主体不仅包括当事人,还应当包括法官。他们对诚信原则的遵守,应当是贯穿民事诉讼的全过程。至于证人和协助执行人等,在根本上并不是民事诉讼中法律商谈的主体,只是事实报告人和诉讼辅助人。如果非要说他们也要遵守诚信原则,也仅在民事诉讼制度对其课有相应义务并为其履行义务之必要而赋予其相应权利时,才涉及在履行相关义务和行使相关权利时对诚信原则的遵守。至于民事诉讼诚信原则对主体行为的要求,应当体现在民事诉讼法的各具体程序规则以

及周边制度中。就法官而言,法律对他们诚信的要求,主要体现在法官法、惩治渎职的刑法规范以及有关法官职业伦理的制度规则中。因此我们可以说,民事诉讼法和周边制度对当事人、法官等法律商谈主体之具体权利义务或者职责的规定中,已经内涵了诚信原则的一般精神。一般而言,当事人和法官只要依法行使权利/权力、履行义务/职责,就符合了诚信原则的要求。尤其对于法官而言就更是这样。法官负有指挥诉讼和作出裁判的职责,他只要依据民事诉讼法上的程序安排来指挥诉讼和进行裁判,就应当认为其遵守了诚信原则的要求。因为当事人和其他诉讼参与人是根据公开发布的法律来预测法官审判行为并据此作出行动选择的,只要法官按照公开发布的法律的规定来行事,就不会在诉讼指挥和裁判上对当事人造成突袭。举例来说,当审理案件的法官基于诉讼之外的原因所了解到的事实真相,与当事人在法庭审理中通过法庭调查和法庭辩论所形成的事实不一致时,若他尊重庭审所发现的事实,则是践行了民事诉讼法上诚信原则的要求;若他以自己在法庭之外所偶然了解的所谓事实真相来取代当事人通过法庭调查和法庭辩论所形成的事实状态,则是违背了诚信原则的要求。

根据以上分析,民事诉讼的诚信要求,已经内含在民事诉讼法以及周边制度的具体规则之中。在大多数情况下,立法者没有必要再专门对民事诉讼中商谈的参与者提出诚信的要求。但是,我国这次新修订的民事诉讼法却在第13条第1款专门就民事诉讼诚信原则作了增加规定,若不是立法者对内含有诚信要求的规则构造体系不懂,便是立法者认为,虽有一系列体现诚信要求的规则存在,但这些规则都还不够周延,不能完全贯彻诚信原则的要求,因此有必要再专门制定一条诚信原则规范,以弥补各具体规则不足。法律是立法者制定的,我们当然不能说立法者对内含有诚信要求的规则体系不懂,因此结论只能是立法者认为确有必要制定一条专门的诚信原则规范。那么,立法者制定诚信原则规范所要追求的目的到底为何?对于诚信原则规范,到底应当如何适用?关于这一点,学界已有一些分析。笔者在这里也谈一谈拙见。

第一,关于新《民诉法》第13条第1款的立法目的。从本次立法者在修订民事诉讼法的过程中重点关注的涉及诚信原则的问题以及在新法中对民事诉讼诚信原则的规范构造来看,立法者是要以诚信原则来约束当事人的诉讼行为。首先,在本次立法过程中,立法部门曾专门就滥用诉权、恶意诉讼或虚假诉讼这样的问题进行调研,而滥用诉权或恶意诉讼或虚假诉讼显然是当事人违反诚信的诉讼行为。其次,本次修订的民事诉讼法并未将有关诚信原则的法条单独列出,而是与当事人处分原则放在一个条文中规定。虽然在表述上分为两款,但已体现出立法者以诚信原则来约束当事人处分行为的立法目的。与此同时,新《民诉法》增加规定的第65条(对当事人逾期举证的规定)、第112条(对当事人通过恶意诉讼侵害他人合法权益的规制)和第113条(对被执行人恶意诉讼逃避法律文书规定义务的规制)等,均是对当事人不诚信的诉讼行为的抑制。当然,新《民诉法》在第44条第3款、第4款对回避情形的增加规定,第152条对裁判文书说理的增加规定等,也在一定程度上体现了对法官诚信的要求。但是只要新民诉法对类似于庭长和院长审查决定案件,以及审委会研究决定案件等使民事诉讼程序失灵的现象和制度视而不见,就意味着立法者并未真正重视法官的诚信问题。因为庭长和院长在审查决定案件时以及审委会在讨论决定案件时,并未给予当事人表达意见的机会,完全违背了民事诉讼中的商谈对法官言语行为之表达真诚性的要求,并使民事诉讼庭审程序落入了"走过场"这样的失灵境地。据此,我们可以说新民诉法中规定的诚信原则,主要是对当事人诉讼行为的要求,而不是对法官审判行为的要求。实际上,就民事诉讼构造的一般原理和我国当下之司法实践的观察,由于诉讼指挥权和裁判权均由法官掌握,即使在民事诉讼法上明确要求法官遵守诚信原则,恐怕也很难对法官的行为构成实质性约束。因为像回避、上诉和再审等制度虽然构成了对法官行为的约束,但是回避的决定权、上诉和再审的程序指挥权以及裁判的权力,却仍然掌握在法官的上级或者上级法官手中。一些学者在诠释新《民诉法》第13条第1款规定时,认为法官也必须遵守诚实信用原则,其理论立场虽然可能是正确的,但从新《民诉法》第13条第1款的立法背景和规范结构来看,却并不符合该条的立法目的。

第二,关于新民诉法诚信原则规范的适用问题。前已指出,民事诉讼诚信原则的精神已经内涵于一系列具体的规则当中,而新民诉法仍然对诚信原则作了专门的规定,意味着立法者有着这样一种担忧,就是那些内涵有诚信要求的具体规则,可能不够周延,因而存在着被当事人或者其他诉讼参与人恶意曲解或者规避的风险。此种情况下,法官们可以在两种方式上适用诚信原则规范:一是在当事人恶意曲解或者规避具体的程序规则时,或者当事人之间或当事人与法官之间对具体的程序规则发生理解上的分歧时,或者具体的程序规则之间存在冲突,抑或根本就欠缺可以有效规范当事人诉讼行为的程序规则时,将诚信原则规范作为解释和补充具体程序规则的原则性规范。此种情况下,诚信原则规范是一种具有宣示性、解释性和补充性的规范。二是在当事人恶意曲解或者规避具体的程序规则时,直接援引诚信原则规范,来使当事人违背诚信的诉讼行为归于无效,或者使之不能产生违背诚信的当事人所欲追求的效果。此种情况下,诚信原则规范已经被直接作为一种裁判性规范来适用。

无论是以上哪一种情形,在立法者的目的主要是以诚信原则来约束当事人诉讼行为,而不是约束法官审判行为的情况下,新民诉法专门设立的诚信原则规范都有被误用或者被滥用的风险。因为在没有诚信原则规范的情况下,至少从法律适用的一般理论上讲,法官必须按照民事诉讼法规定的程序规则来指挥诉讼和进行裁判。而在新民诉法设立了专门的诚信原则规范后,法官就有可能以诚信原则规范来动摇其他具体的程序规则的效力。因为诚信原则规范的解释权掌握在法官手中，法官就有可能以违反诚信原则为由，任意使当事人的某一诉讼行为归于无效，或者任意规避对某一程序规则的适用，或者任意剥夺当事人的诉权或者具体的诉讼权利。换言之，诚信原则规范的确立，虽然可能约束了当事人滥用诉权或者滥用诉讼权利的行为，但是却无法约束法官滥用审判权的行为，而且还增加了法官滥用审判权的机会。笔者认为，以当下中国法官的专业素质和职业道德素质，加之当下中国一直未能得到净化的司法环境，笔者的上述担忧并非杞人忧天。学人不用等待多久，也许就会看到诚信原则规范被法官们滥用的情形发生。当然，也不排除出现相反的情况，也就是法官过于谨慎，以至于轻易不愿意援引诚信原则规范来否定当事人的诉讼行为，如此亦可能使得诚信原则规范在应当发挥作用时却未能发挥作用。无论是滥用诚信原则规范，还是怠于适用诚信原则规范，都会使得法官对当事人诉讼行为之效力判断出现偏离立法目的的后果。为尽量避免该等情况的发生，可为法官设定两点要求：

第一，基于我国当下权利意识尚未得到充分彰显，对当事人诉权和具体诉讼的保障还不够充分的现实，在司法理念上要强调，对当事人诉权和具体诉讼权利的支持和保障，应当优于对当事人滥用诉权和滥用诉讼权利的制裁。

第二，在考虑是否援引诚信原则规范时，首先要检索是否存在可以评价当事人诉讼行为的内涵有诚信精神的具体程序规则。若存在能够评价当事人某一诉讼行为的内涵有诚信精神的具体程序规则，则法官不得绕开该等规则，径行援引诚信原则规范来对当事人的诉讼行为进行评价。只有在欠缺能够评价当事人诉讼行为的内涵有诚信精神的具体程序规则时，法官方能考虑援引诚信原则规范来评价当事人的诉讼行为。

第三，由于诚信原则本身具有很大的解释空间，法官在决定是否援引诚信原则规范时有着宽广的自由裁量空间。为限制法官滥用自由裁量权，应要求法官在援引诚信原则规范来否定当事人的诉讼行为时，或者在拒绝援引诚信原则规范来否定当事人的诉讼行为时，进行充分说明。同时就法官援引或者拒绝援引诚信原则规范对当事人诉讼行为所做评价之决定，给予当事人申请复议或者上诉的机会。

民事诉讼法诚信原则的适用实施问题研究*

■ 唐东楚**

摘 要 《民事诉讼法》第13条第1款的诚信原则,作为理念,当然"适合使用"于所有诉讼主体的所有诉讼(程序性)行为;但作为裁判依据,却只能"适用"于当事人和诉讼参与人,不能用来惩戒法院和法官。对法官失信行为的惩戒,只能适用法官法的规定另案予以处理。民事上诉和再审,不能仅以法官失信为由,直接适用诚信原则来撤销或纠正原来的裁判。民诉法诚信原则的适用,必须让位于具体的程序规则或硬性规定,否则就会"躲入一般条款"。正确理解和适用民诉法诚信原则,是其得以实施的前提,否则就会使其处于"要么没用、要么滥用"的境地。

关键词 民事诉讼法诚信原则 裁判依据 适用 实施

引 言

随着2012年《中华人民共和国民事诉讼法》(以下简称《民诉法》)的修正和施行,我国民诉法学的研究开始了从立法学到解释学的转向,即从传统的注重立法和制度设计,转向注重司法和法律解释。这种转向最直接地体现在对最高人

---

* 本文系中国民诉法学研究会2013年年会提交论文,是笔者主持国家社科基金项目"沉默权、真实陈述义务和诚信原则立法的伦理基础研究"(12BZX067)的阶段性成果。
** 唐东楚,中南大学法学院副教授,法学博士,伦理学博士后,民诉法硕士生导师。

民法院指导案例 2 号——"吴梅案"的理论探讨上,①包括对该案适用诚信原则的争鸣。《民诉法》新增的诚信原则条款如何在实践中予以适用和实施,是一个有待探索和深究的长期课题。

一、对民诉法诚信原则似是而非的"适用"和理解

"吴梅案"对诚信原则的适用,以及后来有关的研究,暗含了民诉法诚信原则适用的模糊性和难度。学界对于民诉法诚信原则理解的混淆和误读,应当加以注意。

(一)实务上"吴梅案"对诚信原则似是而非的"适用"

"吴梅案"一出台,就引起了民诉法学和民法学界的热烈探讨,学者们不仅对该案裁判理由中关于"违背了诚实信用原则"的解释进行了必要的回应,而且罕见地互为商榷或针锋相对,引发了学术交锋的高潮。

首先是严仁群博士在《中国法学》上撰文指出,该案在裁判理由中滥用了诚信原则;②王亚新教授则在同期的《法学研究》上撰文指出,可以从"禁反言"的角度来看该案对诚信原则的适用;③然后是吴俊博士在《法学》上撰文,针对严仁群的观点提出反驳,认为诚信原则作为民法的帝王条款,无所谓"滥用"的问题,只有"适用"与"不适用"的问题,该案中的违约显然也是对诚信原则的违反,即便从诉讼法的诚信原则而言,也是如此。联系后来民诉法修正新增的诚信原则条款,他进而认为,该案裁判理由中引用诚信原则,不仅并无不当,而且更是"具有相当的前瞻性";④再后是贺剑在《法学》上撰文,针对前述学者对该案适用诚信原则

---

① "吴梅案"的案情简介:原告吴梅向被告西城纸业公司出售废书,因多次催收货款未果,遂起诉请求支付货款 251.8 万元及利息。西城纸业对欠吴梅货款没有异议,一审判决其向吴梅支付该货款及利息。西城纸业上诉。二审期间,西城纸业与吴梅签订了一份还款协议,商定了其还款计划,吴梅则放弃了支付利息的请求。其后,西城纸业以自愿与吴梅达成和解协议为由申请撤回上诉。法院裁定准予撤诉。后因西城纸业没有完全履行和解协议,吴梅向一审法院申请执行一审判决,获得支持。西城纸业向二审法院申请执行监督,主张不予执行原一审判决,二审法院维持了一审决定。该案二审法院的裁判理由是:"……西城纸业公司未按和解协议履行还款义务,违反了双方约定和诚实信用原则,故对其以双方达成和解协议为由,主张不予执行原生效判决的请求不予支持。"最高人民法院案例指导工作办公室(李兵执笔):《指导案例 2 号〈吴梅诉四川省眉山西城纸业有限公司买卖合同纠纷案〉的理解与参照》,载《人民司法·应用》2012 年第 7 期。

② 严仁群:《二审和解后的法理逻辑:评第一批指导案例之"吴梅案"》,载《中国法学》2012 年第 4 期。

③ 王亚新:《一审判决效力与二审中的诉讼外和解协议——最高人民法院公布的 2 号指导案例评析》,载《法学研究》2012 年第 4 期。

④ 吴俊:《最高人民法院指导案例 2 号的程序法理》,载《法学》2013 年第 1 期。

的争论,认为不能忽视诚信原则在诉讼法上的限度,不能将违约与违反诚信原则混为一谈,进而认为该案以及相关的研究引入诚信原则,只能实现粗犷的正义,而且隐含了对诚信原则功能的误会,但在实体法上,诚信原则仍可用于限制合同权利的滥用,从而间接影响和解协议的效力。①

上述研究见仁见智,已经在一定程度上触及了民诉法诚信原则适用的核心。但该案裁判理由中关于违背诚实信用原则的解释,不仅牵强附会,而且朦胧模糊。其疑有三:

一是看不出是否真正适用了诚信原则。和解协议既然是当事人双方的约定,那么该案中的西城纸业公司"违背了双方的约定",就有可能足以让该和解协议失效。按照"特别法优于一般法"的法律适用要求,就没有必要再适用诚信原则。这一点也被贺剑的论文所提及。

二是看不出适用的到底是民法的诚信原则,还是民诉法的诚信原则。如果是民法的诚信原则,可能就没有必要适用;如果是民诉法的诚信原则,则不仅该案裁判时民诉法诚信原则条款尚未出台,使得于法无据,而且这里的和解协议也是诉讼外的和解协议,并不系属于诉讼,民诉法诚信原则条款只能针对当事人和诉讼参与人的程序性权利义务,不能对当事人的实体权利义务作出裁判,本案中不可能适用民诉法诚信原则条款。所以从法律适用的角度看,前文所述王亚新和吴俊的观点值得商榷。

三是看不出适用的到底是伦理道德上的诚信原则理念,还是法律条款上的诚信原则规范。如果是伦理道德上的原则或理念,就不能成为司法裁判的直接依据。如果伦理原则或道德理念能够直接成为裁判案件的依据的话,几乎可以夸张地说,所有的法律条文都是多余的,仅用一个"诚信原则"就可以裁判所有的案件! 所有的违约、违法和犯罪,某种意义上都是"违反诚信"的行为。这种用诚信原则"包打天下"的做法,显然不妥;如果是法律条款上的诚信原则规范,就又回到了前面的第二点疑问,即是民法还是民诉法上的诚信条款问题。

总之,本案中对诚信原则的适用,既像在适用民法的诚信原则,从实体权利义务的角度来间接否定该和解协议内容上的效力;又像在适用民诉法的诚信原则,从"禁反言"的角度来直接否定该和解协议形式上的效力;还像在适用伦理道

---

① 贺剑:《诉讼和解的实体法基础——评最高人民法院指导案例 2 号》,载《法学》2013 年第 3 期。其他关于"吴梅案"的研究论文还可见:吴泽勇:《"吴梅案"与判决后和解的处理机制——兼与王亚新教授商榷》,载《法学研究》2013 年第 1 期;隋彭生:《诉讼外和解协议的生效与解除——对最高人民法院〈指导案例 2 号〉的实体法解释》,载《中国政法大学学报》2012 年第 4 期;何国强:《论民事诉讼二审中和解协议的性质——最高人民法院 2 号指导性案例评析》,载《北方法学》2012 年第 4 期。因为本文主题的缘故,兹不一一例举,或有疏漏,敬请海涵。

德上的诚信原则(理念),①从伦理道德的角度来全盘否定该和解协议,从形式到内容上的所有效力,给人的感觉,有点"像雾像雨又像风"。

当然,本案不管是将理念上的诚信原则,还是条款上的诚信原则,适用于和解协议的无效处理,也并非完全没有道理。因为一则和解协议虽然从外观上看也是一种"协议"或"合同",但它毕竟是为了解决纠纷而在纠纷解决过程中达成的"合同"。它不同于《中华人民共和国合同法》中规定的民事实体意义上的一般性合同,只能说是与人民调解协议一样——"具有民事合同性质",②并非实体生活中真正意义上的民事合同。对于和解协议这种特殊的"合同",不能直接援用合同法的规定进行裁判,但可以利用诚信原则的模糊性和概括性来进行裁判。

尽管如此,该案如果适用诚信原则,一则当时因民诉法诚信原则条款尚未出台而于法无据,二则可能没有充分利用既有的制度资源——原《民诉法》第207条第2款,即新《民诉法》第230条第2款中关于"一方当事人不履行和解协议的,人民法院可以根据对方当事人的申请,恢复对原生效法律文书的执行"的规定。这里之所以说是"可能没有充分利用",该规定针对的是执行过程中的和解协议,而本案的和解协议并非执行过程中的和解协议。

(二)理论上长期对民诉法诚信原则"适用主体"的混淆和误读

长期以来,我国民诉法学界大多认为民事诉讼中的诚实信用原则,不仅适用于当事人和其他诉讼参与人之间,而且适用于当事人、诉讼参与人与法院之间。一些权威的民诉法教材和论著,也将民事诉讼中的诚信原则界定为:"在民事诉讼中,法院、当事人以及其他诉讼参与人在审理民事案件和进行民事诉讼时应当公正、诚实和善意。"③

这些观点和界定当然没错,不管有无立法上的条款规定,所有民事诉讼主体至少从理念上讲,都应当遵守诚实信用原则,这是毋庸置疑的。只要有人类交往的地方,就应当讲诚信,何况是在诉讼中?!

---

① 伦理上的诚信原则更多的只是一种理念,不能直接援引作为裁判的法律依据,只能作为自由裁量的法理依据;而写入法律条款的诚信原则,在理念之外,还具有予以适用的裁判规范功能,是直接的法律依据。

② 见2002年最高人民法院《关于审理涉及人民调解协议的民事案件的若干规定》第1条的规定。

③ 江伟:《民事诉讼法学》,北京大学出版社2003年第3版,第49页。类似的观点和表述可见:王福华:《民事诉讼法学》,清华大学出版社2012年版,第52页;王福华:《民事诉讼基本结构——诉权与审判权的对峙和调和》,中国检察出版社2002年版,第224~239页;江伟:《民事诉讼法专论》,中国人民大学出版社2005年版,第104~107页;刘荣军:《程序保障的理论视角》,法律出版社1999年版,第213页;张卫平:《民事诉讼法教程》,法律出版社1998年版,第79页以下。

问题是，大家在讨论这些问题时，有意无意地混淆了"适用"、"规范"、"制约"、"约束"等术语之间的区别。尤其是将表示司法裁判活动的"法的适用"，①与日常生活中表示"适合使用"的适用混为一谈，②使人分不出是在谈民诉法诚信原则的裁判功能，还是在谈它的理念或者伦理功能。③ 诚信原则的理念或伦理功能当然是毋庸置疑的，但诚信原则的裁判功能，则对民诉本案中的法院和法官显然无法予以适用和约束。法院和法官本身就是本案中的裁判者，诚信原则只是裁判者在对当事人和诉讼参与人的诉讼程序性权利义务予以衡平时的工具，它不可能也没必要，被用来适用于法院和法官自身。真正司法意义上的"裁判裁判者"，在民诉本案中是不可能的。

不仅如此，大家还往往忽视了"适用主体"、"适用对象"、"规范主体"等术语之间的区别。汤维建教授将民诉法诚信原则的规范主体扩展到法院，并且将其作为对法院行使审判权的一个约束性原则的做法，称为"我国民事诉讼法学理论的创造和发展"。同时他认为："在规范主体上将诉讼法上的诚信原则做普适化的理解和把握是有其必要性的，这不仅因为法院需要借助诚信原则对诉讼利益关系作出动态的平衡，同时从司法监督机制上说，也需要利用诚信原则对法院恰当地行使审判权予以规范和制约。"④

这种不甚统一的表达，有时会让人认为民诉法的诚信原则条款，是一个无所不能、无所不包的法律基本原则条款：它既可能是一种理念，也可能是一种条文；可以被法院和法官用来裁判案件，也可以反过来对法院和法官的自由裁量行为进行"裁判"，从而混淆了诚信原则对当事人和诉讼参与人"行为的裁判功能"与对法院和法官"良心的指引功能"。

于是乎，人皆论诚信，但各人所指的"诚信原则"及其"适用"、"制约"、"约束"、"规范"等，却具有不同的指称和含义。如此一来，好像诚信是个"筐"，什么

---

① 我国法学界的共识是，"法的适用"即司法，与"法的执行"即狭义上的行政执法，以及与"法的遵守"一样，分别为法律实施的三种方式之一。法的适用是指司法机关（包括人民法院和人民检察院）依照法定职权和程序，具体适用法律处理各种案件的专门活动。法理学的全国统编本科教材、国家司法考试大纲及其辅导书、全国法律硕士联考的考试大纲及其相关的辅导资料等，也基本上都是从这种意义上理解法的"适用"的。这也直接反映在最高人民法院的有关"适用意见"、"适用规定"、"适用解释"等司法解释的文本名称，以及最高人民法院的机关刊物《法律适用》的刊名上。

② 中国社会科学院语言研究所词典编辑室编：《现代汉语词典》，商务印书馆2005年第5版，第1250页。

③ 鉴于此，在法律活动或法学文献中，应尽量使用专门的法律术语"适用"一词，意指援引法律条款而进行的司法活动，应尽量避免日常生活中"适合使用"的表达。

④ 汤维建：《论民事诉讼中的诚信原则》，载《法学家》2003年第3期。

都能装。

二、民诉法诚信原则的适用：主体、对象、范围和条件

民诉法诚信原则条款的适用，主体是法院和法官，对象是民诉本案中的当事人和诉讼参与人，包括作为当事人或诉讼参与人身份参加到诉讼中的检察院和检察官，范围是诉讼程序性权利和义务，条件是在法律的模糊或空白地带适用，避免"躲入一般条款"。

(一)适用主体：在民诉本案中只能是法院和法官

作为司法专门活动的法律适用而言，民诉法诚信原则的适用主体，在民诉本案中只能是审理、裁判案件的法院和法官。但在审判监督和再审程序中，还可以包括决定再审的上级人民法院和法官，以及依法提起抗诉监督的人民检察院和检察官。但鉴于诚信原则的模糊性，对于人民检察院的抗诉监督和人民法院依职权决定的再审，不宜以原审法院和法官违背诚信原则为由而提起，而应参照当事人申请再审的法定再审事由而提起。因为审查法院是否"失信"没有标准可循，不能成为提起再审的事由。按照我国现行法的规定，再审事由一般集中在证据、程序、法律适用或者审判人员贪赃枉法等方面"有据可查"的重大瑕疵，而没有抽象的所谓"法官失信"这样一种再审事由。

民诉本案中的法院和法官，只能是民诉法诚信原则的适用主体，而非适用对象。法院和法官不可能在本案中自己裁判自己。

所谓法官诚信，就是依据民诉法的诚信原则条款，公平、诚实、善意地在法律的空白地带，行使自由裁量权，对当事人之间的诉讼（程序性）权利义务进行衡平。一方面，如果在诉讼中出现了民诉法没有规定的程序问题，法院可以根据诚信原则行使公平裁量权，直接对当事人的诉讼权利义务进行调整。① 另一方面，法官在法律有欠缺或不完备而为漏洞补充时，亦须以诚实信用原则为最高准则予以补充，其造法始不致发生偏差。② 质言之，法官诚信就是依良心审判，就是以法官的诚信来衡量当事人和诉讼参与人的诚信。③

(二)适用对象：在民诉本案中只能是当事人和诉讼参与人

民诉法诚信原则在民诉本案中，作为法律裁判活动，只能适用于当事人和诉讼参与人，包括作为当事人或诉讼参与人身份参加诉讼的人民检察院和检察官。但在民事上诉和再审程序，或者法官惩戒的案件中，则可以包括原审法院和法官

---

① 王福华：《民事诉讼诚实信用原则论》，载《法商研究》1999年第4期。
② 梁慧星：《诚实信用原则与漏洞补充》，载《法学研究》1994年第2期。
③ 唐东楚：《诉讼主体诚信论：以民事诉讼诚信原则立法为中心》，光明日报出版社2011年版，第120页。

的失信行为。

与民诉法诚信原则普遍适用于当事人所不同的是,其是否适用于法院或者法官,在理论上却历来存在争论。日本和德国的争论,其实都是围绕其是否"适合使用"于法院和法官的问题,并未突出其作为法律专门活动的"适用"问题。①无论如何,迄今世界上还没有一个国家,在民事诉讼法上明文规定所谓"法官应当遵守诚信原则"的。

法院和法官在民诉案件中,并非法律适用的对象,而是法律适用的主体。诚信原则在本案中对于法官的制约,只能是内心的,即对法官良心的约束,不可能外化为裁判规范而对法官的审判行为予以制约。如果一味坚持诚信原则对于民诉案件中法官行为的裁判和制约功能,不仅违背了本案中"法官之上没有法官"的常识,而且对法官的诚信审查由于缺乏可资操作的具体标准,也会经常面对既不诚信也不失信的"中间地带",给个别法官的谎言和冷漠提供了"余地",反而降低了法官的职业伦理要求,不利于法官素质的提高。

(三)适用范围:只能是程序性的权利义务

与民法诚信原则只能调整生活中的实体性权利义务一样,民诉法诚信原则条款也只能调整诉讼中的程序性权利和义务。否则,就没有民诉法诚信原则单独立法的必要,体现不出民法和民诉法的区别和分工。

法官对当事人在诉讼程序中的非诚信行为,只能判定当事人承担证据实权、答辩失权或其他民事制裁的法律后果,不能直接裁判当事人承担实体利益上的败诉后果。当事人在实体利益上的不利后果,是通过程序上的失权制度而达致的。当事人在诉讼中的非诚信行为,不能成为判断其在诉讼前实体权利义务真相的依据。

私法秩序和民事诉讼是民事实体法和民事诉讼法共同作用的"场",法官在运用民事诉讼(程序)法的法律规范的同时,也在运用民事实体法的法律规范。诚信原则授予法官在实体问题上的自由裁量权,这种功能可以而且已经由民事实体法达成,并不依赖民事诉讼法的规定。

(四)适用条件:只能是法律没有明确规定的"空白地带"

民诉法诚信原则不仅具有基本原则的抽象性和概括性,而且比其他民诉法基本原则带有更多的伦理道德性,所以法院和法官在适用它裁判案件时,不仅要考虑它作为民诉法基本原则规范的抽象性、概括性、指导性和补漏性,还要考虑

---

① [日]谷口安平:《民事诉讼中的诚实信义原则》,载《程序的正义与诉讼》,王亚新、刘荣军译,中国政法大学出版社1996年版,第141、144页;[德]博克哈德·汉斯:《德国和奥地利的程序滥用制度》,张艳译,载陈光中、江伟主编:《诉讼法论丛》(第六卷),法律出版社2001年版,第742页。

它自身的模糊性和伦理道德性。

法官只有在法律没有明文规定,或者法律明文规定之间互有冲突,或者本应适用当事人关于诉讼程序性权利义务的约定或法律规定,却因时过境迁等因素而显失公平时,才能适用民诉法诚信原则予以裁判。民诉法诚信原则的适用空间,只能是法律的模糊或者"空白地带",而且必须让位于民诉法的具体程序规则或硬性规定,让位于平等、辩论和处分原则等"更大的原则"。适用诚信原则裁判案件,本身就具有一定的"造法"性质,所以需要特别谨慎和具备高超的司法素养、能力和技巧。

适用民诉法诚信原则裁判案件,应当避免两个极端:一是借口法无明文规定而拒绝或拖延裁判案件;二是弃民诉法的具体规定和平等、辩论、处分原则而不顾,直接援引诚信原则对当事人和参与人的诉讼权利义务作出裁判。前者恰恰是诚信原则可以发挥裁判功能的地方,后者即所谓的"躲入一般条款"。

梁慧星先生在谈到诚信原则时认为,其实质就在于授予法院和法官的自由裁量权,他并且引用台湾地区学者蔡章麟和大陆学者徐国栋先生的观点认为:诚信原则是给法官的空白委任状,意味着承认司法活动的创造性与能动性。[①] 但值得注意的是,诚信原则并非法官自由裁量权存在的原因,而仅为一指引工具,它指引着法官依凭诚信,而对案件进行自由裁量。

换言之,将诚信原则的指引功能说成是"授予法官自由裁量权",是建立在成文法已经存在局限性,法官客观上已经拥有自由裁量权的前提基础之上的。这种"授予",并非裁量权的权力来源,而是行使裁量权时的指引工具或正当化依据。

三、民诉法诚信原则的实施:正确理解、诚信适用和自觉遵守

法的实施是指法在社会生活中被人们实际地遵守、适用和执行。民诉法诚信原则条款的实施,前提是正确理解,目的是自觉遵守,重点是法院和法官的诚信适用。

(一)正确理解

《民诉法》第13条第1款规定"民事诉讼应当遵循诚实信用原则",可谓明智的选择。

首先,就立法背景和立法目的而言,本次民诉法修改将诚信原则法典化,是面对国际国内的时代背景和社会需要而作出的选择。就国际而言,协动型民事诉讼的兴起,讲究民事诉讼中的"合作"和"沟通",正好迎合了我国建设和谐社会与和谐司法的吁求,要求当事人进行民事诉讼应当诚实信用地予以协力。就国

[①] 梁慧星:《民法解释学》(修订版),中国政法大学出版社2000年版,第300页。

内而言,我国社会处在转型时期,面对前所未有的诚信危机,需要民事诉讼在社会诚信方面予以引领和规制。近年来国内民事诉讼实践中出现了恶意或者虚假诉讼、恶意逃债等,甚至还出现了个别法官与当事人恶意串通损害国家、社会公共利益和第三人利益的现象。此次诚信原则入民诉法,正好是将诉讼诚信的伦理义务上升为法律要求,正如汤维建教授总结的那样:"是中国民事诉讼法进入到新时期后必然产生的具有时代色彩的诉讼伦理原则,是善意诉讼、真实诉讼、协同诉讼、有道德地进行诉讼的法律化要求。"①

其次,就立法体例而言,本次民诉法修改,不仅将诚信原则以基本原则的方式予以明文规定,而且将其在具体的制度安排中予以落实。为此新增了虚假诉讼、虚假调解、虚假仲裁、虚假执行等的法律后果和制裁等,而且还专门新增了第三人撤销之诉,以防止和救济可能发生的恶意生效裁判对第三人的权利侵害。同时,这种基本原则的精神,还在举证时效制度、默示协议管辖等新规中得以间接体现。

再次,就适用对象而言,如果仅从该条款的字面上看,"民事诉讼应当遵循诚实信用原则",似乎意味着它将适用于所有的诉讼主体,包括当事人、法院和所有的诉讼参与人。但从该条款在整个法典中的位置上来看,又似乎意味着它主要是指当事人之间应当诚信地进行诉讼。此次民诉法修改之前的第13条,本来就是规定当事人处分权原则的,这次修改将原来的处分权原则变成了现在的该条第2款,而在该条第1款规定了诚信原则。这样是否意味着诚信原则只适用于当事人而不适用于法院,尚不得而知,学界对此多有疑问。② 按照张卫平教授的理解,诚信原则的适用对象主要还是当事人:"从条文的设计布局可以看出,虽然诚实信用原则的适用没有诉讼主体范围的限制,但其重点在于规范当事人的诉讼行为。"③

2012年民诉法修改草案第2稿,原本是将诚信原则放在处分原则之下的第2款,并且只规定了当事人的诚信原则,即"当事人行使诉讼权利应当遵循诚实信用原则"。最后通过的正式版本,才将其放在第1款,并且没有刻意写明当事人或者法院、法官应当诚信,只是笼统地写"民事诉讼"应当遵循诚信原则,而将原来的处分权原则,原封不动地放到了现在的第2款。这次民诉法修改之前,学者拟就的《〈中华人民共和国民事诉讼法〉修改建议稿(第3稿)》在第11条"诚实信用原则"里,也只规定了当事人应当遵守诚信原则,而没有规定人民法院应当

---

① 汤维建:《诚信原则入民诉法彰显时代色彩》,载《法制日报》2012年9月4日。
② 陈刚:《日本民事诉讼法上诚实信义原则之解读》,载《清华法学》2012年第6期。
③ 张卫平:《民事诉讼中的诚实信用原则》,载《法律科学》(西北政法大学学报)2012年第6期。

遵守诚信原则,对人民法院的规定是"公正而迅速地审理案件,不得滥用自有裁量权"。① 但这次民诉法修改规定诚信原则的目的,似乎既不是为了防止当事人滥用诉讼权利,也不是为了防止人民法院滥用自由裁量权。其主要目的是为了遏制虚假诉讼或者恶意逃债,而不是为了强化正常诉讼中当事人和法院的诚信义务。

不管如何,本次立法既涵括了法官诚信的理念,又避免了适用条款上"法官应当诚信"的表述,没有在"法院和法官诚信原则"方面冒失立法,与国际上民诉法诚信原则立法的总体趋势是相符合的。②

最后,就适用方法而言,民诉法的基本原则能否成为裁判的直接依据,学界对此早有争论。即便能予以适用,也应当遵循"特别法优于一般法"的法理,优先适用具体可操作性的条款,比如前述现行《民诉法》第 112 条、第 113 条关于恶意诉讼、恶意逃债的规定,而不得直接适用诚信原则予以裁判,否则就会坠入向一般条款的逃避。所以"在立法已经作出相关规定的情况下,如何通过一个个具体的案件处理去解释适用这项原则并丰富发展其内容,将成为我们今后面临的主要挑战"。③

(二)诚信适用

立法以后就是裁判适用和自觉遵守的问题。法院和法官对诚信原则的自觉遵守义务是没有问题的,但这种义务并不必然导致其成为法律适用的对象,至少在民诉本案中,是既无必要也不可能的。

民诉本案中法院和法官所能做的,就是自觉遵守和诚信适用《民诉法》第 13 条第 1 款关于诚信原则的规定。而且这种适用,恰恰是民诉法诚信原则实施的重点。因为自觉遵守重在内在的心理制约,而法律适用则重在外在的行为规制。法官适用诚信原则条款判案,实质上就是以法官的诚信来衡量案件当事人和诉

---

① 该条规定:"在诉讼过程中当事人应当遵守诚实信用原则,善意地进行诉讼,不得滥用诉讼权利;人民法院应当公正而迅速地审理案件,不得滥用自由裁量权;违反前二款规定的诉讼行为无效,并依照本法和其他法律的规定承担责任。"司法部重点科研项目《民事诉讼法典的修改与完善》课题组、江伟等:《〈中华人民共和国民事诉讼法〉修改建议稿(第 3 稿)及立法理由》,人民法院出版社 2005 年版,第 11、93 页。

② 以日本和韩国等对诚信原则明示立法的国家为例,日本《民事诉讼法》第 2 条规定"当事人进行民事诉讼,应以诚实信用为之";韩国《民事诉讼法》第 1 条规定"法院应为诉讼程序公正、迅速以及经济地进行而努力,当事人及诉讼关系人应当遵从信义,诚实地予以协力"。

③ 王亚新:《我国新民事诉讼法与诚实信用原则——以日本民事诉讼立法经过及司法实务为参照》,载《比较法研究》2012 年第 5 期。

讼参与人的诚信。没有法官诚信，就没有司法的能动性。① 根据徐国栋先生的研究，诉讼法领域的法官诚信即所谓的裁判诚信，早在罗马法中就已存在。它首先表现在裁判官运用自己的权威解决疑难案件的过程中，其中对自由裁量权的运用就是所谓的"裁判诚信"，它也暗含着裁判官在运用自由裁量时，要遵循正义的行为标准。但在后来诉讼法与实体法的分野和演变过程中，裁判诚信被作为主观诚信（善意）和客观诚信（行为）的诉讼运作方式，而丧失了其独立存在的基础。②

鉴于适用诚信原则判案往往具有一定的"造法"性质，而我国并不具备法官造法的传统和制度条件，所以为了使《民诉法》第13条第1款不致成为睡眠条款，建议法院和法官在遇到当事人明显不诚信而不利用该条款就无法判案时，利用原有的疑难案件审判层报制度，和最高人民法院批复的方式进行处理，并由最高人民法院事后以指导案例的形式，加以整理和发布。这样不仅可以解决一些疑难新奇案件，而且可以从中发展出新的裁判规则，避免民诉法诚信原则条款的滥用和误用。

(三) 自觉遵守

民诉法诚信原则的自觉遵守，即所有的诉讼主体都应当在整个诉讼过程中，自觉做到真实不欺、言而有信。这种遵守并不仅仅取决于法律的强制，它不仅是对法律上诚信原则的遵守，而且是对伦理上诚信原则的遵守，是一种发自内心的自觉行动。比如法官在谨慎、诚信地适用民诉法诚信原则判案时，就应当本着诚信的心态进行自由裁量，因为"适用法律原则的最终目的并不在于释放法官造法的自由，而始终是为法官搭建一个向法律表达忠诚的舞台"。③

值得注意的是，没有哪个国家的法律可以允许法官不诚信，也没有人会相信一个不诚信的法官会作出公正的裁判。我国法官法虽然没有规定形式意义的上"诚信"，但从实质意义上看，对法官的诚信要求可谓无处不在。所以，法院和法官也应当自觉遵守民诉法的诚信原则，但这并不意味着，民诉本案中的法院和法官可以成为民诉法诚信原则的适用对象。那种认为可以利用诚信原则裁判，来制约法院和法官的审判行为的想法，至少在民诉本案中，是不切实际的臆想。

---

① 陈朝阳：《中国司法能动性逻辑假设的破解：法官之诚信诉讼》，载《华东政法学院学报》2005年第6期。
② 徐国栋：《诚实信用原则研究》，中国人民大学出版社2002年版，第10~12页。
③ 郭卫华：《"找法"与"造法"——法官适用法律的方法》，法律出版社2005年，第2页。转引自曲升霞：《论裁判诚信——民事实体法与诉讼法关系的另类解读》，中国民诉法学研究会2007年年会提交论文。

结　语

　　民诉法诚信原则主要是针对当事人和其他诉讼参与人的。除了对法官具有良心指引和约束的作用以外,诚信原则在作为裁判文书援引依据的功能上,既不能不授予,也不能制约法官对于实体问题和程序事项的自由裁量权。民诉活动中"法官诚信"的理想,主要靠民诉法的刚性程序和法官法的资质惩戒等加以保证,它不需要也不可能,由一个抽象的、作为民诉法基本原则的诚信原则达成。作为法律专门活动的法律适用而言,民诉法诚信原则不能"适用"于法官,这在我国当前的法治背景中,尤其值得引起注意和深思,否则就会使该原则在法律实践中处于"要么没用、要么滥用"的境地。

诚信原则的具象化与禁反言规则的中国式建构

■ 郭翔*

摘　要　在《民事诉讼法》确立了诚信原则之后，普遍认为可以通过禁反言来具体适用诚信原则。禁反言是源于英美法的一项重要理论。它既是一种观念，也是具有若干表现形式的具体制度。虽然因制度环境不同，英美法的禁反言规则无法直接引入我国，但通过分析英美法上各类禁反言规则的构成要素，可以明确建构中国民事禁反言规则的基本路径，即根据诚信原则形成我国的禁反言观念，然后结合具体的民事诉讼制度，在禁反言观念下形成能满足司法实践需要的禁反言规则，从而在基本原则与具体制度之间显现出"诚信原则—禁反言观念—禁反言规则"这样一种关系。

关键词　民事诉讼　诚信原则　禁反言　规范形成

2012 年新修订的《民事诉讼法》已经于 2013 年 1 月 1 日正式适用。在过去的一年中，围绕新《民事诉讼法》中包括诚信原则在内的若干条文的理解与适用，学界和实务界已经进行了广泛的讨论，相关的司法解释也在制定中。就讨论较多的《民事诉讼法》第 13 条即诚信原则的规定而言，《全国人民代表大会常务委员会关于修改〈中华人民共和国民事诉讼法〉的决定》通过前后，人们关注的重点已经发生了重大变化。在修正案通过前，讨论的重点是诚信原则应不应当在立法上明确规定以及怎样进行立法表述。现在被重点关注的则是如何根据目前的司法现状去理解和适用第 13 条对诚信原则的规定。

就这个方面而言，通过禁反言来具体适用诚信原则，基本上成为立法界、学者和司法实务部门的共识。不过对于如何形成中国化的民事禁反言规则，人们却没有展开讨论。考虑到禁反言是源于英美法系的一项原理，内容极为复杂，并且其在英美的适用环境与我国目前的情况有很大的差异。因此，作为前瞻性研究，有必要结合诚信原则具体适用这一背景，就如何形成我国的民事禁反言理论和制度进行分析。

---

* 郭翔，北京师范大学法学院副教授，法学博士。

一、诚信原则法定化与禁反言理论的提出

作为对现实中各种不诚信诉讼行为的回应,2012年修订《民事诉讼法》时,在第13条中增加了一款,规定"民事诉讼应当遵循诚实信用原则"。由此在我国民事诉讼中,以立法的方式确立了作为民事诉讼基本原则的诚实信用原则。

诚实信用原本是一项道德要求,①在《民事诉讼法》明确规定了诚实信用原则以后,人们必须要考虑如何将其法律化,使之成为一种法律上的要求。到目前为止,围绕诚信原则的理解和适用,人们已经进行了广泛的讨论,并且对于诚信原则中的某些内容,至今仍然有争议。例如对于诚信原则的适用主体,部分学者受民法上诚信原则的影响,认为只适用于当事人,并不适用于法官。但绝大多数学者结合《民事诉讼法》规定诚信原则的现实原因,提出诚信原则应广泛适用于参与民事诉讼的一切人,包括当事人、法官和其他诉讼参与人都适用诚信原则。事实上,诚信原则的适用主体方面的争议还直接影响了对诚信原则概念如何进行定义。不过在诚信原则的理解上,也存在一定的共识。例如学界普遍认为,禁反言是诚信原则的表现方式,并且需要通过禁反言来具体适用诚信原则。

按照目前的权威观点,禁反言是指一方当事人在诉讼外或者诉讼中的言行已使对方当事人产生某种合理的期待,当对方当事人按照此期待行为时,一方当事人却作出与此前自己的言行相反或相矛盾的言行,对于侵害了对方当事人利益的这种言行,可依诚信原则对其法律效果予以否定。②

按照这一定义,可以认为在2012年《民事诉讼法》修改前后,虽然立法上没有明确规定禁反言规则,但我国司法实务中已经有了属于禁反言的实践。这主要体现在最高人民法院的司法解释和指导性案件对自认撤回之限制、应诉管辖以及上诉撤回之效果的规定中。

(1)对自认撤回之限制。由于自认后的事实将产生免于举证的效果,因此法院通常不允许当事人撤回所作的自认。事实上,如果将当事人的自认看作是在先的行为,将自认的撤回看作是在后的行为,当两个行为的内容矛盾时,不允许当事人撤回所作的自认就已经具有禁反言的意思。从这个角度看,最高人民法院《关于民事诉讼证据的若干规定》第8条的规定,即只有在经对方当事人同

---

① 徐国栋:《民法基本原则解释——诚信原则的历史、实务、法理研究》,北京大学出版社2013年版,第43页。

② 这个定义最初是由王亚新教授提出的。见王亚新:《我国新民事诉讼法与诚实信用原则——以日本民事诉讼立法经过及司法实务为参照》,载《比较法研究》2012年第5期。后来这个定义被2013年司法考试的权威教材所采纳,见国家司法考试辅导用书编辑委员会编:《2013年国家司法考试辅导用书》(第3卷),法律出版社2013年版,第580页。考虑到司法考试在我国有推广学说和观点的实际功能,因此将这个定义称为权威定义。

意,或者有充分证据证明其承认行为是在受胁迫或者重大误解情况下作出且与事实不符时,法院才允许当事人在法庭辩论终结前撤回自认。实际上可以将其看作是有关禁反言的规定。

(2)应诉管辖。其效果是当原告向原本没有管辖权的法院起诉之后,如果被告未提出管辖异议,并应诉答辩,将会使该法院获得管辖权。这就意味着被告不得再否认本院无地域管辖权。早在2012年《民事诉讼法》修改确立应诉管辖制度之前,司法实践中已经承认某些类型的案件,可因被告应诉答辩而使法院获得管辖权,如有仲裁协议的案件。司法实践中的这种做法也具有禁反言的意思。

(3)上诉撤回之效果。上诉可以分为两种基本模式:权利上诉和审查上诉。① 不同之处在于按照前者,上诉人实施上诉行为后即产生上诉效果;按照后者,上诉行为只有经过法院审查才产生上诉效果。《民事诉讼法》第167条规定:"原审人民法院收到上诉状、答辩状,应当在五日内连同全部案卷和证据,报送第二审人民法院。"这说明,我国实际上采取的是权利上诉模式。这也就导致我国上诉程序的启动,与一审程序的启动不同,当事人提交完上诉状后,原则上上诉程序就启动了。不过由此导致的问题是上诉人撤回上诉之后,上诉权是否还存在。如果采取审查上诉模式,这基本上不存在问题。因为即使当事人有上诉权,在审查上诉模式下,法院也可以自由裁量是否启动上诉程序。但在权利上诉模式下,如果当事人有上诉权,再次上诉行为就必然启动上诉程序。对于这个问题,虽然立法上没有明确的态度,但最高人民法院《指导案例2号》给出的答案是"一方当事人申请撤回上诉,经法院审查同意的,二审程序终止,一审判决生效"。《指导案例2号》明确了撤回上诉之后,上诉人不得再实施相反的行为。可以说《指导案例2号》是对当事人撤回上诉行为的禁反言处理。

当然我国的上述做法被看作是禁反言的实践,在很大程度上取决于人们对禁反言的定义。如果对禁反言定义做一定的调整,会有更多的情况可以被认为是禁反言发挥作用的表现,或者上述情况中的部分情形根据调整后的禁反言定义,将被排除在外。因此,笔者认为在禁反言原理尚未在我国形成共识的前提下,弄清楚禁反言的内涵与外延,是对禁反言原理展开研究的基本前提。

禁反言理论,并不是我国学者首创。如同我国民事诉讼中的诚信原则,事实上受到了日本民事诉讼中诚信原则影响一样,我国学者在论及禁反言时,或多或少都会提及日本学者在这方面的研究,并受其影响。归纳日本的禁反言原理,有两个显然的特点:(1)主要是针对前后的矛盾行为。通常认为,日本民事诉讼中禁反言规则包括三个方面的要求:其一,当事人在诉讼中实施了与之前(诉讼中

---

① 笔者的这一分类主要受美国民事上诉制度的启发,有关这方面的资料,可参见陈杭平:《比较法视野中的中国民事审级制度改革》,载《华东政法大学学报》2012年第4期。

或诉讼外)诉讼行为相矛盾的行为;其二,在对方信赖的前提下,作出了违反承诺的行为;其三,给信赖其先行行为的对方造成了不利。①

(2)禁反言与争点效是不同的。争点效是指前诉中,被双方当事人作为主要争点争执过,并且被法院审理和判断过的同一争点,在后诉审理时作为先决问题出现时,前诉法院对该争点的判断,会产生不允许当事人提出相反主张或者举证的效力,也会产生不允许后诉法院做矛盾判断的效力。禁反言与争点效都是以诚信原则为基础的,②并且都强调之前行为对之后行为的约束效果,即之后的行为不能与之前的行为相矛盾。但两者并不相同。一个明显的区别在于禁反言是直接强调前行为对后行为的约束力,有约束力的是前行为本身。而争点效是通过确认前行为的裁判来约束之后的行为,即对后行为产生作用的,并不是前行为本身,而是确认前行为的裁判。由于争点效发挥作用是以有针对前行为的裁判为必要条件的,当没有这类裁判存在时,争点效无法发挥作用,因此通常认为在争点效无法发挥作用时,禁反言却可以发挥作用。③

如果要根据日本的禁反言理论来形成我国的禁反言理论,有一点必须要明确:在日本民事诉讼中,禁反言与争点效是完全不同的。两者的区分是以民事诉讼中所确立的既判力理论为前提的。这种区分对于我国来讲,完全只具有借鉴意义而没有操作的可能,毕竟在我国目前的情况下,既判力理论并没有被完全承认。④ 因此,在我国民事诉讼中,是否需要或者说完全能够将争点效排除在禁反言理论之外,需要谨慎考虑。

事实上,日本的禁反言理论是受美国法影响提出的,并且日本的禁反言理论已经对美国的禁反言理论进行了肢解和分类:日本民事诉讼中的禁反言理论,大体上只相当于英美法中的行为上禁反言;而日本民事诉讼中的争点效理论,则仅相当于英美法中作为裁判上禁反言组成部分之一的争点禁反言。为了更为完整地了解禁反言的体系构成,应当将考查的范围拓宽,将英美法的禁反言也纳入到我国参考和借鉴的视野内。英美法上的禁反言历史悠久,经历了禁反言理念的提出到具体禁反言规则形成等一系列的发展和演变过程,到目前为止英美的禁反言表现形式非常丰富,适用情形也十分完备,相比主要是理论上讨论、较少有司法实践的日本禁反言来讲,考查英美法的禁反言,更能直观地感受到司法实践中禁反言运行的实况以及可能遇到的各种问题。

---

① 张卫平:《民事诉讼中的诚实信用原则》,载《法律科学》2012年第6期。
② [日]新堂幸司:《新民事诉讼法》,林剑锋译,法律出版社2008年版,第493页。
③ [日]高桥宏志:《民事诉讼法:制度与理论的深层分析》,法律出版社2003年版,第529页。
④ 张卫平:《中国第三人撤销之诉的制度构成与适用》,载《中外法学》2013年第1期。

二、英美禁反言要求的产生与表现形式

(一)禁反言要求的产生

英国的法律制度是一个混合体,它深受日耳曼法、罗马法、教会法的影响。但作为普通法系代表并且对美国法产生了深远影响的英国法,事实上却只适用于英格兰和威尔士,北爱尔兰、苏格兰、英吉利海峡诸岛、马恩岛等都不适用"英国法"。① 大多数学者对英国法的研究始于5世纪盎格鲁·撒克逊开始统治英国的时代。虽然在这之前英国曾受罗马法的影响,因为早在公元前55年,恺撒就远征不列颠岛,并于公元前82年设总督管理不列颠岛,其统治直到西罗马帝国灭亡。在这400多年间,罗马法适用于不列颠岛。但是随着日耳曼人中的盎格鲁·撒克逊部入侵不列颠岛,罗马法的这种影响几乎被破坏殆尽。②

法制史学家一般将盎格鲁撒克逊时代的英国法看作是古代英国法律制度,③不过盎格鲁撒克逊时代的英国法几乎没有受到当时土著居民法律和习惯的影响,而是在原盎格鲁撒克逊部落习惯的基础上,结合入侵英国以后的社会发展现实创造、发展起来的。④ 这一时期包括争点禁反言在内的许多日耳曼法律观念被带来了英国。事实上,今天普通法的许多具体规则都源于古日耳曼。⑤禁反言制度就是如此。

英美法中的禁反言(estoppel),据大法官科克(Lord Coke)考证,是由法文"estoupe"与英文"stopped"结合而来。⑥但禁反言在起源上,又深受古日耳曼的影响。在古日耳曼法中,有记录在案禁反言原则(the Germanic common-law doctrine of estoppel by record)。⑦ 记录在案禁反言原则,最初是一种完全产生于当事人答辩状(allegation)的禁反言。具体来讲,陪审团裁决过的所有争议事项都会产生禁反言。当事人在诉答文书中以明示或者默示方式承认过的事项也会产生禁反言,陪审团可以根据这些事项作出不利于承认该事项当事人的陪审

---

① [法]勒内·达维德:《当代主要法律体系》,漆竹生译,上海译文出版社1984年版,第291页。
② [日]宫本英雄:《英吉利法研究》,骆通译,中国政法大学出版社2004年版,第99页。
③ 程汉大主编:《英国法制史》,齐鲁书社2001年版,第11页。
④ 何勤华主编:《英国法律发达史》,法律出版社1999年版,第10~11页。
⑤ [英]R.C.范卡内冈:《英国普通法的诞生》,李红梅译,中国政法大学出版社2003年版,译者序第4页。
⑥ Bryan A. Garner, *Black's Law Dictionary*, St. Paul, Minn.: West Group, 2004, p.570.
⑦ Robert W. Millar, The Premises of the Judgment as Res Judicata in Continental and Anglo-American Law, *Mich. L. Rev.* Vol. 39 (1940), p.238.

团裁决。最后,通过判决使这些禁反言获得法律效力。

英美法中的禁反言,其核心要求是禁止任意否定之前作出的表示或者行为。据考证,英美法的禁反言有很强的道德伦理色彩,主要目的在于保护对方当事人的信赖利益。其道德基础有三个:恪守诺言、不说谎、禁止出尔反尔。这三个方面,正好与诚信原则的要求一致。① 事实上,目前英美法上的禁反言,并不是一种纯粹的道德要求。在长期的历史中,禁反言要求已经与法律制度相互作用,形成了与道德要求相区别的禁反言制度。

(二)禁反言的表现形式

英美法中的禁反言,由哪一些具体制度构成,事实上是有争议的。有学者认为,英美法中的禁反言,主要包括诉因禁反言(cause of action estoppel)、争点禁反言(issue estoppel)、法律禁反言(the law of case)和裁判禁反言(judicial estoppel)。② 也有学者认为,英美法中的禁反言,包括行为上的禁反言、既判事项禁反言和基于善意信赖而提出的肯定性抗辩。③

由于包括诉因禁反言和争点禁反言在内的裁判禁反言以及行为禁反言,在下文会全面介绍。这处简要介绍其他几类禁反言。(1)法律禁反言,也翻译为案件的法律准则。在英美法系中,其是否能够称为禁反言,是有疑问的。案件的法律准则,意味着在诉讼过程中一个问题一旦被解决,在同一诉讼程序的以后阶段就不得再次被考虑。但这不是绝对的。作出判决的法院或者其他同级法院如果发现它是错误的,可以重新作出裁定。由于这个准则的适用极为灵活,并且有很多例外情况。因此在美国许多州,已经不承认这个准则。④ (2)司法上的禁反言,也被翻译成裁判禁反言,是否能够算成禁反言,在英美法上也有争议。司法上的禁反言是指当事人在司法程序中经过宣誓后所作的陈述,在以后涉及同一争点和相同当事人的诉讼或者程序中不得加以推翻或者否认。该原则主要适用于宣誓中的陈述,其目的在于禁止当事人违反宣誓而滥用法院(abuse of court)。司法上的禁反言是目前在美国争议比较大的一项原则。有许多州和联邦法院完全拒绝适用该原则。相反,有的州和联邦法院却将该原则用于没有经过宣誓验证的证言。司法上的禁反言不要求极度信赖,这是它与衡平法上的禁

---

① 杜丹:《诉讼诚信论:民事诉讼诚实信用原则之理论及制度建构》,法律出版社 2010 年版,第 140 页。

② 杜丹:《诉讼诚信论:民事诉讼诚实信用原则之理论及制度建构》,法律出版社 2010 年版,第 140 页。

③ Bryan A. Garner, *Black's Law Dictionary*, St. Paul, Minn.: West Group, 2004, p. 1662.

④ Robert C. Casad and Kevin M. Clermont, Res Judicata, Durham, US: Carolina Academic Press, 2001, p. 16.

反言的主要区别所在。它不要求产生禁反言的基础是以前的判决,这是它与争点禁反言的主要区别所在。① (3)基于善意信赖而提出的肯定性抗辩,尽管也属于禁反言的表现形式,但主要是实体法意义上的禁反言,指的是主张因对他人的误导性陈述存在善意信赖而受有损害的答辩。②

人们在禁反言具体类型的认识上存在分歧,或者说对于禁反言的范围存在不同看法,与对于英美法上禁反言,是采用实质上根据,即将各种禁止矛盾言行的制度都算作为是禁反言制度,还是采用形式上判断,即以表述中有禁反言(estoppel)为标准。由于英美法的禁反言所存在的制度环境,与当前我国有很大的差别,具体而微的制度讨论,对于尚需初建禁反言规则的我国来讲,并无太大的帮助,因此本文无意参与限定英美法禁反言范围的讨论,只想从建构禁反言规则从而完善诚信原则的角度,对英美禁反言的类型有一个大致把握。从这一立场出发,对于目前的我国来讲,真正值得注意的禁反言规则,主要是行为上的禁反言和裁判上的禁反言这两类。

三、行为上的禁反言和裁判上的禁反言

(一)概述

1. 行为上的禁反言(estoppel in pais),强调的是当事人前后行为的一致性。行为上的禁反言,也称为既有行为的禁反言,实质上是指衡平法上的禁反言(equitable estoppel),即当事人不能在诉讼中采取与之前的行为不同的态度(position),同时基于这种禁反言,要求当事人态度的转变不能不公正地给其他极度信赖(detrimentally relied)该态度的当事人增加负担。例如在事故发生以后,如果当事人在起诉之前已经获得了保险公司提供给某个工人的赔偿金,那么在随后提起的侵权诉讼中他就不能不公正地试图否认该工人是自己的雇员。

衡平法上的禁反言产生的基础是当事人之前在法庭内外的行为,这是衡平法上的禁反言与裁判上的禁反言的主要区别。因为裁判上的禁反言的基础,并不是之前当事人的行为,而是前诉法院的判决。因此衡平法上的禁反言可以起到补充判决效力的作用。③ 事实上,日本民事诉讼理论中所描述的禁反言,与这种禁反言很接近。我国学者在讨论民事诉讼中的禁反言时,大体上也是指这一

---

① Robert C. Casad and Kevin M. Clermont, *Res Judicata*, Durham, US: Carolina Academic Press, 2001, pp. 19~20.

② Bryan A. Garner, *Black's Law Dictionary*, St. Paul, Minn.: West Group, 2004, p. 1662.

③ Robert C. Casad and Kevin M. Clermont, *Res Judicata*, Durham, US: Carolina Academic Press, 2001, p. 18.

类型的禁反言。

2.裁判上的禁反言

裁判上的禁反言(estoppel by record),也翻译为判决效力(judgment effect),是指对前诉判决作的认定,当事人不得否认或者争议。裁判上的禁反言,禁止当事人实施矛盾言行的直接根据,并不是之前当事人的行为,而是对之前当事人行为所作的裁判。因此,这种禁反言规则,也被解释为前诉判决的效力。

在整个英美法禁反言规则体系中,最复杂的制度,恐怕就是裁判上的禁反言。因为裁判上的禁反言又可以进一步细分为对前诉诉讼请求的禁反言(即请求禁反言)和对前诉争议事实的禁反言(即争点禁反言)。

(二)对前诉诉讼请求的禁反言

这种禁反言,以前被称为诉因禁反言(cause of action estoppel),这与当时人们通常根据诉因来识别诉讼请求有关。对前诉诉讼请求的禁反言,其作用原理与大陆法系的既判力理论类似,即前诉已经裁判过的请求(claim)(以前是同一诉因),通常当事人不得再次诉讼,法院不得重复裁判。由于这种禁反言,是针对诉讼请求的,并且现在已经不根据诉因来识别诉讼请求,因此目前在美国这种禁反言被称为请求排除效力(claim preclusive effect)或者诉讼请求的禁反言。

事实上,对前诉诉讼请求的禁反言,根据原告前诉中是胜诉还是败诉,还可以进一步分为吸收(merger)型禁反言和禁止(bar)型禁反言两类。

(1)吸收型禁反言。吸收型禁反言是指如果法院判决原告胜诉,该判决能够吸收原告的诉讼请求和被告的抗辩,从而产生禁反言效力。具体来讲,如果在前诉中法院判决原告胜诉,原告的请求(包括已经诉讼过的请求和本来有机会诉讼但实际上没有诉讼过的请求)就被前诉判决所吸收,以后他不能为了获得一个对他来讲更为有利的判决而再次诉讼前诉中已经判决过的请求。

(2)禁止型禁反言。如果法院判决原告败诉,原告的请求(包括已经诉讼过的请求和本来有机会诉讼但实际上没有诉讼过的请求)就被判决所禁止,以后他不能为了获得胜诉判决而再次诉讼前诉中已经诉讼过或者有机会诉讼的请求。

区分这两类禁反言的原因在于,吸收型禁反言很多时候并不发挥作用。这是因为在实现联邦制的美国,在某些情况下,一州的判决在另一州有可能无法作为执行根据,需要当事人在另一州起诉,然后由另一州法院作出本州判决,以新判决作为执行根据。在这种情况下,前诉判决就是当事人另行起诉的根据。此时,对方当事人不得主张吸收型禁反言来阻止法院根据原判决作出新判决。①

(三)对前诉争议事实的禁反言

这种禁反言,也被称为争点禁反言(issue estoppel)。它是指如果特定的争点已经在当事人之间诉讼过并且已经被前诉判决所裁判,只要该争点裁判对判决来讲具有必要性,当事人以后对该争点就不能再次争议。由于这类禁反言,主要表现为前诉已经裁判过的争点,当事人不得再次诉讼,法院不得重复裁判,因此也称为争点效力(issue preclusion)。

如同对前诉诉讼请求的禁反言,可以进一步分为两类一样,对前诉争议事实的禁反言也可以根据适用的情形不同,分为直接禁反言(direct estoppel)和间接禁反言(collateral estoppel)两类。

(1)直接禁反言。如果第二次诉讼的请求与第一次诉讼的请求相同,此时前诉裁判过的争点所产生的禁反言就具有直接禁反言效力。在美国法上,即使在前诉中已经诉讼过的请求,在有些情况下当事人仍然可以重新诉讼。如上文提到的,一州的判决在另一州有可能无法作为执行根据,需要当事人在另一州起诉,然后由另一州法院作出本州判决,以新判决作为执行根据。但是对于前诉中已经裁判过的争点,由于有争点禁反言,相同当事人之间就不能再次重新诉讼。这种直接适用于原来请求中的禁反言就被称为直接禁反言效力。

(2)间接禁反言。如果第二次诉讼的请求与第一次诉讼的请求不同,此时前诉裁判过的争点所产生的禁反言就具有间接禁反言效力。②

区分这两类禁反言的意义在于,在美国判决制度中,除争点裁判有争点禁反言效力会禁止当事人重新诉讼以外,判决对请求的裁判也有禁反言效力,会禁止当事人重新诉讼。因此当事人只有在极少数情况下才能重新诉讼同一请求,相应地,直接禁反言效力适用的情形要远远少于间接禁反言适用的情形。由于争点禁反言在绝大多数情况下都是作为间接禁反言使用的,因此人们习惯上也就将争点禁反言称为了间接禁反言。

(四)间接禁反言效力

在英美法上争点的间接禁反言效力规则十分复杂和完备。考虑到对我国有实际影响的日本争点效理论源于美国的争点间接禁反言效力规则。因此本文对该规则的主要内容进行大致介绍。从内容上讲,该规则主要由以下四个部分构成。由于该规则基本上没有对应的成文法规定,完全需要根据司法实践进行总

---

① The American Law Institute at Washington, D. C., *Restatement of The Law Second*, *Judgments 2d*, Volume 1, St. Paul, Minn: American Law Institute Publishers, 1982, p. 152.

② 郭翔:《民事争点效力理论研究》,北京师范大学出版社 2010 年版,第 16~17 页。

结,因此在介绍这四个部分内容时,主要针对通常的做法。

1. 适用的主体。受争点禁反言约束的当事人,只能是诉讼中的双方当事人。这是因为没有参加诉讼的人,实际上没有获得过诉讼其争议的机会,使其受争点禁反言约束,显然对他是不公平的。①

2. 适用的客体。争点禁反言作用的对象,即后诉中会被禁止再次争议的事实,必须同时满足以下三个构成要件:前后两诉争点同一、该争点被实际诉讼过并且已被裁判过、针对该争点裁判是作出判决的必要条件。

3. 作用的情形。通常只有后诉中的当事人双方与前诉中的当事人双方完全一致时,后诉中的当事人才能提出特定的争点在前诉中已经裁判过有争点禁反言效力,而对方当事人不得再次争议。

4. 适用的方式。在美国法上,争点效力不能由法院主动加以适用,需要当事人主张。② 只有在特殊情况下,法院才能主动适用。法院主动适用的原因是当事人自己在后诉中不主动提出适用争点效力规则,其直接的结果就是对该争点,当事人之间必然会进行完全没有必要的重复诉讼并且极有可能会产生前后矛盾的裁判。不过即使在这种情形下,判例表明法院通常也很少会主动适用争点效力规则。③

四、民事禁反言规则的中国式建构

(一)诚信原则与禁反言观念

通过对英美法上禁反言的考察,可以明确两点:其一,法律上的禁反言与道德上的禁反言不同,法律上的禁反言可以进一步分为观念层面的禁反言与制度层面的禁反言两个层次。从法律制度的建构和运行角度考察禁反言,主要是对制度层面禁反言进行考查。但并不是说,可以完全忽略观念层面禁反言的作用。道德上的禁反言进入法律领域以后,首先形成的是一种禁反言观念,这种观念与具体制度相互作用形成制度层面的禁反言规则。其二,制度层面的禁反言,可以具体化为若干的情形。但真正对我国有启示意义的,目前只有行为上的禁反言和裁判上的禁反言。其他的禁反言,或者属于民事实体法意义上的禁反言,或者是否能够作为民事诉讼中的禁反言,在英美法系就存在争议。必须要承认,我国

---

① 郭翔:《民事争点效力理论研究》,北京师范大学出版社 2010 年版,第 148~168 页。

② See, e.g., Carbonell v. Louisiana Dept. of Health & Human Resources, 772 F. 2d 185(5th Cir. 1985).

③ See, e.g., Arizona v. California, 120 S. Ct. 2304, 2318(2000); Plaut v. Spendthrift Farm, Inc., 514 U.S. 211, 231-232(1995); Disimone v. Browner, 121 F. 3d 1262(9th Cir. 1997); Robert C. Casad and Kevin M. Clermont(2001), *Res Judicata*, p. 237.

民事诉讼程序和司法环境与英美法系国家有较大差别,因此我们不可能照搬英美法上的做法。但是将禁反言区分为观念层面和实践层面的,并且根据实践中需要禁反言发挥作用的具体情形不同而形成不同的禁反言规则这样的做法,却对我国形成禁反言观念以及建构禁反言规则,具有启示作用。

在形成我国民事禁反言理论时,有一个必须要考虑的问题是诚信原则与禁反言规则的关系。一方面民事禁反言理论的建构是在诚信原则具体化这一背景下提出的,并且通常禁反言被认为是诚信原则具体作用的形式。可以这样说,如果《民事诉讼法》没有明确地规定诚信原则,即使在我国民事司法实务中已经存在英美法意义上的禁反言实践,也不会作为一个重要的问题被关注。从这个角度讲,诚信原则的立法化,是民事禁反言规则之建立具有现实意义的前提。另一方面,诚信原则作用是民事诉讼中的一项基本原则,而基本原则本身并不具有创设具体制度的功能。所谓民事诉讼中的基本原则,是指在整个民事诉讼中,或者在民事诉讼的重要阶段具有指导作用的准则。这种指导作用,或者是指具有作为立法准则的功能,或者是具有行为准则和审判准则的功能,或者具有授权司法机关进行创造性司法活动的功能。① 简单地说,仅仅根据作为基本原则的诚信原则并不能创造出禁反言规则。这样一来就必须要解释诚信原则与禁反言规则之间是何种关系。

事实上,如果能够把禁反言细分为观念层面的和实践层面的两个部分,上述问题就能得到合理的解决。如同法律上的诚信原则是道德上的诚信要求的法律化一样,民诉中的禁反言原理,也是道德上的禁反言要求的法律化。在法律化过程中,首先形成的是一种禁反言观念。而实践中的禁反言,不过是禁反言观念与民事诉讼制度相互作用的结果。因此,可以将诚信原则与禁反言规则之间的关系表示为"诚信原则—禁反言观念—禁反言规则"这样的结构。

不过,在诚信原则与禁反言观念的关系上,会有不同的观点。据学者考证,诚信原则在大陆法系历史悠久,自罗马法时就存在于诉讼中。② 前文也已经提到,禁反言在英美法系也具有很长的历史。这说明诚信原则和禁反言观念在不同法系先后出现时,并不以对方为前提或者逻辑基础,因此仅从历史源流或者逻辑论证的角度,很难得出诚实信用要求是禁反言要求的前提,或者禁反言要求是诚实信用要求的前提这样的一般性结论。

在理解诚信原则与禁反言观念的关系时,必须要进入当下中国的特定语境:

---

① 徐国栋:《民法基本原则解释——以诚实信用原则的法理分析为中心》,中国政法大学出版社2004年版,第11~12页。

② 徐国栋:《民法基本原则解释——诚信原则的历史、实务、法理研究》,北京大学出版社2013年版,第154页。

一方面,立法已经确立了民事诉讼中的诚信原则,而司法又需要诚信原则进入实践环节。但诚信原则作为基本原则,不能直接作用于司法活动,必须通过一定的具体制度或者规则来实现。另一方面,诚信原则的表现方式多种多样,普遍认为,除了禁反言以外,还有排除不正当形成的诉讼状态、诉讼上权利的失效、诉讼权利滥用的禁止等其他方式。① 前文已经提到,作为基本原则的诚信原则并不能真正形成具体的诉讼制度或者程序规则,这就需要禁反言观念联系基本原则与具体制度,发挥桥梁作用。也只有在这样的语境下,才能将禁反言观念看作是诚信原则的表现形式,将其作为诚信原则之下的概念。

(二)中国禁反言规则的形成

当禁反言观念作用于具体的司法活动时,将产生禁反言实践。通过整理这些禁反言实践,可以总结出实践层面的规律。而对这些规律的完善,包括通过消除其内部以及与相关制度之间的矛盾、调整其作用的对象和范围、设定其发挥作用的条件等一系列的操作,将形成中国的民事禁反言规则。因此,对于实践层面的禁反言,人们比较关心的是今后我国将形成怎样的禁反言规则。

讨论中国民事禁反言规则的一种常见思路,是通过借鉴英美以及日本等大陆法系国家已有的禁反言实践,然后通过对比我国与其他国家相关制度的相同或者不同之处,最终说明我国应当引入哪些类型的禁反言制度,暂不能或者永不能引入哪些类型的禁反言制度。这样分析的一个好处是直观明确,能够让人对未来中国的禁反言实践一目了然;但缺点在于这种方式在禁反言具体类型的选择上是"粗线条"的,并且这种简单判断存在"一刀切"的弊端。前文已经提到过,在英美法系中,实践层面的禁反言有多个类型,不同类型的禁反言制度之间虽有共性和差异,但都能很好地嵌入该国的民事诉讼制度和司法环境之中良好运行,其中的原因在于不同类型的禁反言制度其构成要素及组合方式,都能与该国的制度环境兼容。众所周知,任何两个国家的法律制度环境都会有或多或少的差异,将"共生"于一国的某项制度整体地移植到另一国时,作为"供体"的新制度与作为"受体"的制度环境之间会存在或多或少的排斥。对于需要建构禁反言制度的我国来讲,与其整体地判断国外的某项禁反言制度是否可适用于我国,倒不如分解禁反言规则的构成要素,结合其赖以存在的配套制度和诉讼环境,具体讨论中国民事禁反言实践在这些要素上必须面对和处理的细节性问题。基于此认识,本文对英美法系中各类禁反言的构成要素作如下分解和讨论。

(1)适用的主体。禁反言规则必须要解决对什么人会产生禁反言效果。禁反言适用于当事人不会有疑问。但是否能作用于案外人和法官,却需要具体分析。这里的案外人,特指在对方当事人实施先前的言行时,他并不是案件的当事

---

① 刘荣军:《诚实信用原则在民事诉讼中的适用》,载《法学研究》1998年第4期。

人,在对方当事人实施完先前的言行后,他才成为案件的当事人,并主张对对方当事人的不同言行禁反言。这里有一个两难的问题:一方面,对方当事人实施的先前言行,并不是针对案外人的,案外人主张禁反言,对于对方当事人来讲是不公平的。尤其是在普通共同诉讼中,会诱导诉讼投机行为。即原本应当一并诉讼的人,尽量去单独诉讼,因为只要有一个共同诉讼人的行为产生了有利于自己的效果,之后的其他人全都可以获得同样的有利效果。另一方面,如果对方当事人实施的先前言行,对这类案外人不产生禁反言效果,则会导致诉讼重复,影响诉讼效率。因此,禁反言作用的主体是否可扩张到案外人,完全需要根据特定时期的司法政策考虑。

法官是否受禁反言的约束,也是需要考虑的。就英美法系来讲,法官不受禁反言约束。申言之,只有当事人才受禁反言规则的约束。法官是将禁反言规则适用于当事人的人。但在我国,禁反言是否适用于法官却会成为问题。如前文所述,在诚信原则的适用主体上,存在是否适用于法官的争议,而在我国禁反言是作为诚信原则具体发挥作用的机制存在的,因此法官是否受禁反言的约束,可以预见,也一定会成为实践中的问题。其中,最难回答的问题是谁来将具有前提、适用条件、适用原则和例外等一系列要素的禁反言规则适用于法官。

(2)适用的客体。对于单一的言行禁反言,在适用上不会产生疑问。只要通过对比前后不同言行的实质内容是否有矛盾,法官就可以作是否禁反言的判断。真正存在困难的是先前数个言行的综合效果,是否也会产生禁反言效力。由于民事诉讼是当事人围绕诉讼请求,不断向法官展示作为法律适用前提的要件事实的过程,因此当事人的言行都是围绕诉讼请求或者要件事实展开的。而数个言行的综合效果,即是法官对这些诉讼请求和要件事实的认定,其表现形式是裁判文书中对诉讼请求和争议事实的认定。在英美法系中,数个言行的综合效果,是具有禁反言效力的,这就是前文已经提到过的裁判上的禁反言。当民事禁反言规则在我国确立之后,其走向成熟的过程,也是其精细化和复杂化的过程,由单一言行的禁反言扩张到数个言行综合效果的禁反言,完全有可能是一个渐变的过程,当司法实务界对个案态度有了细微调整,就实现了这种变化。因此人们需要做的是对是否需要或者允许出现这类转变保持警觉。

(3)适用的方式。禁反言规则在个案中,是由法官主动依职权适用,还是得依当事人主张而适用,也需要在设计禁反言规则时充分考虑。就我国来讲,在之前已经存在的类似于禁反言的实践中,无论是自认撤回之限制、应诉管辖还是上诉撤回之效果,理论界和实务界均未涉及就如何适用禁反言规则的问题展开讨论。就英美法系来讲,禁反言规则是依当事人主张而适用的,因此允许当事人放弃禁反言利益。但在我国,恐怕情况会有变化。作为我国禁反言理论之基础的诚信原则,在立法上被规定的原因是为了解决当事人在诉讼中的各种不诚信行为,因此通常认为法官对当事人不诚信的行为,可以依职权制止。如果按照这种思路,禁反言恐怕又得由法官依职权适用。可随之就会引起一些新的问题,如当事人对法官适用禁反言的行为有异议,如何救济。对于我国禁反言规则的适用方式及相关问题,恐怕应当在禁反言规则建构之时充分考虑。

(4)自由裁量权。法官的自由裁量权,也是影响禁反言规则形成的重要因素。如果法官有足够的自由裁量权,完全可以通过法官的司法实践创建禁反言规则。相反,如果法官的自由裁量权受到极大限制,那么在司法实践中适用的禁反言规则就必须从法官之外获得正当性。就整个英美法系的禁反言规则而言,复杂程度最高的是裁判上的禁反言。这种禁反言在适用的主体、适用的客体、发生作用的具体情形和适用的方式等方面已经形成了一个稳定不变的制度,当前提条件一旦满足,必将发生对应的法律效果。但这些规范并不是通过立法的方式形成的,事实上到目前为止,有关裁判上禁反言的内容纯粹是法官造法的产物。[①] 以美国为例,除了至今依然保留大陆法系传统的路易斯安那州通过法典规定过争点的禁反言效力外,联邦和各州都没有通过成文法或者法院规则来加以规定。[②] 英美法系形成规范化的禁反言制度的方式,是以司法赋予法官自由裁量权,并且当事人尊重和认可法官们的自由裁量权为前提的。

如果要约束法官的自由裁量权,禁反言规则的形式将采取另一种途径:通过整理禁反言的实践、形成体系完备的规则供法官参考。事实上,美国法律学会已经进行了这方面的实践,为了消除不同法院和法官对禁反言规则在理解和适用上的差别,其两次组织大量的法官、法学教授和律师汇编和整理裁判上的禁反言并形成《判决法重述(Restatement of the Law of Judgments)》。尤其是《第二次判决法重述(the second Restatement of the Law of Judgments)》对裁判上禁反言的整理已经对当代美国的司法实践产生了普遍影响。在我国就诚信原则的适用而言,到底是赋予法官足够自由裁量权,还是为了防止法官不当干预当事人的行为而限制其自由裁量权,立法界至今没有明确的态度,理论界也没形成统一的看法。

最后,需要强调的是上述四个要素构成了禁反言规则的核心内容,但这些因素又具有多面性或者可变性。所谓多面性,是指该构成要素可能以多种形式存在。例如在适用的主体上,是仅适用于当事人,还是可以同时适用于法官和案外

---

① The American Law Institute at Washington, D. C., *Restatement of The Law Second, Judgments 2d*, Volume 1, St. Paul, Minn: American Law Institute Publishers, 1982, pp. 5~6.

② Robert C. Casad and Kevin M. Clermont, *Res Judicata*, Durham, US: Carolina Academic Press, 2001, p. 6.

人,将使这一要素显现出两种不同的表现形式。可变性则是指该要素的形式,有可能从一个方向向另一个方向变化。例如法官的自由裁量权,在目前的我国已受到极大的限制,不过随着今后司法环境的好转,完全可以提升法官的自由裁量权。特定的诉讼环境和司法现状,将导致这些因素在某个方向上固定下来或者以某种形式展现,从而使我国的民事禁反言规则具体化。当然相应的诉讼环境或者司法状况可能会在今后发生调整,这会传导到对禁反言规则构成要素的选择上,从而使那时的禁反言理论发生细微的或者显著的变化,导致原有的禁反言规则具有新的特点,或者作为一种全新的禁反言类型出现。

五、结论

早在诚信原则被《民事诉讼法》规定之前,在我国民事司法实践中就已经存在可以被称为禁反言的实践。诚信原则的立法化,为总结这些实践并形成符合我国实际需要的禁反言规则提供了理论上的前提条件和外部环境。

禁反言,可以作为一种观念存在,也可以是一项具体制度。在我国,禁反言观念是诚信原则的表现形式,同时也成为建构具体的禁反言规则的基础。虽然禁反言理论源于英美法系,但由于诉讼环境和司法状况方面的差异,无论是英美的禁反言规则,还是这些规则的形成方式,都无法直接适用于我国。由于我国法官的自由裁量权受到极大的限制,禁反言理论和规则的建构将主要靠立法和司法解释来完成。在禁反言规则的形成过程中,理论界应当充分研究禁反言规则的构成要素与诉讼环境的关系,提出各种前瞻性的理论和学说,实务界则可以通过一个又一个的判例去不断验证和完善这些规则,从而为中国禁反言理论和规则的建构作出自己的贡献。

论裁判境域中诚实信用原则之适用

■ 曲昇霞*

摘 要 诚实信用原则通过对当事人与法官提出诚信要求,并赋予法官自由裁量权妥当处理疑难案件,使司法功能得以最大化发挥。诉讼法与实体法分离之初,诉讼竞技观与工具论盛行,遮蔽了诉讼领域诚信的重要性,诚信原则立法二元分离,在裁判视域中仅重视对实体法律关系的诚信裁量。随着民事诉讼立法中诚信原则的确立,需要重新解读裁判视域中诚信原则的适用。法院应遵循统一诚信裁判观,既对各法律关系主体的行为进行诚信裁量与失信制裁,又应运用自由裁量权弥补法律"漏洞",并且应诚信行使裁判权。

关键词 裁判诚信 诚信裁量 制裁失信 约束裁判行为

一、问题的提出

2012年新修订的《民事诉讼法》规定了民事诉讼中的诚实信用原则条款(以下简称"诚信原则"),使诚信原则成为民事公、私法域共同遵循的基本原则。法律的生命在于其实施,作为一般条款的诚信原则引领着开放性的规则体系,其价值的实现需要法官以能动的裁判主体的身份,进行创造性的司法活动。最高人民法院第一批指导性案例中吴梅诉四川省眉山西城纸业有限公司买卖合同纠纷案(以下简称"吴梅案"),因裁判适用了诚信原则而引起了诉讼法与实体法学者的共同关注,但局限于部门法的划分与学术的分野,分析意见更注重从不同的部门法维度对各主体应承担的诚信义务作出评价,观点莫衷一是,都没有完整展现出司法维度中诚信原则的适用内涵及其价值。对个案适用诚信原则的过程,在古罗马法中被称为裁判诚信,表现为裁判官运用自己的权威解决疑难案件的创造性司法过程,也暗含着裁判官在这样做时要遵循正义的行为标准的意思。①

---

* 曲昇霞,南京师范大学法学院博士研究生,扬州大学法学院副教授。
① 徐国栋:《诚实信用原则研究》,中国人民大学出版社2002年版,第10~11页。

由其发展起来的裁判官法①曾被誉为"罗马法的生命之音"②。但随着国家权力的不断加强与大规模立法活动的展开,实体法与诉讼法从合体走向分离,司法取向从程序优先走向私权维护。在实体法域,人们更关注由裁判诚信发展形成的有"帝王条款"之誉的诚信原则;而在诉讼法域,长期的工具法地位、传统当事人主义模式下诉讼竞技理论的盛行遮蔽了诉讼中信守诚信的重要性。诚信裁判只围绕实体法中诚信原则如何适用,即判断民事法律关系中当事人是否遵守诚信而展开,对当事人诉讼失信、法官滥用或怠于行使自由裁量权等行为诉讼法应对乏力。相较立法,司法实践更早关注了这一情形,法官尝试运用实体法诚信原则对诉讼失信行为进行治理,但这并不足以全面系统地解决诉讼领域的诚信问题,完善诉讼诚信规定便成为越来越被接受的立法选择。在民事诉讼法中规定诚信原则,虽然为人们灵活处理法典疏漏与惩戒失信找到了依据,但指导性案例所引发的争议恰恰表明,从裁判权本位出发诚信原则如何适用更值得研究。笔者认为,法官应树立统一的诚信裁判观,即从偏重实体法上自由裁量权的授予与诚信裁量,走向全面观照实体与诉讼各法律关系主体诚信义务基础上的统一裁量;法官应被授予实体上与诉讼上的自由裁量权应对立法的疏漏与迟滞,同时诚信原则要求裁判行为本身应当公正、善意。

二、统一诚信裁判观的缘起与变迁

(一)罗马裁判诚信孕育了统一诚信裁判观

罗马裁判诚信包含了实体与程序相结合的统一诚信裁判观。以古老的"信义"观念为核心,在罗马程式诉讼中产生了裁判诚信,通过释放裁判者的自由裁量权,使其通过灵活的程式安排诉权要件和程序制度,创造出实体性的法律关系,同时,通过对当事人与法官提出诚信要求,使司法得到信赖与尊崇。

裁判诚信最初体现在诚信诉讼如买卖之诉、合伙之诉中,分为法律审和事实审两个阶段,裁判官负责前者,其任命的承审员③负责后者。在法律审中,裁判官通过创造新的诉讼形式或者把旧的诉讼形式扩展适用于新的事实,改变不适应社会生活条件的市民法,裁判诚信使裁判官从形式主义的桎梏中解脱出来,可

---

① 裁判官法是罗马荣誉法最重要的表现,是由裁判官根据拟制或程式中提到的事实条件,允诺给予或者直接给予诉讼手段。由于这种手段的允诺,创造出一种实质性的法律关系。

② 罗马法学家马尔西安语。转引自徐国栋:《民法基本原则解释——以诚实信用原则的法理分析为中心(增删本)》,中国政法大学出版社2004年版,第225页。

③ 承审员(或审判员)或者是由数名市民组成的固定集体百人审判团(centumviri),十人争议裁判委员会(decemviri stlitibus indicandis),或者是由当事人协议选择的市民个人,当不能达成协议时则由执法官指定。参见[意]彼得罗·彭梵得:《罗马法教科书》,黄风译,中国政法大学出版社2005年修订版,第71页。

以依诚信对案件进行自由裁量,提供对当事人进行权利救济的新途径。当事人违反诚信时将在实体上承受不利的裁判,"如原告有欺诈、胁迫等行为,即使被告未在程式中抗辩,承审员也有开释被告之权",①被告违反诚信则不仅要对不履行造成的原告的直接损失,而且要对可得利益损失承担责任。② 同时,裁判诚信对法官及当事人的诉讼行为也提出了诚信要求。一方面,裁判诚信要求法官恪守公平正义,不得滥用权力,并通过程序内部的救济制度来保障裁判公正。在事实审中,承审员需严格遵守程式书中的指示进行事实审理,并在规定期间内判决。如有不当,裁判官有权停止诉讼的进行和撤换承审员。对错误的裁定或判决,则设立了抗诉、撤销和回复原状的救济方法。③ 另一方面,对当事人失信行为进行惩戒。罗马法中对当事人的诉讼失信行为区分了三种类型:①诉讼上故意主张非真实者;②故意违背法律而请求权利保护或作防御者;③主张虽属真实,或已获得法院批准,但其目的在于迟延或使诉讼混乱,而致真实发现感觉困难者。裁判官对当事人故意违背真实义务的,可以苛以虚言罚,④还可以赋予当事人诉权,如为了制止好讼,被告得请求裁判官于程式中加入"反判"条款,使承审员可以判罚原告;也可以在诉讼中采用"诬告宣誓"的方法检验当事人是否滥用权利。如果原告不肯宣誓,其诉权即行作废;如果被告拒绝宣誓,其拒绝即等于自认。⑤

(二)诚信原则立法的二元分离与统一诚信裁判观的变迁

罗马古典法时期裁判诚信体现为实体与诉讼两个向度的统一,并保持着基本平衡的发展状态,但在后世的发展中,实体法与诉讼法走向分离,统一诚信裁判观走向分裂。罗马法实体向度的裁判诚信借助于法学家的研究、司法实践与后世民法体系的完善获得了长足的发展,在历经绝对理性主义的禁锢之后,以基本原则立法的形式成为私法领域的帝王条款。在法国《民法典》、德国《民法典》对诚信原则进行了明确规定后,各国立法以及国际或区际立法纷纷效仿。但与此相反,诉讼向度的裁判诚信并没有得到深入的发展。正如勒内·达维所说,注释法学家的工作将罗马法的重心置于确定权利和义务,程序不受重视,⑥现代欧

---

① 周枏:《罗马法原论》(下册),商务印书馆1994年版,第885页。
② 徐国栋:《诚实信用原则研究》,中国人民大学出版社2002年版,第10~11、56页。
③ 周枏:《罗马法原论》(下册),商务印书馆1994年版,第976~977页。
④ 蔡章麟:《民事诉讼法上诚实信用原则》,载杨建华主编:《民事诉讼法论文选辑》(上册),台湾五南出版公司1984年版,第16页。
⑤ 周枏:《罗马法原论》(下册),商务印书馆1994年版,第973~974页。
⑥ [法]勒内·达维:《英国法与法国法:一种实质性的比较》,潘华仿、高鸿钧、贺卫方译,清华大学出版社2002年版,第72页。

陆民事诉讼体系的"母本"几乎都产生于12世纪的罗马教会法诉讼程序。① 高度强调的书面原则和间接原则，尤其是法定证据制度，以及宗教对人精神的统摄，既能有效防止当事人失信，又严格限制了法官的自由裁量权，僵化的程序消减了人们对诉讼法上诚信原则的需求。到了近代，民事诉讼又走入了另一极端，以绝对自由主义诉讼观为基础，强调私权自治，将诉讼视为当事人实现实体法私权的工具，过分强调形式平等中的诉讼博弈，法官从拘泥于程序走向放任状态下的消极中立，诚信要求在诉讼法领域依然"缺席"。

诉讼本是实体权利的最后救济方式，但诉讼中程序欺诈、滥用权利、裁判不公等问题的出现，使实体法所希望达致的目标无法实现。正源于此，司法实践较立法更早关注了对诉讼中失信行为的治理，统一的诚信裁判观开始回归。如在德国民事诉讼发展过程中，禁止程序欺诈的裁判依据最初是基于《德国民法典》第226条和第242条所规定的权利滥用的普遍禁止。② 同时，特殊的时代背景亦加速了诉讼诚信立法的发展，经济危机的深刻影响促使国家干预增强，社会法哲学的兴起引导人们对法的价值进行全面考察，诉讼制度的公共性日益被强调，当事人的诚信义务迅速且广泛地进入了诉讼立法的视野，从真实义务向协力义务不断推进，适用的主体也从当事人扩展至包括法院在内的所有民事诉讼法律关系主体。"在今天无论学说或者判例都不再怀疑在民事诉讼中信义原则的可能性了。……如同法院期待当事人遵守信义一样，当事人也能期待法院遵守信义，这是一种相互的关系。"③德国学理上也普遍认为，在诉讼中法院不得以自相矛盾的方式行事，尤其不得因其自身的误解和错误导致当事人在诉讼程序上的不利益。④ 法官被要求承担行为主观真诚、客观合理的义务，诚如美国Andrei Marmor教授所指出的，"法院承担着适用法律和在疑难案件中决定法律是什么的重要任务。因而，为了履行前述任务，法院必须承担受信托式的职责，这种职责是他们在裁判中要以竭尽所能的、诚实信用的方式执行任务"⑤。尽管学者们对诉讼法中引入诚信原则有诸多顾虑与争议，但19世纪末开始，诚信原则的具体内容更多地进入各国诉讼法典已是不争的事实。1990年韩国修改《民事诉讼

---

① C. H. van Rhee:《迈向统一的诉讼法？》，巢志雄译，载《司法》2009年第4期。
② ［德］博克哈德·汉斯:《德国和奥地利的程序滥用制度》，张艳译，陈光中、江伟主编《诉讼法论丛》第6卷，法律出版社2001年版，第727页。
③ ［日］谷口安平:《程序的正义与诉讼》（增订本），王亚新、刘荣军译，中国政法大学出版社2002年版，第171页。
④ ［德］博克哈德·汉斯:《德国和奥地利的程序滥用制度》，张艳译，载陈光中、江伟主编《诉讼法论丛》（第6卷），法律出版社2001年版，第741～742页。
⑤ 杨海、胡亚球:《裁判视野下之诚实信用原则》，载《法律科学》2012年第2期。

法》,开创了以法律条文明确规定诚信原则的立法先河。① 我国新修订的《民事诉讼法》第13条亦简洁地宣示:"民事诉讼应当遵循诚实信用原则。"

(三)我国统一诚信裁判观的基本内涵

笔者认为,随着我国私法领域与诉讼法领域诚信原则的确立,裁判视域中诚信原则的适用有了新的意蕴,表现为全面观照实体与诉讼各法律关系主体诚信义务基础上的统一裁量,统一诚信裁判观具备了立法论的基础。全面认识新的立法语境下的裁判诚信,方能使诚信原则的价值真正得以实现。统一诚信裁判观应当包含不可割裂的三层内涵:其一,法官依法对法律关系主体的行为进行个案诚信裁量,对实体上与诉讼上的失信行为一并关注,并加以处置;其二,在实体法与诉讼法具有疏漏与模糊性时,法官应依诚信原则一般条款,依法定的适用要件与程序方式行使自由裁量权,通过解释法律弥补漏洞,修正成文法的不足;其三,诚信原则约束法官裁判行为,法官应在遵守信义的基础上行使各项审判权能,保障诉讼公正、迅速、经济地进行。

三、统一诚信裁判观对法官裁判之指引

(一)法官应对法律关系各方主体的行为进行诚信裁量并制裁失信

在实体法律关系中,法官裁量当事人是否依诚信行使其权利履行其义务,当有滥用权利、规避法律及合同规定义务的行为时,应当承担相应的合同及法律责任。在诉讼法律关系中,法官依诚信衡量当事人或其他诉讼参与人进行诉讼是否诚实、善意,是否因其失信造成裁判不公、诉讼迟延及其他有损诉讼目的的行为。当事人的失信行为往往会产生实体法与诉讼法上的双重效果,法院可以判决违反诚信的当事人败诉并承担相应的民事责任,或者使其承受诉讼上的不利益,如认定该诉讼行为无效、驳回其申请、认定失权、承担费用等等,并可处以诉讼罚。如我国《民事诉讼法》第112条对虚假诉讼、第113条对规避执行等失信行为、第65条对无正当理由迟延举证造成诉讼迟延的行为等规定了具体的处理方式。对其他诉讼参与人违反诚信原则的行为,法官同样可以行使裁量权,以妨害民事诉讼的强制措施对其加以规诫。

可见,在具体的个案裁判诚信中必须从实体与程序的双重向度统一衡量,才能实现个案的正义与衡平。笔者以前述"吴梅案"作一阐释。基本案情是原告吴梅起诉被告四川省眉山西城纸业有限公司支付货款251.8万元及利息。一审法院经审理后判决被告给付原告货款251.8万元及违约利息。宣判后被告提起上诉。二审审理期间,原被告双方签订了一份还款协议,原告放弃了支付利息的请

---

① 陈刚、孟涛:《韩国民事诉讼法概论——其沿革、原则及诉讼主体》,载陈刚:《民事诉讼法制的现代化》,中国检察出版社2003年版,第284页。

求,被告则申请撤回上诉。二审法院裁定准予撤诉后,因被告未完全履行和解协议,原告向一审法院申请执行一审判决,法院予以支持。被告申请执行监督,以达成和解协议为由主张不予执行。眉山市中级人民法院复函认为:一审法院受理执行已生效法律文书并无不当,应当继续执行。本案涉及的关键问题是:债权人申请执行是否违约?债务人未按和解协议履行还款义务,又以达成和解协议为由主张不予执行是否违背诚信原则?本案能否直接适用诚信原则一般条款?细究本案,原被告将纠纷提交法院意味着当事人希望通过公力救济的方式解决纠纷,而明知二审程序正在进行又进行诉讼外和解,意味着当事人希望以私法上的处分行为对双方之间的实体权利义务关系作出有别于一审判决的新安排,"不过与民事领域纯粹的私法契约有所区别的是,其处理的实体权利义务关系与一审判决息息相关"[1]。双方当事人的协议内容包含双重性质:一方面它是当事人双方签订的具有私法行为性质的和解契约;另一方面,它又是一种诉讼行为。[2]双方和解作为私法上的意思自治,在未得到法院的审查和确认之前,其本身不能直接对诉讼程序产生影响,但和解协议的履行过程中,上诉人撤回上诉的行为却有诉讼法上的效力,即一审判决因准予撤诉而生效,产生确定生效判决的既判力与执行力。和解协议的目的在于通过双方当事人的完全履行,实现纠纷的彻底解决,以替代司法救济。而合同目的不能实现的根本原因在于被告没有完全履行和解协议,依《合同法》第94条第4项的规定,当事人一方迟延履行债务或者有其他违约行为致使不能实现合同目的,对方当事人可以解除合同。因此,本案债权人有权解除合同并重新行使申请执行权,其申请执行的行为效果必然到达对方,也就完成了对合同解除的通知,债权人申请执行并不违约。债务人在债权人申请强制执行后,以双方达成和解协议为由,主张不予执行原生效判决,又应该如何进行诚信裁量呢?前述论证从实体法层面说明债务人未诚信履行和解协议,债权人具有行使申请执行权的充分理由;债务人的诉讼行为违反诉讼诚信原则,同样应当作出否定评价。如果和解协议的存在只是为了拖延债务的履行,债务人就是为自己创设了一种损害债权人利益但有利于自己的"不当诉讼状态",应依诚信原则否定其所期待的效果。如果债务人签订和解协议时是善意的,但其明知撤诉的后果,却不履行和解协议,实质上构成对和解协议的否定,而在债权人重新申请执行时,债务人却又援引和解协议对抗执行,诉讼行为前后矛盾,应依"禁反言"或"禁止矛盾诉讼行为"的规则否定其效果。因此,依据新修订的《民事诉讼法》,在无具体规定的情况下,这一适用诚信原则一般条款的裁量方式

---

[1] 王亚新:《一审判决效力与二审中的诉讼外和解协议》,载《法学研究》2012年第4期。
[2] 最高人民法院案例指导工作办公室:《指导案例2号〈吴梅诉四川省眉山西城纸业有限公司买卖合同纠纷案〉的理解与参照》,载《人民司法(应用版)》2012年第7期。

是恰当的,最高人民法院将其作为指导性案例,对类似案件发挥指导作用是适当的司法策略选择,也有助于诚信原则具体规则体系的形成与发展。

(二)法官行使自由裁量权推动实定法的发展与完善

诚信原则通过授予法官自由裁量权,使其能够弥补民事立法的疏漏与迟滞,使个案公正得以彰显,并完善诚信规则体系。在实体法层面,法官依诚信行使自由裁量权,推动了实体立法的不断发展,以德国为例,历经两百多年的司法实践,在裁判诚信的过程中,法律学者与联邦最高法院紧密联系、相互合作,找出诚信原则的不同作用,对不同适用领域加以分类,确立了典型的"判例群",对法律详加说明、补充和修正,根据所处时代的需要来发展法律。① 而在英美法系,自中世纪衡平法院设立后,衡平法官处理欺诈案件主要依据"衡平与良心",广泛适用诚信原则。20世纪以来,美国不断通过制定法确认诚信原则,并在裁判中发挥限制合同自治的空间和阻止当事人机会主义行为的功能。② 在诉讼法层面,为保障程序的安定性,防止诉讼程序的"软化",法官对程序的自由裁量权受到严格的限制,但法官仍需对涉及当事人基本程序权的重要事项进行自由裁量,以保障当事人的裁判请求权。除上文案例中所涉的对诉讼行为的自由裁量外,至少还体现在两方面:其一,依诚信对诉的利益进行裁量。"诉的利益掌握着启动权利主张进入诉讼审判程序的关键,也就是通过诉讼审判后而创制实体法规范这一过程的重要开端。一般条款作为一种中介正在把实体法的欠缺和薄弱部分与诉讼连接起来,并通过诉讼程序对其进行加强和补充。"③对没有诉的利益,即诉讼要件存在欠缺时,当事人的起诉将因诉不合法而被驳回。依据诚信原则对诉的利益进行自由裁量,有助于应对现代社会出现的新问题,扩大纠纷可诉性的范围,摆脱因立法迟滞而无法救济当事人应有权益的困境。其二,在无明确规定时法官可依诚信原则裁量分配证明责任。作为事实真伪不明时的一种败诉风险,证明责任的负担往往会对当事人的诉讼胜败产生根本性的影响,因此其分配关系着公正审判请求权的实现,赋予法官自由裁量权,根据案情公平恰当地分配证明责任,将有助于个案的衡平与正义。

四、诚信原则对法官裁判行为的约束与程序治理

诚信原则包含着对法官行使裁判权的诚信要求,而法官又是实现诚信原则

---

① [德]莱因哈德·齐默曼、西蒙·惠特克主编:《欧洲合同法中的诚实信用原则》,丁广宇、杨才然、叶桂峰译,法律出版社2005年版,第23~24页。
② 焦富民:《中国合同制度研究》,江苏人民出版社2003年版,第201~202页。
③ [日]谷口安平:《程序的正义与诉讼》(增订本),王亚新、刘荣军译,中国政法大学出版社2002年版,第181~189页。

功能的核心要素。在法律规范的解释与选择、诉讼程序的指挥、裁判的作出及自由裁量权的实施等各方面,均要求法官秉持衡平观念,公正、善意地行使裁判权。

1. 诚实善意地解释和适用法律。法官在裁判中对法律的解释不可或缺,但解释的不确定性显然给法的安定性和当事人的合理预期带来影响。就法律解释的范围而言,不仅体现在对既有规范的选择适用之中,也体现在对法律规范空缺进行"漏洞补充"的过程之中。诚信原则为法官的法律解释提供了指导与依据,亦对法官解释法律提出了基本要求,即以实现法的正义性和合目的性为主旨诚实善意地进行解释,新修订的《民事诉讼法》第152条、第154条对裁判说理的要求及第156条公众查阅裁判文书等权利的规定,正是对法官诚信行使解释权的制度保障。

2. 正当行使诉讼指挥权。所谓诉讼指挥权,是法院在监督诉讼程序合法进行,谋求完全、迅速的审理,尽快解决纠纷的条件下所进行的活动及其权能的总称,诉讼指挥是属于除终局判决以外,以法院的全体诉讼行为为对象的概念。因此诉讼指挥权范畴广泛,包含"程序进行方面的职权;控制审理秩序如辩论的重开、限制、分别及合并辩论的职权;审理的集中及其促进;无用程序的避免与废止;辩论的指挥如作为解明案情措施之一的释明权等"。① 诉讼指挥权的行使必须公正、善意和中立才能实现程序公正与效益。以释明权的行使为例,通过法院公正与善意地释明,当事人能够提出更有效的攻击防御方法,既凸显当事人的程序主体性,又有助于法官作出公正且令当事人信赖的裁判。法院释明旨在补救辩论主义的僵化,使当事人更好地参与程序,而不在于改变辩论主义所要求的当事人在事实解明中的主要责任,因此法官必须恪守中立。诉讼指挥权与正当程序保障休戚相关,对滥用或怠于行使诉讼指挥权的行为,应当赋予当事人适当的救济权。能够在程序中及时治愈瑕疵的,可赋予当事人提出程序责问或异议的权利;无法在程序中及时治愈的,但侵犯当事人基本程序权利的,可赋予当事人上诉或申请再审的权利,如新修订的《民事诉讼法》第200条对法院未经传票传唤缺席判决、剥夺证据质证权、剥夺辩论权等再审事由的规定,第170条对违法缺席判决等严重违反法定程序裁定撤销原判发回重审的上诉裁判规定等,均是立法对法官未诚信行使诉讼指挥权的程序救济方式。

3. 公正裁判禁止突袭。一般认为突袭性裁判系指法官在认定事实和适用法律的过程中,据以作出裁判的基础事实和法律见解未能让当事人知晓,使其无法充分提出资料并进行辩论的裁判情形。德日等国学者更注重事实认定中的突袭,我国台湾地区学者则主张裁判突袭包括了发现真实的突袭、促进诉讼的突袭

---

① [日]三月章:《日本民事诉讼》,汪一凡译,台湾五南图书有限公司1997年版,第199~200页。

及法律适用的突袭①。避免裁判突袭是裁判诚信对法官的基本要求,但在我国语境中,由于"重实体轻程序",以及辩论主义不彰职权探知主义根深蒂固的传统基因,再加上强制律师代理制度尚未建立、法律援助能力有限的实际,诸多当事人对诉讼权利与义务认知不足,不知如何行使、怠于行使与滥用权利的情形并存,一定程度上形成了法院主动发现真实并作出实体裁判的"自觉性"。突袭性裁判在我国法院尤其是基层法院绝非罕见,甚至已经成为某些法院"集体无意识"的审判样态。因此,制约突袭首要的是在民事诉讼法典中明确法官与当事人的相互关系,以及诉讼中各自的责任,即明确规定辩论主义的要求和法官在事实解明中的释明责任,以新的法观念置换传统的"思维定式",只有界分了责任才能型塑正确的行为方式。其次,强化当事人的主体性,以法院的实质指挥为工具保障法定听审权,构建对话式诉讼模式②。开放对话与沟通,既以当事人之间交换信息为目的,又服务于法院知情,在信息互通中避免突袭的出现。罗尔夫·施蒂尔纳教授对德国对话诉讼所作的阐释对我国极有借鉴意义。"德国《民事诉讼法典》第139条、第272条及其之后几条规定的法官指示义务和准备义务,导致法院应公布其在正当性审查及限制诉讼资料后形成的临时法律观点。通过这种方式,当事人不仅获悉了未来判决的法律范围,而且也避免了不必要的事实和证据探知。当事人对法院的法律观点发表意见,可以使法院对可能的误解和不确定性进行查证,从而提高程序的效率。最后,依照德国《民事诉讼法典》第79条第3款、第285条对证据调查的结果进行探讨和辩论,至少可以使法院合乎逻辑地宣告即将做成的裁判的内容,同时当事人也有机会对此发表意见,这就避免了突袭,提高了正确性保障。如此一来,当事人和法院都被促使亮出底牌,以尽可能在一个审级就终结程序。"③这种对话诉讼既有着法官通过证据调查进行指示和阐明的灵活要素,又坚持当事人对事实的自治,能够在遵循辩论主义的前提下避免突袭的发生。就我国民事诉讼而言,无论是判决程序还是调解程序,法官均可以作为当事人的"对话伙伴",进行适时的释明、法律观点指出与心证公开。通过对话,当事人充分行使其主张权、证明权与辩论权,法院则在听取当事人发表意见的基础上及时治愈或补全隐存于判断过程中的谬误或不完全之处,实现对突袭的防止。最后,在裁判突袭发生后,应当赋予当事人充分的程序救济。裁判突

---

① 邱联恭:《程序制度机能论》,台湾三民书局1996年版,第4~8页。许士宦:《程序选择权与诉讼当事人(上)》,载《台湾本土法学》2009年第79期。

② 这一概念主要出现在法语文献中。Jeuland, Droit Processuel, 2007, Nr. 50, S. 67 f。转引自Prof. Dr. Rolf Stürner:《当事人主导与法官权限》,周翠译,载《清华法学》2011年第2期。

③ [德]Prof. Dr. Rolf Stürner:《当事人主导与法官权限》,周翠译,载《清华法学》2011年第2期。

袭剥夺了当事人的程序参与权,违背了辩论主义最根本的要求,应当赋予当事人提起上诉或申请再审的权利。

4.善意适当地行使自由裁量权。自由裁量权应是一种制度化的司法权力,诉讼法与实体法上自由裁量权的行使应遵循同样的适用前提,即"先以低层次之个别制度作为出发点,须穷尽其解释及类推适用上之能事仍不足解决时,始宜诉诸'帝王条款'之诚实信用原则"①。在运用自由裁量权进行裁判时,司法该以一种什么样的进路展开？英美法学者探讨诚信裁量时多数主张的"实体—程序"模式(The Substantive-Procedural Model)颇为合理,即法官自由裁量权的实施既要受实体性限制也要受程序性限制。在实体性方面,应当考虑所涉及的利益,"评价这些利益各自的分量,在正义的天平上对它们进行衡量,以便根据某种社会标准去确保其间最为重要的利益的优先地位,最终达到最为可欲的平衡。"②而无论是认识、评价还是权衡利益,都要求法官以诚实善意的心态,结合立法目的、法律原则、社会公平正义价值观等进行综合考量。自由裁量权的程序性要求,最重要的包括以下两项要求:第一,法官必须为当事人提供阐述自己观点的机会,同时自由裁量权的行使必须建立在当事人所提供的证据基础上。第二,法官的裁判必须提供全面的裁判说明,主要包括提供裁判的理由与书面化裁判推理的过程。③

---

① 王泽鉴:《民法学说与判例研究》(第5册),中国政法大学出版社1997年版,第256页。
② [美]E.博登海默:《法理学:法律哲学与法律方法》,邓正来译,中国政法大学出版社2004年版,第152页。
③ 杨海、胡亚球:《裁判视野下之诚实信用原则》,载《法律科学》2012年第2期。

论律师真实义务与虚假诉讼的规制

■ 索站超*

摘　要　虚假诉讼既损害相对人的利益，又挑战司法权威，应当对其进行规制。然而，在当前情况下，还无法从根本上消除虚假诉讼，因为律师的技术支持作为掩盖在其上的神秘面纱没被揭开。虽然律师对当事人的忠诚义务是其提供技术支持的重要依据，但是该忠诚义务并非绝对，律师对法庭的真实义务是该忠诚义务的边界，对律师真实义务的强调有助于解决虚假诉讼这一突出问题。

关键词　虚假诉讼　律师　真实义务

近年来，在我国民事诉讼领域出现了一些当事人虚构民事借贷等法律关系，骗取法院诉讼文书，从而达到转移财产，获得非法利益的行为。这些虚假诉讼行为隐蔽性强，难以被人觉察，所以对其进行防治的难度较大。虚假的诉讼行为不仅侵犯了第三人的合法财产利益，也浪费了我国有限的司法资源，损害了司法权威，具有较大的危害性。因此，必须对此类行为进行规制。鉴于其属于虚构事实，通过诉讼程序来骗取诉讼文书的行为，所以，一般称之为虚假诉讼。当前，我国司法机关已经注意到了虚假诉讼的严重性，开始对已经发现的案件进行总结和分析，研究应对措施。由于虚假诉讼同时挑战了传统民事诉讼的当事人处分原则和民事审判权的被动性等经典的理论根基，所以也引起了民事诉讼法学界的积极关注。然而，认真分析虚假诉讼的特点，能够发现尽管众多研究中提出的防治办法和司法实践中的诸多努力都是必须和必要的，但却未必能够有效地制止这一愈演愈烈的现象，原因就在于虚假诉讼的面纱还没有被完全揭开。只有揭开面纱，才有利于更好地规制诉讼秩序和从根源上解决虚假诉讼的问题。

一、虚假诉讼及其危害

所谓虚假诉讼，是指双方当事人为了牟取非法的利益，恶意串通，虚构民事法律关系和案件事实，提供虚假证据，骗取法院的判决书、裁定书、调解书的行

---

* 索站超，河南大学法学院讲师，法学博士。

为。① 也有人认为,虚假诉讼可称为诉讼欺诈,是指诉讼参加人恶意串通,虚构民事法律关系或法律事实,通过提起民事诉讼获取法院有利于自己的裁决,使案外人的合法权益的行使受到阻碍或民事权益受到侵害,以及其他损害案外人或集体利益、国家利益,为自己谋取不正当利益的违法行为。从以上两个概念可以看出,其实虚假诉讼和诉讼欺诈在概念上并没有太大差别,但"虚假诉讼"的提法更能揭示这种行为的本质,具有较强的概括性,也更为准确。因为虚假诉讼的目的是为了获取非法利益,而采取欺瞒法院的行为,只是一种方式。

总之,无论是虚假诉讼,还是诉讼欺诈,都有以下特征:一是当事人所提起诉讼中的法律关系不存在,是虚构和编造的;二是双方当事人之间事先串通;三是以骗取法律文书,获取非法利益为目的。

虚假诉讼是一种具有严重社会危害性的违法行为,其"情形的严重"不仅仅在于它侵害了第三人的合法权益,更为重要的是它敢于在法官面前、在庄严的法庭上极具蔑视性地从事违法活动,将法庭作为违法活动的"舞台"、将法官当作"傻瓜"玩弄于股掌之间,将司法程序变成他们进行违法犯罪活动的"工具",不仅扰乱了正常的审判秩序,造成了司法资源的浪费,还严重地影响了司法裁判的公信力,损害了法律的严肃性和权威性。

二、我国规制虚假诉讼的现状与局限

虚假诉讼挑战了司法权威,也引起了司法机关的高度关注。自2008年以后全国各地的法院和检察院陆续出台一些规定,并在实践中展开了积极的应对措施。特别是浙江杭州,在全国率先对虚假诉讼进行了规定和整治。

(一)法院在规制诉讼秩序中的探索

2008年12月浙江省高级人民法院率先出台《浙江省高级人民法院关于在民事审判中防范和查处虚假诉讼案件的若干意见》(以下简称《意见》),对虚假诉讼进行明确规定,在三个层面建立起虚假诉讼案件的防范机制、处理机制和查处虚假诉讼的奖惩机制、通报机制,取得了一定的效果。该《意见》规定,法院在审理中发现有虚假嫌疑的案件,审判人员应立即报告,并将异常情况予以记载附卷,同时应责令当事人接受法庭调查或出庭参加诉讼,或责令当事人出示原始证据;要求证人出庭作证,向利害关系人通报,通知其参与诉讼;必要时可依职权调查取证。《意见》中还特别规定,对债务纠纷案件,审判人员应严格审查债务产生的时间、地点、原因、用途、支付方式、支付依据、基础合同以及债权人的经济状况,防止发生虚假诉讼。根据《意见》,参与制造虚假诉讼的人员将依法予以训诫、罚款、拘留;构成犯罪的,依法追究刑事责任;参与制造虚假诉讼的律师,将依

---

① 李浩:《虚假诉讼中的恶意调解问题研究》,载《江海学刊》2012年第1期。

照律师法规定吊销其执业执照;参与制造虚假诉讼的审判人员也将被严肃处理;而举报虚假诉讼案件经查证属实的,单位和个人将予以奖励。①

另外,《人民法院报》在 2008 年发表署名文章,报道了北京市朝阳区人民法院以 2007 年所受理的涉及虚假诉讼的案件为基础,结合其他法院的情况,对虚假诉讼的特点、发生原因等进行了专项调研分析,并提出了规制虚假诉讼的对策、建议。②

2010 年黑龙江省高级人民法院下发《关于处理虚假诉讼行为若干问题的指导意见》(以下简称《指导意见》),明确要求各级法院要重点关注被告为已经资不抵债或者不具有偿付能力的企业法人等 11 类案件,着重审查是否存在虚假诉讼行为。经审查确认属虚假诉讼的,裁定驳回起诉。另外,该《指导意见》还对借款、离婚、确认物权等几类"高危"案件明确了更严格细致的审查要求。③

(二)检察机关在应对虚假诉讼方面的积极作为

除了法院在审理案件时依据职权做好把关外,全国的检察机关也在积极发挥检察监督的职能,在遏制虚假诉讼行为方面有所作为。对于以调解方式结案的虚假诉讼案件,有地方检察院通过提出再审检察建议等方式来履行检察监督,起到了较好的作用。④

2010 年,杭州公安局、检察院、法院和律师四部门联合开展打击虚假诉讼的活动,突破了以往只有检察院民事行政检察监督部门等待当事人上门申诉这一获取案件线索的单一格局,形成多部门共同联动的案件线索发现格局。在移送措施、资源共享、信息通报和线索移送的基础上,以刑事立案监督机制进行督促,以自身调查取证职权为辅助,保障虚假诉讼案件的及时立案和追究。⑤

2010 年 8 月,浙江省高级人民法院、省检察院联合出台《关于办理虚假诉讼刑事案件具体适用法律的指导意见》,从虚假诉讼的目的和手段入手,进一步明确了伪造证据罪、诈骗罪等共 10 个罪名。⑥

总之,司法机关在诉讼中依职权尽其注意义务,能够在很大程度上发现和惩治虚假诉讼,对于预防虚假诉讼的发生也能起到一定作用。然而,尽管 2008 年各地已经开始着手打击虚假诉讼,但是,虚假诉讼并没有因此而减少,依然越来

---

① 璩静、黄深钢:《浙江:让虚假诉讼成为"过街老鼠"》,载《新华每日电讯》2008 年 12 月 16 日。
② 钟蔚莉、王煜珏:《法院喊打,让虚假诉讼无处藏身》,载《人民法院报》2008 年 2 月 24 日。
③ 白龙、张烁:《多管齐下严打虚假诉讼》,载《人民日报》2010 年 9 月 8 日。
④ 柴春元:《检察监督:遏制虚假诉讼应有所为》,载《检察日报》2009 年 5 月 18 日。
⑤ 董华平等:《四部门联动打击虚假诉讼》,载《检察日报》2010 年 11 月 15 日。
⑥ 陈东升、马岳君:《九成基层法官曾遇虚假诉讼》,载《法制日报》2011 年 3 月 14 日。

越多。我们不禁要追问现有的规制措施,是否能从根本上解决问题,虚假诉讼的背后除了巨大的利益驱动外,是否还另有隐情,是否还需新的应对措施。如何根除虚假诉讼,也许需要对其有新认识,揭开其神秘面纱。

三、揭开虚假诉讼的神秘面纱

面对众多的虚假诉讼,人们也在质疑,纵使我国的法律制度有漏洞,一个普通人何以能够以假乱真,蒙混过关,骗过作为法律专家的法官,而不被发现。通过近年来曝光的一些案例,人们方才发现,原来虚假诉讼的当事人大多是依赖律师的帮助,才顺利完成虚假诉讼。《检察日报》2010年曾报道:"义乌九起虚假诉讼都有律师参与。"据办案检察官介绍,9起虚假诉讼,均有律师参与其中,有的甚至主导了整个诉讼过程,起到了关键作用。①

由于虚假诉讼都较为隐蔽,所以无法得知究竟有多大比例的案件有律师参与。然而有一点可以肯定,在诉讼日益复杂化和技术化的今天,虚假诉讼的成功实施肯定需要借助法律专家的"帮助"。接下来以2010年《人民法院报》报道的一起案例来说明律师是如何参与虚假诉讼的:

> 2008年12月,陈某之妻包某向江干法院起诉离婚。陈某与其父商议如何使包某在离婚时少分财产,并通过他人找到律师何某。2009年年初,何某提出让陈某串通他人虚构夫妻共同债务,然后通过虚假诉讼将陈某与包某于2006年共同购买的一套房屋用来清偿债务,陈某父子即要求在场的沈某作为虚假债权人,沈某当场同意。之后,何某打印了一份空白借款协议,让沈某与陈某分别以出借方、借款方名义签字,何某又在借款协议中填写了借款金额"捌拾万元"、借款时间"2006年4月20日至2007年4月19日"等内容,并让陈某书写了一份"收到沈某借款80万元"的欠条。后何某制作了授权委托书等,让沈签名,由陈支付了代理费用。
>
> 2009年3月,何某以沈某诉讼代理人的身份向江干法院提起民事诉讼,提交了伪造的借款协议书、收条等证据,要求陈某归还沈某借款及利息共计85万余元,同时还递交了诉讼保全申请书等相关材料,要求法院查封房屋。该院据此作出民事裁定,将房屋予以查封。2009年3月30日,何某、陈某到庭参加诉讼,达成调解协议,同日该院作出民事调解书,确认该虚假债权债务的法律效力,并于2009年4月27日受理了该民事调解书的强制执行申请。
>
> 第一次离婚诉讼请求被法院驳回后,2009年10月,包某再次提起诉

---

① 张晓东、查园花:《义乌九起虚假诉讼都有律师参与》,载《检察日报》2010年5月5日。

讼。庭审中,陈某的委托代理人提交了民事裁定书和民事调解书以证明陈某有夫妻共同债务尚未清偿。包某向司法机关控告,该债务是虚假的。故法院于今年2月裁定离婚案件中止诉讼,并于同年4月裁定民事调解书中止执行。①

法院查明的这起案件,应该是较有代表性的一起虚假诉讼。在本案中,律师何某不仅给当事人出主意,指使其"串通他人虚构夫妻共同债务",而且提供技术上的帮助,为其出具空白借款协议,并为构筑虚假诉讼进行了积极的准备。最后还以恶意当事人一方的代理人身份出现在法庭上,欺瞒法庭,获取民事调解书,并申请强制执行,险些给要求离婚的另一方造成不利后果。由此,可以看出,律师在这起虚假诉讼中发挥了积极的作用,不仅"出谋划策",而且亲自参与炮制了虚假诉讼的全过程。若没有该律师的积极参与,仅靠当事人自己的法律技术与水平,也许不会如此顺利地蒙混过关,进入执行程序。

虽然不能说所有的虚假诉讼都有律师帮助,但是从已曝光的少量案件来看,却基本上都支持了"律师是虚假诉讼的幕后主使"这样的说法。也许这就是掩盖在虚假诉讼之上的那层神秘面纱。是否能得到充分证明,还需要更多的实证分析和研究。然而,无论律师在多大限序上被卷入虚假诉讼之中,都突出了一个重要的问题,那就是律师的真实义务的阙如。律师职业伦理要求律师不仅要对当事人"党派性忠诚",还应当对法律、对法庭负有真实义务。而律师介入或策划虚假诉讼,无疑违背了其本应遵循的职业伦理。从这个角度出发,我们也似乎找到了规制虚假诉讼的一个较为有效的办法或者说途径,那就是对律师真实义务的强调。通过对律师真实义务的要求和落实,也许会最大限度地降低律师参与虚假诉讼的几率。与此同时,也应当加大对律师违反真实义务的惩戒力度,从制度上来保障律师正当执业。

四、律师真实义务与虚假诉讼规制的关系与问题

其实,律师应当履行真实义务,不做虚假诉讼和诉讼拖延,一直以来就是世界各国对律师职业的普遍要求。自从现代意义上的律师在英格兰诞生之时,到现今世界各国律师职业的行为规则,几乎没有例外。在中世纪的欧洲国家,也许是出于对律师的敌视和不信任的态度,给律师强加上许多义务。在后来的西方国家,则更多地强调律师作为法庭的官员,理应秉承维护司法尊严,诚信诉讼,对司法负责的态度。

---

① 余建华:《指使他人伪造证据进行虚假诉讼,杭州一律师以妨害作证罪被判刑》,载《人民法院报》2010年6月4日。

(一)世界各国立法对律师真实义务的要求

1. 现代律师起源之初英格兰对律师真实的强调

1237年,伦敦的圣保罗主教为辩护律师规定了誓言,确定了他们的诉讼行为规则。圣保罗的誓言要求律师们宣誓:他将忠诚起诉,不拖延诉讼,不侵犯对方的权利,按照法律和理性为其委托人辩护。这个法令,还警告律师,但凡"唆使证人伪证,或指示其当事人提供虚假证据,以及隐瞒真相的"将会受到来自官方的惩处以及反复强调的誓言的另外惩罚。①

1275年英格兰在《威斯敏斯特法Ⅰ》中的第29章就明确规定了律师职业成员的行为,它主要关注的是在王室法庭执业的代诉律师。任何被认定为欺诈或合谋串通(无论被骗的是法庭还是当事人)的代诉律师,都会被判处监禁一年零一天,并永远不得再行执业。② 1292年又出台《共谋者法》(Statute of Conspirators),专门针对律师职业进行了描述,其主要目的是为了防止挑起"错误"的诉讼,立法者可能意在借此避免那些不必要的诉讼。该法将这其中的主要原因归结为"帮讼"(由律师或他人代理当事人,或给予当事人其他形式的帮助,作为回报他们可以从案件的争执标的中分得一部分)。

2. 当代世界各国对律师真实义务的要求

(1)日本对律师违反真实义务进行处罚

日本《职业基本规则》第5条规定:"律师要尊重事实,遵守信义,公正诚实地履行自己的职责。"第75条规定:"律师不得唆使当事人作伪证及虚假陈述,不得明知是虚假证据仍然提出。"日本《民事诉讼法》第230条规定,对制作假文书的人要被罚款。第209条也规定,对做虚假陈述的也要处以罚款,这样就把当事人的真实义务作为法律义务规定下来。由此可见,真实义务不只是伦理上的义务而且也是法律义务。另外,日本《刑法》也对律师违反真实义务的行为进行了刑罚处分。日本《刑法》第169条就律师支持袒护当事人违反真实义务,教唆作伪证提出证据的行为规定了伪证罪;第154条规定了教唆、文书伪造罪等等。

(2)美国《律师行为示范规则》也强调律师的真实义务

美国《律师行为示范规则》(以下简称《示范规则》)规定了对裁判庭的坦诚,在第3部分(3.3)中指出,律师不得故意从事下列行为:

就事实或者法律向法庭做虚假陈述,或者没有就律师以前向法庭作出的关于重要事实或者法律的虚假陈述作出修正;提交明知虚假的证据;在司法裁判程

---

① Carol Rice Andrews, Standards of Conduct for Lawyers: An 800-Year Evolution, *Southern Methodist University Law Review*, Fall, 2004.

② Carol Rice Andrews, Standards of Conduct for Lawyers: An 800-Year Evolution, *Southern Methodist University Law Review*, Fall, 2004.

序中代理某个委托人的律师在知道某个人意图从事、正在从事或者已经从事了与该程序有关的刑事或者欺诈行为后,应当采取合理的补救措施,包括必要情况下向裁判庭予以披露。

《示范规则》第8部分指出,"律师应当维护法律职业的诚实性(integrity)"。第4节(8.4)中提到了律师的不当行为主要包括:违反或者试图违反《示范规则》,故意帮助或引诱他人从事上述行为,或通过他人的行为来从事上述行为;从事了有损律师的诚实性、可信性以及其他作为律师之适当性的犯罪行为;从事了设计不诚实、欺诈、欺骗或者不实陈述的行为;从事了有损司法的行为;明示或者暗示有能力对政府机构或者政府官员施加不当影响,或者是能通过违反《示范规则》或者其他法律的方式取得有关结果以及故意帮助法官或者司法人员从事违反有关司法行为规则或者其他法律的行为。

(3)我国相关法律对律师的要求和规定

我国《民事诉讼法》没有就虚假诉讼以及律师的真实义务作出规定。而在《刑法》第306条和《刑事诉讼法》第38条中规定了禁止律师伪证等情形,其实也是在要求律师履行真实义务。关于律师诚信诉讼的规定主要反映在中华全国律师协会制定的《律师执业行为规范》的相关条文中。其第7条规定,"律师必须诚实守信,勤勉尽责,依照事实和法律,维护委托人利益,维护法律尊严,维护社会公平、正义"。第19条第2款规定:"律师在执业活动中不得从事,或者协助、诱使他人从事欺骗、欺诈的行为。"

从以上世界各国的规定来看,律师真实义务一直以来为世界各国所重视,在民事诉讼中强调也是应对虚假诉讼的一个重要举措。我国当前只是在刑事诉讼中特别突出了律师的这一义务,而在民事诉讼中没有专门规定。在我国当前律师制度和律师代理日益完善和普遍的情形下,应对虚假诉讼,也应当规定律师在民事诉讼中的真实义务。

(二)真实义务与忠诚义务在虚假诉讼规制中的冲突与协调

然而,现实中,虚假诉讼的情况多种多样,有时律师并非一开始就对虚假诉讼知情,而可能是不知不觉卷入其中,为当事人进行代理和诉讼。此种情况下,该如何看待律师的真实义务;律师是应该及时退出,还是劝服委托人改过;如何处理律师此刻所面对的忠诚义务和真实义务相冲突的问题。这些都是研究以真实义务来规制虚假诉讼所必须面对的一系列问题。

律师的真实义务主要强调的是律师对法庭的责任。而提起忠诚义务,一般则是指对委托人的忠诚,强调律师为委托人保守秘密,履行勤勉、尽职的责任,促进当事人利益最大化。这是律师和委托人建立信任关系的前提和基础,也是律师的立身之本。因此,在西方国家,党派性忠诚是其律师职业的一个较为古老和经典的伦理准则。依此原则,无论是刑事案件还是民事案件,律师不得擅自代替委托人为法律行为,不得违背委托人的真实意思。律师甚至被认为是委托人的"枪"。美国法律文献中的这种观点在传播的过程中,也被世界其他国家广泛接受,奉为经典。

由于委托人的利益与法庭的利益并不必然一致,所以律师的这种真实义务和忠诚义务之间难免要发生冲突。比如,民事诉讼中,委托人主张和自己认识不同的虚假事实,是违反对对方当事人和法院诚实义务的不当诉讼行为,不允许律师袒护委托人违反真实义务的行为。这种情况下,律师应尽量说服委托人停止不当行为。如果律师是基于委托人提供的资料进行诉讼,但之后的过程或审判中对方当事人又提出新的证据等,律师开始怀疑自己到目前为止所确信的事实的真实性,如果和委托人的主张产生对立应该怎么做?律师认为委托人主张不真实的时候,一般应该和委托人重新协商,试着说服委托人撤回主张。而在不能消除与委托人之间的不同认识的情况下,如果律师违反委托人的意见而按照自己的意见撤回主张,就违反了委托本身的意图,根据情况还可能违反了守密义务,也不被允许。而另一方面,如果不撤回主张,继续诉讼,很可能成为袒护委托人违反真实义务的行为,所以律师应采取包括辞去委托在内的慎重对策。

由此可以看出,律师对于委托人所负的忠诚义务也不是绝对的,律师不应该只是当事人雇佣的"枪",这种忠诚义务的边界其实也就是律师对法庭所承担的真实义务。与此同时,律师的忠诚义务也不仅仅是对当事人的党派性忠诚,律师还要承担着对法律和法庭的忠诚义务。这在许多国家规定律师是法庭的官员的表述中就可见一斑,而我国现行《律师法》第2条第2款规定:"律师应当维护当事人合法权益,维护法律正确实施,维护社会公平和正义。"这不仅体现了律师对当事人利益积极维护的忠诚义务,也体现了对法庭和司法制度的真实义务和忠诚义务。因此,强调以律师真实义务的履行来规制虚假诉讼的做法,也无须担心会与律师的忠诚义务相冲突,二者还有积极协调的一面。

(三)规定律师在民事诉讼中的真实义务

由以上的讨论可以发现,强调律师的真实义务的确可以从源头上遏制虚假诉讼的发生。并且,对律师真实义务的强调也不违背律师职业的基本伦理规定,而是与律师最基本的忠诚伦理有协调之处。为了应对民事诉讼中愈来愈多的虚假诉讼,有必要在民事诉讼法中,参照日本《民事诉讼法》,增设律师的真实义务的规定,强调律师违反真实义务的不利后果。如此一来,律师的真实义务就不仅是职业伦理上的义务,而且也是法律义务。这无疑是遏制虚假诉讼的重要举措。

五、结语

虚假诉讼是一种具有严重社会危害性的违法行为,其不仅侵害了第三人的合法权益,也扰乱了正常的审判秩序,造成了司法资源的浪费,还严重地影响了司法裁判的公信力,损害了法律的严肃性和权威性。从表面来看,对虚假诉讼的规制,既需要完善立法,弥补法律漏洞;也要求司法人员尽到注意义务,审查过滤虚假诉讼。

然而,这些举措只是对虚假诉讼起到围堵作用,难以从源头上根本消除虚假诉讼的发生,也使得虚假诉讼更为隐蔽。要从根本上遏制虚假诉讼,必须揭开掩盖在其上的神秘面纱——代理律师的技术支持。律师的支持与帮助源于法律上的授权和职业伦理上的忠诚义务,原本无可厚非,但是应当看到,律师的忠诚义务不是绝对的,而是有两面性。除了对委托人忠诚之外,律师还必须对法庭忠诚和真实。或者说律师对当事人忠诚的边界就是其对法庭的真实义务,在委托人有不当企图时,律师应当对其进行劝说或退出代理,而不是积极为其出谋划策,或者继续实施虚假行为。而现实中也有证据表明,的确有不少律师直接或间接地卷入了虚假诉讼。所以,本文认为,遏制虚假诉讼应当从强调当事人的真实义务,特别是律师的真实义务入手,在民事诉讼法中增加关于律师真实义务的规定。

诚实信用原则到诉讼规则
——对民事诉讼虚假陈述规制的探析

■ 江伟　陈巧林[*]

摘　要　当事人向法庭真实陈述事实的本来面貌,使案件事实回归尚未发生诉讼之前的状态,这既符合国人对法律的一种朴素情感的需求,也有利于法官归纳案件争议焦点,促进法官及时审理案件并作出公正裁判;否则不仅拖延诉讼程序,妨碍司法公正,甚至可能导致法院的误判和司法秩序的混乱。目前我国民事诉讼司法实践中虚假陈述大量存在,对当事人虚假陈述进行规制有其必要性和可行性。各国虚假陈述规制制度虽有不同,但均是建立在法律明文规定的基础上。有鉴于此,在我国民事诉讼诚实信用原则已法定化但还尚未规则化、虚假陈述惩罚性制度尚未建立的情况下,应当以诚实信用原则为指引,适用并完善现有规则对虚假陈述进行规制。

关键词　虚假陈述　规制　诚实信用原则　诉讼规则

随着市场经济大潮的冲击,在普通民众的价值观、利益观受到一定程度扭曲的情况下,在目前民事诉讼实践中时常发生当事人及其委托代理人为了达到迟延诉讼或胜诉的目的,违反诚实信用原则,玩弄所谓的"诉讼技巧",对于其明知的客观事实故意作出不一致主张,进行虚假陈述的情况,并且这种现象有愈演愈烈之势。可以肯定地说,每一个法官都曾遇到过当事人在诉讼中作虚假陈述的案件。然而,与理论界及实务界对危害司法公信力的毒瘤——虚假诉讼予以高度关注及深入研究不同,目前对民事诉讼虚假陈述的关注及研究还不甚理想。作为一名基层法官,笔者对于实践中虚假陈述屡见不鲜而深感担忧:即使法官内心确认当事人进行了陈述虚假,甚至有足够的证据证明当事人进行了虚假陈述,但我们的法官同行们对此所能做的似乎仅是对该虚假陈述不予采纳,更多的时候只能保持沉默,甚至发展为漠视。而我们对虚假陈述现象的漠视又进一步放纵这种挑战司法公信力的行为,使得本已受到侵蚀的司法秩序和司法权威进一

---

[*]　江伟,浙江省温岭市人民法院箬横法庭副庭长,审判员;陈巧林,浙江省温岭市人民检察院助理检察员。

步出现龟裂。然当我们想要对此做点什么的时候,却又发现无从下手。

一、对当事人虚假陈述规制的困境

民事诉讼实践中,多方面的原因交织使得我们难以对当事人的虚假陈述形成有效规制。

(一)法律对当事人陈述的定位矛盾

1. 在证据形式和证据方法上的内在矛盾

当事人陈述是在任何一个民事案件里都存在的一种诉讼材料,在我国传统民事诉讼理论中一直被当作是一种独立的证据形式。我国《民事诉讼法》第63条即明确规定了当事人陈述是法定证据的一种。但对当事人陈述而言,证明能力是个关键的理论问题,同时也是诉讼实践中的瓶颈。大陆法系民诉学理的通说认为,双方当事人对诉讼结果有最大程度的利益,因此他们是最差的"证人"。① 在他们看来,所有的证据方法都有证据能力,唯独当事人陈述不具备证据能力,这被普遍认为是证明能力一般原则的例外。这是因为,在逻辑上如果将当事人的陈述作为一种独立的证据形式或证据方法,那么将不得不伴随当事人的主张而负担相应的举证责任,并出现以下悖论:一方面,当事人陈述是一种证据形式,但更是一种待证事实,在一般情况下需要陈述的当事人提供证据加以证明,否则就要承担败诉风险;另一方面,作为一种证据形式,它不能兼有证据能力和证明对象两种角色,即不能凭借自身的形式证明自身的内容。所以在大陆法系国家,仅仅有一方当事人的陈述不会被认可是对其主张的证明。② 在其民诉法学理和实践中,当事人陈述并不被作为一种独立的证据形式看待,而是作为证据方法使用。有学者认为,最高人民法院《关于民事诉讼证据的若干规定》(以下简称《证据规定》),第76条"当事人对自己的主张,只有本人陈述而不能提出其他相关证据的,其主张不予支持。但对方当事人认可的除外"的规定,有将当事人陈述定位于事实主张功能及作为一种证据方法的倾向,实际上在一定程度上否定了当事人陈述作为直接证据的资格。③ 那么,在民事诉讼中当事人进行了虚假陈述,应认定其提供了虚假证据还是认定其使用了不当的证据方法呢?如果是前者则应予规制,如果是后者则只能对其虚假主张以存在相反证据或以证据不足而不予支持。显然在司法实践中,《证据规定》76条的定位占有主导地位,也确鲜有法官将当事人的陈述作为证据进行审查。

---

① [德]奥特马·尧厄尼希:《民事诉讼法》,周翠译,法律出版社2003年版,第295页。
② 陈刚:《比较民事诉讼法》,中国人民大学出版社2002年版,第173页。
③ 参见王福毕:《当事人陈述的制度化处理》,载《当代法学》2004年第2期。

2.当事人陈述的功能缺陷

德国等大陆法系没有"当事人陈述"这一专门法律术语,而是在立法上为当事人陈述设立了听取当事人本人意见制度和询问当事人制度。前者是指在法庭辩论之前,法官可以针对案件的主要事实及其所争议的事实,听取到场当事人的陈述,使法官和当事人尽快掌握事件的全貌及重心,然后再开展辩论和证据调查。后者是指法庭调查完全部证据后,在对属于当事人能够亲身感知的某些事实的真伪尚不足以形成心证时,可以要求当事人接受法庭的询问,并将其陈述作为查明事实的证据,必要时还可以对被询问的当事人进行交叉询问和对质;在法院决定询问当事人时,当事人若收到法院通知后无正当理由未到庭接受询问或拒绝宣誓、拒绝陈述,这一不合作行为便成为法院评价的对象,法院依据自由心证对事实作出认定时,常常因此而作出对其不利的心证。上述过程中当事人陈述的信息差,都是当事人陈述制度调整的对象。具体而言,大陆法上的当事人陈述包括以下几个方面的内容:(1)关于诉讼请求的陈述;(2)关于主要事实的陈述;(3)关于间接事实和辅助事实的陈述;(4)对证据的分析和应否采纳的意见,对所争事实的法律评断和适用法律的意见等。听取当事人本人意见时,当事人所作的陈述可能及于以上所有内容,而询问当事人时,陈述内容则仅限于其中(2)(3)两个方面。

我国关于当事人陈述的规定与大陆法上的询问当事人制度在内容、性质和功能上都是相近的。但与大陆法系国家相比,我国的当事人陈述并未制度化,且有以下两个方面的功能缺陷:其一,阐明案情功能的缺失;其二,证明事实的功能极弱。虽然当事人陈述是一种证据,但并不能单独作为认定事实的根据。而且,随着我国民事诉讼模式由职权主义向当事人主义诉讼模式的转换,这种性质、功能单一化的当事人陈述制度也反过来导致了当事人陈述证据能力的不确定性。[1] 司法实践也因此出现了过分依赖物证、书证,而忽视了当事人陈述的作用的情形。如此一来,当事人关于案件事实的活生生的记忆、叙述、解释乃至其情绪表征等直接关涉案情认定的重要信息,在案件审查中似乎统统都不重要了,甚至被一笔勾销了,审判因而缺乏鲜活性与细腻性,呈现出较为明显的"形式化"特征。[2] 这样就导致当事人在诉讼过程的虚假陈述被法官不自觉的忽略,从而不能通过就当事人前后的矛盾陈述的询问来发现案件事实,进而亦放纵了当事人虚假陈述的行为。

---

[1] 何文燕、刘波:《我国当事人陈述制度之检讨与重构——兼评〈民诉法修改建议稿(第三稿)及立法理由〉第十七章》,载《西北政法学院学报》2007年第2期。

[2] 翁晓斌、宋小海:《论民事诉讼当事人陈述的功能》,载《现代法学》2007年第6期。

(二)当事人虚假陈述的认定难题

何谓当事人虚假陈述,理论上并未有权威的观点。单从其字面理解,当事人虚假陈述即诉讼中当事人对案件事实作了虚假的陈述。笔者试作进一步界定:"当事人"应当理解为民事诉讼中的当事人,同时基于民事诉讼委托代理理论,还应将当事人进一步扩展到其诉讼代理人;"虚假",即与实际不相符的,在整体语境中还应当理解为明知与实际不相符;"陈述"首先应将时间段确定为是庭审过程中,其次陈述的对象是对案件事实的陈述,再次还应理解为其是受意识支配的言辞表示,最后其还应包括在起诉状、答辩状等中的书面陈述。综上,笔者试将当事人虚假陈述进一步定义为:民事诉讼中,当事人或其委托代理人明知客观事实,为了获取对己有利的司法裁判,故意在庭审中或在其起诉状、答辩状中对案件事实作与客观事实不一致的陈述。但不管如何定义,当事人虚假陈述认定的前提是当事人有作虚假陈述的故意。如此一来,认定当事人虚假陈述必须证明其主观目的和动机的不正当或恶意的存在,而不是单纯将陈述与客观事实进行比对,看二者是否相符。而力图证明当事人目的、动机这些存于内心的主观态度如何,一直是法律难以应对的问题之一。① 这在一定程度上导致了法官因认定难度和风险而怯于规制当事人虚假陈述。

(三)高度盖然性证明标准下的判断风险

《证据规定》第 73 条规定,双方当事人对同一事实分别举出相反的证据,但都没有足够的依据否定对方证据的,人民法院应当结合案件情况,判断一方提供证据的证明力是否明显大于另一方提供证据的证明力,并对证明力较大的证据予以确认。由此我国确立了民事诉讼的高度盖然性证明标准,法院审理对象从客观事实转向法律真实。由此体现在虚假陈述认定上的问题是,法官通过证据、当事人陈述和逻辑推理在内心已能确定当事人虚假陈述所涉事项的真伪,然在高度盖然性的证明标准使得认定当事人虚假陈述的确定性向可能性逃逸,造成当事人进行虚假陈述只是一种可能性判断的假象,法官自然而然因虚假陈述仅是一种可能性的判断风险而对虚假陈述保持沉默。

(四)当事人主义诉讼模式的固有弊端

当前,我国民事诉讼观念与制度正进行巨大变革,原来职权主义色彩浓厚的诉讼模式逐渐淡出历史舞台,代之以更为合理的当事人主义。虽然这一过程并未完结,目前民事审判方式的改革现状与趋势也越来越多地具备当事人主义模式特征。当事人主义强调尊重当事人的处分权,奉行辩论主义原则,也即是说诉讼胜负结果主要由当事人自己的举证、质证及辩论效果决定,法院只负责"居中断案"。对当事人而言,其进行民事诉讼的目的主要是为了胜诉,不在于发现客

---

① 赵德玖:《民事诉讼法不应确立当事人真实义务》,载《法学杂志》2006 年第 2 期。

观真实。有诉讼发生，必然会产生对抗，虚假陈述似乎就难免成为当事人进行进攻和防御的一种"合理"方式。这是以当事人主义为指导思想的诉讼模式的固有弊端和自身缺陷，甚至有时被认为是当事人主义诉讼模式的制度设计与安排。这种思潮也在一定程度上影响了法官对当事人虚假陈述进行认定和规制。

（五）当事人虚假陈述法律责任的缺失

《民事诉讼法》第110条第1款第1项规定伪造、毁灭重要证据，妨碍人民法院审理案件的，法院可以根据情节轻重予以罚款、拘留；构成犯罪的依法追究刑事责任。该条文将证据限定在了"重要证据"上。《民事诉讼法》第75条又规定人民法院对当事人的陈述，应当结合本案的其他证据，审查确定能否作为认定事实的根据，当事人拒绝陈述的，不影响人民法院根据证据认定案件事实。由此可以看出当事人陈述尽管是一种单独的证据种类，法律却将其定位在了辅助性证据。这就意味着，法官难依《民事诉讼法》第111条第1款第1项的规定对仅作虚假陈述的当事人直接追究其责任。司法实务中也鲜有当事人因虚假陈述而受到处罚的案例。对于当事人的虚假陈述，我们似乎只能以判决书中"该主张无事实根据，本院不予支持"的论述来宣泄。

二、对民事诉讼虚假陈述进行规制的必要性和可行性

虽然对当事人虚假陈述进行规制存在种种困境，但这些都无法否认对当事人虚假陈述进行规制存在现实必要性。

（一）虚假陈述进行规制的现实必要性

1. 虚假陈述浪费司法资源。当事人真实陈述是顺利进行诉讼、解决民事纠纷的重要方法。如果当事人恶意进行虚假陈述，将严重阻碍当事人及法官之间的正常信息交流，增加了当事人和人民法院不必要的时间、精力耗费，徒增调查不实陈述的诉讼成本。在目前法院案多人少的情况下，其不利影响将加倍放大。

2. 虚假陈述严重危害司法公信力。一旦当事人虚假陈述对司法裁判构成实质影响，其危害都是不可估量的。马丁指出："在一个秩序良好的国家中，司法部门应得到人民的信任和支持。从这个意义出发，公信力的丧失就意味着司法权的丧失。"若不对虚假陈述进行规制，则虚假陈述方将嘲笑司法的无能，而对方则大呼冤屈，抱怨司法的无力。涉诉人因此对法院得出的看法，会通过口口相传迅速扩散开来。而公众对涉诉人言论的关注度和信任度总是高过案外人的。若这样的情形时常发生，则整个社会公众对司法将失去信心。在目前我国社会面临诚信危机的严峻形势下，虚假陈述的破坏力不言而喻。

（二）对虚假陈述进行规制的可行性

1. 主观状态的可推断性

虽然认定当事人进行虚假陈述须从其主观状态出发，但是这不排除虚假陈

述的外观性。因为人的内心世界总是通过外在行为表现出来,借助外在行为洞察人的内心世界是可能的,否则所有故意刑事犯罪均将无法认定。具体而言,首先应确认当事人陈述的对象应是客观事实,而非具有判断性质和逻辑推理空间方能确定的事实;其次再考量一方提出的证据或者法院经调查得出的结论足以认定对方陈述与客观事实不符;再次以其是否亲身参与及是否可能会产生误解进行综合考量其是否为主观恶意,在确认其亲身参与及排除误解的情况下,可以认定其虚假陈述的主观故意;最后综合认定其为虚假陈述。

2. 高度盖然性是最低标准而非普遍标准

实践中,出现的高度盖然性标准将其向普遍性标准转化的倾向是:在能通过其他证据确定案件事实的情况下,但却仍错误地适用高度盖然性标准进行裁判。然高度盖然性标准,在形式上是主观的,即存在于法官的内心判断上,但在内容上它是最低限度的要求,法官不能以此为借口,放弃对所有证据的认真审查和判断,以达到比较强的内心确信,尽可能地接近客观真实。因此在已能通过其他证据确认当事人虚假陈述所涉案件事实的情况下,不得再就该事项以高度盖然性标准进行判断,以防止确定性向可能性逃逸,造成因不能确定虚假陈述而仅能对虚假陈述不予采纳进而无法采取其他规制措施的情况。

3. 当事人主义的修正——协同主义的司法改革趋势

在传统当事人主义的观念下,因一方当事人虚假陈述而导致法院裁判错误的将被理解为对方当事人的责任,因为诉讼当时对方当事人没能提出足以推翻虚假陈述方言词的证据,错判的责任无法归罪于虚假陈述的当事人。这是极度荒谬的。采取传统当事人主义诉讼模式的国家已经发现在个体自由这一哲学理念下诉权滥用的危险以及法官扮演完全中立的听审者角色所造成的诉讼成本高昂问题,并且朝着加强法官探知案件事实的职权这一方向——协同主义模式进行改革。

协同主义是指在民事诉讼中不绝对强调辩论主义,由法官和当事人协同完成诉讼资料的搜集,以发现案件真实。就主体层面来讲,协同主义既包括法官与当事人之间的合作,也包括当事人之间的合作;就其内容来讲,这种合作关系渗透到以发现案件真实为中心的各种民事诉讼法律关系当中。当前,无论大陆法系还是英美法系的司法改革都在关注协同主义的理念,许多国家或多或少地在其民事诉讼改革过程中采纳了协同主义的精神或原则。而我国改革的基本趋向是由强职权主义的民事审判模式向以当事人主义为主,以职权主义为辅的新型协同主义模式转变,[①]而非传统保守的当事人主义。赫尔维希认为,民事诉讼是

---

① 奚晓明主编:《〈中华人民共和国民事诉讼法〉修改条文理解和适用》,人民法院出版社2012年版,第216页。

为保护权利而设立的一种制度,并非偶然因为当事人玩弄技巧或泯灭良心的行为就能决定胜败的制度。如果民事诉讼容许当事人作虚假陈述,那就是一种欺辱。① 因而对当事人虚假陈述进行规制并不违背司法改革趋势,相反是完全符合新型协同主义改革趋势的。

4.对虚假陈述进行规制的法律可行性——民事诉讼诚实信用原则下当事人真实陈述义务

诚实信用原则一直被视为是现代民法的"帝王原则",其要求人们在市场经济活动中讲究信用,恪守诺言,诚实不欺,在不损害他人利益和社会利益的前提下追究自己的利益。② 我国《民法通则》及《合同法》均规定了诚实信用原则,但在民事诉讼法领域一直未作明确规定。2012 年修订的《民事诉讼法》第 13 条第 1 款"民事诉讼应当遵循诚实信用原则"第一次正式确立了民事诉讼的诚实信用原则。既然诚实信用原则已成为民事诉讼法的一项原则,那么其既是相关民事诉讼制度设计的原则,也是指导当事人依法行使权力、履行义务的原则。③

虽然立法并未直接确立民事诉讼诚实信用原则的内容,但不管是理论通说还是其他国家立法均表明诚实信用原则的主要内容之一便是当事人的真实陈述义务。许多国家规定了当事人真实陈述义务。1933 年德国《民事诉讼法》在第 138 条规定"当事人必须完全且真实地就事实上的状态作陈述";台湾地区"民事诉讼法"第 195 条规定"当事人就其提出之事实应为真实及完全的陈述";英国 1999 年 4 月实施的《民事诉讼规则》第 22 条第 1 款至第 3 款规定,当事人的案情声明等需经事实声明确认。当事人若签署了声明,则比较证人作证可能承担虚假陈述之法律后果;而不签署的,则案情声明法庭将不予采纳。日本立法上虽然没有规定真实义务,但今天,无论是学说或者判例都不再怀疑民事诉讼真实义务的存在。因而在立法确立民事诉讼诚实信用原则的情况下,当事人真实陈述义务的确立也是理所当然的,立法将以此为指引建立虚假陈述规制规则亦是顺理成章的。

三、当事人虚假陈述规制方式探析

(一)各国对虚假陈述的规制

从各国民事诉讼法的规定和司法实践来看,大多数国家或地区对当事人虚

---

① 柯阳友、吴英旗:《民事诉讼当事人真实义务研究》,载《北京科技大学学报》2005 年第 3 期。

② 梁慧星:《民法解释学》,中国政法大学出版社 1999 年版,第 301 页。

③ 奚晓明主编:《〈中华人民共和国民事诉讼法〉修改条文理解和适用》,人民法院出版社 2012 年版,第 23 页。

假陈述作了一些规制,但并不完全一致。综合起来,主要有以下几种:

1.承担有关诉讼费用。如德国《民事诉讼费用法》第39条规定:"如当事人违背真实义务,致使诉讼程序延滞的,应负担因延滞而产生的费用。"①美国《联邦民事诉讼规则》第11条规定,违反真实义务的,法院可课以对方当事人或其律师以承担包括对方当事人律师费用在内的一定诉讼费用的制裁。

2.对当事人处以罚款。日本、匈牙利和我国台湾地区等对当事人在民事诉讼中作虚假陈述的,处以罚金。在日本《新民事诉讼法》中也有类似的规定,其中第230条规定:当事人或其代理人出于故意或重大过失,与事实相反去争执文书制作的真伪时,法院以裁定处以10万日元以下的罚款。1910年匈牙利《民事诉讼法》第222条第2款规定:"当事人或代理人显系故意陈述虚伪之事实,对他造事实之陈述明显地为毫无理由之争执或其所提出之证据毫无必要者,法院得处以600克鲁念以下之罚锾。"②我国台湾地区规定:"具结而故意虚伪陈述,足以影响裁判之结果者,法院得以裁定处以新台币三万元以下罚锾。"

3.承担损害赔偿责任。奥地利《民事诉讼法》第178条规定:"当事人据以声明所必要之一切情事,须完全真实且正确陈述之。故当事人之不真实陈述系为违法。若有故意过失时,当事人应依奥地利民法负损害赔偿义务。"③

4.追究刑事责任。如德国民事诉讼法对当事人完全陈述义务的要求十分严格,要求当事人对事实的陈述不能有任何部分的隐瞒,否则承担刑事责任;奥地利《民事诉讼法》第182条规定:法院应调查实质的真实,如果发现当事人在宣誓以后仍然故意进行虚伪陈述,依《刑法》第199条规定追究刑事责任;法国将当事人本人陈述作为证据的立法规定在宣誓制度之中,明确当事人在民事诉讼中作虚假陈述将承担刑事处分的法律后果。

(二)适用并完善现有制度下的虚假陈述规制规则

各国的以上规制措施均值得我国立法研究借鉴。需要指出的是,各国如对当事人虚假陈述的惩罚性规制均是建立在法律明文规定的,这是由罚款,甚至刑事责任的惩罚性手段的严厉性所决定的,若无法律明确规定,则当然不得课以惩罚。如前所述,由于目前我国法律对当事人陈述定位的内在矛盾,在当事人仅作虚假陈述而未伪造、毁灭重要证据的情况下,法院难以妨碍民事诉讼予以惩戒。

---

① [日]兼子一、竹下守夫:《民事诉讼法(新版)》,白绿铉译,法律出版社1995年版,第32页。

② 柯阳友、吴英旗:《民事诉讼当事人真实义务研究》,载《北京科技大学学报》2005年第3期。

③ 蔡章麟:《民事诉讼法上诚实信用原则》,载杨建华主编:《民事诉讼法论文选辑(上)》,台湾五南图书出版公司1984年版,第21页。

即使民事诉讼诚实信用原则已经确立,但在其未进一步规则化、在法律未明文对虚假陈述另有惩罚性规制前,则不宜突破现有法律的具体规定对虚假陈述予以罚款或追究刑事责任。况且,制度的借鉴并不能盲目,因为制度的建立是一项系统化的工程,需要该制度与原有制度相适应、与其他制度相配套,否则带来的是法律体系内的混乱。因而在我国尚未建立并完善的当事人陈述制度、当事人陈述定位还存在内在矛盾的情况下,能否直接借鉴他国制度建立虚假陈述的惩罚性规制制度尚待进一步研究。

那么,在相关制度并未建立,而民事诉讼诚实信用原则已经确立但又未进一步规则化前,应如何对虚假陈述进行规制呢?笔者认为可以适用并完善以下规则。

1. 诉讼费用负担规则的进一步完善

《诉讼费用交纳办法》第29条确定了诉讼费用由败诉方负担,胜诉方自愿负担除外的规则。而当事人若在诉讼过程中作虚假陈述,则混淆法官的判断,动摇法官对另一方当事人陈述及其证据的确信,往往使案情变得扑朔迷离,真伪难辨,并延缓诉讼进程,另一方当事人需要收集其他证据,以戳穿其谎言,为此产生了当事人在真实陈述的情况下本可避免的差旅费、取证费、鉴定费、证人出庭作证费用等相关程序耗费,那么即使作虚假陈述方最终胜诉,但基于诚实信用原则,上述费用仍应由虚假陈述方负担这些额外诉讼费用。这在实践中已经得到运用,而在民事诉讼诚实信用原则得到立法确认后,应当成为诉讼费用负担规则之一。如浙江省杭州市萧山区人民法院"张正青诉张秀方债权纠纷案",一方当事人(最终败诉方)在诉讼过程中,为了否认对方(最终胜诉方)就有关事实的虚假陈述(可能直接关系案件结果的事项)而申请鉴定并预交了鉴定费,鉴定机构也作出了有利于申请方的鉴定结论,但法院因其他事实和理由而非以鉴定所涉事项作出了不利于该方的裁判,则基于诚实信用原则,因虚假陈述方的虚假陈述造成了对方额外的损失,则此时鉴定费用应由虚假陈述方承担[①]。

2. 证据品格降级规则的运用

如果发现一方当事人在诉讼过程中出示了伪证或为虚伪陈述,法院可据此降低其提供的其余证据的效力等级,学理上称之为"非诚信降级规则"。即使在民事诉讼诚实信用原则法定化前,这已经在实践中被我们自觉或不自觉地使用。[②] 在民事诉讼诚实信用原则法定化后,这一"规则"更应得到适用并得到进

---

① 参见金塞波、林晨主编:《民间借贷纠纷案件裁判文书精选》(上册),法律出版社2012年版,第465~468页。

② 参见詹思敏、王晓明:《民事证据制度的改革与证据规则问题探索》,载王利明等主编:《中国民事证据的立法研究与应用》,人民法院出版社2000年版,第363页。

一步加强。当然,"非诚信降级规则"仅是针对法官心证而言的,而并不能作为直接援引的判决依据。在诚实信用原则进一步规则化之前,应当以《证据规定》第64条"审判人员应当依照法定程序,全面、客观地审核证据,依据法律的规定,遵循法官职业道德,运用逻辑推理和日常生活经验,对证据有无证明力和证明力大小独立进行判断,并公开判断的理由和结果"这一法官依法独立审查判断证据的原则进行适用。

3. 举证责任分配的司法裁量规则

我国对举证责任的分配采法律要件分类说,一般说来,举证责任的分配由完备的民事诉讼法和民事实体法(民法典)共同决定。然而,我国目前尚未具备法律要件分类说赖以存在的上述基础。这就使得举证责任分配的"准据法"缺位现象较多。在此情况下,诚实信用原则对民事举证责任分配的司法裁量发挥了重要作用。在民事诉讼诚实信用原则下,当事人进行民事诉讼活动和民事诉讼行为时必须具备诚实、善意的内心状态,而当事人的这种诚实、善意与否的内心状态可以成为法官分配举证责任的一个依据。司法实践中,举证责任分配的司法裁量已为实践所承认,而《证据规定》第7条"在法律没有具体规定,依本规定及其他司法解释无法确定举证责任承担时,人民法院可以根据公平原则和诚实信用原则,综合当事人举证能力等因素确定举证责任的承担",即是在某种意义上对实践做法和要求的回应。① 据此,如果当事人为达到对己有利的目的违反诚实信用原则而故意对案件事实进行虚假陈述,法院应根据诚信原则否定他所期待的法律效果,并可以根据具体案情将本应由另一方举证责任间接地转移给该虚假陈述方,在真伪不明时由虚假陈述方承担后果。试举例说明:

甲持100万元借据向乙主张借贷债权,乙抗辩未向甲借款,理由是未向甲出具任何借条,经司法鉴定确认为乙亲笔出具后,其又抗辩出具借条属实,但借款未交付。假如乙未进行过虚假陈述,那么根据举证责任分配的一般原则,即使甲持有借据,在乙对借款是否实际交付提出合理异议时,甲仍需要对巨额借款的实际交付另行充分举证,若甲未能就借款交付另行进行充分举证,那么将承担举证不能的不利后果。但在本案乙就借款事实进行虚假陈述的情况下,即使甲未能就借款交付另行进行充分举证,法院也可以根据乙对其出具借条的虚假陈述、先前未就借款交付提出抗辩及甲持有借条的情况认定借款已经实际交付,而乙抗辩未交付,则其应提供证据证明,若其不能提供充足证据反驳的,其承担不利后果。

---

① 李国光主编:《最高人民法院关于〈民事诉讼证据的若干规定〉的理解与适用》,中国法制出版社2002年版,第113页。

四、结 语

　　立法总是难以穷尽现实生活中所发生的纷杂民事活动和民事诉讼过程中可能发生的种种行为,导致立法难以满足司法实践的所有需求。在这种情况下,民事诉讼诚实信用原则的确立使得有良知的法官不再惧怕因缺乏"准据法"而对当事人违背诚信的诉讼行为无能为力,但在具体适用诚实信用原则时仍应借助具体规则。我们不求以经典案例创设规则,但求以一个个鲜活的个案去惩恶扬善、夯实司法公信力,以无愧于忠于法律正义的心。

学理研析

对协同主义之检讨

■ 刘明生*

摘　要　本论文主要就民事财产诉讼若采用协同主义将可能产生之诸多问题加以检讨。修正之提出原则(修正之辩论主义)一直以来为德国立法上、实务上及多数通说之见解。然而,1978年德国法官Wassermann主张民事诉讼于财产诉讼关系应直接放弃辩论主义,改采协同主义。如此协同主义之提倡,是否于德国1976及2001年修法后被立法者所采用？德国现今立法上、实务上与多数学说上究系采用修正提出原则(修正辩论主义)抑或协同主义？凡此有于本文加以厘清之必要。台湾地区"民事诉讼法"于2000年修法后,于立法上是否已采用协同主义,抑或仍采用修正辩论主义之立场？于台湾较为多数之学者与现今实务上究系采用修正辩论主义抑或协同主义？此等问题均须于此文中加以澄清。当事人与法院关于事实与证据提出方面之权能、责任应如何明确划分,民事诉讼究应采取修正提出原则(修正辩论主义)抑或协同主义始为妥当,尤其究系修正辩论主义较为符合现今法治国民事诉讼程序之基本价值,较能贯彻第一审程序集中原则,抑或协同主义较为符合与较能贯彻,则成为现今民事诉讼极须厘清之课题,此亦为本文所关注之焦点。

关键词　修正辩论主义　修正提出原则　协同主义　法治国民事诉讼程序　第一审程序之集中

---

* 刘明生,台湾东吴大学法律系专任助理教授,德国雷根斯堡大学法学博士。

一、前言

于德国学说上向来认为民事诉讼法于财产诉讼事件采取辩论主义（Verhandlungsmaxime）、辩论原则（Verhandlungsgrundsatz）或提出原则（Beibringungsgrundsatz）①，就事实与证据资料之收集与提出乃当事人之权能与责任，并非法院之权能与责任，此项基本审理原则存有缺失，应透过法院之阐明义务补充其不足，古典的辩论主义已有所修正，乃采取修正辩论主义或修正提出原则，但始终未放弃辩论主义或提出原则。② 然而，1978 年德国法官 Wassermann 主张民事诉讼于财产诉讼关系应直接放弃辩论主义，改采协同主义（Kooperationsmaxime）。在协同主义之下，民事诉讼资料之收集与提出非仅当事人之责任，而系法院与当事人共同担负之责任。辩论主义已非民事诉讼之核心，法院之全面性讨论义务，始处于民事诉讼之中心位置。③ 如此协同主义之提倡在德国 1976 年及 2001 年修法后是否已成为德国多数通说之见解，抑或修正之提出原则（修正之辩论主义）一直以来均为德国多数通说之见解。德国现今立法上与实务上究系采用修正之提出原则（修正之辩论主义）抑或协同主义，凡此均有于本文加以厘清之必要。台湾地区"民事诉讼法"于 2000 年修正后于立法上是否已采用协同主义，抑或仍采用修正辩论主义之立场，于台湾较为多数之学者与现今实务上究系采用修正之辩论主义抑或协同主义，亦须加以澄清。当事人与法院关于事实与证据提出方面之权能、责任应如何明确划分，民事诉讼究应采取修正提出原则（修正辩论主义）抑或协同主义始为妥当，尤其究系修正辩论主义较为符合现今法治国民事诉讼程序之基本价值抑或协同主义较为符合，须作深入之探讨。本文于结构上先探讨修正辩论主义与协同主义于德国发展之状况，其次分析台湾修正辩论主义与协同主义争论之状况，最后提出本文之见解。其目的乃在澄清民事财产诉讼事件关于事实与证据提出之程序基本原则，究系修正辩

---

① 德国学说上亦将辩论主义（Verhandlungsmaxime）或辩论原则（Verhandlungsgrundsatz）称为提出原则（Beibringungsgrundsatz）。使用提出原则可避免与言词辩论或言词审理原则混淆，于书面审理原则适用之程序亦有辩论主义之适用，言词审理与书面审理，并非在处理法院与当事人间关于事实与证据，由何人"提出"之问题；就此参见 Rosenberg/Schwab/Gottwald, Zivilprozessrecht, 17. Aufl., § 77 Rn. 1 ff.

② Stein/Jonas/Leipold, Kommentar zur Zivilprozessordnung, 22. Aufl., § 139 Rn. 3; Schilken, Zivilprozessrecht, 4. Aufl., Rn. 354; Baumbach/Lauterbach /Hartmann, Zivilprozeßordnung mit Gerichtsverfassungsgesetz und anderen Nebengesetzen, 66. Aufl., § 139 Rn. 1.

③ Wassermann, Der soziale Zivilprozeß, S. 108, 109; ders., Zur Zusammenarbeit zwischen Anwalt und Gericht im modernen Zivilprozeß, AnwBl 1983, S. 482.

论主义抑或协同主义。

二、修正辩论主义与协同主义于德国发展之状况

(一)德国协同主义之主张——少数学者之主张

德国法官 Rudolf Wasserman 在 1978 年所著之《社会的民事诉讼》(*Der soziale Zivilprozeß*)一书中,极力提倡民事诉讼应放弃辩论主义,改采协同主义之原则。其认为德国民事诉讼法历经 1924 年、1933 年与 1977 年之修正已形成一新容貌,无法再以当事人之主导权为其表征,亦不能以法官专权独断之监护国家表明,应从自由的民事诉讼往社会的民事诉讼转变;从强调自由竞争之民事诉讼转向强调法官指挥、照顾与诉讼上合作之民事诉讼。现今的民事诉讼模式,难再以当事人支配或法官支配描述其特性,而系以法官与当事人间之相互合作(Kooperation)与研究讨论小组(Arbeitsgemeinschaft)来表明其特性。诉讼参与之任何一方,皆非诉讼程序上之主角,必须寻求一新的审理原则,以表征程序参与者之间的合作,如此之审理原则即为协同主义(Kooperationsmaxime)①。协同主义已深深动摇辩论主义于民事诉讼之地位,其已取代辩论主义成为民事诉讼法上之新审理原则。于协同主义之下,辩论主义与职权探知主义互相往对方之领域转变,其并非相对立之主义,而系与一定的倾向有关,亦即法官与当事人之资料提供行为皆有助于重建已发生之事实过程,法官与当事人应共同担负发现真实之责任②。

德国协同主义论者,认为民事诉讼之目的在赋予实体法上有权利之当事人权利。法官之事案解明与真实探究义务(Aufklärungs- und Wahrheitsforschungspflicht)可使当事人获得与实际发生过程一致之事实认定③。倘若法官从调查证据之过程,就当事人未主张之事实形成积极之心证,为发现真实,法官亦得将此事实采为裁判之基础,其仅须于采用之前赋予当事人陈述意见之机会即可。④于当事人违反主观真实而为自认之情形,当事人违反真实义务而为陈述,为发现真实法官不受该自认之拘束,其仍得依职权认定该事实之真伪。德国《民事诉讼法》第 288 条仅规定当事人自认之事实不须调查证据,并未明文禁止法官就此调

---

① Wassermann, Der soziale Zivilprozeß, S. 108, 109; ders., AnwBl 1983(Fn. 3), S. 482.
② Wassermann, Der soziale Zivilprozeß, S. 100.
③ Wassermann, Der soziale Zivilprozeß, S. 101.
④ Kugler, Die Kooperationsmaxime-Richtermacht und Parteienherrschaft im Zivilprozess-der gemeinsame Weg zum richtigen Prozessergebnis, S. 158; Wassermann, Der soziale Zivilprozeß, S. 107, 108.

查证据。① 协同主义强调法官与当事人之共同合作与协力,其内容包括法官之事案解明义务与当事人之真实义务。两种义务追求之目的相同,亦即以最佳之力量尽可能作成正确之裁判,故诉讼数据之收集并非仅为当事人或法官单方面之责任,而系呈现出一真正之义务共同体(Pflichtengemeinschaft),由法官与当事人、律师共同协力,共同担负收集事实裁判基础资料之责任。所有程序参与者应在一共同讨论小组中互相合作。② 此外,当事人不能再自由控制诉讼程序与何时提出重要之主张,毋宁其负有积极促进诉讼之义务。如此促进诉讼义务适用之前提为法官已善尽其法讨论之义务,告知当事人其倾向于采取何种法律见解。③

　　协同主义之核心,乃法官法与事实之讨论义务,法官必须与当事人进行一全面性的讨论。④ 法律问题讨论与事实问题讨论,于诉讼程序中难以分离,而系彼此交互影响,来回穿梭于法律规范与事实之间,此乃法官裁判发现之典型过程,故于协同主义之下应将其称为于辩论程序中之全面性讨论(Verhandlungsgespräch)。程序参与者以开放与附有论据之交互沟通方式,收集信息,形成意见,发现裁判而划定其内容。⑤ 当事人信息缺乏之问题,唯有透过法官法讨论与信息之提供始能解决。法官必须与当事人讨论相关之判决与注释书上之学说见解,并公开所有形成法律见解之理由与论证过程,以及不采用当事人法律见解之理由与论证过程。可能性消灭时效抗辩之情形,部分协同主义论者认为当事人欠缺法律知识并不知悉有消灭时效抗辩之规定可以援用,此种情形基于法官知法原则,法官负有与当事人进行法讨论之义务。⑥ 此外,为达成正确之裁判,法官必须与当事人进行全面性与范围广泛之事实讨论,只要直接有益于当事人权利请求之必要事实主张,法官即须为事案之解明。如法官从过去辩论之过程产生当事人漏未主张对于事实认定重要事实之印象时,法官即应询问当事人并要求其解明。⑦ 因此,在协同主义之下,法官必须与当事人讨论从证据数据延伸之"新事实主张",赋予其陈述意见之机会,保障其听审请求权。倘若法官就此已进行充分之讨论,即使当事人未主张该事实,法官亦得将之采为裁判

---

① Hahn, Kooperationsmaxime im Zivilprozess?, S. 271; Wassermann, Der soziale Zivilprozeß, S. 105; Schmidt, Partei- und Amtsmaxime im Zivilprozeß, DRiZ 1988, S. 60.

② Kugler, aaO., S. 75, 76.

③ Wassermann, Der soziale Zivilprozeß, S. 87, 88, 92.

④ Wassermann, Der soziale Zivilprozeß, S. 88.

⑤ Wassermann, Der soziale Zivilprozeß, S. 88.

⑥ Wassermann, Der soziale Zivilprozeß, S. 118; Hahn, aaO., S. 199, 200.

⑦ Wassermann, Der soziale Zivilprozeß, S. 115.

之基础。①

法官应尽力排除程序参与者因诉讼外不同之法律知识、财力、智力或不同之社会上权力分配对诉讼实施而生之影响。法官之新任务,即为保障社会上之弱者,并使所有正当利益皆有具体实现之机会。而其实现之方法即为"民事诉讼法"第139条之法官事案解明义务(Aufklärungspflicht),其可称为有利于社会上弱者之补偿性辩论指挥(kommpensatorische Verhandlungsführung)。法官尤应扶助下层阶级之人、少数族群、边缘团体或能力不足之个人实现其权利②。

(二)2001年修法前德国之立法与学说立场——修正辩论主义之拥护

在1976年德国民事诉讼简化与促进诉讼程序改革法(die Vereinfachungsnovelle)后,2001年修法前德国极为多数之学者认为民事诉讼于财产诉讼事件采取辩论主义之审理原则,就其不足之处,应透过法院之阐明义务,当事人之真实义务与完全义务,以及法院除证人外得依职权调查证据以补充其不足。Wassermann法官关于以协同主义替代辩论主义之主张,在当时即为德国少数学说之见解。在当时德国多数之见解乃修正辩论主义之见解,而非协同主义。从德国民事诉讼法之立法与修法历史观之,辩论主义皆为民事诉讼法上之基本审理原则。③ 德国民事诉讼法中有甚多之规定皆要求当事人提出事实与证据,此等规定使辩论主义成为民事诉讼法基本审理原则(德国《民事诉讼法》第138条第1项、第2项,第282条第1项,第288条第1项,第371条,第373条,第420条,第445条第1项)。根据德国民事诉讼法之个别条文与整体前后之关联性,得认为事实与证据之收集为当事人之责任,而非法官之责任。德国民事诉讼法之规

---

① Hahn, aaO., S. 283.

② Wassermann, Der soziale Zivilprozeß, S. 155, 177;Laumen, Das Rechtsgespräch im Zivilprozeß, S. 128, 129;于德国学说上持协同主义之学者,将德国《民事诉讼法》第139条所规定之法官义务理解为一种事案解明义务(Aufklärungspflicht),特别强调法官解明事案之义务,而非一种提问与指示义务(Frage-und Hinweispflicht)。就此,参照 Wassermann, Der soziale Zivilprozeß, S. 155, 177.

③ Leipold, Zivilprozeßrecht und Ideologie-am Beispiel der Verhandlungsmaxime, JZ 1982, S. 448;Prütting, Die Grundlagen des Zivilprozesses im Wandel der Gesetzgebung, NJW 1980, S. 367;Stürner, Die richterliche Aufklärung im Zivilprozeß, Rn. 11;Henckel, Gedanken zur Entstehung und Geschichte zur Zivilprozeßordnung, in: Gedächtnisschrift für Rudolf Bruns, S. 124, 125;Brehm, Arbeitsteilung zwischen Gericht und Anwalt-eine ungenutzte Chance, AnwBl 1983, S. 195.

定基本上仍以当事人之主导权为出发。① 德国民事诉讼法虽承认除证人外法官得依职权提出证据（德国《民事诉讼法》第 142 条、第 144 条、第 448 条），但证据之提出仍为当事人之责任，而非法官之责任，当事人不得完全信赖法官得依职权提出证据，因其行使与否委由法官自由裁量，非为法官之义务②。当事人未主张之事实，法官不得采为裁判之基础；当事人间未争执之事实，法官应径将其采为裁判之基础，此为辩论主义之核心内容（Kern der Verhandlungsmaxime）。法官只能就当事人已主张且争执之事实，依职权提出证人以外之证据，其仍受辩论主义核心内容之拘束③。

关于法官阐明义务之重要内容，在 1877 年制定民事诉讼法时即已明文规定，此乃早于 Wassermann 所主张之民事诉讼社会化改造之必要性④。1924 年虽修正"民事诉讼法"第 139 条之阐明义务规定，扩大法官阐明义务之范围，1976 年虽新增第 278 条第 3 项防止法观点突袭性裁判之阐明义务规定，但辩论主义仍为民事诉讼法之基础，并未受任何的动摇，法官于阐明后仍不得将当事人未主张之事实采为裁判之基础，法官阐明义务并不会影响辩论主义之核心内容。⑤

此外，辩论主义之用语虽未明白规定于德国民事诉讼法中，但辩论主义之审理原则乃体现于民事诉讼法之建构计划（Bauplan），即使立法者并未将辩论主义之用语明白规定于法条中，仍可认为民事诉讼法基本上采取辩论主义之审理原则。辩论主义指引民事诉讼应有之定位与方向，提供个别诉讼问题解决之方针，其具有重大意义与价值⑥。

（三）2001 年修法后德国之立法与学说立场——修正辩论主义之坚持与协同主义之扬弃

德国 2001 年新法修正后，德国学说上几乎一致性认为，德国民事诉讼法仍采修正之提出原则（修正之辩论主义），而非采取与辩论主义相对立之协同主义。对于民事诉讼甚为重要之程序基本原则——修正之提出原则（修正之辩论主义）应尽可能达到一致性之认知，故学说上甚少对修正辩论主义而有所质疑或争

---

① Prütting, aaO., S. 363; Stein/Jonas/Leipold, Kommentar zur Zivilprozessordnung, 21. Aufl., vor § 128 Rn. 82 a.

② Stein/Jonas/Leipold, vor § 128 Rn. 78; Leipold, aaO., S. 441; Prütting, aaO., S. 363.

③ Prütting, aaO, S. 363; Leipold, aaO., S. 441.

④ Bettermann, Hundert Jahre Zivilprozeßordnung-Das Schicksal einer liberalen Kodifikation, ZZP 91 (1978), S. 390.

⑤ Bettermann, aaO., S. 390; Rosenberg/Schwab/Gottwald, Zivilprozessrecht, 15. Aufl., § 78 I 2; Prütting, aaO., S. 365.

⑥ Stürner, aaO., Rn. 11.

论。新修正之德国《民事诉讼法》第 139 条关于法院阐明义务之规定,并未触及提出原则(Beibringungsgrundsatz)之核心内容,法院阐明后仍不得将当事人未主张之事实采为裁判之基础。法院依职权调查证据则以当事人已主张且有争执之事实为前提,且新修正之德国《民事诉讼法》第 142 条与 144 条关于法院得依职权调查证据之规定,仍仅为法院自由裁量行使之权限,而非其义务。① 民事诉讼法借助法院之阐明义务预防采用提出原则而生之负面不利影响。提出原则并未顾虑于实际诉讼中当事人可能因缺乏诉讼经验或能力不足无法有效行使其权利。作为基本原则强调市民自由与当事人自己责任之提出原则必须经过法院之阐明义务补充其不足之处。法院之阐明义务可使当事人更有效行使其于提出原则方面之主导权。② 法院阐明义务并未与提出原则矛盾,其并不会改变当事人事实与证据收集之责任,亦即民事诉讼法上之提出原则。当事人责任与法院阐明义务之间之界限不容许被混淆。③ 2001 年虽修正《民事诉讼法》第 139 条阐明义务之规定,但新法之修正亦同时强调当事人适时提出事实之责任,并未因而于民事诉讼导入协同主义或职权探知主义。④ 于此并不建议谈论协同主义,因其侵害当事人之主导权,并架空当事人之自己责任。民事诉讼之进行固然有赖于法院与当事人之共同工作与合作(Zusammenarbeit),但必须有一个基本原则说明由何人担负诉讼资料收集之主要责任,由何人担负将诉讼资料导入诉讼之责任。根据新民事诉讼法之个别具体规定与民事诉讼法规定之整体意义关联性,应认为系当事人负有如此之责任。提出原则于新法修正后仍适用于民事诉讼。⑤ 民事诉讼与法院阐明义务之目的乃在保障当事人之主观权利,而非在保护社会上之弱者,推动社会政策。关于法院阐明义务有无之判定,乃取决于具体诉讼程序中所呈现之诉讼资料,并非取决于当事人是否为社会上弱者或强者。⑥

---

① Rosenberg/Schwab/Gottwald, Zivilprozessrecht, 17. Aufl., § 77 Rn. 5; Greger, Kooperation als Prozessmaxime, in: Symposium zu Schwab, S. 79; Reischl, Der Umfang der richterlichen Instruktionstätigkeit-ein Beitrag zu § 139 Abs. 1 ZPO, ZZP 116 (2003), S. 96 ff.; Stein/Jonas/Leipold, Kommentar zur Zivilprozessordnung, 22. Aufl., § 139 Rn. 3, 5; Schaefer, Was ist neu an der neuen Hinweispflicht? NJW 2002, S. 852; Prütting, Die materielle Prozessleitung, in: Festschrift für Musielak, S. 405; Bahlmann, ZPO-Reform 2002: Stärkung der ersten Instanz? S. 46.

② Stein/Jonas/Leipold, 22. Aufl., vor § 128 Rn. 147, 150.

③ Stein/Jonas/Leipold, 22. Aufl., § 139 Rn. 2; Reischl, Der Umfang der richterlichen Instruktionstätigkeit-ein Beitrag zu § 139 Abs. 1 ZPO, ZZP 116 (2003), S. 85.

④ Stein/Jonas/Leipold, 22. Aufl., § 139 Rn. 3.

⑤ Stein/Jonas/Leipold, 22. Aufl., vor § 128 Rn. 150.

⑥ Prütting, Die materielle Prozessleitung, S. 409; Stein/Jonas/Leipold, 22. Aufl., vor § 128 Rn. 149.

新法之修法者虽就德国《民事诉讼法》第 139 条规定之文句为若干之修改，但仅涉及语言文字上之修正，并不涉及内容与结构根本性的改变，新法之修正并未导致法院阐明义务内容之扩大，以至于放弃辩论主义，改采所谓之协同主义。① 至于旧法第一三九条第一项第一句关于事实补充之阐明义务规定，则于新法第一三九条第一项第二句规定，二者于实质内容上并无重大之差异，如同旧法法院仅就当事人已提出事实之不明了或不完足负阐明义务，就当事人完全未提出之新事实，法院不负阐明义务。可能性消灭时效抗辩涉及新事实之提出，而非当事人忽略之法观点，为维护辩论主义之当事人自己责任原则与法官之非偏颇性，法院就此不负阐明义务。② 旧法第一三九条第一项第二句之讨论义务虽已移至新法第一三九条第一项第一句规定，但法院仍如同旧法一样，仅于必要之范围内负讨论义务，因限制法院讨论义务之用语"如属必要（soweit erforderlich）"并未删除，其仍为限制性之讨论义务，而非一般性之讨论义务。法院之讨论义务应如同旧法作相同之解释，其仅为已存在之法院阐明义务（新法第一三九条第一项第二句）之补充③。依新修正之第一三九条第二项之规定，就法观点与事实观点法官虽负阐明义务，但其仍不负一般性法讨论与事实讨论之义务，并未因而改采强调如此讨论义务之协同主义。④

（四）德国现今实务之见解——修正辩论主义之采用

现行德国判决实务上于财产诉讼关系基本上仍采取辩论主义原则或提出原则，而非协同主义或职权探知主义。当事人未主张之事实，即使法院于调查证据时得知该事实，法院仍不得采为裁判之基础。⑤ 当事人间无争执之事实，法院应径将其采为裁判之基础，不得为相异之认定。⑥ 然辩论主义并未顾虑当事人于实际诉讼中可能提出不明了或不充足之事实与证据，为保障当事人之主观权利，应透过法院之阐明义务以补救其不足之处。而如此事实补充之必要性，尤其可能因法院之法律见解变更而导致，此种情形，法院不仅应阐明当事人忽略之法律

---

① Prütting, Die materielle Prozessleitung, S. 403；Rensen, § 139 ZPO n. F. - Stärkung der ersten Instanz oder alles beim Alten? AnwBl 2002, S. 634；Lohrmann, Naivität ohne Beispiel, DRiZ 2000, S. 163, 164.

② Meyer, Wandel des Prozessrechtsverständnisses - vom liberalen zum sozialen Zivilprozess? JR 2004, S. 4；Sticken, Die neue materielle Prozeßleitung (§ 139 ZPO) und die Unparteilichkeit des Richters, S. 48；Rosenberg/Schwab/Gottwald, aaO., § 77 Rn. 22；Rensen, aaO., S. 634.

③ Rensen, aaO., S. 634；Musielak/Stadler, § 139 Rn. 1, 16.

④ Rensen, aaO., S. 637；Musielak/Stadler, § 139 Rn. 16.

⑤ BGH NJW-RR 1990.

⑥ BGH NJW 1981, S. 1562.

观点,尚应阐明该事实补充之必要性。① 然而,法院阐明后,如当事人不主张该事实,基于辩论主义之要求,法院仍不得将其采为裁判之基础②。此外,为补救辩论主义之不足,于民事诉讼法则设有个别法院得依职权调查证据之规定,然民事诉讼法于财产诉讼事件仍采取辩论主义,此等规定仅系赋予法院可依职权调查证据之权限,并非课予其依职权调查证据之义务③。而德国《民事诉讼法》第291条规定之职务上已知之事实系指法官于先前之其他诉讼程序或强制执行程序所得知之事实,而非法院于本诉讼事件审理从当事人提出之证据而得知之事实。④

三、台湾修正辩论主义与协同主义采用之状况

(一)学说争论之状况

1.协同主义之主张

台湾部分学者认为当事人系处于程序主体之地位,享有相当之程序主体权及程序处分权,可据此比较实体上利益及程序利益之大小,并进而决定是否或如何提出特定事实证据,协同法院寻求"法"之所在,以平衡追求该两种利益。此种意义之当事人主体地位,尚非仅凭私法自治原则所能底蕴。准此,之所以认为依辩论主义,法院不得以当事人所未主张之事实作为判决之基础,系为了防止一造当事人受他造当事人突袭之同时,也为了防止来自法院之突袭,借以保障当事人在一定范围内可能享有之程序处分权。就此而言,诉讼当事人在程序上所处之地位,系同时关涉程序上利益之追求、处分在内,而非仅以系争实体利益为其对象内容,故辩论主义之所以被采用,应系为了追求值得当事人信赖之真实。⑤ 法院应与当事人协同确定发现真实与促进诉讼等二基本要求之平衡点上之真实,在诉讼程序上,法院积极公开心证并表明法律见解,当事人系于受保障对于法院审理活动之预测可能性之状态下,于一定范围内可自由决定事证之提出。此可谓折中于自由主义的诉讼观与社会的诉讼观,讲求审判程序之人性化,维护人的尊严,从防止突袭性裁判及程序权保障之观点,法院亦应协助改善当事人遂行诉讼实现权利之可能性,使其能充分攻击防御,并能决定究要偏重追求实体上之利益,即针对法官所公开之心证或法律见解,更提出事证促使法院就某事实形成较

---

① BGH NJW 2002, S.3320;BGH NJW 1999, S.1264.
② BGH NJW-RR 1990.
③ Frankfurt NJW-RR 1993, S.169.
④ BGH NJW 1998, S.3498;德国《民事诉讼法》第291条规定:"于法院显然已知之事实,毋庸举证。"
⑤ 邱联恭:《司法之现代化与民事程序法》,台湾三民出版社1992年版,第221页以下。

正确心证所可能取得之利益,抑或优于追求程序上之利益,即于预测法院之心证或法律见解后,提出可资迅速裁判之资料或未再提出事证时所获致之劳费节省。①

　　台湾部分论者认为协同主义乃追求信赖真实之手段,此与固守实体真实说之德、日论者所采为手段之协同主义(Kooperationsmaxime),互不同其目的、机能。于此所理解之协同主义,并非强调以保障实体法上权利之协同主义,而系同时重视防止促进诉讼之突袭性裁判,亦即同时防止当事人因未适时预测法院之裁判内容与判断过程,致当事人在不及提出有利数据或意见,以避免程序上造成劳力、时间、费用不必要之支出之情况下,受法院之裁判。② 而且,在如此理解之协同主义下将充分保障当事人有平衡追求程序上利益之机会。于此应从信赖真实协同确定说之观点,阐述协同主义之根据。亦即,协同主义之所以被采用,应系为了追求确定值得当事人信赖的真实。在此目标追求之下,辩论主义之运用应与自由心证主义之运用相衔接配合,而指向追求达成既无发现真实的突袭,又无促进诉讼的突袭之事实认定。在此种程序上,系由法院与当事人协同确定发现真实与促进诉讼等二基本要求之平衡点上的真实,即借此协同寻求、发现"法"之所在。而且此之所谓"法"乃系存在于实体上利益与程序上利益之平衡点上,纵其多有切合于客观存在之"法"的可能,究非自始以此意义之"法"为寻求、发现之首要目标。盖以在其程序上,法院与当事人已充分同时衡量程序上利益与实体上利益之大小轻重,而非自程序之始专以追求实体上之利益为首要任务。③

　　台湾地区"民事诉讼法"于2000年修正后可谓已采用协同主义之审理原则,新法为实现集中审理主义及适时提出主义之理念,更加强法院与当事人之分工合作,促使共同协力于发现真实及促进诉讼。在当事人方面,既课以迅速进行诉讼之协力义务(诉讼促进义务),又课予事实证据提出之协力义务,而在法院方面,则系加强其实体及形式的诉讼指挥权,甚至加重法院之阐明义务而扩充其范围,可说已实行协同主义④。为贯彻集中审理主义及防止突袭性裁判,新法明定法院负有表明法律见解之阐明义务,并要求法院致力于适时阐明以整理争点。新法要求审判长或受命法官,应注意令当事人就诉讼关系之法律为适当完全之

---

　　① 许士宦:《民事诉讼法修正后审判实务上处分权主义与辩论主义之新发展》,载《集中审理与审理原则》,台湾新学林出版社2009年版,第84页。

　　② 邱联恭:《司法之现代化与民事程序法》,台湾三民出版社1992年版,第222页以下。

　　③ 邱联恭,于"民事诉讼法第39次研讨会"中之书面补充资料,载《民事诉讼法之研讨(四)》,第223页以下;邱联恭:《程序利益保护论》,台湾元照出版公司2005年版,第184页以下;许士宦:《集中审理制度之新审理原则》,载《集中审理与审理原则》,台湾新学林出版社2009年版,第147页。

　　④ 许士宦:《集中审理与审理原则》,台湾新学林出版社2009年版,第146页。

辩论。为此,应向当事人发问或晓谕,令其为法律上陈述,其陈述有不明了或不完足者,应令其叙明或补充之(同法第 199 条第 1 项、第 2 项)。此项规定,依集中审理主义之精神及保障适时审判请求权之法理,可认系要求受诉法院在言词辩论终结前,适度表明其所持之法律观点,以协同当事人整理法律上争点,借此以避免法律适用与促进诉讼之突袭。① 新法又要求法院于调查证据前,应将诉讼有关之争点晓谕当事人(同法第 296 条之一第 1 项)。此项争点晓谕程序,系为防止突袭性裁判,并落实争点集中审理主义而设。为此,法院于调查证据前,应将整理争点之结果所得证明之主题,即成为争点事实之主要事实、其关联之间接事实等应证事实,及其证明所必要之证据方法,用言词提示、说明,俾当事人予以了解、确认,以保护其辩论权。为贯彻集中审理主义,此项规定将法院表明法律见解之义务更加具体化,要求法院于调查证据前,在必要范围内,为防止突袭,应并将法律上争点晓谕当事人,而非仅晓谕事实上或证据上之争点即为已足。法院应于应证事实所必要之范围内(含证据调查之必要性),并表明其所持之法律见解,借此帮助彻底防止发生突袭性裁判。②

再者,部分论者认为新法仍然维持"民事诉讼法"第 278 条第 2 项之规定,法院为裁判时得斟酌已显著或职务上所已知之事实,而非必待当事人予以提出始可作为裁判之基础,只要事先赋予当事人辩论之机会。与德、日等国民事诉讼法不同,台湾地区"民事诉讼法"第 278 条明定,法院职务上所已知之事实,例如法院于各该诉讼事件之本案审理或证据资料中所已知之事实,虽非当事人所提出者,在法院赋予辩论机会之前提下,亦得斟酌之,且毋庸举证。之所以规定证据数据中所获知之事实,纵非当事人所主张者,亦得例外作为裁判之基础,乃系为发现真实及促进诉讼之目的,其同时要求法院赋予辩论机会,则系为防免突袭性裁判。据此可知,在台湾地区现行法上,并非无限制一概不许法院将当事人所未主张之事实作为裁判基础,因此不宜将斟酌此项事实之裁判,一律认为其违反辩论主义。毋宁为保护实体利益与程序利益之必要,亦即为满足发现真实及促进诉讼之要求,在此目的追求之范围内非不可肯定台湾地区民事诉讼法就特定情形,以不发生突袭性裁判为前提,容许法院将当事人未主张之事实("民事诉讼法"第 278 条第 2 项所定之事实)作为裁判之基础。抑且,现行法亦课以当事人负真实义务与陈述义务(同法第 195 条),要求其就两造主张之事实为陈述(否认、自认、抗辩),借以发现真实、促进诉讼;同时,受诉法院应运用诉讼指挥及阐明权(同法第 199 条),促使当事人所为之事实上主张或否认更形明确化。经由法院之阐明,当事人一方面将更可能获得机会行使其提出事证之权能,资以追求

---

① 许士宦:《集中审理与审理原则》,台湾新学林出版社 2009 年版,第 154 页以下。
② 许士宦:《集中审理与审理原则》,台湾新学林出版社 2009 年版,第 155 页以下。

实体利益或程序利益,而免遭突袭性裁判;另一方面则于其受阐明而获有该机会竟仍不为事实提出时,被凸显而具体化其所应负主张责任、行为责任。于此,当事人有关事实主张之权能行使及责任具体化,系在获得法院积极协力之过程所促成。自此观之,似可称上开法律状态下所采有关事实主张之审理原则为协同主义或协力主义。如此理解之协同主义原系为防免两造相互间及来自法院之突袭,并为防止发生发现真实之突袭与促进诉讼之突袭,以平衡保护实体利益及程序利益。因此,一方面,当事人所未主张之事实,不问其为主要事实或间接事实,如未经法院于程序上对当事人预告使其有机会决定是否主张该事实,不得径采为裁判之基础,以防免发生突袭性裁判,确保法院之中立性,并使该当事人就未主张该事实之后果自负责任。倘若认为不以某主要事实或间接事实作为判决之基础,将不足以保护实体利益或程序利益,而难免使当事人遭受发现真实或促进诉讼的突袭,为保护该等利益,应由法院为必要之阐明以防止该类突袭。就当事人未主张之事实(主要事实或间接事实),经法院于程序上予以预告而不致对当事人造成突袭者,除非两造均表意不予以主张,法院亦得将其采为裁判之基础。① 此可评价为:以践行防止发生突袭之程序为前提,要求或容许法院得以非属当事人自始自发主张之事实(主要事实或间接事实)为判决基础之规定(同法第278条第2项),实亦认知辩论主义即协同主义系被采用作为防止发生突袭之手段而已,而非自我目的。因此,在经由诉讼指挥权、阐明权之行使,已防止发生突袭之范围内,辩论主义所具防止发生突袭之机能已被吸收,其采用之目的应已达成,自无复予以评价规范而视其违反辩论主义。②

2.修正辩论主义论者之主张

台湾地区亦有为数甚多之学者认为民事诉讼于财产诉讼事件乃采取修正辩论主义,而非协同主义。③ 其认为辩论主义虽非立法上之用语,并非能在台湾地区民事诉讼法条文中寻获该等用语之使用。唯台湾地区"民事诉讼法"第193条

---

① 邱联恭:《处分权主义、辩论主义之新容貌及机能演变——着重于评析其如何受最近立法走向影响及相关理论背景一》,载《程序选择权论》,第109页;许士宦:《集中审理与审理原则》,台湾新学林出版社2009年版,第88页;沈冠伶:《民事证据法与武器平等原则》,台湾元照出版公司2007年版,第10页。

② 邱联恭:《处分权主义、辩论主义之新容貌及机能演变——着重于评析其如何受最近立法走向影响及相关理论背景一》,载《程序选择权论》,第104页以下。

③ 骆永家:《民事诉讼法I》,台湾三民书局1997年第8版,第119页以下;骆永家:《既判力之研究》,台大法学丛书编辑委员会1975年版,第211页;陈荣宗、林庆苗:《民事诉讼法(中)》,台湾三民书局2009年第7版,第546页以下;姜世明:《法官阐明制度发展之评估—评最高法院九十五年台上字第九八六号民事判决》,载《台湾本土法学》第100期;姚瑞光:《民事诉讼法论》,台湾弘扬图书有限公司2004年修订版,第290页以下。

第1项规定,当事人应就诉讼关系为事实上之陈述。第195条第2项亦规定,当事人对于他造提出之事实、证据,应为陈述。第196条规定当事人应于适当时期提出攻击防御方法。第279条规定当事人主张之事实,经他造于准备书状内或言词辩论时或在受命法官、受托法官前自认者,毋庸举证。第280条规定当事人对于他造主张之事实,于言词辩论不争执或已受合法通知而未于言词辩论期日到场,亦未提出准备书状争执者,视同自认。第194条规定当事人应依第二编第一章第三节之规定,声明所用之证据。第277条规定当事人主张有利于己之事实,就其事实原则上负举证责任。由以上之诸规定应可推知台湾地区民事诉讼亦实行辩论主义之主要内容,亦即原则上作为裁判之基础,应由当事人主张之;当事人诉讼上自认亦存在一定拘束力。[①] 倘若对于经法院于程序上予以预告而不致对当事人发生突袭者,亦得成为判决之基础之论述,若限于"民事诉讼法"第278条第1项之情形,则对于辩论主义之冲击较少,但若未有限制而予以广泛性承认,则某种程度对辩论主义具颠覆性之效果。[②] 台湾地区"民事诉讼法"第278条所称为其职务上所已知之事实,系指法院依现在或过去之职务行为(例如民事庭、刑事庭、非讼庭、执行或破产程序)所已知悉并已确定之事实,而不包括独任法官或合议庭之法官须经由文书提出或登记之阅视,始能知悉者。如法官对于系争事实上无所知悉,仅知该事实可能存在法院之卷宗内,经调阅卷宗可得知悉者,仍非此处所谓职务上知悉之事实。于本诉讼上尚应以证据证明之事实,则非所谓"已知"之事实,否则该条文之逻辑即变成"应以证据判断之事实,毋庸举证"之矛盾。[③]

此外,台湾地区"民事诉讼法"第288条之规定,似可评价为一般性职权调查权限赋予之规定,如此,辩论主义第三命题即有遭受颠覆之虞,且有走向职权探知主义之倾向。实则,就实务见解分析以观,其一则认为当事人不因"民事诉讼法"第288条规定而减轻其举证责任,因为尽举证责任而败诉,不可执法院未尽职权调查证据而提起上诉,似仍将诉讼法理定调在辩论主义(修正辩论主义)之范畴内,据此而强化当事人自主及诉讼上自己责任,而同时阻遏上诉案件量之扩大。唯在个案实践上,其标准何在?又令人疑惑。尤其在一般仅涉私益之事件中,似较倾向不得任意利用"民事诉讼法"第288条而上诉第三审,甚至有将之限于当事人驽钝或受牵制之情形或有鉴定需要者乃要求法院职权介入。但实务

[①] 姜世明:《辩论主义》,载《月旦法学教室》第23期。
[②] 姜世明:《辩论主义》,载《月旦法学教室》第23期。
[③] 姜世明:《"为法院职务上所已知事实"及法院之依职权调查证据——评台湾台北地方法院九三年小上字第八〇号民事判决一》,载《台湾本土法学》第79期;吕太郎:《民事诉讼之基本理论(二)》,第86页。

上,于事实审法官而言,其无法得知上级审如何评价其所审理事件是否有违反"民事诉讼法"第288条规定,因而多往职权调查证据方向处理民事事件,以避免其裁判遭受废弃之命运;而其职权调阅案卷、职权传讯证人、职权命第三人提出文书、职权嘱托鉴定者,于实务堪称平常,亦因此,而有令实务家不知辩论主义(或修正辩论主义)为何物之情形。因上级审每要求下级审法院应就事实详查研企,则若对于前开一般事件,法院无限制地扩大运用"民事诉讼法"第288条之适用范围,则辩论主义第三命题即难逃遭受颠覆之命运。① 为使"民事诉讼法"第288条适用之合理化,宜认为一般事件其中之涉及公益事件(如股东会决议撤销事件)及有武器不平等之虞之事件(例如公害事件、医疗事件及产品责任事件)等,不妨承认在此等事件可放宽法院职权介入调查证据之权限,而不认其违反辩论主义,至于其他类型事件,应采目的性限缩解释方式,可能在法院阐明后,如当事人仍有主观上驽钝或受外力牵制等情形,或法院自己欠缺判断能力而需求鉴定之情形,乃有要求法院介入职权调查之必要,否则仍将造成有沦于职权探知主义发展及法律不安定性之疑虑;而此在实务操作上,即使经由当事人合法听审权保障,仍不能避免发生此等疑虑。至于在其他情形,即可尽量回归辩论主义(修正辩论主义)下运作,当事人未提出证据声明,而遭败诉者,如法院未有其他违法情形(例如违反阐明义务等问题),即不应令当事人仍有指摘判决违法之余地。如此,或可得一较明确之标准,否则台湾地区"最高法院"之标准难测,将徒增当事人上诉之动机,甚易造成突袭及法律不安定,而浪费诉讼资源②。

再者,辩论主义并未顾虑于实际诉讼中当事人未必皆有能力为完全无缺之主张、举证,若有不完足时,法院固可依主张责任、举证责任分配之原则判决,倘若如此将使本可胜诉之当事人,只因缺乏诉讼经验或法律修养,而遭致败诉,不符公正裁判之理想,故应透过法院之阐明义务,以补充当事人能力之不足,其可谓补充与修正原辩论主义程序之缺点。③ 为保障当事人之权利,台湾地区"民事诉讼法"第199条第2项已设有法院阐明义务之规定,以补救当事人事实与证据主张之不明了或不完足。法院之阐明义务与辩论主义并非处于敌对之关系,辩论主义虽有若干缺陷,但毋庸因此放弃辩论主义,改采协同主义,仅须透过法院

---

① 姜世明:《辩论主义与法院之依职权调查证据》,载《台湾本土法学》第70期。
② 姜世明:《辩论主义与法院之依职权调查证据》,载《台湾本土法学》第70期。
③ 骆永家:《民事诉讼法I》,台湾三民书局1997年第8版;陈荣宗、林庆苗:《民事诉讼法(中)》,台湾三民书局2009年第7版,第546页以下;姜世明:《辩论主义与法院之依职权调查证据》,载《台湾本土法学》第70期;姚瑞光:《民事诉讼法论》,台湾弘扬图书有限公司2004年修订版,第290页以下。

阐明义务补充其不足即可。①为防止当事人操纵事实真相,不当利用国家司法权以规避法律规定,诈欺法院作出不实之判决,台湾地区"民事诉讼法"第195条第1项亦规定当事人就其所为之陈述负主观的真实义务与完全义务,以补救辩论主义之不足②。台湾地区现今民事诉讼非采取古典之辩论主义,而系采取有所修正之辩论主义。③

(二)实务见解

台湾地区现行实务上则采取辩论主义之审理原则,而非协同主义。台湾地区"最高法院"四十七年度台上字第四三〇号判例,即表示民事诉讼采不干涉主义,凡当事人所未声明之利益,不得归之于当事人,所未提出之事实及证据,亦不得斟酌之,此观"民事诉讼法"第388条之规定自明。台湾地区"最高法院"九十九年度台上字第一一一号判决,亦采取与此判例相同之见解。上述之判例与判决虽未将处分权主义与辩论主义相互区分,但仍认为民事诉讼基本上采取辩论主义之审理原则。台湾地区"最高法院"六十年台上字第二〇八五号判例与台湾地区"最高法院"九十九年度台上字第八九号判决则明白表示:"民事诉讼除法律别有规定外,不得斟酌当事人未提出之事实,此为辩论主义之当然结果。法院若依职权斟酌当事人未主张之事实,即有认作主张之违法。"

然而,台湾地区"最高法院"仍认为辩论主义有其不足之处,其应透过台湾地区"民事诉讼法"第199条第2项之阐明义务规定补充其不足。台湾地区"最高法院"四十三年台上字第一二号判例,以及台湾地区"最高法院"九十八年度台上字第二三一二号判决,认为基于法官阐明义务之违反而作为之判决,即属违背法令构成上诉之理由,其指出:"审判长应向当事人发问或晓谕,令其为事实上及法律上陈述、声明证据或为其他必要之声明及陈述,其所声明或陈述有不明了或不完足者,应令其叙明或补充之。"民事诉讼法"第199条第2项有明文。此为审判长因诉讼关系之阐明权,同时并为其义务,故审判长对于诉讼关系未尽此项必要之处置,违背阐明之义务者,其诉讼程序即有重大瑕疵,而基此所为之判决,亦属违背法令。"而台湾地区"最高法院"九十八年度台上字第二三一二号判决更进一步指出,依法官阐明义务补救处分权主义与辩论主义不足之重要性,其认为:"根据当事人之声明或主张所呈现之诉讼数据,如有不明了之处或尚有疑义时,审判长即应运用其诉讼指挥权及阐明权将该不明了或疑义之处厘清,以利

---

① 陈荣宗、林庆苗:《民事诉讼法(中)》,台湾三民书局2009年第7版,第547页;姜世明:《辩论主义与法院之依职权调查证据》,载《台湾本土法学》第70期。

② 张文郁:《论民事诉讼之当事人支配原则》,载《迈入二十一世纪之民事法学研究》(骆永家教授七秩华诞祝寿论文集),第132页以下。

③ 姜世明:《辩论主义与法院之依职权调查证据》,载《台湾本土法学》第70期。

法律上之判断,俾弥补辩论主义及传统诉讼标的之缺失,借以发现真实,促进诉讼,达成纷争一次解决之目的。"

(三)本文见解——修正提出原则(修正辩论主义)之拥护

本文认为民事诉讼于财产诉讼事件应采取修正之提出原则(修正之辩论主义),而非协同主义,兹将其理由说明如下:

1. 采用辩论主义之重要价值——当事人自由保障之法治国民事诉讼程序价值

辩论主义第一命题,系指当事人未主张之事实,法院不得采为裁判之基础,事实之主张为当事人之责任,而非法院之责任。辩论主义第二命题,系指当事人间无争执之事实,法院应毫无疑问原封不动将其采为裁判之基础,其不得为与此相反之事实认定,法院受当事人自认内容之拘束。辩论主义第三命题,系指就当事人间有争执之事实,如当事人未提出证据,法官即不得依职权调查。证据之提出为当事人之责任,而非法院之责任。辩论主义之三项内容均在彰显当事人关于事实与证据提出主导权与当事人自己责任之重要性。民事诉讼之目的主要在于保障当事人之主观权利,当事人自由之保障与当事人之自己责任原则在民事诉讼中具有非常重要之地位。辩论主义可认为系当事人自由之保障与自己责任原则之体现。当事人自由之保障与当事人自己责任具有法治国家民事诉讼之价值。[①]

2. 对协同主义意涵所提出之疑问

台湾地区主张协同主义之论者认为辩论主义即为协同主义,实有误解之处。辩论主义与协同主义二者乃处于相互对立之关系,而非处于等号之关系。于德国 Wassermann 法官所主张之协同主义系要放弃辩论主义,重新建立一新的程序基本原则。而台湾地区协同主义之论者一方面主张辩论主义即为协同主义,另一方面又认为辩论主义有其问题存在应改采协同主义,二者之间存在其矛盾之处。且其所主张之协同主义内容已与辩论主义之内容不同,尚难再将协同主义认为系等同于辩论主义。

3. 对协同主义根据论所提出之疑问

民事诉讼法采取提出原则或辩论主义,乃基于尊重当事人就实体法之财产关系有自主决定之权利,而延伸至诉讼上当事人就诉讼资料之提出与否享有自主决定权。当事人未主张之事实,法院不得斟酌。采用辩论主义之主要根据系当事人于实体法上之财产关系有自主决定之权能,并非在防止突袭性裁判。部

---

① Stürner, Stellung des Anwalts im Zivilprozeß, JZ 1986, S. 1094, 1095; Leipold, Zivilprozeßrecht und Ideologie-am Beispiel der Verhandlungsmaxime, JZ 1982, S. 447, Stein/Jonas/Leipold, Kommentar zur Zivilprozessordnung, 21. Aufl., vor § 128 Rn. 81 a.

分学者认防止突袭性裁判可作为采用协同主义之根据,则有其疑问之处。防止突袭性裁判仅系采用辩论主义后之结果与功能,而并非作为采用辩论主义方面之根据。且即使认为辩论主义之根据包含防止突袭性裁判之产生,法院于阐明后亦不能斟酌当事人未主张之事实。台湾地区主张协同主义之论者一方面强调为防止突袭性裁判之产生,法院不能斟酌当事人未主张之事实。另一方面却又认为在法院阐明当事人未主张之事实后,关于法院不能斟酌当事人未主张之事实之突袭性裁判已透过法院之阐明加以吸收与防止,二者之间有论理上不相吻合之处。实际上法院阐明后将当事人未主张之事实采为裁判之基础,仍系造成事实提出方面之突袭性裁判,并未因法院阐明后即可彻底防止此方面突袭性裁判之产生。

德国学说上对于民事诉讼目的论之理解,并非如同协同主义论者所称仅在追求客观实体法上之真实,尚有许多不同之学说存在(例如:维护法的和平与私人纷争解决说、客观法秩序维护说以及具体事件中使法具体化并为法续造之见解)。即使采取保护实体法主观权利之学说,亦有认为民事诉讼之目的乃有效且有一定限制之权利保护。① 民事诉讼之目的,主要在有效地保护当事人主观之权利,而其权利必须在顾虑他造当事人之利益及其他追求权利保护之人之利益下始被有效地保护,其仍有一定之限制存在,且民事诉讼之目的尚可包含透过诉讼上和解以解决当事人间之纷争。而在具体事件中使法具体化并为法续造之见解于 1967 年即由德国学者 Pawlowski 在 Aufgabe des Zivilprozesses 一文中所主张②。然而,此项见解一提出即受到学说上之批判。盖民事诉讼之目的并非在使"法具体化",并非如协同主义所称于诉讼中由法官与当事人协同寻求「法」之所在,因法于诉讼前即已被立法者所制定,仅于法有漏洞时法官始须为法之续造。基于法治国原则之下之权力分立原则,法官仍负有依法裁判之义务。③ 民事诉讼法上关于法律观点、要件事实、举证责任之分配,或多或少皆须有已存在之实体法以资判断。但此并非意谓法官可独自的适用法律,其仍应将法适用与事实认定重要之观点向当事人阐明,赋予当事人陈述意见,如此阐明过后之判决始得令当事人接受。然此并非意谓法官应与当事人进行学术方面之法讨论之意义,或将判决理由的草案公开。

台湾地区主张协同主义之论者认为在协同主义之程序上,法院与当事人已充分同时衡量程序上利益与实体上利益之大小轻重,而非自程序之始专以追求实体上之利益为首要任务。于此种程序上,当事人应系在受保障对于法院审理

---

① Henckel, FS für Bruns, S. 127 ff.
② Pawlowski, Aufgabe des Zivilprozesses, ZZP 80(1987), S. 368 ff.
③ Mes, Rechtsschutz, S. 96;Henckel, Prozessrecht und materielles Recht, S. 56.

活动(含心证及法律见解)之预测可能性的状态之下,于一定范围内可自行决定是否或如何提出事实或证据,并决定其究要偏重于追求实体上利益,抑优先追求程序上利益。所谓实体利益乃指当事人因实体法权利、地位之实现所可获得之利益。所谓程序利益,因程序进行而未招致劳力、时间及费用之额外支出时,所可获致之利益。① 现有疑问者,所谓额外劳力、时间费用之支出如何明确界定出来,协同主义之论者并未提供任何明确性之标准。再者,德国协同主义之主张并非如同台湾地区部分协同主义论者所称完全未顾虑诉讼促进之重要性,并使当事人迅速实现其权利等问题,其仍强调当事人不能再自由控制诉讼程序与何时提出重要之主张,毋宁其负有积极促进诉讼之义务。② 德国于学说上就辩论主义之根据论上乃有私法自治说、合目的性考虑说以及私法自治与合目的性考虑之多元说,但并未出现信赖真实协同确定说之见解。德国学说上有指出之所以采用辩论主义之根据,即在于尊重并肯认当事人于实体法上之财产关系有自主决定之权。③ 当事人可能基于各种因素之考虑而于诉讼上主张或不主张某项事实,可能基于优先追求实体利益,亦可能优先追求程序利益,然其亦可能既不追求实体利益,又不追求程序利益,而系基于道德之因素或其他因素而不主张消灭时效之抗辩。无论基于何种因素抑或追求何种利益,民事诉讼法尊重并肯认当事人于实体法上之财产关系有自主决定之权限,因当事人该财产关系有自由处分之权利,故德国学说在探讨采用辩论主义之根据论时,不去探讨当事人在追求何种实体利益、何种程序利益抑或何种其他之利益。当事人于诉讼中就事实是否提出享有自主决定权。当事人就特定事实为自认,从结果上观之当事人毋庸再提出证据证明,可节省就此所花费之劳力与时间,但当事人何以为自认之理由与原因,民事诉讼法并不关心。当事人系选择优先追求实体利益,抑或程序利益或其他各种利益而为自认并非重要。当事人未必即为节省劳力时间费用追求程序利益而为自认,其亦有可能系认他造主张之事实为真实而为单纯之自认。当事人不提出特定之抗辩事实,未必系基于选择优先追求程序利益,可能顾虑到该事实其须负举证责任,其所能提出之证据有限而未主张该抗辩。

4. 协同主义对当事人事实提出主导权之破坏

正确理解之法院阐明义务,并不会破坏辩论主义,法院阐明义务透过法院辅

---

① 邱联恭:《司法之现代化与民事程序法》,台湾三民出版社1992年版,第221页;许士宦:《集中审理制度之新审理原则》,载《集中审理与审理原则》,台湾新学林出版社2009年版,第84页。

② Wassermann, Der soziale Zivilprozeß, S. 87, 88, 92.

③ Schönfeld, Zur Verhandlungsmaxime im Zivilprozeß und in den übrigen Verfahrensarten, S. 126.

助性之要求,修正古典传统辩论主义。法院并不与当事人共同担负事实与证据诉讼资料收集之之责任,仅当事人负诉讼资料收集之责任,法院仅处于辅助与补充之地位,负辅助之义务(Hilfeleistungspflicht oder Mitwirkungspflicht)①。法院之阐明义务补充当事人提出诉讼资料之不明了与不完足,其范围界限仅止于补充当事人已提出事实资料之不明了与不完全,就新事实资料之提出,为当事人应负自己责任之范围,并非法院阐明义务之范围。② 法院之阐明义务并不会破坏辩论主义之核心内容。法院阐明后仍不得将当事人未主张之事实采为裁判之基础。法院之阐明义务不具替代辩论主义之功能,民事诉讼法基本上应采取辩论主义之原则,而非协同主义。法院阐明之目的,主要系在补充辩论主义之不足。法院阐明后当事人仍得自由决定是否主张相关之事实。法院阐明义务仅具辅助当事人主张之功能,法院阐明后即已补充辩论主义不足之功能,此时须回归辩论主义第一命题之要求,最终决定是否主张该事实仍为当事人而非法院。此项基本要求可谓系法治国民事诉讼程序之基本要求。法治国民事诉讼程序之基本要求乃须保障当事人之程序主体地位与当事人之自由,协同主义认为在财产诉讼事件法院阐明后当事人未主张之事实法院仍可斟酌,法院阐明防止突袭性裁判之功能可吸收或替代辩论主义,此可谓完全侵害当事人关于事实提出之程序主体地位与当事人自由,可谓有违法治国民事诉讼程序之基本要求。

5. 协同主义架空当事人事实提出责任及违反法官非偏颇性要求

民事诉讼于财产诉讼事件乃采取修正之提出原则(修正之辩论主义),而非协同主义。协同主义强调法院之法讨论及事实讨论义务,将法院之阐明义务范围扩大,其认为于当事人完全未于诉讼中主张关于消灭时效抗辩之任何基础事实,法院亦负阐明义务。如此将造成法院就所有新的抗辩提出均负阐明义务之结果。法院则变成如同某一造当事人律师之地位,就所有新的抗辩主张(例如清偿抗辩、消灭时效完成之抗辩、债务免除之抗辩、抵销之抗辩)均须帮被告阐明,造成架空当事人自己责任及对他造当事人造成不公平之结果,且有违宪法上法官非偏颇于一造当事人之要求(Unparteilichkeitsgebot)。

6. 协同主义混淆法院与当事人责任分担之界限

协同主义透过法讨论、事实讨论及社会上弱者补偿义务等不清楚模糊之概念,混淆了法院与当事人间之责任分担界限。实际上两者间之界限应尽可能明确划定。法之适用为法官之职权与责任,事实之提出为当事人之权能与责任,二者应明确划分,不容混淆。当事人未提出之可能性消灭时效抗辩涉及辩论主义

---

① Vgl. Vollkommer, Die Stellung des Anwalts im Zivilprozeß, S. 50;Rosenberg/Schwab/Gottwald, aaO., §77 Rn.15,16.

② Vgl. Vollkommer, aaO., S.49;Musielak/Stadler, §139 Rn.1.

事实提出之问题，当事人负有提出此新事实之责任，并非法院可依职权认定之法观点，就此法院不负阐明义务。①

协同主义所称之共同研究讨论小组（Arbeitsgemeinschaft）概念亦不适当，宜避免使用。因其易使人误解代表一般利益之法院与原告、被告之个别私人利益并非处于对立的状况，于实际诉讼上原告与被告通常不愿意彼此合作，法官之任务在于就争讼关系作出裁判，而非与当事人共同合作成立一共同研究讨论小组。②

总括言之，协同主义将导致民事诉讼主要特征往错误的方向发展，如此新的基本原则不能被承认，辩论主义仍为民事诉讼法上重要之审理原则。③

7. 协同主义承认法院一般性法讨论义务之问题

德国《基本法》第 103 条第 1 项听审请求权保障之规定，不能作为导出法官一般性法讨论义务之理由根据，因宪法仅提供最低限度之听审请求权保障。德国民诉法与德国《基本法》第 103 条相同，亦未要求法官应与当事人进行法的讨论，其仅要求法官就所阐明之法观点，赋予当事人发表意见之机会，当事人得就疏忽之某项法律观点或法律问题为补充性之阐述，并不以进行法讨论为必要。倘若法官必须就所有裁判之可能性与当事人讨论，且在裁判之前表明其法律见解，此将逾越民事诉讼之范围，打破民事诉讼之架构。④ 法院并非讨论所有学说争论状况与所有法院判决之场所，民事诉讼程序之任务并非在教导训练当事人成为法律专家。⑤ 倘若认为法官必须将每一形成法律见解之理由、学说上之见解与判决均与当事人讨论，将使法官之义务范围不当扩大。

8. 协同主义架空当事人之诉讼促进义务且无法达到第一审程序集中之目的

协同主义有架空诉讼促进义务之危险，因当阐明义务范围扩得愈大，基于公正程序请求权之保护，如法院未尽其阐明义务，其愈不得驳回当事人因此而迟延提出之主张。如法院于第一审未就上述之新抗辩之提出阐明，当事人于第二审均可再主张该新事实，法院不能驳回该等主张，造成原本应认为违反诉讼促进义务之主张，变成并未违反诉讼促进义务之主张之不当后果。由此可知，协同主义

---

① Henckel, Gedanken zur Entstehung und Geschichte zur Zivilprozeßordnung, in: Gedächtnisschrift für Rudolf Bruns, S. 126; Rosenberg/Schwab, Zivilprozessrecht, 13. Aufl., § 78 I 4; Brehm, Arbeitsteilung zwischen Gericht und Anwalt-eine ungenutzte Chance, AnwBl 1983, S. 195; Prütting, die Grundlagen des Zivilprozesses im Wandel der Gesetzgebung, NJW 1980, S. 364, 365.

② Henckel, aaO., S. 125.

③ Leipold, JZ 1982, S. 448; Prütting, NJW 1980, S. 367; Henckel, aaO., S. 125.

④ MünchKomm-ZPO/Prütting, 2. Aufl., § 278 Rn. 35, 36, 37.

⑤ 相同见解 Koch, Prozessförderungspflicht, S. 99 ff.

将破坏与架空第一审诉讼程序集中与迅速之原则。而且协同主义认为法院阐明后，即使当事人未主张之事实，法院亦得斟酌。①此将侵害当事人事实提出之主导权，违反第一审程序充实化保障当事人权利之理念，且该事实之主张原应由当事人担负主张责任，却因法院之职权斟酌行为架空当事人自己责任，此等事实如事后迟延提出，法院原应以违反诉讼义务驳回其主张，却因先前法院职权斟酌之行为变成并未违反任何诉讼促进义务之可能，与第一审程序集中化与迅速化之理念背道而驰。台湾地区"民事诉讼法"第199条第2项后段明文规定："其所陈述有不明了或不完足者，应令其叙明或补充之。"由后段之规定可明确得知，法院应令其叙明或补充，"其"系指当事人而非法院，法院阐明后系由当事人，而非由法院叙明或补充该事实主张，法院之阐明不具替代当事人事实主张之意义。反之，修正辩论主义认为法院就上述新事实之主张不负阐明义务，此等事实领域乃当事人担负提出责任之领域，其亦为当事人独自负有诉讼促进义务之领域，倘若当事人于第一审未主张该等新事实，法院不负阐明义务，当事人负有诉讼促进之义务，其于第二审不得再主张该等事实主张，将受到法院驳回之命运，以贯彻第一审诉讼程序集中与迅速之原则。修正辩论主义比协同主义更可以贯彻第一审程序之集中化与迅速化。在修正辩论主义之下，如法院阐明后，当事人仍不主张该事实，基于辩论主义第一命题之要求，法院仍不得斟酌该事实，更加贯彻第一审程序充实化与迅速化。本文建议于台湾地区"民诉法"第199条第2项后段增订："法院阐明后，如当事人不叙明或不补充该事实，法院不得斟酌该事实。"

此外，台湾地区主张协同主义之论者认为台湾地区"民事诉讼法"第278条第2项所称之职务上已知事实，包含本诉讼事件审理过程中从证据资料得心证之事实，此等事实即使当事人未主张法院亦得斟酌。②如此之立场则有侵害当事人事实提出主导权、当事人自己责任以及架空当事人诉讼促进义务之危险。本案审理过程中从证据资料得知之事实，应认为系有辩论主义适用之事实。例如于借款返还之事件，证人于审理中陈述借款债务已获清偿，而被告仍可决定是否主张清偿之事实，因其有可能顾虑清偿之事实其担负举证责任，而其不具足够之证据证明该主张而不主张该事实，倘若法院替被告提出该事实，反而造成被告之不利。又依台湾地区"民事诉讼法"第447条第1项第4款之规定，就法院职

---

① 邱联恭：《程序选择权论》，台湾三民书局2000年版，第109页；许士宦：《集中审理制度之新审理原则》，载《集中审理与审理原则》，台湾新学林出版社2009年版，第88页；沈冠伶：《论新民事诉讼法中法官之阐明义务与当事人之事案解明义务》，载《民事证据法与武器平等原则》2007年。

② 邱联恭：《程序选择权论》，台湾三民书局2000年版，第109页；许士宦：《集中审理制度之新审理原则》，载《集中审理与审理原则》，台湾新学林出版社2009年版，第88页。

务上已知之事实,当事人可于第二审再行提出。如依协同主义之见解,法院职务上已知之事实扩张及于从本案证据资料得知之事实,则造成当事人于第二审尚能提出此等事实,然而此等事实实际上属于新事实之提出,应强调辩论主义之自己责任,就此当事人应独自担负诉讼促进义务,如其于第一审并未主张,即不得再于第二审主张。如依协同主义之见解将无法达成第一审集中审理之目标。主张协同主义之论者一方面强调采取集中审理原则,另一方面又采用协同主义,二者之间则有相互矛盾之处。反之,依修正之辩论主义审理原则,台湾地区"民诉法"第278条第2项以及第447条第1项第4款之职务上已知之事实并未包括从本案证据资料得知之事实,当事人就此等事实担负提出之责任,如其于第二审始提出该等主张,则应认为其违反诉讼促进义务,法院应予以驳回,以贯彻第一审集中审理之目标。台湾地区"民诉法"第278条第2项之规定乃为辩论主义第一命题适用之例外性规定,并非原则性规定,从该条之规定可知立法者认为仅仅就少数公知事实与职务上已知之事实无辩论主义第一命题之适用,从其反面推知原则上多数之事实有辩论主义第一命题之适用。为保障当事人于事实提出方面之主导权,强调当事人自己责任及其诉讼促进义务,并贯彻第一审诉讼程序集中与迅速之目标,于此本文建议将台湾地区"民事诉讼法"第278条修正为:"第一项,当事人未主张之事实,法院不得斟酌。但公知之事实或为法院职务上已知之事实,不在此限。第二项,前项职务上已知之事实,乃法院于其他诉讼事件或非讼事件已得心证之事实,不包含从本案证据资料得知之事实。第三项,法院依职权斟酌第一项事实时,应赋予当事人表达意见之机会,否则不得采为裁判之基础。第四项,第一项但书之事实,当事人毋庸举证。"由上可知,唯有修正之辩论主义始能达到第一审程序集中化与迅速化之目标,协同主义不能达到第一审程序集中化与迅速化之目标。

9. 台湾地区民事诉讼新"法"修正后仍采修正辩论主义,而非协同主义

2000年时台湾地区"民事诉讼法"虽受到大幅度之修正,但与辩论主义相关之重要条文仍未受到修正。"民事诉讼法"第193条第1项仍规定,当事人应为事实上之陈述,事实之主张为当事人之责任,而非法院之责任。从台湾地区"家事事件法"第10条第1项之反面推论可知,在财产诉讼事件中,当事人未主张之事实,法院不得斟酌,采取辩论主义之第一命题要求。就财产诉讼事件,仅于一些例外情形,即于法院已显著之事实或为其职务上已知之事实,即使当事人未主张,法院仍得将其采为裁判之基础(参台湾地区"民诉法"第278条第2项)。如前所述,台湾地区"民事诉讼法"第278条第2项所称之职务上已知之事实,乃同一法官"过去"参与其他民事诉讼程序、强制执行程序或非讼程序行使职务时获知且该事实之真实性已确定,而非于本诉讼事件审理之证据资料而获知并已形

成积极心证之事实。① 不能以此推论辩论主义第一命题已被破坏，尚难因而认为民事诉讼于财产诉讼事件已不再采取修正辩论主义之原则，改采所谓协同主义。

台湾地区民事诉讼之立法者不论旧法或新法皆于"民事诉讼法"第279条规定自认之事实，于第280条规定拟制自认之事实，毋庸举证，法院无须再调查证据，应径将其采为裁判之基础，采取辩论主义之第二命题。至于当事人明知为非真实而为自认之情形，除非有诈害第三人之情形，仍应承认其效力，因两造当事人基于私法自治，重新形成其彼此之间之关系，并未损害于第三人之利益。②

台湾地区"民事诉讼法"关于证据提出相关之规定，皆规范当事人于声请证据时，应表明相关之证据事项，凡此皆显示证据之提出为当事人之责任，而非法院之责任（参"民事诉讼法"第194条、第298条、第325条，第341条、第364条）。抑且，台湾地区"民事诉讼法"第288条第1项虽设有法院得依职权调查证据之规定，但其仅规定法院"得"依职权调查证据，并非规定法院"应"依职权调查证据，故证据提出仍为当事人之责任，而非法院之责任，法院可决定不依职权调查证据，当事人不能依赖法院依职权调查证据，其不得以法院未行使本条之职权而作为上诉之理由。更值注意者，台湾地区"民事诉讼法"第288条第1项适用之前提，系"当事人声明之证据法院无法得心证，为发现真实认为必要时"，法院始得依职权调查证据。此项规定仅具补充性，不具一般性，系先由当事人声明证据，法院无法得心证，且为发现真实之必要，法院始得依职权调查证据，于要件上仍具有限制，仅于例外之情形法院始得为之，并非所有之情况法院皆得为之。

由上可知，台湾地区"民事诉讼法"基本上仍然采取辩论主义之第三命题，仅于例外情形法院始得依职权调查证据，补充辩论主义之不足。台湾地区"民事诉讼法"第288条第1项之规定仅止于补救辩论主义之缺点，并未因而放弃辩论主义，改采所谓协同主义。2000年台湾地区"民事诉讼法"新法修正后，辩论主义第一命题与第二命题之"核心内容"并未受到任何的改变与破坏。法院得依职权调查证据，仍受辩论主义第一命题与第二命题"核心内容"之拘束。当事人未主张之事实，法院不得将其采为裁判之基础，认定该事实之真伪，法院自不得再依职权调查证据，认定该事实之真伪。当事人间无争执之事实，法院应径将其采为裁判之基础，法院亦不得再依职权调查证据，认定该事实之真伪。

再者，2000年台湾新法修正后"民事诉讼法"第199条第2项规定："审判长应向当事人发问或晓谕，令其为事实上陈述及法律上陈述、声明证据或为其他必要之声明及陈述。"于2000年新法修正时新增关于"法律上陈述"之字语，强调防

---

① Vgl. Rosenberg/Schwab/Gottwald, §111 Rn. 28.
② Rosenberg/Schwab/Gottwald, Zivilprozessrecht, §65 Rn. 67.

止"法观点"突袭性裁判之阐明义务,使法院之阐明义务更加强化,凡此皆有帮助当事人事实之提出。防止法观点之阐明义务与事实补充之阐明义务于实际诉讼中常紧密结合,法律评价方面之阐明义务常常导致当事人有补充事实之必要性,防止法观点突袭性裁判之阐明义务与事实补充之阐明义务法院应同时为之,但修法者仍如同旧法于"民事诉讼法"第 199 条第 2 项后段明文规定:"其所陈述有不明了或不完足者,应令其叙明或补充之。"由后段之规定可明确得知,法院应令其叙明或补充,"其"系指当事人而非法院,法院阐明后系由当事人,而非由法院叙明或补充该事实主张,法院之阐明不具替代当事人事实主张之意义。法院将重要之法观点、事实观点与补充事实之必要性阐明后,如当事人不主张该事实,法院仍不得将该事实采为裁判之基础。由此可知,台湾地区民事诉讼法乃采取辩论主义之审理原则,而非协同主义。就辩论主义不足之处,则应透过台湾地区"民事诉讼法"第 199 条第 2 项之防止法观点与事实观点突袭性裁判之法院阐明义务,以及事实与证据补充之法院阐明义务补充。①

至台湾地区"民事诉讼法"于 2000 年修法时,强调第一审集中审理之理念,一方面强调法院之诉讼促进义务与阐明义务,法院于诉讼前阶段应践行争点整理之程序,向当事人阐明其所漏未主张之竞合性请求(参"民事诉讼法"第 199 条之一第 1 项之规定),其所忽略或误认之重要法观点与事实观点("民事诉讼法"第 199 条第 2 项),晓谕诉讼上重要争点之所在("民事诉讼法"第 296 条之一第 1 项)。如此法院诉讼促进义务与阐明义务之强化,更加帮助当事人于辩论主义事实与证据方面主导权之行使,更加强化与充实辩论主义,当事人可因法院之及时阐明知悉重要之法观点,提出符合该法观点之重要事实。当事人亦得活用其于辩论主义方面之主导权,协议简化争点。于法院阐明重要之事实上争点后,当事人可更自由决定提出何种证据对其始为有利。由此可知,新法修正后并未因而放弃辩论主义,反而更加保障与强化当事人于辩论主义方面之主导权。另一方面,新法改采适时提出主义,课予当事人适时提出攻击防御方法之诉讼促进义务(参"民事诉讼法"第 196 条、第 276 条、第 447 条)。如此诉讼促进义务之强化,则更加强化当事人提出事实与证据之自己责任,强化辩论主义方面之自己责任,并未因而改采协同主义。

10. 以完整之法院阐明义务内容全面性补充辩论主义之不足

现今应明确知悉古典辩论主义过度强调法院消极性与协同主义过度强调法院积极性之缺陷,建构一完整补救辩论主义不足之法院阐明义务体系。为更加强化、补充辩论主义之不足,应使事实补充阐明义务更加完整化,例如肯认对于不利于己事实补充之阐明义务、准主要事实补充之阐明义务,因法观点或事实观

---

① Vgl. Rensen, Die richterliche Hinweispflicht, S. 245 ff.

点之忽略或误认而导致有补充事实或证据必要之阐明义务，以及关于特定抗辩基础事实补充之阐明义务。① 辩论主义必须透过法院之阐明义务以补充其不足，现今民事诉讼已非采取古典之辩论主义，而系采取补充之辩论主义或被修正之辩论主义。于修正之辩论主义之下，不须放弃法之适用、事实评价、证据评价为法院之职权与责任，事实与证据之提出为当事人权能与责任之区分法理，仅须透过法院关于防止法观点、事实观点之突袭性裁判阐明义务与事实、证据补充之阐明义务，补充辩论主义之不足。

11. 民事诉讼重要程序基本原则形成共识之重要性

对于民事诉讼甚为重要之事实与证据权限与责任划分之基本原则，究系采用修正提出原则（修正辩论主义）抑或协同主义，不论在立法上、实务上与学说上应尽可能形成共识，不宜再作太大之争论，以避免造成程序基本原则适用上之分歧，因而造成诉讼程序进行欠缺明确性，使得当事人与法院权能与责任之划分有不明确之危险。德国不论在1976年与2001年新法修正后，不论在德国立法上、主流性学说上与实务见解上，均认为德国民事诉讼乃采取修正之提出原则（又称修正之辩论主义），而非采取协同主义，就此不再作太多之争论，基此以使当事人与法院权能与责任之划分有极为明确性之标准。如此之认知与发展方向深值吾人参考与借镜。

四、结论

民事诉讼之目的主要在保障当事人之主观权利，当事人自由之保障与当事人之自己责任原则在民事诉讼法则具有非常重要之地位。辩论主义可认为系当事人自由之保障与自己责任原则之体现。当事人自由之保障与当事人自己责任具有法治国家民事诉讼之价值。协同主义认法院阐明后当事人未主张之事实法院亦得斟酌，从证据资料延伸出之当事人未主张之事实法院亦得斟酌，此等立场乃破坏当事人事实提出之主导权与当事人之自己责任，其正系破坏法治国民事诉讼重要价值——当事人自由之保障与自己责任原则之贯彻。不仅如此，协同主义尚广幅度扩大法院之阐明义务，认法院就可能性消灭时效抗辩以其他新的抗辩亦负阐明义务，此已破坏宪法上法官非偏颇性之要求以及架空当事人自己之责任。协同主义之论者一方面强调集中审理之重要性，另一方面又认须采取协同主义。然并未充分意识到协同主义之主张与第一审程序集中之目的相互违背。协同主义架空当事人之诉讼促进义务且无法达到第一审程序集中之目的。

---

① 如关于时间经过甚久之事实，使客观上得以明确分辨当事人有主张此抗辩之意向，但其主张之事实不完全，遗漏明确表达行使抗辩权之意思，法院应透过阐明使其主张之事实完整化，及使其援用抗辩之意思于诉讼上获得完整之表达，转换成正确的事实主张。

德国不论在 1976 年与 2001 年新法修法后,或是在立法上、主流性学说上与实务见解上,均认为德国民事诉讼乃采取修正之提出原则(修正辩论主义),而非采取协同主义,基此以使当事人与法院权能与责任之划分有极为明确性之标准。德国关于协同主义之主张只不过为 1978 年当时极为少数学者之主张而已,并非德国从 1976 年后至今 2014 年一直以来主流性之见解。从 1976 年后至今 2014 年德国主流性之见解毋宁为修正之提出原则(修正之辩论主义),而非协同主义。如此德国民事诉讼法发展之历史与经验,深值吾人在探讨与确立我们民事诉讼程序基本原则时参考与借镜。而台湾地区"民事诉讼法"新法修正后,仍系采取修正之提出原则(修正辩论主义),而非协同主义。台湾地区目前实务上也是采取修正辩论主义之立场,而非协同主义之立场。在台湾地区为数甚多之学者乃采取修正之提出原则(修正辩论主义)之见解,而非协同主义,协同主义之主张仅系部分学者之见解而已。

从理想到现实：台湾地区司法文化的转向
——2013年5月8日台湾地区"民事诉讼法"第20次修改评述

■ 李亚凝 *

摘 要 2013年5月8日，台湾地区对于"民事诉讼法"以及"民事诉讼法实施法"进行有史以来第20次修订，一改之前"相对独立但封闭的司法系统"的"司法文化"传统，其中涉及对诉讼中和解与调解的加强、对诉讼中和解与调解对第三人损害的救济、对司法公信力的加强、进一步分离"家事事件法"与"民事诉讼法"的管辖范围等，这是对于台湾地区司法实践中"民众对于司法制度理解程度不高"与"既有司法资源无法满足日益增多的民事纠纷"情况的回应。此次修改中所暴露出来的"过分效率化的司法结构"、"未能充分有效地运用潜在的纠纷解决资源"和"单一司法解决纠纷文化的影响"值得中国大陆引以为鉴。

关键词 "台湾法" 民事诉讼 司法改革 多元化纠纷解决机制 "家事事件法"

一、引论

2013年5月8日，台湾地区对于"民事诉讼法"以及"民事诉讼法实施法"进行有史以来第20次修订，修正公布第18条、第39条、第69条、第77-19条、第240-4条、第380条、第389条、第416条、第420-1条、第427条、第431条、第526条条文；删除第568条至第640条条文及第九编编名、第九编第一章到第四章章名。其中，第380条、第416条、第420条对于多元化纠纷解决机制作出强调，第427条对小额程序（条文规定为"简易程序"）作出完善的规定。

其中，第380条强调了"和解成立者，与确定判决有同一之效力。和解有无效或得撤销之原因者，当事人得请求继续审判。请求继续审判者，应缴纳第八十四条第二项所定退还之裁判费。第五百条至第五百零二条及第五百零六条之规定，于第二项情形准用之。第五编之一第三人撤销诉讼程序之规定，于第一项情

---

* 李亚凝，法学博士，中国民航科学技术研究院（中国民航局航空安全技术中心）政策法规所助理研究员。

形准用之",第416条强调"调解经当事人合意而成立;调解成立者,与诉讼上和解有同一之效力。调解有无效或得撤销之原因者,当事人得向原法院提起宣告调解无效或撤销调解之诉。前项情形,原调解事件之声请人,得就原调解事件合并起诉或提起反诉,请求法院于宣告调解无效或撤销调解时合并裁判之。并视为自声请调解时,已经起诉。第五百条至第五百零二条及第五百零六条之规定,于第二项情形准用之。调解不成立者,法院应付与当事人证明书。第五编之一第三人撤销诉讼程序之规定,于第一项情形准用之";第420条"第一审诉讼系属中,得经两造合意将事件移付调解。前项情形,诉讼程序停止进行。调解成立时,诉讼终结。调解不成立时,诉讼程序继续进行。依第一项规定移付调解而成立者,原告得于调解成立之日起三个月内声请退还已缴裁判费三分之二。第二项调解有无效或得撤销之原因者,准用第三百八十条第二项规定;请求人并应缴纳前项退还之裁判费"。

这或许标志着台湾地区民事司法文化开始摆脱"相对独立但封闭的司法系统",开始朝向更加多元化的纠纷解决机制发展,笔者将对此进行分析。

二、台湾地区司法文化背景下的双重压力

台湾地区的司法文化倾向于"相对独立但封闭的司法系统"从而通过传统的民事审判来解决纠纷,这与长期的法治构建环境具有巨大的关系。[①] 当然,这是一个理想的情境,其实际上是一种"濡化"(Enculturation)的过程,即发生在同一文化内部的纵向的传播过程,是人及人的文化习得和传承机制,本质意义是人的学习与教育。[②] 但是"濡化"并非是一成不变,其将会因为外部的压力存在而产生"涵化"(Acculturation),异质的文化接触引起原有文化模式的变化,当处于支配从属地位关系的不同群体,由于长期直接接触而使各自文化发生规模变迁。[③]

台湾地区"民事司法"正是面临着"濡化"与"涵化"的冲突,或者说在"理想"与"现实"间徘徊。这实际上源于威廉·奥格朋(William. F. Ognurn)所言的由

[①] 王泰升:《台湾日治时期的司法改革(上)》,载台湾《台湾大学法学论丛》1995年第2期;王泰升:《台湾战后初期的政权转替与法律体系的承接(一九四五至一九四九)》,载台湾《台湾大学法学论丛》1999年第3期。

[②] Werner Schiffauer, Gerd Baumann, Riva Kastoryano, Steven Vertovec, *Civil Enculturation: Nation-state, Schools And Ethnic Difference in Four European Countries*, Berghahn Books 2006: pp. 3~67.

[③] Kevin M. Chun, Pamela B. Organista, Gerardo Marin, *Acculturation: Advances in Theory, Measurement, and Applied Research*, American Psychological Association 2003: pp. 1~22.

于社会压力而凝结成的文化最终压力①：

(一)民众对于司法制度理解程度不高——非物质文化(Nonmaterial Culture)

从"司法院"关于"一般民众对于司法认知调查"发现,2006年受访者自认对台湾地区司法制度,认为自己非常了解或还算了解者有19.5%,但仅有2%的人认为自己非常了解,而有将近9.0%的人认为自己完全不了解;2007年受访者对于台湾地区司法制度,认为自己非常了解或还算了解者有21.9%,但仅有2.2%的人认为自己非常了解,而有60.4%的人认为自己不太了解,自认为完全不了解者占12.0%;2008年受访者对于台湾地区司法制度,表示了解者有25.5%(非常了解2.5%及还算了解23.0%),较前二次调查结果显有提升,而认为自己不了解者约占六成八(不太了解57.0%及完全不了解11.0%),则较2007年有所下降;2009年对于台湾地区司法制度,自认不了解民众74.0%,较去年增加6.1个百分点,24.5%表示了解,较2008年调查结果略降1个百分点;2010年对于台湾地区司法制度,自认不了解民众74.6%,较去年略增0.6个百分点,22.8%表示了解,较2009年降1.7个百分点,2011年对于台湾司法制度自认不了解民众有74.9%,较上年略增0.3个百分点,21.1%表示了解,较上年降1.7个百分点。②

因此在这种知识基础下,民众所认为的"标准的民事审判"与司法部门所认为的"标准的民事审判"存在巨大的差异,而这种差异直接导致采用标准的民事审判来解决纠纷难以发挥其充分功效。为了弥合此种差异,台湾地区对于民事审判,"司法院"提出,"为避免职业法官之审判可能拘泥于法条上之认知,对社会之法律情感及价值观念体认不足,应就具有专业性、特殊性之案件类型,引进国民参审制度,以提升国民对司法之信赖"③。2006年7月24日,"司法院"第116次院会讨论通过"专家参审试行条例";2006年8月21日以"院台厅民一字第0950018850号函"送请"行政院"会衔。但"行政院"对草案内容有疑义,于2007年1月10日以"院台法字第0960080213号函"提供综合意见,称"参审官并非职业法官,亦无终身职保障,竟与法官共同组成参审法庭,以合议制行使审判权,有参与评议及表决之职权,在现行宪法体系下,可能涉及违宪与否之争议"。另外,

---

① William F. Ogburn, *Culture and Social Change*, University of Chicago Press 1965: pp. 19~329.
② "司法院":《一般民众对于司法认知调查(2006—2011)》, http://www.judicial.gov.tw/juds/,访问日期:2013年5月13日。
③ "司法院":《研采建立人民参与审判制度改革成效初步评估报告——关于专家参审与合意选任法官审判(2011年)》, http://www.judicial.gov.tw,访问日期:2013年5月13日。

认为"参审官为具有专门知识、技能之社会人士,惟因其专业意见不受交互诘问之检验,在法庭内独占优势,对其他专业意见不公平,且有规避公开审判及证据调查程序等问题"。因此未能送"立法院"审议。但是目前已有学者对此表示乐观,其认为如正式实施人民观审制度,基于人民观审制之本质功能及观察外国实施人民参与审判法制之实证经验,可反映人民社会常识及多元视野于裁判内容上,使职业法官墨守成规,裁判僵硬固定化,无法实现更优质之裁判内容。而也要提高司法透明度,增进人民对于司法之了解认识,提升人民对于裁判正当性之信赖,让司法更亲近于人民,同时也会产生对于社会之责任感。① 事务部门例如士林地方法院对此也进行了模拟。②

(二) 既有司法资源无法满足日益增多的民事纠纷——物质文化(Material Culture)

由于遵循司法精英主义,使得法官群体的供给无力应付日益增多的民事纠纷。

表1 台湾地区地方法院民事事件收件结件(2003—2013)*

年(月)	新收件数							终结件数	未结件数
	合计	民事诉讼	非讼事件	强制执行	财务执行	公证	提存		
2003年	2411071	192176	1459397	485612	—	182213	91673	2428963	165743
2004年	2054257	193985	1090407	501572	—	178623	89679	2079461	140539
2005年	2290285	220557	1281824	525193	—	164520	98191	2291841	138983
2006年	2796907	292392	1546427	672495	—	155969	129624	2788493	147397
2007年	2943248	305087	1420928	937813	—	146019	133401	2924326	166319
2008年	2712816	239381	1164164	1082599	—	123779	105893	2708764	170371
2009年	2482268	195481	1053036	1037468	—	116418	79865	2503289	149350
2010年	2386811	164331	938192	1119417	—	107801	57070	2411063	125098
2011年	2394577	147189	892263	1210753	—	98930	45442	2401121	118554
2012年	2566404	152151	972919	1300752	—	95655	44927	2554992	129966
2013年1月	222276	14760	83029	112400	—	763	4456	217238	135004
2013年2月	148990	9558	53573	77229	—	5859	2771	149406	134588
2013年3月	226838	13158	84547	116200	—	9054	3879	224951	136475
2013年1—3月	598104	37476	221149	305829	—	22544	11106	591595	136475
本年累计与上年同期比较(%)	1.04	-2.04	-0.44	2.06	—	0.94	6.48	1.98	4.67

* 根据台湾地区"司法院"公布的历年《地方法院民事事件收件结件》整理制作而成。参见"司法院":《地方法院民事事件收件结件(2003—2013)》,www.judicial.gov.tw/juds/,访问日期:2013年5月14日。

---

① 林俊益、林信旭:《人民观审制之建构(一)》,载台湾地区《军法专刊》2012年第3期。
② 苏佩钰:《初探人民观审制度——从台湾士林地方法院观审模拟法庭观察出发》,载《检察新论》2013年第1期。

以台湾地区"司法院"公布的"地方法院民事事件收件结件"(表1)为基础,我们可以发现,其"未结件数"每年都处于10万件左右。如此庞大的"未结件数"犹如悬在法官头上的达摩克利斯之剑。法官的单一知识结构无法应对日益多元化的纠纷,特别是在"集中审理"的要求下,法官或律师将集中审理与书状先行程序画上等号,各地方法院的民事法庭、简易法庭、家事法庭中的法官中,参加过集中审理学习的比例不到1/2,甚至1/3,其余法官甚至完全未接触过集中审理的学习。相关知识的缺乏导致法官没有足够的知识和能力来进行集中审理程序。因此,法官是否有足够学习的机会,关系到各个地方法院法官每月受理的诉讼案件质量以及法官的工作量。这也在"司法院"所公布的数据中有所体现,2010年在接受统计的21所"地方法院"中,有8所没有达到集中审判平均比例的42%,其中有3所"地方法院"集中审判比例在20%左右。①

三、2013年"民事诉讼法"及"民事诉讼法实施法"修改分析

正是由于台湾地区司法所面临的上述种种压力,才促成了"涵化"的开始。2013年5月8日,台湾地区以"义字第10200082671号令"的形式修改"民事诉讼法"以及"民事诉讼法实施法",涉及修正"死亡而生效力行为涉讼之管辖法院"与"简易诉讼程序当事人直接将书状缮本或复印件通知他造之规定";明确"司法事务官处理事件之回避程序";特别是"增订第三人就诉讼上和解、调解得提起撤销诉讼、诉讼系属中移付调解成立后,有无效或得撤销之原因,得请求继续审判及请求继续审判之当事人应补缴裁判费之规定"尤为引人关注。

(一)稳固和解效力,过滤滥诉,保障第三人权益——增添第380条部分条款

1. 旧法所存在的问题

旧"民事诉讼法"第380条规定:"和解成立者,与确定判决有同一之效力。和解有无效或得撤销之原因者,当事人得请求继续审判。第五百条至第五百零二条及第五百零六条之规定,于前项情形准用之。"其中"和解有无效或得撤销之原因者,当事人得请求继续审判"的规定,在第84条的规定"当事人为和解者,其和解费用及诉讼费用各自负担之。但别有约定者,不在此限。和解成立者,当事人得于成立之日起三个月内声请退还其于该审级所缴裁判费三分之二"之下,非常容易引发滥诉现象,当事人双方可能会私下选择"和解",然后借助于第84条相对模糊的规定来逃避"裁判费三分之二"。这样一来无疑会耗费巨大的司法资源,而且助长了当事人"滥诉"的风险,使得和解效力形同虚设,最重要的是减损

---

① 陈昌雄:《民事诉讼制度改革成效概况》,http://www.judicial.gov.tw,下载日期:2013年5月13日。

了司法的公信力。

另外,虽然请求继续审判的前提是"有无效或得撤销之原因",但是这种"原因"的判定也需要司法判定,而仅是判定是否存在继续审判就需要耗费巨大的司法资源。

2. 新法给予的补正

正因为此,新"民事诉讼法"第380条在原条文上增加了"请求继续审判者,应缴纳第八十四条第二项所定退还之裁判费"。也就是说,如果和解不成,当事人应当补齐"退还其于该审级所缴裁判费三分之二"。

从这个结构中,我们不难发现,通过"裁判费三分之二"的诉讼成本的添附,使得当事人通过和解来解决纠纷的成本降低到"裁判费三分之一";通过诉讼来解决纠纷的成本变为"全部裁判费";通过和解再进行诉讼来解决纠纷的成本变为"全部裁判费+和解所耗费的时间和精力"。因此,相比而言"和解"是"性价比"最高的纠纷解决方式。

与此同时,新法第380条增加了"第五编之一第三人撤销诉讼程序之规定,于第一项情形准用之"。意图在于解决"和解之效力可能及于第三人,第三人之固有权益恐亦因该和解致受损害,而本条第二项有关继续审判之请求,又限于和解之当事人始得提起,上开第三人则无适用余地,为保障其固有权益及程序权,明定得准用第五编之一规定,于和解笔录作成后,提起撤销诉讼,以为救济,爱增订第五项"。

因此,通过新法的补正,减少了旧法中的制度漏洞,使得诉讼中和解的效力得以最大限度地稳固,并且具备了鼓励人民采用和解进行纠纷解决的动力,这对于以审判作为纠纷解决主导力量的台湾地区司法,无疑是一个重大的转变。

(二)稳固调解效力,过滤滥诉,保障第三人权益——增添第420条之一、第416条部分条款

1. 第420条之一

(1)旧法所存在的问题

与上述和解问题相同,旧"民事诉讼法"第420条之一规定"第一审诉讼系属中,得经双方合意将事件移付调解。前项情形,诉讼程序停止进行。调解成立时,诉讼终结。调解不成立时,诉讼程序继续进行。依第一项规定移付调解而成立者,原告得于调解成立之日起三个月内声请退还已缴裁判费三分之二",由于没有规定"调解成立时"裁判费如何缴纳的问题,使得当事人极有可能私下通过假意"调解",这样一来无疑会耗费巨大的司法资源,而且助长了当事人"滥诉"的风险,使得调解效力形同虚设。

(2)新法给予的补正

新"民事诉讼法"第420条之一在旧法基础上补充"第二项调解有无效或得

撤销之原因者,准用第三百八十条第二项规定;请求人并应缴纳前项退还之裁判费"。即"调解有无效或得撤销之原因"的情况发生,就需要按照上述第380条缴纳因为进入调解程序"裁判费三分之二"。

2. 第416条

(1)旧法所存在的问题

旧"民事诉讼法"第416条规定:"调解经当事人合意而成立;调解成立者,与诉讼上和解有同一之效力。调解有无效或得撤销之原因者,当事人得向原法院提起宣告调解无效或撤销调解之诉。前项情形,原调解事件之声请人,得就原调解事件合并起诉或提起反诉,请求法院于宣告调解无效或撤销调解时合并裁判之。并视为自声请调解时,已经起诉。第五百条至第五百零二条及第五百零六条之规定,于第二项情形准用之。调解不成立者,法院应付与当事人证明书。"初看此条并无问题,但是其忽略了,调解的效力可能及于第三人,第三人的权利可能会因为调解而受到损害,而本条第2项关于宣告调解无效或撤销调解之诉,仅仅限于调解中的当事人可以提起,并没有给予第三人相关的权利救济。

(2)新法给予的补正

新"民事诉讼法"第416条在原有条文基础上,补充了"第五编之一第三人撤销诉讼程序之规定,于第一项情形准用之"。因此使得"民事诉讼法"第507条之五款内容得以适用于给第三人带来权益所害的调解。第三人可以因为"非因可归责于己之事由而未参加诉讼,致不能提出足以影响判决结果之攻击或防御方法者",而提出"得以双方为共同被告对于确定终局判决提起撤销之诉"。极大地保护了第三人的合法权益,也进一步排除了因为法条疏漏而使得民众不愿选择调解的疑虑。

(三)由于"家事事件法"涉及修正的条文

2012年1月11日,"为妥适、迅速、统合处理家事事件,维护人格尊严、保障性别地位平等、谋求未成年子女最佳利益,并健全社会共同生活",[1]台湾地区以"义字第10100003641号令"的形式制定公布全文200条制定"家事事件法",从而分割了部分"民事诉讼法"所规制的内容,这也成为此次"民事诉讼法"修正的重要原因。因为"家事事件法"而进行修正的条文如下:

1. 涉及死亡生效行为管辖——第18条

旧"民事诉讼法"第18条规定"因遗产之继承、分割、特留分或因遗赠或其他因死亡而生效力之行为涉讼者,得由继承开始时被继承人住所地之法院管辖"。但是随着"家事事件法"第3条将因继承回复、遗产分割、特留分、遗赠、确认遗嘱真伪或继承人间因继承所生事件列为家事事件,并于第70条明定其管辖法院,

---

[1] 台湾地区"家事事件法"第1条。

依该法第 196 条规定应优先适用。因此,新"民事诉讼法"第 18 条将此修正为"因自然人死亡而生效力之行为涉讼者,得由该自然人死亡时之住所地法院管辖"。

2. 法院选任诉讼代理人——第 69 条

旧"民事诉讼法"第 69 条规定:"诉讼代理人,应于最初为诉讼行为时,提出委任书。但由当事人以言词委任,经法院书记官记明笔录,或经法院、审判长依法选任者,不在此限。前项委任或选任,应于每审级为之。但有下列情形之一,不在此限:一、当事人就特定诉讼于委任书表明其委任不受审级限制,并经公证者。二、依第五百七十一条之一第二项或第五百八十五条第一项选任者。"此条修正的原因是因为"家事事件法"第 15 条规定法院认为确实有必要时,可以为有程序能力人的利益选任程序监理人,同法第 16 条第 3 项并规定选任的程序监理人不受审级限制,法院自不用再为其选任诉讼代理人,正是因为此种原因促成了"民事诉讼法"第 69 条的修正。新"民事诉讼法"第 69 条因此而修正为"诉讼代理人,应于最初为诉讼行为时,提出委任书。但由当事人以言词委任,经法院书记官记明笔录,或经法院、审判长依法选任者,不在此限。前项委任或选任,应于每审级为之。但当事人就特定诉讼于委任书表明其委任不受审级限制,并经公证者,不在此限"。

3. 非讼事件收费——第 77 条之十九与第 389 条

旧"民事诉讼法"第 77 条之十九规定:"声请或声明不征费用。但下列第一款之声请,征收裁判费新台币五百元;第二款至第七款之声请,征收裁判费新台币一千元:一、声请发支付命令。二、声请参加诉讼或驳回参加。三、声请回复原状。四、起诉前声请证据保全。五、声请假扣押、假处分或撤销假扣押、假处分裁定。六、声请监护宣告、辅助宣告;变更或撤销监护宣告、辅助宣告。七、声请公示催告、除权判决或宣告死亡。"此条修正的原因在于"家事事件法"第 3 条第 4 项规定宣告死亡事件、撤销死亡宣告事件、监护或辅助宣告事件及撤销监护或辅助宣告事件属丁类家事非讼事件,其声请费用的征收,按照"家事事件法"第 97 条规定,应采用"非讼事件法"。正是因为此种原因,新"民事诉讼法"第 77 条之十九将旧法"六、声请监护宣告、辅助宣告;变更或撤销监护宣告、辅助宣告"的事项删除,并且将"七、声请公示催告、除权判决或宣告死亡"修正为"七、声请公示催告或除权判决"。

旧"民事诉讼法"第 389 条规定:"下列各款之判决,法院应依职权宣告假执行:一、本于被告认诺所为之判决。二、命履行扶养义务之判决。但以起诉前最近六个月分及诉讼中履行期已到者为限。三、就第四百二十七条第一项至第四项诉讼适用简易程序所为被告败诉之判决。四、(删除)。五、所命给付之金额或价额未逾新台币五十万元之判决。计算前项第五款价额,准用关于计算诉讼目标价额之规定。第一项第五款之金额或价额,准用第四百二十七条第七项之规定。"此条修正的原因在于"家事事件法"第 3 条第 5 项第 12 款、第 74 条、第 97 条准用"非讼事件法"第 36 条第 1 项规定,扶养事件属家事非讼事件,由法院以裁定程序行之,性质上不生判决假执行的问题。如果家事诉讼事件与扶养费事件合并请求,经法院依"家事事件法"第 42 条第 2 项合并判决的,其中给付扶养费部分性质上仍属家事非讼裁定,依该法第 41 条第 6 项的规定,法院于裁判前认有必要时,应当依该法第 85 条的规定进行适当的暂时处分。法院为本案裁判后,依该法第 186 条第 1 项,该裁判具有执行效力。因此,新"民事诉讼法"第 389 条将"命履行扶养义务之判决。但以起诉前最近六个月分及诉讼中履行期已到者为限"一项删除。

4.简易程序适用——第 427 条

旧"民事诉讼法"第 427 条规定:"关于财产权之诉讼,其目标之金额或价额在新台币五十万元以下者,适用本章所定之简易程序。下列各款诉讼,不问其目标金额或价额一律适用简易程序:一、因建筑物或其他工作物定期租赁或定期借贷关系所生之争执涉讼者。二、雇用人与受雇人间,因雇佣契约涉讼,其雇佣期间在一年以下者。三、旅客与旅馆主人、饮食店主人或运送人间,因食宿、运送费或因寄存行李、财物涉讼者。四、因请求保护占有涉讼者。五、因定不动产之界线或设置界标涉讼者。六、本于票据有所请求而涉讼者。七、本于合会有所请求而涉讼者。八、因请求利息、红利、租金、赡养费、退职金或其他定期给付涉讼者。九、因动产租赁或使用借贷关系所生之争执涉讼者。十、因第一款至第三款、第六款至第九款所定请求之保证关系涉讼者。不合于前二项规定之诉讼,得以当事人之合意,适用简易程序,其合意应以文书证之。不合于第一项及第二项之诉讼,法院适用简易程序,当事人不抗辩而为本案之言词辩论者,视为已有前项之合意。第二项之诉讼,案情繁杂或其诉讼目标金额或价额逾第一项所定额数十倍以上者,法院得依当事人声请,以裁定改用通常诉讼程序,并由原法官继续审理。前项裁定,不得声明不服。第一项所定数额,'司法院'得因情势需要,以命令减至新台币二十五万元,或增至七十五万元。"此条修正原因在于"家事事件法"第 3 条第 5 项第 1 款规定给予赡养费事件为戊类家事非讼事件,依同法第 74 条的规定,应适用家事非讼程序之规定。因此新"民事诉讼法"第 427 条将"赡养费"一项排除。

5.非讼事件扣押——第 526 条

旧"民事诉讼法"第 526 条规定:"请求及假扣押之原因,应释明之。前项释明如有不足,而债权人陈明愿供担保或法院认为适当者,法院得定相当之担保,命供担保后为假扣押。请求及假扣押之原因虽经释明,法院亦得命债权人供担保后为假扣押。债权人之请求系基于家庭生活费用、扶养费、赡养费、夫妻剩余财产差额分配者,前项法院所命供担保之金额不得高于请求金额之十分之一。"此条修正的原因在于"家事事件法"第3条第5项规定给付家庭生活费用事件、扶养事件、给予赡养费事件为戊类家事非讼事件,根据该法第74条、第85条的规定,应适用家事非讼程序的规定,法院对于本案裁定确定前,为适当的暂时处分,不适用假扣押的规定。目前规定为减轻夫妻声请假扣押时提供担保金的负担,不包括"民法"第1030条之一第3项但书规定第三人行使夫妻剩余财产差额分配请求权而为假扣押声请。新"民事诉讼法"第526条修正为:"请求及假扣押之原因,应释明之。前项释明如有不足,而债权人陈明愿供担保或法院认为适当者,法院得定相当之担保,命供担保后为假扣押。请求及假扣押之原因虽经释明,法院亦得命债权人供担保后为假扣押。夫或妻基于剩余财产差额分配请求权声请假扣押者,前项法院所命供担保之金额不得高于请求金额之十分之一。"

(四)由于"民事诉讼法"涉及修正的条文

1. 支付命令——第240条之四

旧"民事诉讼法"第240条之四规定"当事人对于司法事务官处理事件所为之终局处分,得于处分送达后十日之不变期间内,以书状向司法事务官提出异议。但支付命令之异议仍适用第五百十八条及第五百十九条之规定"。修正此条的原因在于支付命令事件已移由司法事务官处理,债务人对支付命令异议如逾"民事诉讼法"第518条之20日期间或有其他不合法情形(例如无异议权人声明异议,或书状不合程序、异议未经合法代理,经命补正而未补正等),仍然由司法事务官进行第一次处分。当事人如对司法事务官驳回异议的处分不服的,可以声明异议进行救济。因此新"民事诉讼法"第240条之四修正为:"当事人对于司法事务官处理事件所为之终局处分,得于处分送达后十日之不变期间内,以书状向司法事务官提出异议。但支付命令经异议者,除有第五百十八条所定或其他不合法之情形,由司法事务官驳回外,仍适用第五百十九条规定。司法事务官认前项异议有理由时,应另为适当之处分;认异议为无理由者,应送请法院裁定之。法院认第一项之异议为有理由时,应为适当之裁定;认异议为无理由者,应以裁定驳回之。前项裁定,应叙明理由,并送达于当事人。"

2. 书状通知其他当事人——第431条

旧"民事诉讼法"第431条规定:"当事人于其声明或主张之事实或证据,以认为他造非有准备不能陈述者为限,应于期日前提出准备书状,并得直接通知他造;其以言词为陈述者,由法院书记官作成笔录,送达于他造。"该条修正的原因在于"民事诉讼法"第265条第1项、第267条第1项的规定,通常诉讼程序之当事人提出准备书状或答辩状应以缮本或复印件直接通知其他当事人,不用通过法院送达他造当事人。目的在于考虑简易诉讼事件简便及迅速的程序目的。因此本条在新"民事诉讼法"中修正为:"当事人于其声明或主张之事实或证据,以认为他造非有准备不能陈述者为限,应于期日前提出准备书状或答辩状,并以缮本或复印件直接通知他造;其以言词为陈述者,由法院书记官作成笔录,送达于他造。"

(五)由于公正考量而修正的条文

司法事务官回避——第39条

旧"民事诉讼法"第39条规定"本节之规定,于法院书记官及通译准用之"。其所在的节为"法院职员之回避"从第32条到第39条规定回避的适用情形以及程序。近些年来,为了为建立公正的形象,司法事务官办理相关事务时,应维持其公正、中立性。因此,新"民事诉讼法"第39条将"司法事务官"列入回避适用对象,以实现上述目的。

(六)涉及删除的其他条文

由于"家事事件法"第三编第三章就亲子关系事件过程已有整体规范,因此新"民事诉讼法"删除了第568条到第596条的条文;"家事事件法"将监护及辅助宣告事件全部非讼化,定为丁类家事非讼事件,并分别于第四编第十章、第十一章定其适用程序。

四、结论:从理想到现实——台湾地区司法文化的转向

此次台湾地区"民事诉讼法"修正与之前台湾地区"司法改革"建立"相对独立但封闭的司法系统"的趋势大相径庭。在此之前台湾地区"司法改革"力图使其"司法系统"在功能上强大,以接纳和处理更多的案件。"司法院院长"赖浩敏指出:"法律即是生活,生活中皆是法律,在日常生活中随处可见法律的踪迹,培养现代公民所应具备的法律价值、思辨能力等公民基本素养应该是媒体的社会责任,人民如有法治文化的深根,才能体认自由社会的定义。"①以2010年的"法官法"草案为例,其第5条第6项采取比较有弹性的做法,允许"具拟任职务任用资格之取得,得采口试及审查著作或知能有关学历、经历证明之考试方式行之,其考试办法由考试院定之"。仅以法条来分析,此条意在吸取具有法律专业以外的人士来对于其"司法系统"进行知识结构补充,进而适应繁杂的案件。另外,民事审判中也采取了诸如"民事诉讼合意选定法官审判暂行条例"等扩大当事人选择权的方式。由此不难看出,台湾地区"民事司法改革"的路径仍然是坚持纠纷司法解决主义,通过对于现有民事诉讼程序的改进,特别是法官群体的改进,一方面能够使其处理在数量上日益增加的案件,另一方面能够应对案情上日益专业复杂的案件。因此台湾地区"民事司法改革"在经历了12年之久,20次修正

---

① 《军法专刊》编辑部:《"司法院"赖浩敏院长专访》,载台湾地区《军法专刊》2011年第2期。

之后,其得到的效果值得我们深思:

(一)过分效率化的司法结构

在案件数量日益增加与案情日益专业化的背景下,台湾地区"民事司法改革"所采取的此种进路的目标必然是司法结构整体朝向效率发展。而正如前述所分析所展现的一样,目前台湾地区的民事诉讼程序过分效率化倾向,使得与效率成负相关的公正减损,造成民众的司法信任感下降,继而导致效率目标也不能实现,出现了"互损"的结果。

而此次台湾地区"民事诉讼法"修正,通过第 380 条、第 416 条、第 420 条对于多元化纠纷解决机制的重视,也正是为了应对此压力,通过"裁判费三分之二"来促进民众选择"和解"与"调解"。但是值得注意的是,此次修正涉及的"和解"与"调解"仍然是诉讼中的"和解"与"调解",因此这个方面仍然是对于过分效率化的司法结构的进一步加强。

大陆地区目前也同样面临着案件的数量激增与案情日趋专业化的情况。近年来,人民法院民事一审收案量快速增长,不少法院出现了"案多人少"的情况,部分基层法院在进行司法创新的时候,也存在着过分重视效率的倾向。台湾地区的民事司法改革提醒我们要注重效率的适度发展。

(二)未能充分有效地运用潜在的纠纷解决资源

台湾地区的纠纷处理历来崇尚司法,坚持司法精英主义,排斥外来学科的加入,过分依赖所谓的"法律职业共同体"。比如,有学者认为"宪法"第 80 条规定:"法官须超出党派以外,依据法律独立审判,不受任何干涉。"据此,法官必须要中立超然地依据法律进行审判,不能因自己自身之喜恶、偏好或立场审理案件。除了是法官所负有的宪法义务外,更是人民所得享有的宪法权利。当法官无法客观地执行其职务时,就不得担任审判者的工作,否则便会侵害人民依宪法所得享有之程序权利,并违背正当法律程序之要求。[①]在当代背景下,法学精英们有限的知识无法完全处理日益专业化的案情,使得司法资源非常紧张,因此造成了纠纷处理的质量下降,影响到民众对于司法的信任感。

此次修正中新"民事诉讼法"第 39 条将"司法事务官"列入回避适用对象,就是基于加强司法公信力。另外,此次台湾地区"民事诉讼法"修正凸显出对于诉讼中当事人之间和解、调解的重视,可谓是较之之前单纯希望通过加强法官能力来解决纠纷的一大转变。但是不无遗憾的是,小额程序的规定仍然不够完善,对于诉讼外和解与调解没有进行进一步的探索与努力,潜在的纠纷解决力量仍然没有发觉透彻。

---

① 李荣耕:《声请法官回避/"最高院"101 台声 48 裁定》,载《台湾法学杂志》2013 年第 1 期。

在这一点上,大陆地区采取的多元化纠纷解决方式显然程度更加多样,①即以纠纷最终解决为目标,注重司法贴近实际,有效地运用社会中的各种纠纷处理资源,不仅"案结"而且"事了"。当前大陆地区新的《民事诉讼法》对于多元化解决纠纷继续进行了完善和补充,这表明中国大陆的司法改革诉权保障宪法化和国际化的趋势,是"接近正义"理念,更加注重整体性、统筹性的设计,从而实现司法各要素全方位的变革。②并且新法将小额程序规定在简易程序中,予以特别规定,带有一定程度的"以解决问题为导向"的色彩。为彰显小额程序简便快捷解决纠纷的价值和功能,有必要在总结一年多来试点经验的基础上,根据小额程序的特殊原理,借鉴外国立法例,通过司法解释制定专门适用于小额程序的诉讼规则。③

(三)单一司法解决纠纷文化的影响

由于台湾地区社会存在纠纷司法解决文化影响,使得在进行诉讼外纠纷解决的时候异常艰难,这归根到底在于民众对于这种纠纷处理的信任感尚不足。而当这种纠纷的司法解决开始朝向效率发展的时候,必然会伴随着公正价值的减损,这就使得司法的信任感下降。而台湾地区为了弥补这种信任感,采取扩大当事人在程序中的权利的方法,一定程度上加重了司法权威的丧失。以改革后"民事诉讼法"的争议点整理程序为例,有学者指出应该尽早使专家介入程序,否则仅仅依靠当事人双方,非常容易产生争议点不易整理的情况,导致诉讼拖延。④并且在"释字第591号"中规定"民事纷争事件之类型,因社会经济活动之变迁趋于多样化,为期定分止争,国家除设立诉讼制度外,尚有仲裁及其他非诉讼之机制。基于国民主权原理及宪法对人民基本权利之保障,人民既为私法上之权利主体,于程序上亦应居于主体地位,俾其享有程序处分权及程序选择权,于无碍公益之一定范围内,得以合意选择循诉讼或其他法定之非诉讼程序处理争议。仲裁系人民依法律之规定,本于契约自由原则,以当事人合意选择依诉讼外之途径处理争议之制度,兼有程序法与实体法之双重效力,具私法纷争自主解决之特性,为宪法之所许",⑤仅仅将这种诉讼外解决看作是"契约自由",并没有

---

① 齐树洁主编:《纠纷解决与和谐社会》,厦门大学出版社2010年版,第19～31页。
② 齐树洁、周一颜:《司法改革与接近正义——写在民事诉讼法修改之后》,载《黑龙江政法管理干部学院学报》2013年第1期。
③ 齐树洁:《小额诉讼:从理念到规则》,载《人民法院报》2012年9月19日。
④ 邱联恭:《民事诉讼法修正之法曹伦理重建机能(上)——立足于其理论思想背景之省思》,载台湾《月旦法学杂志》2007年第4期;吴从周:《民事法官懈怠案件之进行与当事人之权利救济——从德国〈不作为抗告法〉之制定思考我国法之出路》,载《台湾本土法学》2007年第11期。
⑤ "司法院"释字第591号。

赋予其法律强制力,不能不说是一种遗憾。

在现阶段,大陆地区的法治信仰尚处于建立期。前一段时期,大陆也经历了"司法万能主义"的过程。盲目地认为单纯依靠司法可以解决一切社会纠纷,造成了大量案件涌入法院,不仅使得司法资源紧张,而且案件处理效果不佳。因此,在未来的法制建设进程中,我们要注重对于司法信仰的正确引导。在复杂的现代社会,价值日趋多元化,纠纷的处理途径必然是多元的,司法解决仅仅是其中的一种,不应当将其神化。法治的理想就是建立一个和谐的社会。面对社会变迁和多元化的利益冲突,传统的诉讼制度日益暴露出其内在的诸多弊端。台湾地区"民事审级改革"所暴露的缺点即为一例,为适应现代社会纠纷解决的需要,应当在立足本土实际、借鉴外国 ADR 制度的经验基础上,建立一个包括协商、调解、仲裁、诉讼等方式,彼此相互协调地共同存在,相辅相成的、满足社会主体的多样需求的程序体系和动态的调整系统,即多元化的纠纷解决机制。①

---

① 齐树洁:《和谐社会与多元化纠纷解决机制的构建》,载《福建政法管理干部学院学报》2006 年第 2 期。

制度探究

韩国国参参与审判：制度与启示

■ 胡夏冰[*]

摘 要 近年来韩国实行陪审制度，主要是为了保障国民参与司法，提升司法民主的正当性，增进国民对司法的信赖。韩国陪审制是混合了英美式陪审团制和法德式参审制因素的一种新型国民参与审判制度。韩国陪审制具有自己的特色，它既有利于保证普通民众对案件审理发表意见和建议，同时又能够保障法官在诉讼过程中依法独立地对案件进行审理和裁判。这对目前我国正在进行的人民陪审员制度改革具有重要的启示意义。

关键词 司法民主 陪审制度 国民参与 司法独立

21世纪以来，韩国在政治民主化执政理念的指导下，不断加大司法民主化改革的力度。其中一个重要动作就是吸收普通国民参与司法活动，让民众在司法裁判中表达意见，从而提升国民对司法的信赖，增强司法裁判的正当性。2007年6月1日韩国国会通过了《关于国民参与刑事审判的法律》，于2008年1月1日起试行。2012年1月韩国国会对《关于国民参与刑事审判的法律》进行了修正，修正后的法律自同年7月1日起正式施行。韩国在历史传统、社会制度和文化观念等方面与我国具有相似性，其国民参与司法制度对我国目前正在进行的人民陪审员制度改革具有参考和借鉴意义，值得认真研究。

---

[*] 胡夏冰，最高人民法院副局级审判员。

一、立法背景及其过程

1. 立法背景。从世界范围来看,韩国实行国民参与制度是顺应司法民主化这一时代潮流的结果。20世纪下半叶以来,改进和完善国民参与审判制度是世界各国司法改革的重要内容。无论是实行英美式陪审制国家,还是实行欧陆式参审制国家(奥地利、瑞士、瑞典、西班牙、丹麦、挪威、比利时等国仍保留陪审制),都根据各自国情和司法制度的具体特点对国民参与审判制度进行了相应的改造,使其在司法领域更加充分体现司法民主。目前,世界上已经有70多个主要国家和地区实行国民参与审判制度。特别是1993年12月俄罗斯在宪法中确立的陪审团制度,以及2004年5月日本建立的裁判员参与刑事审判制度,对韩国实行国民参与审判制度改革产生了重要影响。

同时,韩国实行国民参与审判制度是韩国政治民主化在司法领域的具体体现。1980年代以来,韩国为了追赶发达国家经济社会发展步伐,在政治领域开始进行一系列民主化改革。政治上的民主化反映在司法领域就是要扩大国民对司法的参与,保证国民在司法过程中享有话语权。尤其是金大中和卢武铉执政时期,韩国司法民主化改革取得了实质性进展,明确提出将实现国民参与审判作为司法改革的重要目标。韩国政治生活上的民主化为国民参与审判制度的建立提供了难得的社会环境。让国民了解法院,让法院敞开大门,让司法走进国民心中,建立一个赢得国民信赖、与国民同呼吸的既透明又开放的司法体制,是韩国司法改革的目标。

另外,韩国实行国民参与审判是回应民众对司法不满社会情绪的有效措施。长期以来,韩国采取日本那样的法官选任制度,在具有法学专业背景的毕业生中,经过严格的司法考试选拔法官。其结果是法官的审判视野越来越狭隘,并且日益脱离社会普通民众的生活常识。在这种情况下,民众对司法裁判的接受度和信任度不断降低。2003年韩国大法院(最高法院)委托民意调查公司,对1000名韩国民众进行民意调查。结果显示,有高达83.7%的受访民众认为刑事审判存在着不公正现象;有78.6%的人赞成实行民国参与审判的做法;有65.2%的人愿意担任陪审员参与审判活动。韩国大法院对全国836名法官进行的民意调查显示,虽然有些法官对引进国民参与司法表示担忧,但仍有53%的法官同意引进国民参与审判制度。这说明,让民众参与司法是韩国社会的主流声音。

2. 立法过程。韩国国民参与审判制度是在有计划、有组织,并且经过广泛讨论、充分听取各方面意见的基础上逐步实施的。2003年10月在卢武铉总统的亲自推动下,韩国大法院设立司法改革委员会,对引入民众参与司法进行研讨并提出改革建议,其12名成员来自大法院和其他司法实务界,以及政府部门、学术机构、新闻媒体和其他社会有关方面人士。经过讨论,司法改革委员会一致决议应当引进国民参与刑事审判制度。其主要理由是,国民参与刑事审判可以实现从"司法为人民"到"司法来自人民"的观念转变,契合现代国家治理的基本理念;同时,可以进一步强化司法的民主正当性,提高司法透明度,提升国民对司法的信赖感,缓解国民对职业法官的信任危机。在具体实行英美式的陪审制还是法德式的参审制这个问题上,司法改革委员会认为,国民参与审判制度的引入,不能与宪法规定的国民接受法官审判和法官依法独立审判的原则相冲突;在韩国从来没有实行国民参与审判经验的情况下,不宜采取正统的陪审制或者参审制,而应当建立一种包含陪审制和参审制特色的制度,并且经过一段时间的试验后,才能正式确定国民参与制度的具体内容。基于上述考虑,司法改革委员会于2004年12月提出司法改革建议意见书。

为了更加有效地推进国民参与审判制度改革,2004年12月韩国设立了司法制度改革推进委员会,直接隶属于总统,起草关于国民参与刑事审判制度的法律草案。经过一年的研究论证,2005年12月,司法制度改革推进委员会正式向国会提出"国民参与刑事审判法草案"。国会对该草案部分条文进行修改后,于2007年4月30日通过,并于同年6月1日公布,定于2008年1月1日起进行为期五年的试验。

值得指出的是,韩国国会于2012年1月17日对该进行了修改,并于2012年7月1日起施行。修改的主要内容是扩大了国民参与刑事的案件范围,将适用国民参与刑事审判的案件扩大到所有的合议案件。

据了解,2013年3月,韩国大法院向国会提交了最终的国民参与刑事审判的制度方案,该制度方案的主要内容有以下方面的变化:第一,陪审员的定罪决议一般具有约束力,法官必须遵守,除非陪审员的决议明显违背宪法或者成文法的规定。但是,陪审员的量刑决议对法官只具有参考意义。第二,陪审员的决议必须经过3/4以上多数同意,如果没有达到3/4以上多数意见,法官可以在参考陪审员决议的基础上独立作出裁判。第三,陪审员的人数是7个或9个,不再适用5个陪审员审判案件。

二、陪审制的基本内容

从总体上看,韩国陪审制主要包括以下方面的基本内容:

1.陪审制的性质。在韩国,陪审是国民参与司法的基本权利,它是国民享有的政治权利在司法审判中的体现。韩国《关于国民参与刑事审判的法律》规定,任何人都有依据本法接受国民参与审判的权利。同时,对于已经当选为陪审员的公民来说,参与陪审是其法律赋予的义务,无正当理由不能拒绝陪审案件或者中途放弃陪审。韩国法律规定,韩国国民依照本法,有参与国民参与审判的权利和义务。因此,对于普通民众来说,陪审既是其依法享有权利,也是其应当履行的法律义务。

对于当事人来说,是否选择陪审方式审理案件,是其享有的一项诉讼权利。依据规定,在依法可以实行陪审制审理的案件中,是否适用陪审员审理,由被告人自由选择。被告人选择陪审的,应当在收到起诉状副本后7日内提出书面申请;被告人没有提出申请的,视为被告人不希望进行国民参与审判。被告人在准备程序终结后、第一次公判期日开始前,可以变更其陪审意愿。因此,在案件是否采取陪审制的问题上,韩国实行的是"被告人申请制",即案件即使依法属于陪审制的范围,也必须由被告人主动提出申请,才能按照陪审制方式进行审理;如果被告人不希望采取陪审制,则法院不能违背被告人的意愿依职权强制实行陪审。

但是,在以下特殊情况下,法院可以在听取检察官、被告人及其辩护人意见的基础上,裁定不实行陪审:一是陪审员、预备陪审员、候选陪审员因本人及其亲属的生命、身体、财产受到危害或威胁,不能出庭或者难以公正履行陪审职务的;二是共同犯罪案件中,部分被告人不同意适用陪审制审判的;三是性暴力犯罪被害人或者其法定代理人不愿意进行陪审的;四是有其他不适宜进行陪审的情形。被告人可以对法院作出的裁定提出即时抗告。因此,是否适用陪审团审判虽然需要被告人的同意,但是在特定情况下,法官也有权依法决定排除适用陪审制审理案件。所以,被告人享有的陪审权利实际上是受到限制的。

2.适用陪审制的案件范围。韩国在制定国民参与审判法律时,为了避免在实施初期造成制度运作上的重大负担,不仅赋予被告人选择是否进行陪审的权利,而且对于陪审适用的案件类型也有所限制。简单的说,并非所有的刑事案件都能够适用陪审制审理,只有法律规定的重大刑事案件才能适用陪审制。韩国对重大刑事案件的界定,采取二元式方法进行规定,即一部分重大刑事案件由法律明确列举,这主要包括:法律明确规定的杀人、产生死亡结果的结果加重犯、抢劫、强奸、收贿罪等犯罪罪名,以及属于前项犯罪的未遂犯、教唆犯、帮助犯、预备犯、阴谋犯,还有与前述犯罪案件相关联需要合并审理的案件;另一部分的重大刑事案件授权大法院以规范性文件的形式,在法定合议案件中根据具体情况选择适用的案件类型。

韩国法律规定,如果提起公诉的犯罪事实被部分撤回或者变更,使得案件不再属于应当实行陪审制审理的案件范围时,法院仍可决定对案件继续实行陪审制。但是,法院根据案件审理的实际情况和其他情形,认为案件不适宜进行陪审制审判时,可以裁定不进行陪审制审理。对于该项裁定,当事人不得提出不服申请,裁定前进行的诉讼行为继续有效。

韩国法律规定,在案件实行陪审制审理过程中,因被告人患有疾病等原因使得案件审判程序长期停止,或者出现被告人羁押期间终了、保护性暴力犯罪被害人等情形,法院认为不适宜继续实行陪审审理时,可以在听取检察官、被告人和辩护人意见的基础上,依职权或者经检察官、被告人、性暴力犯罪被害人或其法定代理人申请,裁定对案件不再进行陪审审理。当事人对该裁定不得提出不服申请;裁定前进行的诉讼行为仍然有效。

不过,2012年7月修订后的法律,将适用国民参与审判的案件范围扩大到所有合议案件,但仍然保留被告人申请以及法院拒绝适用的权力。按照韩国法律,对于实行陪审制审理的案件,实行强制辩护制度,即被告人如果没有委托辩护人,法院应当依职权为其选任辩护人。这样规定的目的主要是为了充分保护被告人的合法权益。

3.担任陪审员的条件。韩国对陪审员任职门槛的要求非常低,年满20的韩国公民都有资格当选为陪审员,几乎没有学历、职业、民族、文化、收入、专业等方面的限制,只要智力正常、有表达能力都可以被选为陪审员。但是,下列人员不能被选任为陪审员(法定失格事由):(1)禁治产或者限定禁治产的;(2)破产后尚未复权的;(3)被判处禁锢以上刑罚,刑罚执行完毕或者免除刑罚未超过5年的;(4)被判处禁锢以上缓刑,缓刑期间终了之日起未超过2年或者在缓刑宣告期间的;(5)根据法院判决,其陪审资格消失或者停止的。

下列公职人员,不得被选任为陪审员(除外事由):(1)总统;(2)国会议员、地方行政首长及地方议会议员;(3)立法部门、司法部门、行政部门、宪法法院、中央选举管理委员会、监视院的公职人员;(4)法官、检察官;(5)辩护人、法务人员;(6)法院、检察院的公务员;(7)警察、矫正、保护视察公务员;(8)军人、军务员、消防员及预备军人。

有下列情形之一的,不得在特定案件中选任为陪审员(除斥事由):(1)被害人;(2)被告人或者被害人的亲属或者有亲属关系的;(3)被告人或者被害人的法定代理人;(4)证人、鉴定人、被害人的代理人;(5)被告人的代理人、辩护人、辅佐人;(6)曾经对案件行使检察官或者司法警察职务的人;(7)曾经参与案件审理或者调查的人。

对于下列人员,法院可依职权或者申请,免除其陪审义务(免除事由):(1)年满70周岁的人;(2)过去五年内曾经以陪审员候选人身份出席选任期日的人;(3)以禁锢以上刑罚被提起公诉,案件尚未终结的人;(4)依法被逮捕或正在受到拘禁的人;(5)因履行陪审员职务将会给自己或者第三人造成危险,或者带来职业上不能回复的损害的人;(6)因重病、伤害或身心障碍而使得前往法院出庭有困难的人;(7)因其他不得已的事由使其履行陪审员职务有困难的人。

为了掌握国民是否具备陪审资格,法院院长或者审判长可以要求政府、地方行政机关、公共团体、其他法人或团体提出关于判断选任或解任陪审员或预备陪审员必要事项的报告或者所保管的书证。

4. 陪审员的选任。韩国采取随机抽签的方式遴选陪审员。具体分为以下步骤：一是制作陪审员预定候选人名册。地方政府每年从在其管辖区域内居住、年满20岁的公民户籍簿中，抽选出一定数量的公民，并按照法院的要求，在30日内将其姓名、出生年月日、住所、性别等信息，以电子档案的方式提交给法院，法院随机抽选出一定数量的陪审员预定候选人，制成当年度陪审员预定候选人名册。

二是选定候选陪审员。当具体案件需要国民参与审判时，法院从陪审员预定候选人名册中随机选取该案所需要的、一定数量的候选陪审员。陪审员候选人被抽选出来后，除了有法定的失格事由、除外事由、除斥事由、免除事由外，法院应当通知候选各陪审员在指定的期日到法院接受选任。如果法院通知后发现有上述事由，应当取消先前的通知。

三是选任陪审员和预备陪审员。陪审员的选任程序由合议庭法官共同举行。选任陪审员和预备陪审员以不公开方式进行。合议庭以抽签的方式随机从通知出席的候选陪审员中，选出相当于案件审理需要的陪审员和预备陪审员人数的候选陪审员。检察官和辩护人应当参加选任程序，被告人经法院同意才能到庭参加选任。法官可以对这些候选陪审员进行询问，以确认其是否存在上述失格事由、除外事由、除斥事由或免除事由，以及这些候选陪审员是否存在不公正审理的可能性；检察官、被告人和辩护人也可以要求法官对候选陪审员进行询问，或者经法官同意直接询问。如果候选陪审员存在前述事由，法院可以依职权或检察官、被告人或者辩护人的申请，作出拒绝他们担任陪审员和预备陪审员的裁定。法院驳回检察官、被告人或辩护人回避申请的，应当说明理由，当事人可以即时提出异议。但对异议作出的裁定，当事人不得申请不服。对于可能判处被告人死刑、无期徒刑的案件，由9名陪审员参审；其他案件由7名陪审员参审；但被告人或辩护人承认公诉事实主要内容的案件，可由5名陪审员参审。检察官和辩护人询问候选陪审员后，可以在不需要说明任何理由的情况下，要求候选陪审员回避（即无因回避）。适用9名陪审员的案件最多可申请5人无因回避，适用7名陪审员的案件最多可申请4人无因回避，适用5名陪审员的案件最多可申请3人无因回避。对于检察官和辩护人提出的无理由回避申请，法院不得拒绝。候选陪审员经过回避后，其人数低于案件审理需要的陪审员和预备陪审员人数的，可以重复上述抽签、询问、回避程序，直到所需要人数的陪审员和预备陪审员顺利产生为止。预备陪审员为2人以上的，应当明确其替补顺序。

在法定情形下，法院应当依职权或者依检察官、被告人及辩护人的申请，解除陪审员和预备陪审员的职务。陪审员和预备陪审员有难以继续履行职务的事由时，可以向法院提出辞职申请。如果因出现法定事由导致陪审员人数不足时，应当从预备陪审员按照顺序增补陪审员；当预备陪审员不足而无法增补陪审员时,应当追加选任陪审员。在实行陪审制审判程序进行中,法院如果认为追加选任陪审员给案件审理带来不便时,可以裁定由剩余的陪审员继续审理案件;但陪审员不满5人的除外。陪审员的职务在法院宣告终局判决或者陪审程序终结时终止。

5.陪审员参与审判的程序。陪审员和预备陪审员选出后,随即开始案件的审理。陪审员参与审判的案件应当进行审前准备程序,以便收集、固定证据,明确当事人诉讼主张和案件争点,制订审理计划;但陪审员不参与审前准备程序。在法庭席位布置上,被告人和辩护人坐在一起(但被告人在被讯问时应坐在证人席位上),控辩双方对向而坐。陪审员和预备陪审员的席位在法官与控辩双方席位之间的左侧。证人席位在法官与控辩双方席位之间的右侧,在陪审员和预备陪审员的对面。

在案件审理过程中,陪审员可以请求审判长对被告人或证人就必要事项进行询问,也可以经审判长许可进行记录,以供案件评议时使用。但是,陪审员不得中途离开法庭,或者未经审判长许可离开评议和表决场所;不得在评议开始前对案件发表看法;也不得在审判程序外收集或调查案件相关资料;更不能泄露案件评议和讨论的秘密。

陪审员和预备陪审员应当就依法公正履行职务进行宣誓。审判长应当对陪审员和预备陪审员说明其权限、义务、审判程序,以及其他为顺利履行职务所必要的事项。陪审员和预备陪审员不得介入法院对证据能力的审查。如果有新任陪审员或者预备陪审员参加审理,应当更新诉讼程序,以便新任陪审员或者预备陪审员能够理解案件争点和已经调查的证据,但不应当造成过重的负担。

陪审员参与审理的案件,应当实行连续集中审理,即选任陪审员和预备陪审员、案件审理、评议表决、宣判等活动,应当连续不断地进行,中间不得有任何停滞和迟延,以便让陪审员和预备陪审员及时从审判工作中解脱出来,同时达到迅速裁判的目的。

6.评议与表决。审判长于法庭辩论结束后、陪审员评议之前,在法庭上应当就指控事实的要旨和适用的法律、被告人和辩护人主张的要旨、证据能力,以及其他应当注意的事项,向陪审员进行解释和说明。随后,陪审员就被告人是否有罪进行评议。如果半数以上陪审员同意,则可以听取参审法官的意见(任意性听取意见)。不过,法官不能直接说明被告人是否有罪,只能在案件争点及证据价值判断等方面发表意见。法官表示意见后,陪审员单独进行评议,法官不能参与表决。如果陪审员不能就被告人是否有罪达成一致意见,则陪审员必须听取参审法官的意见(强制性听取意见)。然后,陪审员单独就被告人是否有罪进行评议,此时只需陪审员达成多数意见即可。如果陪审员决议被告人有罪,则陪审员与法官共同就量刑问题进行讨论并陈述意见,但陪审员表达量刑意见不是以陪审员共同决议的方式进行,而是由陪审员个人陈述其关于量刑问题的意见。因此,陪审员的评议实际上包括事实认定、法律适用以及量刑建议。

7.陪审员决议的效力。陪审员的评议结果不论是以全体一致还是以过半数的方式产生的,陪审员的评议结论都不能约束法官。也就是说,陪审员对被告人定罪与否的决议对法官来说,只具有劝告效力,法官可以采取与陪审员相同的结论,也可以作出与陪审员全部或部分不同的结论。但是,如果法官经过合议采取与陪审员评议不同的结论时,必须在宣判时向被告人说明理由,并在判决书中叙明理由。当然,审判长宣告判决时,应当向被告人告知陪审员的评议结论,并将陪审员的意见记载在判决书中。这实际上是对法官裁判的无形约束,防止法官恣意裁判,以保障法院裁判的正当性。陪审员对被告人量刑问题提出的评议建议,同样不能约束法官。如果法官与陪审员的量刑建议不一致,法官在宣告量刑和撰写判决时,不用说明理由。

根据韩国法律规定,对于陪审员参与审判的案件,控辩双方均可像普通刑事案件一样提起上诉,并且上诉法院应当全面审理案件的事实和法律问题,不受陪审员决议结果的影响。

8.陪审员的保障。为了保证陪审员积极参加审判,在履行陪审职务时没有后顾之忧,韩国法律明确规定了陪审员履职的保障措施。包括:(1)任何人不得因为担任陪审职务而被解雇或者受到其他损失;(2)任何人不得以影响审判或知悉陪审秘密为目的而接触陪审员或者预备陪审员;(3)禁止任何人以获悉陪审秘密为目的而接触曾经从事陪审员或预备陪审员职务的人,但是为学术研究目的而必须接触的,不在此限;(4)除法律另有规定的外,任何人不得公开陪审员、预备陪审员或者候选陪审员的姓名、住所及其他个人资料,但在本人同意的情况下,可以公开;(5)审判长认为陪审员或者预备陪审员受到被告人或者其他人危害或者威胁时,不能公正参与审判或者评议,应当采取保护、隔离、住居等保障其随身安全的必要措施,检察官、被告人、辩护人、陪审员或者预备陪审员也可以申请审判长对陪审员或者预备陪审员采取保护措施。

9.罚则。为了规范陪审员或者预备陪审员等的职务行为,韩国法规规定了对危害公正履行陪审职务行为的处罚措施。其主要内容有以下方面:(1)向陪审员或预备陪审员以及候选陪审员实施职务上请托行为的,可以给予2年以下有期徒刑或者500万韩元以下的罚金;(2)对陪审员、预备陪审员、曾经从事过陪审职务的人,以及候选陪审员和上述人员的亲属,以电话、书信、见面或者其他方式进行威胁,从而使其感到不安全的,可以给予2年以下有期徒刑或者500万韩元以下的罚金;(3)陪审员或者预备陪审员泄露陪审职务秘密的,处以6个月有期徒刑或者30万韩元以下的罚金。曾经担任陪审职务的人泄露陪审秘密的,给予同样的处罚,但是提供研究协助义务的除外;(4)陪审员、预备陪审员或者候选陪审员因与其职务有关而收受或者预期获得他人财产或者其他经济利益的,应当给予3年以下有期徒刑或者1000万韩元以下的罚金;(5)陪审员、预备陪审员、候选陪审员无正当理由没有在法院指定的期日出庭的,或者陪审员、预备陪审员无正当理由拒绝宣誓的,或者候选陪审员在选任程序中进行虚伪陈述的,可以给予最高200万韩元的罚金。

三、韩国陪审制的启示

国民参与审判制度是1990年代以来韩国政治民主化不断推进的结果,是对司法日益脱离普通民众这一社会情绪的直接回应。目前韩国陪审制还在不断发展和完善过程中。韩国陪审制的形成及其内容对我们具有以下启示意义:

1. 构建陪审制应当从本国国情出发。韩国在正式实行陪审制之前,政治界、司法界、理论界和民间社会对是否应当建立陪审制,以及应当建立什么样的陪审制存在着较大的争议。反对者指出,韩国宪法明确规定,所有国民均拥有接受宪法和法律所规定的法官依法审判的权利。这里所说的"法官",应当是依照宪法和法律规定的资格和程序正式任命的、代表国家行使司法权的职业法官,而不是普通民众。因此,如果让国民参与司法审理案件,有违宪法和法律规定之嫌。另外,韩国宪法还规定,法官依据宪法和法律,凭借自己的内在良知独立审判。如果实行陪审制,由一般民众自主地认定案件事实,并对被告人的量刑问题提出建议,必然会对司法独立形成干扰,影响法官独立裁判案件。在这种情况,为了慎重起见,韩国在探索建立陪审制过程中,规定陪审员对定罪问题作出的决议对于法官仅具有参考意义,法官在案件审理中可以不受陪审员意见的约束,独立地认定案件事实。同时规定,陪审员应当同合议庭法官一起共同讨论被告人刑事责任问题,陪审员个人可以发表量刑意见,但不能由陪审团形成量刑决议。事实上,对被告人量刑的决定权也掌握在法官手中。韩国这种"虽无决定权,但有影响力"的陪审制,既能够广泛地吸收民意,又能够坚持法官独立行使司法权的宪法和法律原则,是一种更加稳妥的、更为理性的国民参与司法制度方案。正是从本国的实际国情出发,韩国建立了既不同英美的陪审团制,也有别于法德的参审制的一种全新的国民参与审判模式,从而赢得韩国民众的理解和支持。

2. 司法职业化是产生陪审制的基础。韩国在建立陪审制以前,已经形成了司法职业化的制度体系,产生了一支高度专业化的法官队伍。早在1895年韩国就成立了司法研修所,法官在任职之前要进行严格的专业培训。实际上,在韩国,担任法官必须接受正规的法学教育,并且通过淘汰率极高的司法考试。1995年前,韩国5000万人口中,每年只有300人左右能够通过司法考试,其中只有极少部分能够最终成为法官。正是这种严苛的选拔程序,保证了韩国的法官都是社会精英,享有崇高的职业尊荣,具有极高的社会地位。法官职业化虽然有利于法官从专业角度依法对社会矛盾纠纷作出裁判;但是,这也会造成法官知识结构单一,法官长期脱离普通民众,其在案件裁判过程中不能很好地反映社会民众的日常情感。长期以往,司法裁判很难获得社会民众的理解和尊重。在这种情况下,有必要以适当的方式吸收民众参与司法,让他们在案件审理中表达观点和意见,为法官裁判案件提供参考。陪审制实际上通过国民参与审判的方式对法官高度专业化起到缓和作用,但决不是为了取代和消除司法职业化。离开法官专业和司法职业化,国民参与审判很容易演变为"人民公审"或者司法的民粹主义。因此,陪审制建立的基本前提是实现司法的高度职业化。可以说,这是许多建立国民参与审判制度国家的共同经验。如果没有建立和形成司法职业化制度,担任法官不需要经过严格的专业选拔和职业培训,那么,陪审制实际上是没有必要的;即使建立起来,也仅仅具有装饰效果或者宣示意义。道理很简单,如果不管从事什么职业的人都可以担任法官,那么这些人在案件审理和裁判中完全能够充分地表达民意,反映日常社会观念。此时,如果再让普通国民参与司法,不论是陪审团制还是参审制,都会成为多余的制度设计,其在司法实践中不会发挥实际作用。

3. 法官依法独立审判是形成陪审制的条件。韩国在建立国民参与审判制度之前,已经进行司法独立改革运动。韩国曾在较长时期实行集权统治,司法机关的人财物完全掌握在独裁政府手中,法官基本上听命于统治者的指挥,无法依法独立公正地行使司法权。当时,韩国司法改革的中心任务是建立独立的司法制度,让司法机关从行政权力的控制下解脱出来,使其严格按照宪法和法律的规定审理和裁判案件。国民参与审判制度并没有提上司法改革的重要议程。上个世纪九十年代以来,经过司法改革的推动,韩国基本上形成了相对独立的司法制度。在这种情况下,韩国民众对改变司法过度专业化带来的弊端提出了强烈要求,司法民主化转而成为司法改革的中心议题。因此,韩国司法改革遵循的是"先司法独立,后司法民主"的基本路径。司法独立是司法民主的内在条件。没有司法的独立化,就无法保障司法的民主化。如果法官不能排除来自社会各方面的非法干扰,不能依据法律对案件独立作出裁判,那么,即使实行国民参与审判制度,陪审员对案件事实和量刑问题提出的意见和建议,也没有任何实际意义,只能成为空气的振动,最多是一场司法表演秀。从世界范围上看,凡是国民参与审判制度运行良好的国家和地区,都是实行独立司法体制的国家和地区。

4. 建立陪审制需要有完善的诉讼程序。陪审制需要相应的配套制度予以保障,否则很难发挥应有的作用。为了让陪审制在司法实践中取得实效,韩国于2007年先后修订了法院组织法和刑事诉讼法典,分别增加了不适合陪审员的情形、适用陪审员审判的案件必须举行庭前会议,以及陪审员参与审判案件的程序、陪审员参与庭审的法庭布置等诸多内容。同时,韩国大法院还于同年制定了

"公民参与刑事审判规则",对陪审员参与案件审理的具体运作程序进行规范。从韩国陪审制中可以看出,陪审制的有效运作需要建构完备的诉讼体制和诉讼程序:一是坚持言词辩论原则。陪审员获得案件信息的唯一渠道,是双方当事人在法庭上就案件事实和法律适用问题进行公开的言词辩论。陪审员只有在法庭上亲自听取当事人的言词辩论,才能对认定案件事实和量刑问题提出意见建议。没有当事人的言词辩论,陪审制就无法运行。不开庭的书面审理与陪审制具有内在的冲突。因此,实行陪审制必须坚持言词辩论原则。二是实行控辩平等对抗制。只有控辩双方在法庭上进行相互攻击和防御,案件事实和争议的焦点才能充分展示在陪审员面前。陪审制不仅要求双方当事人在诉讼中具有平等地位,而且当事人必须具有诉讼主体地位,法官不应当对当事人行使诉讼权利进行过多的干预。因此,陪审制的有效运行需要建立当事人主义诉讼体制;职权主义诉讼体制与陪审制存在着天然的对立。三是要有完备的准备程序。为了防止非法证据材料进入陪审员的视线,影响陪审员对案件事实进行正确判断,在正式开庭之前,应当对当事人提交的证据资料进行甄别和判断,并将不具有证据能力的证明材料排除出去。同时,为了保证庭审程序集中进行,有必要庭审前明确当事人的诉讼主张和争议焦点,并将具有证据能力的证据材料固定下来。为此,需要建立完备的审前准备程序。可以说,健全的审前准备程序是保证陪审制有效运作的基础。四是采取集中审理方式。调查显示,韩国实行陪审制审理的案件,绝大多数是在一天之内完成从陪审员选任、开庭审理到案件评议、宣判等全部诉讼活动,超过两天以上的案件基本上没有。只有采取连续集中审理的方式,才能保证陪审员及时对案件提出公正的处理意见;否则,随着案件审理间隔的延长和时间的推移,陪审员对案件事实的记忆会越来越模糊,各种不当因素对陪审员的干扰也会越来越多。所以,实行陪审制必须对案件采取连续集中的方式进行审理。

（最高人民法院司法改革办公室调研处处长刘树德博士和中国政法大学博士生导师施鹏鹏教授分别为本文写作提供了韩国陪审制的参考资料,作者谨此致谢!）

德国民事送达改革研究
——写在德国《民事送达改革法》颁行十年之际

▇ 张陈果[*]

摘　要　本文立足于我国目前法庭实践中的"送达难"现象,通过对德国民事送达制度理论的剖析,全面介绍德国的民事送达改革,梳理德国民事诉讼法上法院职权送达为主、当事人送达为辅的双轨制送达模式,分析其背后的诉讼理念,介绍其制度铺设的立法细节。德国送达改革重申法院职权送达的核心地位,通过确立补充送达的各种渠道加大法院职权送达的可操作性,提高送达率,平衡提高诉讼效率与维护当事人程序权利之间两种程序价值之间的紧张。通过透视德国民事送达改革的成果与失误,以期为我国当下的送达制度改革提供"他山之石"。

关键词　民事送达　德国　送达改革　法院职权送达　当事人送达　双轨制　补充送达　电子送达

一、问题的提出

研究德国送达制度对我国具有理论和现实的双重意义。首先,德国民事诉讼法上的送达制度是德国各类诉讼程序送达制度的基础。德国《家庭纠纷判决程序法》《刑事诉讼法》《行政法院法》《商标法》等,其送达程序都明文援引《民事诉讼法》中对送达的规定。研究德国民事诉讼法上的送达制度,等于是研究整个德国法学界和实务界对送达程序的基本态度和操作方法。其次,研究德国的民事送达改革有利于解决诉讼实践中的"送达难"问题。改革前德国的送达制度存在着书面规定和实践操作之间的矛盾:诉讼法条文规定当事人送达为主,法院职权送达为辅,而实践中法院职权送达的情形却占据了主导地位。德国2002年的民事送达改革就是要通过修法来反映"运行中的法"的真相。和德国相反,中国的送达制度一直是法院本位的职权主义立法体制,近年来才出现推行当事人

---

[*] 张陈果,毕业于清华大学法学院,法兰克福大学法学博士,慕尼黑马克思普朗克知识产权与竞争法研究所博士后研究员,现任不来梅大学法学院欧盟法律政策中心研究员。

送达的模式或建立所谓双轨制①的动议。究竟这种模式转换对我们来说有多大可能性，又如何操作，法院职权送达和当事人送达这两种送达模式在中国民事诉讼法中各应占取多大空间，其位相该如何界定，德国的改革或能为我们提供一个参照。再次，中德两国法院都因各种原因面临受案量激增、法院资源有限这一矛盾的挤压而不得不寻求改革。两国也都处于信息社会而共同面临现代科技手段对传统送达制度的冲击。德国解决相关问题的改革尝试，或能提供一些可资借鉴的经验。最后，德国《送达改革法》（Zustellungsreformgesetz）颁布至今已有十余年，十年间新的法律制度受到法庭实践的检验，并经由最高法院的判例而更加丰富和细化，制度的沿革及其运行的实践对我国当下送达制度的改革也不无意义。

本文分为三个部分：首先，简要介绍德国民事送达改革之后送达制度的基本理论框架。着重考查职权送达为主、当事人送达为辅的双轨制模式，分别介绍职权送达和当事人送达的条件、具体路径及其效力。其次，介绍 2002 年德国送达改革法的相关背景、改革目的和改革内容。着重考查送达瑕疵的修复与补充送达的相关规定。立足于我国的"送达难"现象，考察送达制度何以细化和规范化，从而具备可操作性，并得以平衡"提高诉讼效率"和"保护当事人诉讼权利"之间的紧张关系。最后，基于德国法的实践，探讨互联网在送达制度中运用的可能性和合规范性，即所谓"电子送达"的德国经验。

二、德国送达制度的基本理论框架

1. 对送达制度的基本理解

送达的概念，从 2002 年送达制度改革以后，德国诉讼法学界通常认为是以法定方式②告知相对人某一书面材料的行为。③ 这一概念既不要求"递送"，也不要求"记录在案"，且并不明文采用"使送达相对人知晓某一书面材料"之类的措辞，可见是有意扩大补充送达④启动时送达生效的范围。除德国《民事诉讼法》第 198 条规定的律师之间送达的情形外，送达被认为是一种国家公权行为。

---

① 廖永安：《在理想和现实之间：对我国民事送达制度的再思考》，载《中国法学》2010 年第 4 期；赵泽君：《试论民事诉讼当事人送达制度之建构》，载《昆明理工大学学报》（社科版）2008 年第 11 期，第 77～81 页；王福华：《民事送达制度正当化原理》，载《法商研究》2003 年第 4 期；张麒：《基层法院送达问题引发危机深思》，载《法制与社会》2011 年第 10 期。

② 即改革后《民事诉讼法》第 1 卷（总则）第 3 章（诉讼程序）第 2 节（送达程序），包括第 166 条至第 213a 条的条文。

③ Rosenberg/ Schwab/ Gottwald：《民事诉讼法》（第 16 版），第 458 页。

④ 补充送达，德语是 Ersatzzustellung，是送达改革法的重点内容，规定在改革后《民事诉讼法》的第 177 条到第 181 条，具体内容下文详述。

从事送达的法院办事员、档案管理人员、邮局相关人员,是以国家公务人员的身份进行送达的。

送达制度的重要性,理论界认为体现在法院行为和当事人行为两个方面:首先,法院的判决、裁定等诉讼行为,依照德国民事诉讼法,一部分未经宣告的要经送达才算作出①;一部分已经宣告的要经送达才能生效;强制执行程序的开始须以送达相关文书为前提。其次,当事人的诉讼行为,如起诉、答辩、变更诉讼请求、反诉、提请诉的合并、上诉、再审申请及答辩,中断诉讼和恢复诉讼的请求,诸种诉讼文书,除例外情况可以不拘形式地通知诉讼相对人外②,大都需要进行法院送达。换言之,一般情况下要由当事人将上述诉讼文书递交到法院,然后由法院以公权行为送达给诉讼相对人。需要指出的是,送达本身在民事诉讼理论上不是一个单独的诉讼行为,其意义在于辅佐完成某个诉讼行为(例如起诉、尚未公布的判决和裁决),或者知会某个已经完成的诉讼行为(例如已经宣判的判决)③。

总体上,职权送达首先考虑当庭交付送达(Aushändigung an der Amtsstelle)、回执送达(Zustellung gegen Emfangsbekenntnis)和挂号信送达(Zustellung durch Einschreiben mit Rückschein)这三种方法。仍无法联络送达相对人的,法院书记处(Geschäftsstelle)得以送达委托书的形式委托邮局、法院执行员,或其他相关公务机构送达。④ 委托送达仍有困难的,《送达改革法》通过细化《民事诉讼法》第 177 条到第 181 条"补充送达"(Ersatzzustellung)和留置送达(Zustellung durch Niederlegung)⑤的相关规定,灵活处理。

2.法院职权送达和当事人送达双轨制

送达的基本类型包括法院职权送达(Zustellung vom Amts wegen)⑥和当事人送达(Zustellung im Parteibetrieb)⑦。两者区别的关键在于,送达的诉讼文书究竟是以谁为"起点"推动进入诉讼程序的。这两种送达途径的区分在德国民事

---

① 《民事诉讼法》第 310 条第 3 款。
② 不拘形式地通知,其生效时间,根据 ZPO 第 270 条第 1 款的规定,如果是交付邮局送达,而收信人住址又在邮局的送信区域内,则通知自交付邮局的次日(即交付邮局以后的第二个工作日起)生效。但不拘形式的通知,规定不能是起诉状,不能是包含实质性申请的重要文书,且须在法庭未决定职权送达的场合,才得进行。
③ Stein/ Jonas/ Roth:《民事诉讼法释义》第 166 条前言部分,边缝号 28。
④ 参见《民事诉讼法》第 176 条第 2 款,详见下文对送达改革法的相关论述。
⑤ 详见下文送达改革法的相关论述。
⑥ 送达改革后由《民事诉讼法》第 166~190 条规定。
⑦ 送达改革后由《民事诉讼法》第 191~195 条规定。

诉讼法上十分严格。由法律规定或法院决定要职权送达的文书,必须职权送达。① 一种文书如果法定应当由法院职权送达,而当事人私自递送,或者相反,送达以无效论,相应的救济程序(Rechtsmittel)期限也就不开始起算。② 较为重要的诉讼文书,如起诉状、判决、上诉理由书,都规定由法院职权送达。在当事人送达的场合,除律师间的送达外,当事人相当于委托人(Auftraggeber),而具体操作送达的仍是法庭执行员等公务人员。③

  1976《程序简化法案》(Vereinfachungsnovelle 1976)④颁行以来,德国民事诉讼法确立了判决都应当由法院职权送达的基本原则。裁决中包含强制执行令的,裁决本身可以即时异议的,未宣布的裁决中包含某个确定期日或设定某一期限起点的,也都必须由法院职权送达。判决由法院职权送达有一个例外,即启动强制执行程序的判决可以由当事人送达。强制执行程序的债权人期图迅速推动执行的,可以将相对简化的判决书副本(不含案件事实和判决理由)送达债务人,执行程序即告启动。⑤ 但有学者认为,当事人为加快执行而自行送达判决书的,该判决的上诉期限不得就此开始起算。⑥ 这是出于平衡执行程序中债权人和债务人诉讼权利的考虑。另外,执行程序中债权人将债权转让的,债权人就此对债务人作出的书面通知、法院责令债务人向新债权人履行债务的裁决,也可以由当事人自行送达。另外,扣押令(Arrest)和临时禁令(einstweilige Verfügung)也可以由当事人送达。

  可见,德国民事诉讼法上的送达制度采用法院职权送达为原则,当事人送达为补充的双轨制模式。这一点在 2002 年送达制度改革后尤其受到学者的关注和强调。⑦ 目前我国学者和实务界呼吁引进当事人送达来缓解"送达难"问

---

  ① 见《民事诉讼法》第 166 条第 2 款。详见 Christian Lampe:《民事诉讼法》,第 57～58 页。

  ② 法院判决见 RG 169,282;OLG Stuttgart,NJW 1961,81。

  ③ 见《民事诉讼法》第 193 条第 3 款。

  ④ 这一次改革的重点是为提升庭审程序效率,以期在时间和人力上集中迅速的处理争诉。见 Birgitt Bachmann:《民事诉讼法发展史》,载 Blaurock,Uwe 编著:《正义与效率之间的庭审程序》(Gerichtsverfahren zwischen Gerechtigkeit und Ökonomie),2005 年图宾根出版,第 5 页。

  ⑤ 德国《民事诉讼法》第 750 条第 1 款第二句明文规定。

  ⑥ 详见 Bischof,NJW 1980,2235。

  ⑦ 见 Burckhard K:《新德国和欧盟送达法》,载 NJW 2002,2417 页;又见 Ulrich Keller:《送达改革法对破产程序的影响》,载 NZI,2002,581 页;De Gruyter:《民事诉讼法及相关法律》(第 2 卷),德国《民事诉讼法》第 166 条的注释,第 479 页,边缝号 47。

题。① 究竟这一改革动议是否可行,具体制度如何设计,德国的民事送达模式或能作一参照。从诉讼架构上来讲,送达是上位法院和下位平行的当事人三方之间联络、沟通的法定渠道,牵涉到诉讼法上千头万绪的期间、期限以及其他诉讼行为的启动和生效。而这一渠道上的肯綮,改革后的德国民诉法倾向于交给法院来把关。即使是上文提到的三种典型的当事人送达,也不等于由当事人以任意形式自行告知送达相对人,而是规定了严格的程序条件。当事人送达的,或者直接联络法庭执行人员,或者先到法院书记处,再由书记处派遣法庭执行人员送达。②

当事人送达仍须通过法院作为杠杆,很大程度上是因为牵涉到送达文书的公证和认证。我们知道,法院职权送达的文书原件保留在法院的卷宗存档,送达相对人收到的只是法院判决、起诉书、变更诉讼请求申请等文书的副本。送达证书(Zustellungsurkunde)的原件交由法院书记处保管,并在法院的卷宗存档。书记处可以根据情况注明送达完成的时间点。而在当事人送达,送达证书的原件由启动送达的当事人保存。送达客体仍是文书的副本,文书原件由法庭执行人员注明"当事人启动送达"的字样③,文书复印件进行公证④并转给受送达的当事人。当事人送达的文书,其复印件由法院书记处或和执行人员进行公证,但文书复印件已经由律师公证过的除外。⑤

由此可见,除律师间的送达外,当事人送达仍然以法院为依托。这是出于诉讼安全和送达公信力的考虑。这也是德国民事诉讼法上当事人送达的一大特征。法院职权送达为主,当事人送达为辅的双轨制,还可以从民事诉讼法的布局和体系上看出:首先,法院职权送达规定在民事诉讼法第一卷第一章第二节的第一小节第166条到第190条。而当事人送达规定在第二小节第191条到第195条,紧随其后。可见在篇章结构上,德国民事诉讼法采用以法院职权送达为常规⑥,以当事人送达为补充的模式。其次,职权送达的条文从第166条到第190条,有25条之多,而当事人送达只有第191条到第195条 5个条文。在一个成熟的成文法国家,法条篇幅直接反映了两种送达方式在制度体系中的地位。再次,《民事诉讼法》第191条明文规定,当事人启动送达的,除第191条到第195这5个条文另有规定外,法院职权送达的相关条文也同样适用。可见德国法上

---

① 依次规定在《民事诉讼法》第173条至第175条,送达制度改革中细化了这三种送达的规定,见下文详述。
② 见《送达改革法立法理由书》,BT-Ds 14/4554,对第192条第3款的立法解释。
③ 《民事诉讼法》第193条第1款,第194条第1款。
④ 《民事诉讼法》第192条第2款。
⑤ 见《送达改革法立法理由书》,BT-Ds 14/4554,对第192条第2款的立法解释。
⑥ 见《送达改革法立法理由书》,BT-Ds 14/4554,第14页,g项。

当事人送达制度在设计之初是以职权送达为基础和模板的。

3. 当事人送达的具体路径

概言之,德国民事诉讼法上当事人送达的具体方法有两种:

(1)通过法庭执行人员的当事人送达

具体做法是,当事人向法庭执行人员(Gerichtsvollzieher)授予送达委托①,形式不拘,也不一定要委托律师,将要送达的文书交付法庭执行人员即可。② 法庭执行人员可以制作或补齐送达文书的公证副本。法庭执行人员可以亲自送达,具体方法是在送达文书的原件上或钉在原件背后的表格上填写送达证书(Zustellungsurkunde),要求注明送达委托人的姓名。送达证书要交还给送达委托人。③法庭执行人员还可以转委托邮局或快递公司。④ 具体做法是,在送达文书上注明委托送达的当事人。在文书原件或与原件装订一体的送达表上,还要注明送达相对人的地址、法庭执行人员的姓名以及卷宗号等,以此证明文书已经交付邮局送达。邮局将送达证书交还给执行员,执行员再把送达证书和文书原件交给送达委托人。

(2)律师之间的送达

律师之间的送达,前提是双方当事人都已委托律师代理诉讼。⑤ 送达方的律师必须以"送达"的意愿(Zustellungswillen)来完成递送,如果只是随意简单地通知某一信息,而看不出是有送达意图的,理论上认为送达不成立。⑥ 同样的,接收方律师也必须有接收送达的意愿(Empfangsbereitschaft),收到文书后要向对方寄送接收确认信(Empfangsbekenntnis)。⑦ 确认信是必备步骤,否则送达以无效论,必须另行启动正常的送达途径。接收方有要求的,送达方要依法出具回应文书(Gegenbescheinigung)表明送达意图。⑧ 如果送达的文书对法庭判决的形成有所影响,送达本身要求呈送法庭备案。

---

① 该送达委托书和上文提及的法院书记处向其他机构签发的送达委托书是一个性质,都依照《民事诉讼法》第 176 条第 1 款的规定。

② 《民事诉讼法》第 192 条第 2 款。

③ 《民事诉讼法》第 193 条。

④ 《民事诉讼法》第 194 条。其中"Post"一词,学者认为应作扩大解释,除德国邮政之外的所有《邮政法》(Postgesetz)第 33 条第 1 款规定的快递公司都可以成为委托对象。见 Rosenberg/ Schwab/ Gottwald:《民事诉讼法》(第 16 版),第 467 页,边缝号 12。

⑤ Häublein:《2002 年送达改革法:从律师到律师的送达》,载 MDR 2002,563。

⑥ 参见 Wenzel 在《慕尼黑民事诉讼法释义》(MünchKomm)对第 195 条的释义,边缝号 6。

⑦ 《民事诉讼法》第 195 条第 2 款第 1 句。

⑧ 《民事诉讼法》第 195 条第 2 款第 3 句。

可见,律师间的送达和下文提到的因接收人职务信任关系而通行的回执送达(Zustellung gegen Empfangsbekenntnis),其制度设计的考虑是一致的。律师被认为是通晓法律、因职务关系而较受信任的一个专业群体,因而诉讼法授权他们采用更为便捷也更易生效的送达方式。《送达改革法》以来,律师间用传真和电子邮件进行送达①的做法更为普遍,所以实践中一旦启动律师间的送达,诉讼节奏会大为提升。

几乎所有的文书形式都可以用这一方式送达,可以是原件,可以是副本,也可以是经公证的复印件。② 含强制执行令的判决当然也可适用律师间的送达。前文已经提到,为了加快启动强制执行程序,律师之间往往会动用这一送达方式。用传真和电子邮件送达强制执行令的,几乎可以在强制执行令颁布的当天就送达对方,执行程序即告开启。各种文书,只要其中不包含法庭命令(gerichtliche Anordnung)的,例如增加或更改诉讼请求书、反诉书等,都可以用这一方式送达。③

一旦敲定某个律师作为一个审级的诉讼代理人,须登记在案,立案之后,该审级原则上就只能以该诉讼代理人充当送达对象。如果当事人委托的是大型律所,在各地都有分所的,送达地址定为法院所在地的该律所分所的地址。④ 当事人提出上诉或申请再审的,上诉状的送达对象仍是前一审级的诉讼代理人,除非当事人届时已明确另行委托其他律师代理。

(3)德国《送达改革法》:强化法院职权送达

上述送达制度的基本理论框架已经是2002年德国《送达改革法》颁行十年来理论界达成一致的主流观点。《送达改革法》⑤对德国民事诉讼法的改动看似纷繁复杂,但其主线旨在强化和完善法院职权送达,明确法院职权送达为主、当事人送达为辅,二者并行不悖。德国《送达改革法》颁布于2002年7月1日,对送达制度的修改虽然谈不上大刀阔斧,但也体现了诉讼法学界多年来努力的结果。这次改革是外因和内因共同作用的结果:改革前,民事诉讼法的送达部分被诟病为条文陈旧——自1877年德国《民事诉讼法》颁布以来,送达制度的条文基

---

① 下文在"电子送达"部分还要详细论述。
② 参见Wenzel在《慕尼黑民事诉讼法释义》(MünchKomm)对第195条的释义,边缝号4。
③ 参见汉堡高级州法院的判决,载FamRZ,2003年,第1198页。
④ 这是柏林州法院用判决发展出来的一条规则,参见NJW-RR 2003,428。
⑤ 该法案《法院送达程序改革法案》(Gesetz zur Reform des Verfahrens bei Zustellungen im gerichtlichen Verfahren),简称Zustellungsreformgesetz-ZustRG,中文作《送达改革法》,2001年6月25日颁布,全文参见BGBl I,1206。

本上原封不动;①实践中,旧有的送达制度浪费了体制内大量资源,速度慢、效率低、耗钱费力,不合时宜。此外,欧盟一体化进程紧逼,欧盟送达法令 1348/00/EG 对德国民诉法提出了新的改革要求。② 最后,信息社会电子传输文字的普及化对传统的纸面送达制度提出了新挑战。德国司法事务中送达的文书,每年由德国邮政完成的,就达到两千万份,传统的纸面传输途径正在面临电子传输的新课题和新挑战。③

送达改革的目的,学界认为是为了正本清源,即实现送达制度本来的目的:一是要保障原告起诉维权的顺利启动——送达的完成标志着维权程序的序幕;二是要通过及时和规范的送达,给被告充分的法庭听证和表达意见的机会④;三是要保障送达过程的制档更加周密安全。⑤ 前文已经提及,改革以前的民事诉讼法规定送达以当事人送达为主导,而德国的司法实践中多年来却以法院职权送达为主导,因为职权送达较前者而言更安全也更高效,所以改革以后民事诉讼法对送达这一节的规定纠正了纸面上和实践中的不统一状态,回归到以法院职权送达为基础、当事人启动送达为补充的双轨制模式。⑥

这次改革的重点:一是致力于送达路径的多元化;二是大幅修改了补充送达制度。

1. 送达路径的多元化

改革的主要目的是提高送达效率,改革的基本思路是简化送达程序。改革后的民事诉讼法规定,送达对象是当事人,但应适当扩大法定送达对象的范围:当事人的代理人⑦,包括无诉讼能力人的法定代表人⑧、法人代表⑨都可以作为送达对象。其他非法人团体和组织的送达参照此规定。送达对象是政府机关的,以机关负责人为送达对象。当事人委托的代理人也可以作为送达对象⑩。

---

① 民事诉讼法的发展史参见 Stein/Jonas/Roth :《民事诉讼法》(第 21 版)对第 166 条的释义,边缝号 2 以下。

② 欧盟法令 ABIEG 序号 L160,2000 年 6 月 30 日颁布,第 37 页,但这里欧盟内送达的新制度不作为本文的讨论对象。

③ 《送达改革法立法理由书》,载 BT-Dr14/4554,第 13 页。

④ 参见德国宪法(又称《基本法》)第 103 条,另见《欧洲人权公约》(EMRK)第 6 条。

⑤ 关于送达制度的目标,参见 Heß:《欧洲司法区内的文书送达》,载 NJW 2001,第 15 页;又见 Schack:《诉讼程序的跨界服务》,载 *Uniform Law Review* 2001,第 827、829 页。

⑥ Ulrich Keller:《送达改革法对破产程序的影响》,载 NZI, 2002,第 581、583 页。

⑦ 《民事诉讼法》第 170 条到 172 条。

⑧ 《民事诉讼法》第 170 条第 1 款。

⑨ 《民事诉讼法》第 170 条第 2 款、第 3 款。

⑩ 《民事诉讼法》第 171 条。

送达改革法还特别规定了诉讼开始后诉讼代理人已登记在册的情况下强制送达给诉讼代理人①的制度。为了促成送达的有效，降低送达无效时启动补充送达的几率，立法者有意扩大规定了委托代理人的范围。这样一来，送达的风险一定程度上过渡到当事人自身。

上文提到，此次改革的重点是强化和优化法院职权送达。结合我国目前的送达难现状，这里重点介绍德国送达改革法规范的四种职权送达途径，分别是：当场交付、回执送达、挂号信送达和委托送达。四种职权送达渠道，具体选取哪种由法院的书记处（Geschaeftsstelle）酌情决定，而最终以法庭意见为准；参考的因素包括费用高低、送达办法的可靠程度、当事人诉讼利益保护等等。

（1）宣判后当场交付

当庭宣判后直接交付送达相对人，同时记录到卷宗②。交付对象可以是送达文件的原件或副本，交付的地点一般在庭上，或者法院办公楼的其他处所。和我国相反，这种送达渠道在德国的运用范围不大，实践意义较为有限。

（2）回执送达

较为省时省力的送达办法是《中华人民共和国民事诉讼法》（以下简称《民诉法》第 174 条规定的回执送达，即送达相对人在收到邮递或直接投递信箱的文本以后，签署送达回执并寄回，回执上注明送达生效的具体时间。这一送达途径的启动条件较为苛刻，送达对象须是因职业原因而具备较高信任度的专业人员，例如律师、税务师、法庭执行人员、政府机关、事业单位等等。送达改革法从两个方面扩大了该种送达的使用范围：一是《民诉法》第 174 第 1 款的措辞对送达对象的列举并没有穷尽，可见立法者有意松动回执送达的对象限制；二是《民诉法》第 195 条将回执送达的适用范围扩大到律师间送达的情形（下文详述）。对于电子回执的可行性，送达改革法的第一个版本硬性排除了电子回执的可能性，包括传真和加密电子邮件。而后 2002 年 6 月 9 号德国议会的一个修法文件使得电子回执在一定条件下成为可能。以电子邮件回执的，须按照《签章法》（SignG）第 4 条规定的电子签名加密，方可通行。

（3）挂号信送达

《送达改革法》大力提倡挂号信送达。改革前学界也对此送达方式大为推崇。挂号信送达的制度基础是德国邮政的一般交易条款。一般来讲，只要以挂号信形式交付邮局并保存交付凭证的，就认为是送达的完成。对此一送达形式，民诉学者们争论的要点在于，在挂号信实际送不到的情形，例如送达相对人有意

---

① 《民事诉讼法》第 172 条，改革前后新旧法条的具体内容对比参见 Hannich/Meyer-Seitz/Häublein:《民事诉讼法改革》，2002 年出版，对 172 条的释义，边缝号 1。

② 《民事诉讼法》第 173 条。

或无意回避甚至拒绝挂号信、不按邮局通知领取，或长期出门在外的，该如何界定送达的完成。主流观点认为应当依照德国邮政的一般交易条款加以推断，分三种情况：如果邮局已经送到指定地址，常规上认为送达相对人能够接收的，应认为是送达成功；在凭通知领取挂号信的场合，如果未在七个工作日内凭通知到邮局领取，邮局常规上会将挂号信寄回，并按照送达不能来处理；对于故意拒绝接收挂号信的相对人，应当依照《民法典》第 242 条诚实信用原则来判定。① 但这一观点也因其对送达成功的边缘界定较为模糊、民法诚信原则对诉讼法相关问题是否可以适用，德国邮政的一半交易条款是否处处经得起法律推敲，以及推定送达对送达程序的记录和制档造成困难等拷问而遭到某些学者的批判。②

（4）委托送达

送达改革法用较大篇幅详细规定了委托送达③，即法院书记处出面委托德国邮政和其他机关单位代为送达。书面材料用标准化的、封缄好的信封送到相对人的手上，送达的每一个环节和经手人都详细列在信封表面的表格内。④ 该表格的颜色、内容、规格，统一由联邦司法局以行政规章加以规定。⑤ 送达书面材料的案号等基本情况，须在表格上登记在列。由此希望能使相对人对送达的后果一目了然。这一表格本身具有民诉法第 418 条书证的证明效力。

（5）公告送达

公告送达的启动在德国民诉法上规定了较为严格的条件。只有当事人住所不明且无法找到代理接收人（包括送达相对人的律师、税务师等有公信力的专业人士），当事人在外国的住所送达不能或没有送达成功的希望，抑或当事人在国内的住址享有外交豁免权时，才可以采用公告送达。⑥ 这是法定公告送达的情况。另外当事人可以申请受诉法院裁定公告送达。管辖案件的法院有权决定是否采用、何时采用公告送达。

"住所不明"在民事诉讼法上有明确的程序性解释，指质询德国当地居民管

---

① Hannich/Meyer-Seitz/Häublein：《民事诉讼法改革》第 175 条的释义，边缝号 4 以下。
② Thomas/Putzo：《民事诉讼法法条释义》对第 171 条的释义，边缝号 5；另见 Hannich/Meyer-Seitz/Häublein：《民事诉讼法改革》第 175 条的释义，边缝号 6。
③ 如今规定在《民事诉讼法》第 176 条以下的诸条文。
④ 详见《民事诉讼法》第 182 条。
⑤ 《民事诉讼法》第 190 条明文授权联邦司法局制定行政规章对此统一规定，规章德语原文是 Verordnung zur Einführung von Vordrucken für die Zustellung im gerichtlichen Verfahren，简称 Zustellungsvordruckverordnung，缩写 ZustVV，2002 年 2 月 12 号颁布在 BGBl I，第 671 页。
⑥ 见《民事诉讼法》第 185 条。

理局①之后仍然无法确认当事人住所的情形。德国的居民管理局和住所登记制度保障了这一程序的权威性。和中国的户籍制度类似,德国的居民登记制度由居民管理局统一实施。区别在于,户籍制度重点在于确认当事人的家庭基本状况、亲属关系、籍贯,而对于居民住所的登记可能并不适时更新。而德国的住址申报制度②则规定,在保障公民迁徙自由的前提下,新到一个地方建立住所的公民有义务在一个星期内到住所管理局依法登记。建立第二住所的,也同样应当依法按时登记。该法在德国当地实施情形表明,绝大多数居民的所有住所都得到了及时有效的登记。由于住所登记管理是几乎所有日常事务的前提——例如领取所得税税卡、幼儿园等社区基础设施的享用、办理银行卡和手机号等都需要住所登记证明,所以如果不申报住所,基本的生活在当地都寸步难行。因此,一旦居民管理局不能确定当事人的住所,那么住所不明的状态基本可以确定。

公告送达的执行办法和我国目前类似,主要是通过张贴法院布告栏。出于对当事人隐私保护的考虑,张贴内容仅限于当事人的姓名、其在国内最后知晓的住址,以及送达文件的时间、档案号和案由。送达文件的全部内容,送达改革后不再全部公布。③ 以法院的互联网主页进行公告送达的做法在德国目前的成文法里暂时找不到根据。在法院布告栏进行公告送达,须对公告送达的形式、期限以及错过期限的不利后果进行释明,并告知何处可以查看待送达文书的全文。张贴公告至少要期满一个月。因为公告送达的拟制法律后果,公告的开始和结束都要在法院的卷宗记录在案。④

2. 对补充送达的改革

德国的司法实践中,补充送达相当常见,占据了送达总次数的70%⑤。

送达改革的一个要点在于对补充送达规定了阶梯式递进的处理办法:

第一,一般情况下允许补充送达到住所或营业场所直接交到送达相对人手里。⑥ 所谓住所,是指送达启动时送达相对人为留宿而实际使用的空间⑦,和

---

① Einwohnemeldeamt,在德国各个城市可能有不同的叫法,如 Bürgeramt、Bürgerservice 等等,其职能大同小异,包括登记、注销、变更居民住址、人口普查、管理身份证和护照等证件、换发税卡、登记并发放儿童金、汽车牌照上地址的更改、公证、签发无犯罪记录证明等等。

② 规定在德国的《住所申报框架法》(Melderechtsrahmengesetz)。

③ Hannich/Meyer-Seitz/Häublein:《民事诉讼法改革》2002 年版,对第 86 条的释义,边缝号 3。

④ 见《民事诉讼法》第 188 条。

⑤ Rosenberg/ Schwab/ Gottwald:《民事诉讼法》,第 16 版,第 463 页,边缝号 16。

⑥ 见《民事诉讼法》第 178 条。

⑦ 见联邦最高法院判决 NJW 1992, 1963。

"住所"相区别的是"住址"①。暂时性的离开住所,例如住院②,仍以惯常住所地为送达地址。但长期离开住所的,例如较长时间的羁押③,则不能将原住所地作为送达地址。在国外有住址的,不构成放弃国内住所作为送达地址的理由。④故意告知假地址的,可以此地址作为送达地址⑤,由受送达人承担相应的诉讼风险。如果当事人告知其实际住所的,仍应以实际住所作为送达地址。当事人就其实际住所地有告知义务。⑥ 送达到住所的,住所内成年家属或同住人员都可以充当补充送达的对象,据联邦最高法院的判例,无婚姻关系的生活伙伴和合租室友也可以成为补充送达的对象。⑦ 补充送达到房东、房屋出租人的,改革后规定不得认为是有效的送达。送达到营业场所的,只要在惯常营业时间送达到在场的工作人员即可。法院和学界对这里的"营业场所"倾向于作扩大解释。送达改革前,送达给营业场所的工作人员,是指秘书、文员等因职务而有相对信任关系的工作人员。仓库管理员、杂役等并不作为"工作人员"解释。送达法改革后的"工作人员"扩展解释为所有具有劳动关系的人员,包括清洁工、门卫,只要并非暂时在场的编外人士,都可以接收补充送达。送达到其他居住场所如疗养院、老人院、教会教士宿舍、学生宿舍的,直接交给收发负责人即完成送达。

第二,上述补充送达办法行不通的,可以直接投递到住所或营业场所的信箱,同时记载在案。投递信箱的一刻,送达即告完成。⑧ 这一时间点记载在投递的信封上。可见,德国立法者希望以此降低邮局作为送达环节时文书留置邮局的滞信率。此前邮局的通知条常常被接收人忽略,引起诸多不必要的周折。

第三,上列补充送达办法仍不可行的,可以将文书留置到相对人住所地附近的基层法院书记处或邮局指定的相关部门(实践中更多是后者),此即所谓的留置送达⑨,同时必须严格按要求通知相对人:对于文书已经留置上述机构的事实,必须以法定的表格填写送达相对人的姓名、地址、案由,用信件通知对方或者直接将该表格钉到送达相对人住所的门上。改革后规定不得留到邻居处请求代为转达。投递或钉送该通知的一刻,送达即视为已经完成。送达相对人究竟实际上是否领取送达文书,是否看到该通知,都不能阻止送达在法律拟制上的完

---

① 见科隆的州高等法院判决 Köln OLG, RIW 1989, 814。
② 见联邦最高法院判决 BGH NJW 1985, 2197。
③ 见联邦最高法院判决 BGH NJW 1978, 1858。
④ 见科隆的州高等法院判决 Köln OLG, RIW 1989, 814。
⑤ 见科隆的州高等法院判决 Köln OLG, NJW-RR 1989, 443。
⑥ 见联邦最高法院判决 FamRZ 1990, 143。
⑦ 见联邦最高法院判决 BGH, NJW 2001, 1946。
⑧ 《民事诉讼法》第180条第一句、第二句。
⑨ 和我国民诉法上的留置送达完全不是一个概念。见《民事诉讼法》第181条的规定。

成。基层法院和邮局保留文书至三个月仍然通知不到的,文书寄回原委托单位。不过,通知发出的一刻,送达即视为已经完成。

4. 电子送达

传真①和电子邮件②是实践中电子送达的主要方式。德国《送达改革法》期图为现代便捷的电子送达提供一个基本法律框架。③ 但该法对电子送达的态度较为谨慎,并不当然允许传真和电邮送达,而是对电子送达的操作细节作了诸多限制。主体上,该法限定只有法院对律师、律师对律师等因职业原因更具公信力的专业人士之间才能采用电子送达。其他诉讼参与人明确表示愿意④接受电子送达的,也可以使用电子送达。但在德国的民事程序中,一般还是律师采用这种形式最为常见。电子送达的,要求接收方须出具接收确认信(Empfangsbekenntnis)作为电子送达生效的条件。接收确认信的出具,可以传真或者邮寄。⑤

电子送达的通行对法院和送达相对人都有一定的技术装备上的要求,对此,《送达改革法》仅授权司法行政机关统一作较为详细的规定。⑥ 相应的,德国《民事诉讼法》第130a条规定,各个州的司法行政部门应配合联邦司法部,出台详细的法规,规定何时在哪一级哪一类法院引进什么样的统一的电子技术装备,实施电子送达。德国是联邦制国家,这一工作看似简单实则千头万绪。联邦司法部和各州司法行政机关派遣官员组成了专门的工作小组来具体确定相关的技术标准。⑦ 由于立法细节上的各个州的动作良莠不齐,德国在电子送达的具体操作上花费了较长的时间、资金以及技术资源。此前德国诉讼法上的其他制度,也经历过电子化和现代化的立法努力,但立法进程也都相对缓慢⑧。德国电子送达的推广输在了技术性规定的欠缺和联邦制对立法进程的阻碍上,这一点在学界

---

① 《民事诉讼法》第174条第2款明文规定。该条规定和民事诉讼法第130条第6项的新规定遥相呼应,后者是2001年7月13日德国颁布《形式条款调整条例》(Formvorschriftenanpassungsgesetz)的改动结果。

② 《民事诉讼法》第174条第3款明文规定。

③ 见《送达改革法》草案背景官方解释,BT-Dr 14/4554,第18页。

④ 诉讼法学者认为,这里的"明确表示"应作缩小解释,仅仅留下自己的电子邮件地址不能认为是"明确表示",参见 Hannich/Meyer-Seitz/Häublein:《民事诉讼法改革》对《德国民事诉讼法》第174条的释义,边缝号13。

⑤ 《民事诉讼法》第174条第4款第二句。

⑥ 欧盟电子送达规定(EG) Nr. 1348/00 也作了类似的处理,把技术性细化规定的权力交给各国司法行政部门。

⑦ 参见 Christian Dästner:《诉讼法的新的形式规定》,载 NJW 2001,第3469,3470页。

⑧ 值得一提的是"电子警告函"(《民事诉讼法》第703c条)和电子土地登记簿两个尝试,都在技术细节上大费周章,推行过程中遇到阻力。

遭到诟病。① 送达制度改革推行至今已有十余年，而电子送达在德国民事诉讼法修订上占到的篇幅和重要程度都乏善可陈。其主要原因在于，各个联邦州的细节规定得太过分散、不统一，而电子送达所仰仗的高效便捷的现代传输方式，恰恰是利用了不分州界，甚至不分国界的互联网。学者们对此诟病为送达制度改革的失误，认为是德国"落后的司法结构给诉讼法的现代化拖了后腿"。②

在推动送达电子化和法庭工作电子化上起到先驱作用的是德国的联邦最高法院③。联邦最高法院 2001 年 11 月 26 日颁布了《民事案件审理电子文书往来规则》④，该规则同时对具体的技术操作也作了初步规定。根据联邦最高法院的决定，自 2002 年 1 月 7 日起，联邦最高法院管辖的案件中，所有形式上以律师为送达人的，都采用电子送达。这一规则规定，文书以特定文档格式加载附件并以电子签名加密的，可以直接用电子邮件送达⑤。在德国，州法院以上各级法院采用严格的强制律师代理制度。取得联邦法院出庭资格的律师，在全德国可以统计为一张名单。因此，首先在小范围内对较高级别的律师采用电子送达，是联邦法院谨慎但卓有成效的一个实践。联邦法院的这一举措后来被纳入"线上联邦2005"这一动议，并成为推动联邦各个最高机关内部文书往来电子化的典范。

根据《民事诉讼法》第 174 条第 3 款的规定，电子送达的文书须用电子签名来加密，防止其他人不当获悉。该条强调的"电子签名"是指德国《签名法》(Signaturgesetz)上的"合格的签名"(qualifizierte Signatur)，这一签名的设定需要一张电子证书，并用较为严格的技术手段进行加密。⑥ 例外情形是法庭传票的送达，不要求用"合格的电子签名"加密，用普通电子签名即可。电子送达牵涉的最重要的职业群体——律师，也相应地作了办公装备和工作方式上的调整。和电子送达相配套的，是"电子存档"、"电子办公"、"电子起诉"、"电子应诉"等等。但迄今，实践中参与电子送达的、律师之外的诉讼参与人，仍然较为有限。这也是出于保护其他诉讼参与人、维护诉讼安全的考虑⑦。

---

① Burckhard Hess：《新的德国和欧盟送达法》，载 NJW 2002，第 2421 页。
② Hoffmann-Riem：《法律与司法的现代化》，2002 年版，第 268 页。
③ Bundesgerichtshof，简称 BGH。
④ 缩写为 ERVVOBGH，其具体内容可参见网页 http://www.buzer.de/gesetz/3409/index.htm。
⑤ 见《民事案件审理过程电子文书往来规则》附件第 3 条关于电子签名的规定和第 5 条关于文档格式的限制，仅限于 Adobe PDF、Microsoft Word 97 或 2000、Microsoft RTF、HTML、XML 五种电子格式中的任何一种。
⑥ 具体办法参见《签名法》第 2 条第 7 项和第 2 条第 10 项。
⑦ 学界有认为其中蕴含重大风险，见 Schack，载《联邦法律时评》2001 年，第 827、835 页。

5. 结论

《送达改革法》颁行 10 年以来,德国诉讼法学和法院等实务部门对送达制度的基本态度已经完成了一次转变:为解决法院工作担子重、送达效率低的现实问题,与其经由当事人送达转嫁负担,不如重新确立法院职权送达为主、当事人送达为补充的双轨制模式。尤其是要细化法院职权送达的具体办法,通过多层次的制度设计,确立补充送达的各种办法,加大法院职权送达的可操作性,提高送达率;同时利用电子送达等现代传输方式,在保证诉讼安全的前提下,促进送达的高效和流畅。这一点,对我国目前推行"当事人送达"喧嚣之声,或许也是一个启发。不难发现,送达改革的大方向是以诉讼流畅的大局为前提的,改革后的诉讼法对当事人的谨慎和诚信提出了更高的要求,惰怠的诉讼参与人必须承担更多的诉讼风险,更易承受因自己的原因而致送达不能的不利后果。送达改革客观上鼓励了个人律师制度的进一步普及。律师这一职业群体作为现代诉讼的润滑剂,在民事送达这一环节上承担了更多的责任。

虚假诉讼检察监督*

■ 李文革　罗林**

摘　要　对于虚假诉讼的规制和案外人利益的保护除了法院的内部监督外,也需要来自人民检察院的外部监督。虽然民事检察监督的公权监督性质决定其监督的范围主要为法院生效的裁判和调解书以及审判人员或执行人员的违法行为,但从功能上,其并不只是权力监督一项功能,客观上也具有司法救济、恢复受损诉讼秩序等间接性、补充性功能。检察机关对虚假诉讼进行监督的必要性和正当性的基础在于虚假诉讼的违法性、危害性和规制虚假诉讼的现实不足。对虚假诉讼的检察监督应当以事后监督为主,而且应当尊重当事人的处分权,一般应依申请监督,只要虚假诉讼受到损害的第三方没有提出申请,检察机关也无须启动监督程序,如果虚假诉讼损害到国家利益和社会公共利益,检察机关可以依职权进行监督。在监督方式上,应该充分考虑抗诉的"刚性"和检察建议的"柔性",并适当适用实践中的其他有效监督方式,发挥各自优势,形成制度合力。在监督手段上,要充分、正确行使调查核实权,保证监督的实效。

关键词　虚假诉讼　检察监督　检察建议

针对在民事诉讼中不断出现并日益严重的虚假诉讼现象,基于司法实践的诉求,引起的立法者的关注,如何规制虚假诉讼、保护因虚假诉讼而受损的合法利益,成了 2012 年《民事诉讼法》(以下简称《民诉法》)修改的重要内容之一。其实,虚假诉讼的规制应该是个"综合治理"的问题,应当构建一整套能够有效防范和消解虚假诉讼的机制,形成一张强有力的"防护网"来应对虚假诉讼。检察机关是否应当成为这一张网的其中一环,又或者检察机关在规制虚假诉讼的体系中,应当充当一个怎样的角色、承担多重的戏份等等,这些问题就显得尤为重要,值得探讨和梳理一番。从总体而言,笔者认为,对于虚假诉讼的规制,检察机关可以有所作为,即检察机关应当介入虚假诉讼的预防和处理当中去,成为规制虚

---

* 本文系湖北省人民检察院检察理论研究课题"民事再审检察建议研究"(HJ2013B09)的阶段性成果。

** 李文革,湖北民族学院讲师,法学博士;罗林,恩施州人民检察院副检察长。

假诉讼机制中的一环,发挥检察机关作为我国法律监督机关应有的作用。

一、民事检察监督的功能定位:权力监督抑或权利救济

民事检察监督一直是民事诉讼理论和实务中的重要问题。2012年民事诉讼法的修改,民事检察监督方面的内容占了较大的比例,全国人大常委会关于修改《民诉法》的决定中有6条关于民事检察制度内容的修改,①涉及的《民诉法》条文共7条(第14条、第208条、第209条、第210条、第211条、第212条、第235条)。新《民诉法》对民事检察制度的完善主要体现在以下内容:扩大了检察监督的范围,从原来的"民事审判活动"监督变成了"对民事诉讼"的监督,从审判、调解到执行实现了对民事诉讼的"全面监督";增加了检察建议的监督方式,将司法实践中创新出的检察建议作为监督方式法定化;强化了监督手段,人民检察院因履行法律监督职责而提出检察建议或抗诉的需要,可以向当事人或案外人调查核实有关情况。新民诉法实施后,检察机关民事检察监督工作面临许多新的问题和挑战,各级检察机关也正在组织学习、理解民诉法修改的内容,及时转变监督理念,积极应对挑战。其中,首先要解决的一个问题就是民事检察监督的功能定位问题。

在我国,人民检察院的职权通常被称为检察权。与法院的审判权相比,理论上对检察权性质的争议较多。② 检察机关或检察人员享有和行使的各项权能组成检察权的内容。对于检察权性质的定位,可以是双重本质主义,也可以是一元本质主义。而检察权的权能构成一定是复合性的,我国宪法并没有对检察权的内容和性质作出明确的规定,检察权具体权能的形成是由部门法完成的,集中规定在《人民检察院组织法》、《刑事诉讼法》、《民诉法》和《行政诉讼法》等法律中。从这些法律的规定来看,公诉权、诉讼监督权和检察侦查权是检察权的三大基本权能,检察机关具备以法律监督权为基础的法律监督职能和以诉权为核心的国家公诉职能两大基本职能。民事检察监督,是检察机关作为法律监督机关行使法律监督职能的重要内容,根据《民诉法》的规定,民事检察监督主要是通过抗诉或者检察建议的方式,其效力主要是启动相应程序和督促有关部门对违法情况进行纠正。大多情况下,是通过启动再审程序对法院生效的错误裁判进行纠正。

---

① 《全国人民代表大会常务委员会关于修改〈中华人民共和国民事诉讼法〉的决定》共60条,其中第2条、第46条、第48条、第49条、第50条和第53条是关于民事检察监督方面的内容,从条文上来说,占整个修改决定的10%,而且其他有部分修改条文只是"删除型"修改条文和"文字修改型"条文。

② 关于检察权性质的定位,以权力归属为分析路径,我国法学理论界和实务界有颇多争议,经过多年争论,基本上形成了几种有代表性的观点:"行政权说"、"司法权说"、"行政与司法双重属性说"、"法律监督权说"和"独立权力说"。

在我国,再审程序的性质属于一种特殊的救济程序,检察机关是启动再审程序的主体之一,于是,对于民事检察的功能定位到底是定位于权力监督还是权利救济有了不同的看法。

将民事检察权的功能定位于对当事人的权利救济的观点认为,检察机关介入民事诉讼是公权对私权的救济,民事诉讼的本质是通过公权力解决私纠纷,法院代表国家行使审判权,只要当事人提起民事诉讼,审判权作为公权力的介入便成为必然。这可以看作是公权力对当事人权利的第一层次保护。当审判权发生偏差,还不足以维护公民、法人的合法权益时,应当事人的申请,启动检察权予以保护,这是第二层次的保护。应当事人要求,检察机关介入民事诉讼,符合并顺应了对权力权利救济的需求。也有学者提出民事检察监督具有保障当事人诉权的功能,认为"在和谐司法的大背景下,方方面面的诉讼参与者都需要检察监督发挥作用,人民检察院对当事人所享有的诉权,也应具有法律监督权。不仅如此,法院的审判权对当事人的诉权负有保障之责,此时检察机关的法律监督权实质上也是指向诉权的,不过这里的监督其实是保障而已"[1]。

民事检察监督是公权力对公权力的专门监督,而不是对私权利的一般监督,是我国关于民事检察监督性质的主流观点。民事诉讼"讼争纠纷属于私权性质,但民事审判、执行行为是法官代表国家所为的公权力行为,民事诉讼中的检察监督在性质上仍然是对公权力的监督,这是民事检察的基本定位和职责所在"[2]。同时,民事检察监督的内容主要是审判公权力及审判人员职务活动,而不是当事人诉权及诉讼行为。

还有一种折中的观点认为,民事诉讼检察监督不仅是检察制度的重要组成部分,更是民事诉讼制度的重要内容。民事诉讼检察监督应当服从民事诉讼程序的目的。从这个角度说,民事诉讼检察监督实际上一直承载着非常重要的救济功能。从功能上讲,民事诉讼检察监督既是一种监督,又是一种救济,它是监督与救济的有机统一。但是,民事诉讼检察监督的救济功能是有限的。它主要包括:其一,检察机关对于私权不提供主动的救济;其二,检察机关不为私权提供预防性救济;其三,检察机关不为私权利主体提供重复的救济;其四,检察机关不为私权利提供裁量性救济。[3]

民事检察监督的公权监督性质,决定其基本目的和功能定位是"公共目的"。

---

[1] 汤维建:《着眼六个方面 强化民行检察监督》,载《人民检察》2010年第3期。

[2] 最高人民检察院法律政策研究室:《我国民事检察的功能定位和权力边界》,载《中国法学》2013年第4期。

[3] 张步洪:《新民事诉讼法讲义——申诉、抗诉与再审》,法律出版社2012年版,第13~17页。

相反,如果把民事检察看成是私权救济,就意味着其功能定位是"私人目的",给予当事人必要的权利救济途径,实现个案公正。民事诉讼是审判权与诉权共同作用的场,法院的审判行为和当事人的诉讼行为共同推动民事诉讼的进程,检察机关对民事诉讼的监督具有事后性的特征,以尊重审判权和诉权为前提,一般是在错误的裁判或违法审判、执行活动作出之后才介入监督,而且监督的对象和主体主要针对的是审判权和审判人员的职权活动,一般不包括当事人诉权及其诉讼行为。笔者认为,从实际效果上来讲,在实现民事检察监督"公共目的"的同时,客观上也对一方当事人的合法权利进行了维护和救济,民事检察实际上也具有当事人私权救济、纠正个案错误和维护司法权威等功能和作用。但是,这些功能和作用是间接的、衍生的。对于当事人恶意串通,侵害国家利益、社会公共利益和他人合法权益的虚假诉讼行为,应当介入无疑,像虚假诉讼这种双方当事人恶意串通的案件,法院在程序上可能是"无辜"的,但为了民事诉讼活动的正当性和公正性,必须得有一套制度机制来防止非诚信诉讼行为,纠正法院因欺诈而作出的错误裁判,虽然这种错误裁判不是因为审判权的不当行使或违法审判行为所致,检察机关仍有权行使监督权督促人民法院予以纠正。

二、民事检察监督范围之争

1991年《民诉法》作为一项基本原则,规定人民检察院有权对民事审判活动进行监督。虽然没有明确对执行活动和调解活动能否实行检察监督,但实践中各地检察机关也进行了一些新的探索。针对执行活动中一些当事人恶意串通逃避履行法律文书确定的义务,或者通过调解协议损害国家利益、社会公共利益的情况,为进一步加强人民检察院对民事诉讼活动的法律监督,同时也为了与刑事诉讼法、行政诉讼法关于检察监督的表述一致,2012年民事诉讼法修改,根据中央司改文件的要求[1],在总结实践经验的基础上,吸收"两高"会签文件的相关内容[2],将总则中第14条检察监督基本原则的规定从检察机关"有权对民事审判活动实行法律监督"修改为"有权对民事诉讼实行法律监督"。

基于对民事检察功能的不同定位,对民事检察监督的范围也存在不同的认识,主要表现在对新《民诉法》第14条的不同理解上。从"民事审判活动"到"民事诉讼",看似语词上的修改,但对民事检察监督的范围有很大的影响。在如何

---

[1] 中发〔2008〕19号文件明确要求"完善检察机关对民事、行政诉讼实施法律监督的范围和程序"。

[2] 2011年3月,最高人民法院和最高人民检察院就落实中央司改文件会签了《关于对民事审判活动与行政诉讼活动实行法律监督的若干意见(试行)》。习惯上一般将其称为两高"会签文件"。

对"民事诉讼"进行解释的问题上,理论界和实务界形成了对民事检察监督范围的不同理解。

一种观点认为,从文义解释,新《民诉法》第14条的规定拓展了民事检察监督的范围,不再限于民事审判活动,还包括民事执行活动和调解活动;民事检察监督的主体也不再限于人民法院,而是扩大到所有参与诉讼活动的人。[1] 另一种观点认为,对《民诉法》第14条中的"民事诉讼"应当作限缩解释,指人民法院的审判、执行活动。当事人的诉讼行为,"其合法性及程序效果均应接受民事诉讼法的调整或者交由法官判断。即便是当事人实施了滥用诉权、滥用诉讼权利等违反诚实信用原则的诉讼行为,对该行为的否定性评价应当由本案的审判法官来完成"[2]。实务界的代表性观点认为,在对民事诉讼的多元化监督体系中,检察监督发挥着其他监督不可替代的重要作用。从立法原则、公权力制约原理以及监督目的进行分析,其监督范围的应然状态是:人民法院的民事立案、审判、执行等全部活动与结果依法接受检察机关的监督。具体包括:诉讼程序和非讼程序中的生效判决、裁定,调解活动以及作为调解活动结果的调解书,执行程序中的执行行为和执行裁定,人民法院审判活动的合法性,审判人员、执行人员在审判或执行活动中的违法犯罪行为。[3] 依新民诉法总则和分则的规定,人民检察院有权对人民法院的诉讼活动、执行活动和调解活动进行监督,监督的范围主要包括:生效判决和裁定、调解书、执行活动,以及审判人员的违法行为。

另外,基于民事诉讼中虚假诉讼、恶意诉讼的现实状况,有观点认为,检察监督有必要对公民、组织提起和参与民事诉讼的行为进行一定程度的监督。2012年《民诉法》规定,检察机关对"民事诉讼"实行法律监督,意味着它监督的主体不仅包括法院的行为,还在一定程度上包括了当事人的诉讼行为。但是,民事诉讼当事人多数不是负有公法义务的主体。当事人违反诉讼法规则的行为,通常由法院进行惩戒,或者依法判令其承担不利的法律后果,无须检察机关监督。当事人意思自治、处分原则等私法原则为检察机关监督民事诉讼当事人的诉讼行为划定了严格的边界。因此,检察机关对民事诉讼当事人的监督,主要是诚实性和合公益性监督。[4]

---

[1] 刘荣军:《从民事诉讼法律关系看检察监督——以修改后民诉法第14条规定为着眼点》,载《检察日报》2012年10月18日。

[2] 肖建国:《民事检察监督之功能与实施思考》,载《人民检察》2012年第21期。

[3] 郑新俭、周虹:《论民事检察监督的范围与完善》,载《司法改革与民事诉讼监督制度完善——中国法学会民事诉讼法学研究会年会论文集》,厦门大学出版社2010年版,第248页。

[4] 张步洪:《新民事诉讼法讲义——申诉、抗诉与再审》,法律出版社2012年版,第37页。

在民事诉讼中,当事人的违法诉讼行为,主要就是违反诚实信用原则的虚假诉讼、诉讼欺诈等行为。此类行为的直接危害性或他人合法权益的损害,间接性地还会造成对诉讼秩序的侵害、司法资源的浪费、司法公信力减损等。因此,检察机关介入对虚假诉讼的监督成为必要。但是,对民事检察监督范围的不同理解,会决定或影响监督的方式,如果认为检察监督的范围包括当事人的诉讼行为,检察机关就可以直接对当事人虚假诉讼行为进行监督,可以在诉讼中直接介入,而不必等到虚假判决或虚假调解作出。如果认为民事检察监督的范围不包括当事人的诉讼行为,检察机关对虚假诉讼的监督就只能是对诉讼结果的间接监督。

三、虚假诉讼检察监督的必要性和正当性

在我国现行司法制度和民事诉讼制度的具体规定下,检察机关应否通过检察监督规制虚假诉讼,或者说检察机关对虚假诉讼进行检察监督的正当性的问题,是一个重要的前提性问题。然而,对于检察机关介入虚假诉讼的正当性问题,却不是一个简单回答的问题,至少在当下对这一问题仍然没有形成共识,不论是在实务界还是在理论界都存在一定的争论。假若仅以"检察机关是我国的法律监督机关,有权对民事诉讼活动进行监督"的观点作为论证检察机关介入虚假诉讼正当性的逻辑起点,这种单纯的逻辑演绎难免显得苍白或构成某种意义上的武断。假若又仅以"民事诉讼解决的是私人纠纷,在民事诉讼中国家公权力应当减少介入"的观点,作为否定检察机关应当成为规制虚假诉讼其中一环的理据,难免又显得未能与我国当前的客观现实相契合,在面对现实中时有发生的形形色色的虚假诉讼个案,这种观点又显得带有浓烈的理想主义色彩。事实上,可以说检察机关应否介入虚假诉讼的问题是一个价值判断的问题,对于价值衡量的问题,不同的主体会有不同的判断,甚至是截然相反的判断。然而,价值判断个体差异的必然性,并不排斥共识形成的可能性,即对于这一问题仍有形成某种程度最大公约数的可能。

(一)虚假诉讼检察监督的必要性

从制度设计上,民事检察监督是维护社会主义法制,保障人民法院依法行使审判权,正确审理民事案件,保障生效法律文书确定的权利得到实现,保护当事人的合法权益的重要制度。[1] 检察机关对虚假诉讼进行监督的必要性,总的来说是由虚假诉讼的违法性、危害性和规制虚假诉讼的现实不足性决定的。虚假诉讼对合法权益的侵害、对诉讼秩序的破坏、对司法资源的浪费以及对司法权威的减损,已是司法实践中的一大公害,但对这一公害的治理,从目前情况来看还

---

[1] 江必新:《新民事诉讼法专题讲座》,法律出版社2012年版,第43页。

有许多不足之处。

1. 对诉讼调解活动的监督不够

2012年《民诉法》修改前,根据原《民诉法》的规定,民事检察监督的方式只有抗诉一种,根据原《民诉法》第187条的规定,人民检察院可以抗诉的对象,限于人民法院已经生效的判决和裁定,并不包括调解书,对于已经发生效力的调解书,只是在当事人有证据证明调解违反自愿或调解内容违法的情况下,才能申请法院再审。而在现实的虚假诉讼当中,由于当事人之间的"配合",多数情况下都是以调解结案,对于虚假的调解书,让当事人申请再审加以纠正不具可能性。因此,2012年《民诉法》修改将民事检察监督的范围扩大到了调解书。① 赋予检察机关对调解书提起抗诉或提出检察建议的权力,其目的就在于扩大检察机关在民事诉讼中对民事审判活动进行监督的范围和方式,从过往仅对人民法院的裁判进行监督拓展到对特定情形下的调解结果也可以进行监督。这种做法一方面是对2011年"两高会签文件"的立法确认;另一方面也是对检察机关呼吁的通过调解书的检察监督实现对国家利益和公共利益进行保护、防治虚假诉讼的回应。目前,根据民事诉讼法的规定,检察机关对调解书的监督仅限于调解书损害国家利益、公共利益的情形。除此之外,检察机关不得对调解书提起抗诉或提出检察建议。

这一修改新增加了关于人民检察院发现调解书损害国家利益、社会公共利益时可以向人民法院提出抗诉或检察建议的规定。这一修改的目的在于回应社会诉求,解决社会中存在着的利用虚假调解侵害国家利益和社会公共利益的现象,着重对国家利益和公共利益的保护。然而,虚假诉讼和虚假调解不仅会侵害国家利益和公共利益,更会侵害集体利益和一般民事主体的利益,而且后两者被

---

① 2012年民诉法将原第187条修改为第208条,规定为:"最高人民检察院对各级人民法院已经发生法律效力的判决、裁定,上级人民检察院对下级人民法院已经发生法律效力的判决、裁定,发现有本法第二百条规定情形之一的,或者发现调解书损害国家利益、社会公共利益的,应当提出抗诉。地方各级人民检察院对同级人民法院已经发生法律效力的判决、裁定,发现有本法第二百条规定情形之一的,或者发现调解书损害国家利益、社会公共利益的,可以向同级人民法院提出检察建议,并报上级人民检察院备案;也可以提请上级人民检察院向同级人民法院提出抗诉。各级人民检察院对审判监督程序以外的其他审判程序中审判人员的违法行为,有权向同级人民法院提出检察建议。"

侵害的几率要远高于前两者。① 对于国家利益、公共利益受虚假诉讼侵害的案件，既可以由受侵害的、代表国家利益或公共利益的第三人依据《民诉法》第56条第3款，向人民法院提起第三人撤销之诉，也可以由人民检察院按照审判监督程序提起抗诉或提出检察建议，这显现出国家利益和公共利益享受着双重保护。与之相反，一般第三人的利益受到虚假诉讼侵害，企图通过去除原判决、裁定、调解书的效力时，仅有第三人撤销之诉一种手段，与前者相比难免显得薄弱。而且第三人撤销之诉也是2012年民事诉讼法修改时新增的制度，对于第三人撤销之诉的程序性质、诉讼行为的条件、具体的程序内容等方方面面，仍然没有定论。相反，人民检察院可以利用的审判监督程序则是我国民事诉讼中较为成熟的制度，相应的规定也较为全面详细、操作性强，更为重要的是人民检察院提起抗诉必然能够引起再审的法律效果，必然可以在程序上实现对国家利益和公共利益的救济。而一般的第三人，其利益受虚假诉讼侵害时就没有这种待遇。主体利益不平等、国家利益优先和公共利益优先的价值倾斜明显。诚然，对国家利益和公共利益在保护上予以一定的倾斜并无太大的不妥，但是所谓国家利益和公共利益一方面这些利益本身是难以界定的，另一方面这些利益总要由一定的主体承载，当这些利益存在着明确的承载主体时，这里的利益保护倾斜就会演化成保护主体的倾斜。保护主体倾斜，某种意义上就是民事诉讼主体诉讼权利的不平等，这种做法是否与民事诉讼法的诉讼主体平等原则相符的问题就产生了讨论的空间。因此，当前民事诉讼法对国家利益、公共利益的保护要明显强于一般主体的利益或集体利益的保护这种做法是否妥当，值得商榷。

2. 虚假诉讼规制主体的不足

虚假诉讼侵害对象包括法院和案外人，因此对于虚假诉讼的防治也主要是以法院和受损害的案外第三人为主的二元防治模式。但这种二元防治模式在实践中存在些许不足与缺陷。由于虚假诉讼把法院当成了工具或手段，在玩弄"法律游戏"的同时，也践踏了法院和法律的尊严，是对司法权威的挑衅。于是，各地法院纷纷发力打击虚假诉讼。但由于虚假诉讼的隐蔽性、司法的被动性加上法官经验的局限性，试图在虚假诉讼损害结果发生之前，就识别、发现和制裁所有的虚假诉讼，难度非常之大，也不大现实。权利受损案外人在防范虚假诉讼中面临的问题：一是知情权受限；二是我国第三人制度的不完善导致其难以进入正在

---

① 《浙江省高级人民法院关于在民事审判中防范和查处虚假诉讼案件的若干意见》第2条；和《广东省高级人民检察院关于对民事诉讼欺诈加强法律监督的指导意见（试行）》第4条所列的案件类型中，损害国家、集体利益的案件只是其中的一类型，除此之外还有5～6种类型的案件高发虚假诉讼，这些类型的案件受侵害的主体往往只是一般的民事主体，可见一般民事主体利益受虚假诉讼侵害的几率要高于国家利益、公共利益受侵害的几率。

进行的虚假诉讼中,通过主张和举证保护自己的权益。在案外人的防范、救济措施中,无论是第三人诉讼、第三人撤销之诉还是案外人执行异议之诉,其决定权和虚假诉讼识别权的运用都在于法院本身。一方面,第三人本身并不必然能够引起这些程序,例如第三人撤销之诉,作为一种诉,其起诉的条件现时并不明确,未能确保第三人的诉权。诉讼中的第三人则更为明显,假如没有法院的通知或追加,在虚假诉讼的情形下,由于案件的原、被告彼此配合,相对于第三人而言是秘密进行诉讼,第三人更无法知晓相关的案件信息。第三人无法加入诉讼,意味着第三人在程序上就不能主张其利益,更遑论其实体利益得到保护。退一步来看,即便第三人能够启动救济程序,但第三人要维护自己的合法权益仍然需要陈述事实、提供证据以支撑其请求。但是,第三人所面对的往往是由虚假诉讼双方当事人蓄意密谋的行为,这些行为本身从外观上看其合法性较强,行为虚假的隐蔽性也相当高。以涉及离婚案件虚假诉讼为例,离婚案件一方当事人为转移财产而进行虚假诉讼,与虚假诉讼另一方当事人伪造借条。作为第三人的离婚案件另一方当事人,即使指出借条是伪造的,其签名日期与事实不符,但由于现时物证技术的有限性,就这一签名日期是否伪造的鉴定其难度较高、其他因素的影响也较大,假如伪造的签名日期与案件的审理日期距离较近,更是难以鉴定出其真伪。从这一典型事例可以看出,即使第三人能够启动保护程序,也会因为证据等各方面原因而导致其利益保护请求无法实现。更为突出的一种情形,假若案件的审判人员,协助或参与虚假诉讼当事人进行虚假诉讼,由于当前人民法院主导甚至垄断对虚假诉讼的防范,这种情形下对第三人利益的保护更会沦为一纸空谈。因此,以法院为主导,单凭当事人引起第三人撤销之诉等防治虚假诉讼的第三人,无疑是虚假诉讼防治体系的一块明显的短板。

(二)虚假诉讼检察监督的正当性

1.权力来源正当性

我国民事检察监督的正当性,从根本上来说来源于我国人民代表大会制度这一宪政体制。根据我国《宪法》、《人民检察院组织法》和《民诉法》的规定,检察机关被定位为我国专门的法律监督机关,有权对民事诉讼实行法律监督。检察机关作为人民代表大会制度下的专门法律监督机关,对审判权的监督制约是宪法赋予检察机关的职责。我国是单一制国家,保证国家法律在全国范围内统一、正确实施是保障单一制国家结构的必然政治要求,也是现代法治的必然要求。宪法赋予检察机关对司法审判的监督职责,以保障国家法制统一正确实施,这是一个符合我国国情的司法制度。

2.目的、价值正当性

我国司法正面临着司法权威不够、司法公信力偏低的尴尬现状,"执行难"积重难返,法院的裁判得不到执行,许多的案件往往是"案结事难了",当事人"信访不信法",这些问题已成为制约我国法治建设的瓶颈,且直接危及社会的安定有序。要想提高司法的公信力,实现司法与社会的良性互动,就必须确保司法具有独立性、公正性、民主性和终局性,但这非法院单方面或审判权与诉权的相互制衡所能完成的任务,同样需要检察机关的介入。民事诉讼检察监督对保障司法公正,提升司法公信力有积极意义。司法公正包括程序公正和实体公正。从程序公正来说,检察机关介入民事诉讼,其监督者身份对程序主体能够形成潜在的约束,督促其遵守程序规范,程序违法行为亦属检察监督的内容。同时,检察监督的性质是公权力监督,是权力对权力的监督,即检察权对审判权的监督,重点是保障审判权的依法行使,避免审判权随意限制或剥夺当事人诉权的情况发生,有助于实现审判权和诉权的相互制衡。从实体公正而言,民事检察监督是居中监督,检察机关以监督者身份介入民事诉讼,与案件本身没有利害关系,其秉持客观公正的立场对案件事实认定和法律适用的观点,可在一定程度上纠正当事人为求胜诉而提供片面甚至是虚假的诉讼资料对法官造成的困扰,有助于法官对事实的正确认定和对法律的正确适用,实现案件的实体公正。在我国司法制度框架下,人民法院承担审判职能实现司法公正,人民检察院通过履行法律监督职责促进和维护司法公正。例如,通过行使抗诉权,通过法院再审依法纠正不公正裁判。从目标追求上,检察权和审判权的直接目的是一致的,都是为了公正、合法地解决争议、定分止争。只是在职能分工上各有侧重。检察权旨在保障审判权的公正行使,从而维护当事人合法权益,树立司法权威。人们只有相信司法是公正的,才愿意服从司法裁判,法律所倡导的秩序才能形成。可以说,司法权威来源于司法的公信力,司法公正是司法公信力的源泉。

另外,"强化法律监督,维护公平正义"是检察工作的主题。检察机关维护公平正义,应当个体正义与整体正义兼顾,为所有公民、组织提供平等司法保护。审判权的行使除了法院的内部监督外,还需要来自检察院的外部监督,民事检察监督具有对审判权的制衡和审判行为的制约价值,有利于形成相对稳定的司法权制衡结构,检察院法律监督权的独立存在,可以促进审判公正。民事诉讼活动中,如果缺乏对法官自由裁量权和自主决定权的有效监督,难免会导致权力滥用,甚至贪污受贿、徇私舞弊、枉法裁判等违法犯罪行为。但同时,现代权利观念除了强调意思自治外,也注意其社会义务,即权利不得滥用,在民事诉讼中,当事人在处分自己权利的同时,不得有损国家、社会和他人的合法权益。当事人行使权利超越界限时,检察机关也有必要进行检察监督。民事诉讼检察监督还具有对当事人合法权益的保护价值。

3. 现实正当性

虚假诉讼的现实状况和检察机关查处虚假诉讼的实践经验为虚假诉讼检察监督提供了现实正当性。无论具体原因是什么,大量虚假诉讼案件的存在,是我国近几年民事诉讼司法实践中的客观现实,而且现实存在着的虚假诉讼是对民事诉讼的反向利用,背离民事诉讼的价值和目的,是对民事诉讼功能的异化,其对权益的侵害、对诉讼秩序的破坏、对司法资源的浪费和对司法权威的减损等危害性,也已为人们所共知。因此,从民事诉讼司法实践中出现虚假诉讼开始,司法实务部门就给予了高度的关注。除了人民法院的司法应对以外,对于愈演愈烈的虚假诉讼,各级检察机关积极发挥自己的法律监督职能,参与虚假诉讼的防范与规制。而且,相对于审判权的被动性,检察权的行使具有主动性,相对于审判权行使的当事人主义,检察权的行使具有职权主义特征,这使得检察权在防范和规制虚假诉讼中,相对于审判权而言具有一定的优势。司法实践中,检察机关对虚假诉讼的防范和规制,首先是加强制度建设,从2011年两高的"会签文件",到各地方检察机关单独或联合审判机关甚至公安、司法行政机关制定的相关规范文件,专门针对虚假诉讼的制度纷纷出台;其次,大量的虚假诉讼案件都是通过检察机关抗诉或者提出检察建议,人民法院再审使得原错误的虚假诉讼判决或调解书得以及时纠正;最后,部分检察机关还大胆探索了虚假诉讼中"提前介入"监督措施。虚假诉讼的现实危害性、检察监督有优势性和实践中的经验积累,毫无疑问成了检察机关对虚假诉讼进行监督的现实正当性。

四、虚假诉讼检察监督现状及其存在的问题

(一)监督范围及其局限

虚假诉讼的结案方式主要为调解结案。虚假诉讼当事人之间并无真正的争议存在,在法院主持调解的情况下,双方达成调解是顺理成章的事情。而一旦这种虚假调解书生效,可能对国家利益、社会公共利益或他人合法权益造成损害。因此,检察机关对虚假诉讼的监督重点在于对调解书的监督。但是,在2012年《民诉法》修改之前,调解书并不在民事检察监督的范围之内。虽然司法实践中,检察机关也在开展对虚假诉讼进行监督的工作,但却是没有明确的法律依据。一般是通过案外人举报或党委、政府、人大和政协等部门转交的案件线索,在查处虚假诉讼中涉嫌伪证、妨害作证、帮助伪造证据、贪污受贿、徇私舞弊等犯罪的过程中,发现当事人确为虚假诉讼,然后向人民法院提起抗诉或提出检察建议,启动再审程序,实现对虚假诉讼的监督。从法律依据上,只能是依据《宪法》第129条对检察机关法律监督机关的定位和原《民诉法》第14条检察机关"有权对民事审判活动"进行监督的原则性规定。可1999年最高人民法院以司法解释的

方式,明确将生效调解书排除在检察机关民事检察监督范围之外[①],直到 2011 年 3 月两高"会签文件"的出台才开始接受人民检察院对民事调解进行监督[②],关于要否增加对调解书的监督以及监督范围如何,最高人民法院和最人民检察院一直存在不同意见。在检察机关起草的两高"会签文件"第一次征求意见稿中,曾规定人民检察院有权对侵害国家、集体或者他人利益的调解书以及违反自愿原则、内容违法的调解协议等三类情形,均可抗诉。最高人民法院在会商中指出,对于调解书是否违反自愿原则和法律强制性规定,一般需要进行实质审查和听取双方当事人意见后才能查清,应由人民法院对当事人再审申请进行审查,以避免轻易抗诉而启动再审,使违背诚信原则的当事人止步于再审启动之前。并且公权力对调解结案的案件也不宜干预过度,否则将与中央政法委推进的大调解机制的精神相悖。检察机关法律监督的主要任务应为关注损害国家利益、社会公共利益的生效裁判,因此,对调解书的监督也应限于此范围,不应扩大范围。[③] 最后,两高博弈的结果是,立法机关在 2012 年《民诉法》修改中,吸纳两高"会签文件"的规定,将其中的部分规定上升为立法规定,第 208 条明确规定人民检察院可以对损害国家利益、社会公共利益的调解书,以抗书或检察建议的方式进行监督。至此,虽然对监督的范围作出了限制,但毕竟民事调解的检察监督有了明确的法律规定,检察机关对调解书的监督变得师出有名。

根据新民诉法的规定,对民事诉讼中有错误的调解书启动再审程序的途径包括:法院依职权启动、当事人申请和检察院抗诉或检察建议引起再审。检察院可对调解书进行监督除了调解书损害国家利益、社会公共利益的情形外,再就是当事人向法院提出再审申请未获支持(被驳回或逾期未处理)以及再审裁判有明显错误的情形。前一种情形属依职权的监督,后一种情形属依当事人申请的监督。

但是,从司法实践中的虚假诉讼恶意调解案件来看,纯损害国家利益、社会公共利益的情形较为少见,大多数情况下侵害的是案外人或第三人的利益。虽

[①] 1999 年 1 月 26 日针对黑龙江、河南省高级人民法院的请求,最高人民法院发布《关于人民检察院对民事调解书提出抗诉人民法院应否受理的指复》(法释〔1999〕4 号),指出:"《中华人民共和国民事诉讼法》第一百八十五条只规定人民检察院可以对人民法院已经发生法律效力的判决、裁定提出抗诉,没有规定人民检察院可以对调解书提出抗诉。人民检察院对调解书提出抗诉的,人民法院不予受理。"

[②] 《最高人民法院、最高人民检察院关于对民事审判活动与行政诉讼实行法律监督的若干意见(试行)》第 6 条规定:"人民检察院发现人民法院已经发生法律效力的民事调解、行政赔偿调解损害国家利益、社会公共利益的,应当提出抗诉。"

[③] 奚晓明:《〈中华人民共和国民事诉讼法〉修改条文理解与适用》,人民法院出版社 2012 年版,第 486~487 页。

然,应对虚假诉讼对案外人或第三人的损害可以有法院自我监督依职权再审、当事人申请再审和第三人撤销之诉的途径,但是这些制度设计在应对虚假调解的问题上都存在着一定的缺陷。首先,第三人撤销之诉需要第三人对生效调解书确有错误、虚假诉讼当事人之间恶意串通虚构民事法律关系、非归责于己的事由未参加诉讼等事实提供证据证明,而这一证明任务第三人几乎是难以完成的;其次,虚假诉讼达成的调解书,没有当事人申请再审的可能,调解书本身即为双方当事恶意串通并努力追求的结果,其根本不可能又申请再审将调解书予以撤销;再次,由于双方当事人事先的预谋与策划,法院想在诉讼中发现、识别虚假调解始终是一个难题,加上法院对调解结案的偏好,法院对虚假调解书依职权启动再审的积极性也不高。而来自于外部的检察监督,又无法对虚假诉讼恶意调解案件损害案外人或第三人利益的情形进行监督。因为根据新《民诉法》第209条的规定,人民检察院依申请的监督是在当事人的申请被人民法院驳回、逾期未作出裁定或者再审裁判明显错误的情况下,依当事人申请作出是否监督的决定;而且依《民诉法》第201条的规定,当事人对调解书申请再审的理由只能是调解违反自愿或者调解协议内容违法。在依靠人民法院和当事人应对虚假诉讼存在先天不足的情况下,将检察机关对虚假诉讼恶意调解案件的监督限于调解书损害国家利益、社会公共利益的情形,从实际效果上是值得考虑的。

(二)监督方式及其存在的问题

按照2007年《民诉法》的规定,人民检察院依法监督人民法院民事审判活动的主要方式是抗诉,且不能"同级抗",只有上级人民检察院才有权对下级人民法院提出抗诉,使得基层人民检察院无权办理民事抗诉案件。在法律没有明确规定的情况下,检察机关通过不断摸索、实践,在民事检察工作中创新出检察建议的监督方式,并在2011年两高的"会签文件"明确规定了这种监督方式。实际上,在检察机关起草的两高"会签文件"前几次征求意见稿中[①],曾试图增加的监督方式不仅有检察建议,还包括纠正意见、书面监督意见、检察意见等形式,最后在"会签文件"中只明确了检察建议的监督方式。在2012年《民诉法》修改过程中,对于要否在民事诉讼法中明确规定检察建议的监督方式,最高人民法院的意见认为,"会签文件"第9条中规定的"检察建议"纯属法、检两家对改进工作的建议,不属于诉讼程序,故不应规定在《民诉法》中,若在《民诉法》中规定检察建议,将导致诉讼程序的混乱;"会签文件"第7条中规定的"再审检察建议",也属于法、检两家工作层面的沟通,不涉及当事人。人民法院在收到再审检察建议后,将审查结果书面回复检察院即可。且认为检察机关监督方式的增加,将彻底改

---

① 两高"会签文件"是经最高人民检察院与最高人民法院数次会商,认真探讨,七易其稿,最后在中央政法委协调下才于2011年3月10日正式下发。

变民事诉讼法的性质,只有本着适度、谦抑原则的检察监督才能维持民事诉讼平等进行。① 最终,立法机关支持了最高人民检察院的意见,在修改后的《民诉法》第 208 条和第 209 条增加规定了检察建议的监督方式。

根据新《民诉法》第 208 条、第 209 条的规定,检察建议包括再审检察建议和诉讼违法行为检察建议两种,再审检察建议又包括检察机关依职权的检察建议和依当事人申请的检察建议。2012 年《民诉法》第 208 条第 2 款规定了检察院依职权的再审检察建议,根据该款规定,再审检察建议是第 208 条第 1 款规定的检察院依职权抗诉制度的补充,在坚持上级检察院对下级法院生效裁判或损害国家利益、社会公共利益调解书提出抗诉,保留提请抗诉制度的同时,赋予了同级检察院提再审检察建议的监督方式。但是,从规范层面,再审检察建议并不具有独立适用于某些情形的空间,再审检察建议与抗诉的事由是一致的。而且,与抗诉的法律效力在于引起法院再审不同,再审检察建议的作用在于督促法院对原生效裁判和调解书进行审查,其存在的制度基础是民事诉讼关于法院依职权决定再审的规定,检察机关提出再审检察建议后,是否再审,由法院审查后依法决定。新《民诉法》第 208 条第 3 款规定了诉讼违法行为检察建议(有的称作一般检察建议)。根据该款规定,其针对的是审判人员的违法行为,性质上当属一种工作建议,这一规定同样来源于两高"会签文件"的相关规定。一般认为,其适用的范围包括不能通过启动再审程序予以纠正的法院违反法定程序的行为和在执行活动中的违法和不当情形,但具体如何操作,尚待司法实践进一步探索和总结。新《民诉法》第 209 条确立了"法院救济先行,检察监督断后"的模式,规定当事人只有在对原生效裁判和调解书表示不服,先向法院申请再审后,检察机关才能提出检察建议或抗诉,将"法院救济"作为一个前置程序,这样的制度设计主要是为了避免在实践中存在的多头申请再审、多头处理的问题。有观点认为,这种模式的积极效用还表现在:有利于提升法院申请再审案件的审查质量,有利于提高检察监督的质量和效果,有利于促进矛盾化解在基层、解决在当地。②

实践证明,依据修改前民事诉讼法抗诉监督不能到达的领域,恰恰存在诸多执法不严、司法不公的突出问题,如执行难、执行乱问题,虚假调解损害国家、社会公益和第三人利益问题。而检察实践创新出的检察建议方式,可以促使检察机关与审判机关进行积极的沟通,通过交流相互的意见和看法,促使法院自身的错误能够通过法院内部监督机制来纠正,实质上是将人民检察院的外部监督转

---

① 奚晓明:《〈中华人民共和国民事诉讼法〉修改条文理解与适用》,人民法院出版社 2012 年版,第 485 页。

② 江必新、孙祥壮、王朝辉:《新民事诉讼法审判监督程序讲座》,法律出版社 2012 年版,第 148 页。

化为法院内部的自我监督。相对于抗诉而言,检察建议方式较为灵活、温和,没有抗诉那么强的对抗性,有利于检、法两家的工作协调,缓和因抗诉方式引起的检察权与审判权之间的紧张关系。同时,因为检察建议减少了诉讼环节,有利于提高诉讼效率,符合诉讼经济原则。因此,检察建议方式在实践中受到了检察机关的青睐,在实践中得到了普遍运用,也取得了较好的效果。检察建议作为一种灵活的民事检察监督方式,在司法实践中发挥了积极的作用,具有很高的价值。但根据现在法律规定,特别是在规制虚假诉讼的实践中,该种监督方式也还存在局限性,主要的问题在于检察建议不具有诉讼法意义上的法律效力。《民诉法》新增规定检察建议作为一种监督方式,但并未就其效力作出规定。法律监督的效力具有一定的相对性和中间性,不具有绝对性、终局性。其效力主要是启动相应程序和督促有关部门对违法情况进行纠正。法律监督的程序性也决定了其是一种必然引起一定程序、被监督者不可避免必须作出法律规定的反应的权力。①检察院的抗诉必然引起再审程序,检察建议作为一种"柔性"监督方式,不必然引起再审程序,但应该必然引起法院的审查程序。在《民诉法》没有对该审查程序作出相应规定的情况下,在将来制定相关司法解释的时候,应该就对于检察建议法院如何审查处理、处理期限、处理结果及检察院对处理结果的异议保障等具体问题作出规定。否则,检察建议还是只能依靠检、法两家的沟通、协调来发挥作用,不能充分发挥其实际效用,不能实现《民诉法》规定检察建议的制度价值和目的。

五、虚假诉讼检察监督的完善建议

(一)事后监督为主,预防性监督为辅

民事检察监督的性质是对民事审判权的监督,其主要目的是纠正民事诉讼中的裁判不公和违法行为。既然是纠正,检察监督权的行使就必然是在法院裁判和调解书等生效后和违法情形出现后。对于生效裁判和调解书而言,应当是法院已经作出并发生效力,人民检察院的审查程序并不停止执行。另外,根据新《民诉法》第209条的规定,当事人向人民检察院申请抗诉或检察建议的,应当向法院申请之后,符合条件的才能向检察院申请;对于诉讼违法行为的监督而言,也应当是针对已经发生的违法行为,对正在进行的审判或诉讼活动,检察机关不应参与并进行同步监督。因此,事后性是民事检察监督的一个基本特征,检察机关对民事诉讼的监督主要是事后监督,而非预防性监督,应该"在监督环节优先适用当事人自己申请和审判机关自我纠错的机制,在穷尽审判监督救济渠道之

---

① 甄贞:《法律监督原论》,法律出版社2007年版,第27页。

后,再启动检察监督机制"[1]。事后监督是审判权独立行使的基本要求,因为如果允许检察机关在民事诉讼中可以随时介入诉讼,可能会损害到审判权或执行权的独立行使,导致检察权的不当扩张和滥用。但是,在虚假诉讼中,法院是受当事人欺骗的对象,对于当事人串通骗取法院裁判损害国家利益、社会公共利益或他人合法权益的诉讼行为,法院在诉讼中很难识别和发现,如果都只能等到事后通过再审程序来纠正错误的虚假裁判和调解书对受害人进行救济,既不利于对虚假诉讼损害利益的保护,也不利于预防、制裁虚假诉讼。对于虚假诉讼来说,事前或事中的预防性措施是必要的,这样才会对虚假诉讼当事人造成一定的威慑力,对其诉讼行为施以必要的约束,促使其诚信诉讼,避免虚假诉讼的发生或及时制止已经发生的虚假诉讼,避免后果的继续扩大,减少司法资源的持续浪费。在内部制约机制存在缺陷的情况下,来自外部的检察监督正好可以发挥这样的作用。当然,检察机关的预防性监督仍然要服从于民事诉讼基本规律和检察监督基本原则。具体来说,检察机关可以通过自己在侦办刑事案件过程中或其他途径获得的虚假诉讼信息,及时通报给法院和利害关系人,以启动相应程序阻止虚假诉讼。从客观上来看,虚假诉讼的案件也需要经过诉讼程序,在民事诉讼审理期限这一较长时间内,发现诉讼的虚假性也是存在可能的。对于检察机关而言,由于其可以接触较多的犯罪信息,这些大量的信息当中难免包含一些虚假诉讼的蛛丝马迹,这为检察机关预防虚假诉讼提供了一定的可能。此外,对于不能成为诉讼第三人的主体,在发现正在进行中的虚假诉讼可能损害其利益的情形下,由于根据现行法律,这些主体不能成为第三人,无法进行诉讼,他们可以求助于检察机关,向检察机关提供相关的信息使检察机关尽早介入或提醒人民法院关注其案件的虚假性提供了可能。以涉及改制过程的国有企业的虚假诉讼案件为例,虚假诉讼往往会影响这些企业内部工作人员的合法权益,但是这些工作人员根据民事诉讼法是无法以第三人的身份参加到诉讼中的,此时这些工作人员向检察机关进行举报,由检察机关对案件进行相关调查。检察机关一旦查实正在进行的诉讼有虚假诉讼、损害第三人利益的可能时,完全可以向人民法院发出检察建议,督促其注意案件的审理情况,从而达到预防虚假诉讼的目的。

(二)刚柔并济,监督方式多元化

检察机关依据法律及相关司法解释的规定,在不断探索和总结实践经验的基础上,形成了监督客体、监督方式、监督类型及监督目的多元化的监督格局,其核心内容是监督形式的多元化,即针对不同监督事项采取不同监督方式。抗诉是民事检察监督最主要、最基本的监督方式,2012 年《民诉法》新增了检察建议

---

[1] 郑新俭:《提高认识,把握重点,全面贯彻落实"两高"会签文件》,载《民事行政检察指导与研究(11)》,中国检察出版社 2012 年版,第 12 页。

的监督方式。除此两种法定的监督方式以外,实践中检察机关还创设了纠正违法通知书、检察意见、移送违法犯罪线索等多种监督方式。在对虚假诉讼进行检察监督时,不能单靠抗诉手段,还需要注意其他监督手段的运用和配合,才能发挥出检察监督的最大效能。具体来说,对于已经生效的虚假判决、裁定以及损害国家利益、社会公共利益的调解书,确有抗诉必要的,人民检察院应当采取刚性的监督方式,向人民法院提出抗诉;对于符合抗诉条件,但综合考虑当事人权益受影响程度、诉讼经济、生效裁判稳定等其他因素,没有抗诉必要的,以及不适宜以抗诉方式监督但应启动再审程序的案件(如虚假诉讼侵害他人合法权益或逃避执行的案件),人民检察院应当向人民法院提出再审检察建议;对于审判人员在诉讼中有滥用职权、贪污受贿、徇私舞弊等犯罪行为,应当依法提起公诉,对于民事诉讼中审判人员的一般违法行为,如,明知当事人相互串通、虚假诉讼,仍应当事人请求作出判决、裁定、调解,致使国家利益、社会公共利益或第三人利益受到损害的,或者明知当事人作虚假陈述,而不依法调查核实,致使另一方当事人或第三方利益受损的,人民检察院应当根据需要提出一般检察建议或者纠正违法通知。

除此之外,为了真正发挥检察监督多元化的作用,还应当对民事诉讼法进行两个方面的完善:一是将损害第三人合法利益的调解书,纳入监督范围;二是借鉴国外规定,规定检察机关提起民事公诉的监督方式。应该说,从我国现行法律规定来看,检察机关提起民事诉讼的确是没有明确的法律根据的,或者说是依据不足。依据我国现有法律规定,唯一可以作为检察机关提起民事诉讼的直接依据就是2012年新《刑事诉讼法》第99条关于刑事附带民事诉讼的规定①。2012年《民诉法》新增了公益诉讼的规定(第55条),但仍然没有明确规定检察机关为提起公益诉讼的主体,而是规定为"法律规定的机关和有关组织"。虽然认为检察机关可以作为公益诉讼主体的观点成了学界的有力说,但即使检察机关可以作为公益诉讼的主体,也不能说检察机关可以成为民事诉讼的主体,可以提起民事诉讼,因为公益诉讼与民事公诉是两个不同的概念,而且新《民诉法》第55条的案件范围仅限于环境污染案件和侵害众多消费者合法权益案件。针对虚假诉讼侵害国家利益、社会公共利益等其他众多案件类型,也应当允许检察机关以提起民事公诉的方式,维护国家利益和社会公共利益。

---

① 《中华人民共和国刑事诉讼法》第99条第2款:"如果是国家财产、集体财产遭受损失的,人民检察院在提起公诉的时候,可以提起附带民事诉讼。"

(三)规范运用、正确行使调查核实权

2012年《民诉法》为强化检察机关的监督手段,赋予了检察机关调查核实权①。通过调查,了解民事诉讼的真实情况,是民事检察监督的前提和基础,只有经过调查核实,检察机关才能判定是否符合法定的抗诉事由或提出检察建议的条件。但调查核实不同于调查取证,其主要是一种了解行为。实践中,调查一直是检察机关办理民事检察监督案件的主要行为方式之一。核实是以获取抗诉或提出检察建议必要信息为目的,了解与生效裁判、调解书有关的事实。因此,调查应当始终服务于提出抗诉或者检察建议的需要,不能超出此范围,更不能代替当事人收集证据,也不能将民事检察监督的调查权等同于侦查权。如果在调查过程中发现犯罪线索,民事检察部门应当移送犯罪线索给侦查部门,而不能自行边监督边侦查。但是,检察机关启动相应的法律程序,应当建立在一定的事实基础上,必要时,检察机关也可以调查取证,以调查获得的材料证明与民事诉讼合法性相关的事实,具体情形如:原生效裁判认定事实的主要证据可能是虚假或伪造的;原审中法院应当调查收集的证据而未调查收集,导致当事人的事实主张因证据不足而未被认定。如果没有相关的证据,可能导致无法确定是否具备提出抗诉或检察建议的事实或理由,造成符合抗诉条件的案件因无法查清案件事实而只能作出不抗诉处理,或者在案件事实未完全查清的情况下提出抗诉,最终抗诉错误。

实践中常用的调查核实方式主要有:调阅案件卷宗②,向案外人核实相关情况,向有关单位和组织调取证据,询问双方当事人和证人。

当事人的诉讼是否属于虚假诉讼,需要检察机关调查核实。能否做到充分、合理地行使调查权关系到虚假诉讼检察监督的实效,合理地使用民事诉讼法赋予的调查权,可以与民事抗诉、检察建议等监督手段相互配合、形成合力。对于存在虚假诉讼可能的民事案件,检察机关启动调查程序的条件,在实践中的做法并不一致。依当前检察机关民事检察部门人力物力的现实条件,将所有存在虚假诉讼可能的案件都纳入调查范围的做法是无法达到的。笔者认为,针对有虚假诉讼嫌疑的案件,检察机关可以依申请启动调查程序的情形包括:第一,申诉

---

① 2012年《民事诉讼法》第210条:"人民检察院因履行法律监督职责提出检察建议或者抗诉的需要,可以向当事人或者案外人调查核实有关情况。"

② 2012年民事诉讼法修改对于是否规定人民检察院的"阅卷权"问题经历了一个曲折的起落过程:第一审议稿中规定人民检察院因提出再审检察建议或者抗诉的需要,可以"查阅"人民法院的卷宗,第二次审议稿在查阅诉讼卷宗的基础上进一步修改为可以"调阅"诉讼卷宗,最终的修改决定,删除了检察院调取法院诉讼卷宗的规定,只保留了"调查核实权"的规定(新《民诉法》第210条)。这一过程实际上就是两高在此问题上的一个博弈过程。司法实践中,检察院的阅卷也是通过与法院的对话协商方式实现的。

人提出申请或者检察机关通知利益相关的第三人后,该第三人提出申请;第二,需要检察机关调查核实的申请人无法自行收集的证据。而对于涉及国家利益、社会公共利益事项的,检察机关可以依职权调查核实。

除了上述几项建议外,对于律师策划、参与或审判人员纵容、包庇等帮助当事人虚假诉讼的违法行为,涉嫌犯罪的,检察机关应当依法启动程序追究相应人员的法律责任。不构成犯罪的,检察机关可以向人民法院或司法行政机关书面建议对相关人员,按照《法官法》、《律师法》及法官行为规范、律师执业规范等相关规定,依法进行处理。

比较法视野下的民事拘传制度

■周洪江*

摘　要　对于民事诉讼中被告人可以进行拘传,这是极具中国特色的一项制度。我国现行的民事拘传制度,理念上秉承和体现了事实探知绝对化这一职权主义诉讼模式、实事求是这一基本政治理念,最终导致了证据裁判原则的虚置。通过域外立法的考察与比对,我国现行民事拘传制度应该从适用的对象、采用的诉讼文书、程序的救济等几个角度予以完善。

关键词　民事诉讼　拘传　比对　完善

引　言

我国民事诉讼强制措施中对于被告可采取拘传这一规定,是极具中国特色的一项制度。因为民事拘传作为一项强制性出庭措施,其关涉被告人的人身权,伴随着当下诉讼程序理念的更新,尤其是程序保障观理论研究的日渐深入,本文通过我国民事拘传与域外类似制度的比对考察,以期对我国民事拘传制度的完善提供裨益和借鉴。民事诉讼内涵有广义和狭义之界分,本文的讨论定位于狭义民事诉讼的视域,即辩论主义和处分主义主导下的民事争讼程序,对于诉讼法理不同的执行程序以及与域外独立运行的家事诉讼程序拘传问题不做讨论和比对。

一、我国民事拘传制度的现有立法

民事拘传是人民法院对必须到庭的被告,经两次合法传唤,无正当理由拒不到庭的,采取的强制到庭参加诉讼活动的一种措施。它是我国《民事诉讼法(试行)》对妨害民事诉讼的行为规定的五种强制措施之一,是一种较严厉的民事强制措施。适用时,必须严格遵守法律规定的条件和程序。根据《民事诉讼法(试行)》第 76 条的规定,适用民事拘传,必须遵守三个条件:(1)应当是"必须到庭的被告";(2)必须是经过了两次合法传唤;(3)被告经人民法院两次合法传唤仍拒

---

* 周洪江,清华大学民事诉讼法学专业 2012 级博士研究生、鲁东大学法学院讲师。

不到庭,又提不出正当的理由来说明自己拒不到庭的原因的。何谓"必须到庭的被告"主要是指以下三类:(1)负有赡养、扶养、抚育义务的被告;(2)给国家、集体或他人造成损害的未成年人被告的法定代理人和某些被告单位的法定代表人;(3)如不到庭,就不易或无法查清案情事实、分清是非责任的被告。① 1982年《民事诉讼法(试行)》还进一步规范了民事拘传的程序:(1)报请院长批准的程序。(2)交付司法警察的程序。

我国1991年《民事诉讼法》(以下简称《民诉法》)关于拘传之规定,基本全部沿袭了1982年《民诉法(试行)》之规定,1991年《民诉法》虽然经历2007年、2012年两次较大修改,但是拘传制度并没有变化。现行《民诉法》第109条及1992年最高人民法院《关于适用〈中华人民共和国民事诉讼法〉若干问题的意见》(以下简称《民诉意见》)第112条、第113条规定了民事强制措施的适用条件。

其中《民诉法》第109条规定:"人民法院对必须到庭的被告,经两次传票传唤,无正当理由拒不到庭的,可以拘传。"1992年《民诉意见》第112条规定"民事诉讼法第一百条(即现行第109条)规定的必须到庭的被告,是指负有赡养、抚育、扶养义务和不到庭就无法查清案情的被告。是指给国家、集体或他人造成损害的未成年人的法定代理人,如其必须到庭,经两次传票传唤无正当理由拒不到庭的,也可以适用拘传"。第113条规定:"拘传必须用拘传票,并直接送达被拘传人;在拘传前,应向被拘传人说明拒不到庭的后果,经批评教育仍拒不到庭的,可拘传其到庭。"现行《民诉法》第116条规定了民事强制措施的适用及救济:"拘传、罚款、拘留必须经院长批准。拘传应当发拘传票。罚款、拘留应当用决定书。对决定不服的,可以向上一级人民法院申请复议一次。复议期间不停止执行。"第117条规定:"采取对妨害民事诉讼的强制措施必须由人民法院决定……"

以上分析不难看出,我国现行民事拘传这一强制措施有如下几个特点:第一,适用对象为特定被告(特定与否的判断标准在于其不到庭是否可以查清案件事实),不包括原告、证人和鉴定人;第二,拘传是法院依职权对于被告所采取的单向强制性行为,并不以对方当事人申请和双方当事人的诉辩为适用前提,拘传这一强制措施的适用决定权在人民法院,而非审判长或者独任法官;第三,拘传与其他民事强制措施适用并无关联性,传唤不是我国民事强制措施的一类,而罚款不是拘传适用的前置性条件,亦即被告不到庭不是对其先进行罚款,罚款后仍不到庭才对其拘传,而是特定类型被告不到庭法院直接可以拘传之;第四,拘传适用的裁判文书并未明确化,仅仅表述为"传票",传票是决定书还是裁定书语焉不详;第五,对于拘传的救济方式立法没有作出明确界定《民诉法》第116条第3

---

① 谭卓明:《民事拘传的条件和程序》,载《人民司法》1987年第11期。

款只是规定:对于罚款和拘留采用决定,对于决定可以向上级法院复议);第六,被告在被采取强制拘传的时候,因为不存在任何救济性措施,因此不存在停止执行拘传的问题。

二、我国民事拘传制度的建构理念

1.事实探知的绝对化

诉讼证明的过程是事实认定者对于案件事实进行认知的一个过程,"证明的过程要受到时间和空间的限制,要受法律程序和证据规则等的调整和制约,这就决定了很多情况下证明结果无法达到与案件客观事实完全一致的程度,诉讼证明具有相对性"[1]。我国现行《民诉法》第2条规定:"中华人民共和国民事诉讼法的任务,是……保证人民法院查明事实……"第7条规定:"人民法院审理民事案件,必须以事实为根据,以法律为准绳。"这种"查清事实"观导致了我国民事诉讼法的严重异化,导致司法实践中错误的理解和执行即是:裁判的作出必须在查清事实、分清是非的基础上进行,甚至诉讼中的调解坚持三原则之一竟然也是"查清事实、分清是非",这样的理念指导下导致的必然结果就是:法院基于查清事实之需要无限介入民事诉讼的事实认定中,最终民诉的模式体现出浓厚的职权主义色彩。在事实无法查清的情况下,强迫当事人和解[2]或者久拖不决。这是对于司法权本质认识的严重异化,诚如富勒所言:"对抗性的展示方式似乎是唯一快速、有效地与人类进行判断的自然倾向进行抗衡的方式。"[3]司法权是建立在原被告对抗基础上的判断权,而非主动探知权。

清华大学的张卫平教授评论拘传制度作了如是说"事实探知的绝对化是我国民事审判的一种基本理念。这一理念与民事诉讼的特性和民事诉讼的客观实际形成了错位,并与民事诉讼法中设置的某些制度形成了紧张关系。要使民事审判理念与民事诉讼的特性和民事诉讼客观实际具有一致性……消解民事诉讼中事实探知的绝对化和主动性倾向","拘传制度就是事实探知绝对化的理念的体现"。[4]

2.证据裁判原则的虚置

对被告可以进行拘传并规定于民事强制措施中,是非常具有中国特色的一

---

[1] 江伟、傅郁林主编:《民事诉讼法学》,北京大学出版社2012年版,第193页。

[2] 南京彭宇案二审由于事实无法查清,法院即采用了这种"做工作"式的方式,最终促使了当事人和解结案,而原本该案件可以通过证据裁判、证明责任承担予以判决。

[3] 韩波:《司法的应为之相:重读富勒司法理论》,载《中国政法大学学报》2010年第1期。

[4] 张卫平:《事实探知:绝对化倾向及其消解——对一种民事审判理念的自省》,载《法学研究》2001年第4期。

项制度。换言之,世界法治发达国家民事强制措施没有因事实无法查明而拘传被告的有关规定。我国现行《民诉法》第 109 条规定:"人民法院对必须到庭的被告,经两次传票传唤,无正当理由拒不到庭的,可以拘传。"拘传的前提是被拘传者"不到庭,不能查清案件事实",这也就意味着裁判的确立,必须建立在事实查清的基础上。换言之,这也就意味着我国民事诉讼中证明责任裁判法法理的缺失,或者是虚置。① 被告未有正当理由不到庭是懈怠行使诉讼权利的行为,法院采取强制措施令其出庭体现了我国民事诉讼法较强的职权主义、职权探知主义的色彩。

从比较法的视域考察,对于被告无正当理由拒不到庭,主要有以下几种典型性立法例:法国《民诉法》第 471 条、第 472 条、第 473 条、第 474 条规定了被告不出庭的具体适用方式:② 如果因为法院传票未予送达被告人本人,由原告提议或者法官依职权作出裁定,再次传唤要求被告出庭;经合法传唤被告不出庭,法院仍然可以进行实体裁判,这种裁判不必然属于缺席判决,也并不必然判决原告胜诉,原告是否能够胜诉,法官要审查判断其提出的诉讼请求是否符合规定、是否可予受理以及理由是否充分;只有被告不出庭,判决又是终审判决以及法院传票未能送达被告本人时所作出的判决才视为缺席判决,否则其余情况均是对席判决。根据《美国联邦民事诉讼规则》第 55 条第 1 款的规定:"被请求积极的救济判决的当事人,不应诉……并且以上事实已被宣誓陈述书或其他方法所明确时,书记官应登记该当事人为缺席。"该条第 2 款接着规定:"当原告对被告请求一定数额或者通过计算可以确定的金额,如果被告因为不应诉被登记为缺席……书记官根据原告的请求……登记被告承担请求的数额和诉讼费用的判决。"③学理上将美国这种规定概括为"不应诉判决",这种判决对于不应诉方而言具有一定的惩罚性。英国《民诉法》第 12 章专门规定了被告缺席情形下的判决,做法与美国类似,即法院支持原告的诉请,判令缺席方败诉。④ 韩国"自 2008 年 12 月 26 日通过民诉法的修改后,诉讼程序的中心由辩论准备程序改为辩论期日",在辩论期日被告不出庭,法院可直接作出"无辩论判决",判决原告胜诉,⑤但基于"对审原则"(公平审判原则),当事人因"不归己的事由未出庭辩论或因诉讼代理人

---

① 宋朝武主编:《民事诉讼法学》,中国政法大学出版社 2008 年版,第 265 页。
② 罗结珍:《法国新民事诉讼法典》(上下册),法律出版社 2008 年版,第 483~486 页。
③ 白绿铉、卞建林译:《美国联邦民事诉讼规则 证据规则》,中国法制出版社 2001 年版,第 95 页。
④ 法条参见《英国民事诉讼规则》,徐昕译,中国法制出版社 2001 年版,第 54~61 页及徐昕:《英国民事诉讼与民事司法改革》,中国政法大学出版社 2001 年版,第 146~147 页。
⑤ [韩]孙汉琦:《韩国民事诉讼法导论》,陈刚审译,中国法制出版社 2010 年版,第 163 页。

未出庭辩论而引致败诉的……法律允许当事人通过上诉或再审获得救济"。①

通过域外考察,被告缺席可对被告作出不诉裁判这是各国的通识,只是被告缺席后再根据被告缺席是否有正当理由而法律决定是否赋予缺席方以上诉权或者再审诉权即可,完全没有必要对于被告实施拘传。

3. "实事求是"意识形态的反应

实事求是是客观唯物主义的基本要求,但如果诉讼中泛哲学化,以哲学理念直接指导民事诉讼立法与实践,要求每个个案必须查清事实则是错误的。应该注意哲学与法律是两套话语体系,法律制度考虑成本,讲究个案的横平,而哲学具有高度抽象性,抽象化容易导致不区分具体情况的"一刀切",这种一刀切主要体现为诉讼中不区分案件情况,笼统的要求就是"查清事实,分清是非",这也是我国现行民诉法追求的目的之一。但是查清事实并未作为我国民诉法的一项基本原则,因为"查清事实"仅仅是意识形态的要求,或者说是一种政治性要求,意识形态决定了民事诉讼具体制度的建构。"政治理念的预设对特有民事诉讼体制的形成有主观作用","政治意识和理念有时作为一种高度提炼的政治口号……进一步成为人们行为的指南和要求,不仅在政治工作中应该得到反应,而且在审判程序中也应当予以执行","在我国,法官的裁判行为实际一直被认为与政治事务……处理是一样……"②

高度抽象意识形态建构下的具体法律制度本身这种建构过程就是错误的,因为只有商业和社会发展才最终决定了法律制度的建构。在法律制度的建构与进化的争论中,哈耶克给出了我们清晰的答案"在这个过程中(指法律制度的产生),一些惯例一开始是出于其他的原因而被采纳的,甚或完全是出于偶然的缘故而被采纳的;反而这些惯例之所以得到维续,乃是因为它们使它们产生于其间的那个群体胜过了其他群体","这种观点(法律制度是自我进化而非建构)自古以来就一直以一种缓慢且渐进的方式不断发展着,但是在它的发展过程中,一度几乎被那种更具迷惑力的建构观点所完全淹没"。③ 法律制度的建构是自然而然生成的,法律不应该反应意识形态,或者说法律的意识形态化较淡,法律并不反映某一种唯一的意识形态,而我国恰恰是通过意识形态来决定法律制度的具体建构,这就是泛政治化、庸俗哲学化。

---

① [韩]孙汉琦:《韩国民事诉讼法导论》,陈刚审译,中国法制出版社2010年版,第163页。
② 张卫平:《转换的逻辑——民事诉讼体制转型分析》(修订版),法律出版社2007年版,第178页。
③ [英]弗里德里希·冯·哈耶克:《法律、立法与自由》(第1卷),邓正来等译,中国大百科全书出版社2000年版,第4~5页。

三、民事拘传制度的域外比对

法国不存在民事拘传这样的强制措施,证人如果不出庭主要采用罚款的方式予以惩戒,具体体现为法国《民诉法》第 207 条第 2 款的规定:对于不出庭的证人以及无正当理由拒绝作证,得科处最高 3000 欧元的罚款。(2005 年 12 月 28 日第 2005—1678 号法令,自 2006 年 3 月 1 日起实施);①英美法系两大代表性国度英国和美国也没有拘传制度,代之以藐视法庭来对证人无理由拒不出庭以威慑。在英国如果证人接到证人传唤令状而未有正当理由拒绝出庭的,则可以根据 1965 年《刑事诉讼法》第 3 条第 1 款之规定,将视为藐视审判法院并接受相应的惩罚。②《美国联邦民事诉讼规则》第 45 条第 5 款规定(藐视法庭罪),任何人没有足够的理由而未遵守已送达的传票(拒绝参与庭审活动),可以被视为对发出传票法院的藐视。③ 域外与我国存在类似拘传制度的代表性国家和地区主要是德国、日本、韩国以及我国的台湾地区。

(一)德国④

德国《民诉法》第 380 条规定了证人不到场的后果,一共有三款规定:经合法传唤不到场的证人,可以不经申请而命其负担因不到场而生的费用。同时可以对他处以罚款,不纳罚款时,对他科以 6 周以下的拘留;如证人再次不到场,可再次处罚,也可以命令拘传证人;对此项处罚裁定(被采取强制措施的证人)可以提起具有延缓效力的抗告(德国《民诉法》第 380 条第 3 款、第 570 条第 1 款)。⑤

第 390 条规定的为强制证人作证制度,一共有三款规定,即证人并未提出理由,或者经宣誓确定其理由不充分时,而仍拒绝作证或拒绝履行宣誓手续,即可不经过申请,命证人负担因其拒绝而生的诉讼费用。同时对证人处以罚款,不能缴纳罚款时,处以 6 周以下拘留;证人再次拒作证时,依申请,命令拘留之,以强制其作证,但不得超过在该审级中诉讼终结之时刻。强制执行程序中关于拘留的规定于此准用;对此项裁定,可以提起抗告。⑥

---

① 罗结珍:《法学新民事诉讼法典》(上下册),法律出版社 2008 年版,第 307 页。
② 齐树洁主编:《英国证据法》,厦门大学出版社 2002 年版,第 250 页。
③ 白绿铉、卞建林:《美国联邦民事诉讼规则、证据规则》,中国法制出版社 2001 年版,第 85 页。
④ 法条参阅自:《德意志联邦共和国民事诉讼法》,谢怀栻译,中国法制出版社 2001 年版。
⑤ [德]罗森贝克、施瓦布、戈特瓦尔德:《德国民事诉讼法》,李大雪译,中国法制出版社 2007 年版,第 895 页。
⑥ [德]罗森贝克、施瓦布、戈特瓦尔德:《德国民事诉讼法》,李大雪译,中国法制出版社 2007 年版,第 902 页。

第 409 条规定了鉴定人不到场或者拒绝的结果,一共有两款,即鉴定人不到场或拒绝从事他有义务应该从事的鉴定工作,或者鉴定人留下有关文件或其他资料的,应负担由此而生的费用。同时对他处以罚款。再次违犯的,可以再一次处以罚款;对于此项裁定可以提起抗告。第 411 条第 3 款规定了鉴定书制作过程中,为了对鉴定书加以解释,法院可以命令鉴定人到场。由于德国民诉法关于鉴定人总括性的规定,即第 402 条规定"关于人证的规定适用于鉴定",因此鉴定人如果不到场,可以对其罚款;不纳罚款时,可以拘留;再次不到场可以命令拘传鉴定人。对此项裁定,鉴定人可以抗告。①

通过以上分析不难发现,德国民事诉讼中的拘传有四个特点:第一,针对对象是证人和鉴定人;第二,拘传采用的文书为裁定书;第三,对于证人或者鉴定人的不到庭处罚,罚款是拘传的前置程序,只有经过罚款仍然拒绝到庭,始得以适用拘传;第四,对于拘传的裁定,允许提出具有延缓效力的抗告。

(二)日本

日本《民诉法》第 190 条规定,服从于日本裁判权的人有作证的义务。同时第 194 条规定,对于没有正当的理由而不出庭的证人,由于证人具有不可替代性,因此法院可以强制证人到庭,即拘传。② 日本《民诉法》第 216 条规定了鉴定的方式原则上准用证人询问的方法,鉴定义务和作证义务属于公法上的一般性义务,具体而言包括出庭、宣誓、陈述意见(报告鉴定意见)的义务。在受到法庭传唤而非因正当理由拒绝出庭的时候,准用证人询问的规定,即可以罚款和刑事制裁,但并不准用拘传的规定(第 194 条)。原因在于日本民诉法中鉴定人不同于证人,鉴定人为证据方法之报告者,是裁判官即法官的助手;而证人为证据方法,因此证人是当事人的证人,而非国家之证人。总的说来,"在日本民事诉讼中,与证人更可能具有倾向性甚或偏袒某一方面当事人的潜在危险相对而言,鉴定人原则上被期待保持不偏不倚的中立性立场……"③

对于强制证人出庭的方法,日本民诉法规定,无正当理由不出庭者,法院可以依职权决定对于证人处以罚款;罚款后仍然不出庭者,可以再次罚款或者拘传其到庭,对此决定可以抗告;若证人提出此抗告,必须停止其决定之执行。④

---

① [德]罗森贝克、施瓦布、戈特瓦尔德:《德国民事诉讼法》,李大雪译,中国法制出版社 2007 年版,第 918 页。

② [日]高桥宏志:《重点讲义民事诉讼法》,张卫平、许可译,法律出版社 2007 年版,第 81~84 页。

③ [日]高桥宏志:《重点讲义民事诉讼法》,张卫平、许可译,法律出版社 2007 年版,第 96 页。

④ [日]高木丰三:《日本民事诉讼法论纲》,陈与年译,中国政法大学出版社 2006 年版,第 289 页。

从上述分析可以看出,日本的拘传制度是法院依职权采取的行为,并不需要当事人申请为之;采取的拘传仅适用于证人,不适用于鉴定人和当事人;对于证人的不到庭处罚,罚款是拘传的前置程序;对于拘传之文书允许证人抗告;抗告提起要停止原决定之执行。

(三)韩国

韩国《民诉法》规定:受韩国审判权管辖的自然人均有作为证人的义务(第303条)。依照韩国《民诉法》的规定,证人收到期日通知后有义务在指定期日出席指定场所。证人在指定期日不能出庭的,应当向法院申告其不能出庭的理由,不申告理由的,法院可以认定其不出庭无正当理由,并依据法律规定作出处罚。若法院实施辩论准备程序,并通过该程序完成了其他证据调查的(如书证调查等),可以在辩论期日只进行证人询问或当事人询问,并就此终结辩论。因此证人是否出席将决定着辩论能否如期结束。为了确保证人出席,在证人无正当理由不出席时,应当加强对其的处罚措施。为此,韩国《民诉法》规定,证人首次无正当理由不出庭的,法院可以裁定命令证人负担本案的诉讼费用并处以 500 万韩元以下的罚金。此后若证人仍不出庭作证,则可以对其实施拘留(韩国法上的拘留,是一种拘束人身方法,但不需要检察方的申请,而由法院单独决定)7 天的强制措施。证人被处以拘留处罚后,根据作出此裁判的审判长之命令,由法院公务员或法警将证人送到警察局的留置场、教导所或拘留所。接受拘留处罚的证人在拘留期间作出证言的,法院应该立即撤回拘留裁定(韩国《民诉法》第 311 条第 2 款至第 9 款),在证人无正当理由不出席时,法院可以根据刑事诉讼法的规定进行拘传(韩国《民诉法》第 312 条)。①

韩国民诉法证据中亦有鉴定人之规定,其《民诉法》第 333 条规定:鉴定人的主要义务有出席义务、宣誓义务、报告鉴定义务等。鉴定人若违反这些义务时,准用证人违反义务时的制裁规定。此外,韩国民诉法所规定的书证这一证据形式中,有文书提出命令的规定。对于不提出文书或毁损文书的行为制裁方面,韩国《民诉法》第 351 条规定:可以对第三人处以 500 万韩元以下的罚金。② 韩国《民诉法》第 366 条第 2 款规定:第三者违反勘验义务的,可以处以 200 万韩元以下罚金。对于讯问当事人,仅限于法官根据其他证据方法不能形成心证时,依当事人申请或依职权为之。换言之,将当事人本人作为证据方法,只是一种补充性而不是独立性的证据方法。根据韩国《民诉法》第 373 条之规定,接受讯问的当

---

① [韩]孙汉琦:《韩国民事诉讼法导论》,陈刚审译,中国法制出版社 2010 年版,第 240~242 页。

② [韩]孙汉琦:《韩国民事诉讼法导论》,陈刚审译,中国法制出版社 2010 年版,第 247 页。

事人宣誓后即使做虚假陈述,也不给予刑事(伪证罪)处罚,仅给予经济制裁(500万韩元以下)。①

通过上述分析不难看出,韩国民事诉讼中的拘传措施,适用对象主要针对的是证人和鉴定人;对于证人或者鉴定人的不到庭处罚,罚款是拘传的前置程序;采取的诉讼文书为裁定;为法院依职权所作出的行为。韩国民事诉讼法并没有明确规定对于拘传这类裁定的救济程序。

(四)俄罗斯

《俄罗斯联邦民事诉讼法典》第 168 条第 1 款规定:"如果证人、鉴定人、专家、翻译人员不到庭,法院应听取案件参加人的意见,有无可能在证人、鉴定人、专家、翻译人员不出庭的情况下审理案件,并作出关于继续审理案件或延期审理案件的裁定。"第 2 款规定:"如果被传唤的证人、鉴定人、专家、翻译人员由于法庭认为不正当的原因未到庭,对他们可以处以数额为联邦法律规定的最低劳动报酬额十倍以下的罚金。证人无正当理由再次不到庭的,可以进行拘传。"②俄罗斯联邦民事诉讼法典中有一项别具特色的强制措施,即诉讼罚金制度。诉讼罚金与一方当事人赔偿另外一方当事人的律师援助费、律师代理费及因滥诉所遭受的损失不同,它是对违反俄罗斯民事诉讼法所规定的义务人的一种经济处罚。③《俄罗斯联邦民事诉讼法典》第 224 条第 1 款规定:"第一审法院对案件不进行实体审理的裁判,以裁定形式作出……"结合《俄罗斯联邦民事诉讼法典》第 336 条之规定:"除和解法官的判决外,对俄罗斯联邦所有法院作出的一审判决,当事人和案件其他参加人均可以提出上诉……"④

综合现有视野下俄罗斯关于拘传制度的特点,可以概括为如下几个方面:第一,拘传适用的对象仅限于证人,不针对当事人和鉴定人;第二,采取的诉讼文书为裁定书;第三,对于未有正当理由拒绝出庭的证人处以罚金是适用拘传的前置性条件;第四,俄罗斯民诉法法典对于拘传并没有规定救济程序。

---

① [韩]孙汉琦:《韩国民事诉讼法导论》,陈刚审译,中国法制出版社 2010 年版,第 261~263 页。
② 《俄罗斯联邦民事诉讼法典》,黄道秀译,中国人民公安大学出版社 2003 年版,第 114~115 页。
③ 张家慧:《俄罗斯民事诉讼法研究》,法律出版社 2004 年版,第 233 页。
④ 黄道秀:《俄罗斯联邦民事诉讼法典》,中国人民公安大学出版社 2003 年版,第 218 页。

(五)台湾地区[①]

对证人违反证据义务的制裁。从我国台湾地区"民事诉讼法"第303条的规定看,该法条共计四款,证人违背到场义务对证人的制裁主要体现为:分别规定证人受合法通知而无正当理由不到场的,法院得以裁定科处新台币3万元以下的罚款;如果证人因患病或天灾以及其他不可避免的事故不能到场,则不能认为无正当理由而予以制裁;证人在被制裁后,经再次通知后仍不到场的,法院可再裁定科处新台币6万元以下的罚款,并可以予以拘提;拘提证人,准用刑事诉讼法关于拘提被告之规定;对证人所处以的罚款的裁定,可以抗告,且抗告中要停止的执行。

而根据我国台湾地区"刑事诉讼法"第178条共作了三款规定:"证人经合法传唤,无正当理由而不到场者,得科以新台币三万元以下之罚款,并得拘提之;再传不到者,亦同。前项科罚款之处分,由法院裁定之。检察官为传唤者,应声请该管法院裁定之。对于前项裁定,得提起抗告。"[②]

根据我国台湾地区"民事诉讼法"第329条之规定:"鉴定人不得拘提。"

分析台湾地区民事拘传(拘提)制度不难发现其有如下几个特点:拘传措施适用对象主要针对的是证人,不包括鉴定人和当事人;对于证人不到庭处罚,罚款是拘传的前置程序;为(刑事)法院依职权所作出的行为;民事诉讼法中的拘传这类裁定可以采用刑事抗告来予以救济。

四、我国拘传制度的完善

通过域外比对不难发现,对于民事诉讼中被告人采用拘传手段是我国民事诉讼法特有的一项强制措施。我国民事诉讼法所规定的必须到庭的被告是指追索赡养费等特定案件中的被告,以及不到庭就无法查明案件事实的被告。我们认为,被告不到庭是其懈怠行使诉讼权利的行为,法院采取强制措施令其出庭,实质上也体现了我国民事诉讼中较强的法院职权色彩。而以不到庭就无法查明案件事实为理由对被告采取拘传这一强制措施,则反映了证明责任法理在我国民事诉讼中的缺失、实事求是这一政治性理念直接决定民事诉讼具体制度的建构。基于如上一些考虑,笔者主张从以下方面完善我国的民事拘传制度。

---

① 台湾地区"民事诉讼法"法条(2003年2月7日修正),具体参阅中国诉讼法律网:http://www.procedurallaw.cn/gatf/xgfl/200807/t20080724_40618.html,最后登录时间:2014年6月2日。

② 台湾地区"刑事诉讼法"法条(2003年2月7日修正),具体参阅 http://www.360doc.com/content/11/1002/14/1852323_152805834.shtml,最后登录时间为:2014年6月2日。

1. 针对对象方面,民事拘传对象应该限于证人与鉴定人

在大陆法系国家,基于直接言词原则,证人出庭作证是一项公法义务。日本《民事诉讼法》规定证人负有出庭作证义务,"凡传唤之证人,皆须投到传唤之受诉法院或受命推事前,此原则也"。① 法国《民法典》第10条也规定:"任何人均有义务为司法提供协助,以查明事实真相。"②民事诉讼中证人出庭作证是证人负担的一项公法上的义务。证人不出庭不是对于自己诉讼权利的处分,而是对于公法或者对于其对国家承担义务的违反,应该对其拘传,这也是世界各国拘传制度存在的基本依据。这也可以有效缓解我国民事诉讼中的证人出庭作证难问题。

对于鉴定人是否可以采用拘传世界各国立法例存在差异,日本和我国台湾地区对于鉴定人不可以采用拘传,原因主要是对于鉴定人性质和地位的一种认识:鉴定人为证据方法之报告者,是裁判官即法官的助手。而在我国,2012年民事诉讼法修订时将"鉴定结论"改为"鉴定意见",更为准确地体现了我国民事诉讼中鉴定人的地位:鉴定意见是一种证据,而非案件的最终结论,虽然鉴定人在有关专业领域相对于普通人占有智能和学识上的优势,使得其鉴定意见具有了较高的权威性,但是这些都不足以使鉴定意见获得与裁判者作出的事实认定同样终局性的效力。在我国现行立法模式之下,鉴定人的存在是为了充分保障双方当事人的利益,现行《民诉法》第78条亦明确规定了鉴定人的出庭作证义务,目的在于鉴定意见的充分阐述,有利于法官兼听则明,鉴定人是诉讼当事人的助手,而非"法官助手"。因此我们主张:应采用德国、韩国立法模式,对于鉴定人可以采用拘传强制其到庭,目的在于充分保障当事人诉讼权利的行使。

在对于未有正当理由而拒绝出庭的证人、鉴定人适用拘传这一强制措施时,应该借鉴吸收德国、韩国、日本、俄罗斯、我国台湾地区的通行做法:先对证人或者鉴定人科以一定数额的罚款,此种罚款的适用不能免除证人、鉴定人出庭之义务,罚款的具体数额可以结合当下的司法政策以及具体的司法实践再行论证;对于罚款后仍然拒绝出庭者,可拘传其强制到庭。罚款应该是拘传适用的前置程序,法理依据在于:既然拘传只是诉讼保障程序,强制措施的运用当然应该体现程序的比例原则,即行为人违反程序的严重程度与法院采取的强制措施二者之间具有对应关系。罚款是经济制裁与威慑,拘传关涉人身,因此拘传这一强制措施的运用,应该是罚款不足以起到威慑作用时采取的进一步的强制措施,二者应该是递进关系。

---

① [日]松岗正义:《民事证据论》,张知本译,中国政法大学出版社2004年版,第152页。
② 何家弘、张卫平主编:《外国证据法选译》(上册),人民法院出版社2000年版,第417页。

2.明确拘传适用的裁判文书:裁定书

我国现行立法对于拘传适用的法律文书并没有明确界定,仅仅采用传票,现行《民诉法》第116条第2款、第3款规定了民事强制措施的适用及救济,即:"拘传应当发拘传票。罚款、拘留应当用决定书。"但是传票从裁判文书的类型这一角度,属于哪一类却未知可否。举重以明轻,拘留用决定书,拘传只要院长批准作出决定即可,只是这种决定并不需要单独作出一个决定书,仅仅需要院长签发传票即可。从这个角度理解,现行立法是将传票归属到决定书这一类裁判文书之中的。

在日本,裁判一词的广义是指由法官组成的审判机关表示的判断或意见在诉讼法上产生效力的法律行为。裁判不仅限于终局判决,以裁判形式进行的还有附属于诉讼审判事项的判断、诉讼指挥的处分等。根据裁判的主体及成立程序不同,裁判可以分为三类:判决、裁定、命令。从主体来说,判决和裁定是法院(合议审判时是合议庭)的裁判,而命令是审判长、受命法官、受托法官等法官以特殊资格作出的裁判。在独任审判的情况下,法官一个人虽然兼有法院和审判长的权限,但按照合议庭的规定分别适用裁判的具体形式。从成立的程序来说,判决特别郑重,而裁定和命令则简便。作出判决应根据口头辩论,而裁定及命令是否要经过口头辩论程序是任意的。① 在我国,拘传是由人民法院作出的,并且是法院依职权单方作出的,并不以双方当事人的言词辩论为前提,因此从这个意义上而言,我们的拘传适用文书应准用日本民诉法中的裁定这一文书应当无任何疑义。

但裁定和决定的区别,按照目前我国学界的通说是:裁定是指人民法院对于民事诉讼和执行程序中程序问题以及个别实体问题所作出的权威性判定。程序性问题是指不直接涉及实体权利义务的问题。裁定主要用于解决程序问题。决定是指人民法院对诉讼中某些特殊事项作出的权威性判定。② 对妨害民事诉讼的人采取的强制措施是决定的适用范围之一,决定一经送达或作出,便立即发生法律效力。对于可以申请复议的决定,即使当事人已经申请复议也不影响该决定法律效力的发生。至于什么是既非实体也非程序的事项,其与程序性事项的界限在哪里这些并不清晰。"民事决定与民事裁定适用对象的差异,是从民事诉讼法和民事诉讼实践来加以归纳的,两者很难在本质上明显加以区别。"③因此我们认为,民事诉讼过程中所出现的问题无非包括实体性和程序性两大类,至多还有实体和程序相结合的某类杂糅问题,绝不存在既非实体也非程序的事项。

---

① [日]兼子一、竹下守夫:《民事诉讼法》,白绿铉译,法律出版社1995年版,第144页。
② 江伟主编:《民事诉讼法》(第4版),高等教育出版社2013年版,第368、371页。
③ 张卫平:《民事诉讼法》,中国人民大学出版社2011年版,第267页。

决定适用于诉讼中特殊事项的说法,实际上是创造概念式提法,这种含混其词的立法表述存在的最大问题是对于被侵害程序性利益者的权利维护无从谈起。现行法所规定的决定这一裁判方式实际上仍主要用于解决程序性问题,现行立法关于决定之规定与裁定相比,其特异性不够明显和独立,且数量很少,并且这极少数决定既无形式既判力,也无实质既判力,除部分决定可申请复议外,其余的不能提起上诉。但是让人难以置信的是:根据 2007 年修改后到现今民事诉讼法,有的适用决定的事项虽然不得上诉,但当事人可以申请再审,检察机关可以提出抗诉。例如回避,①这种规定,对于我们理解和界分判决、裁定、决定间的区别,再次引起更大的混淆。无救济即无权利,从民事诉讼程序主体权利保障角度出发,对决定的单独设置已实无必要,可将其全纳入裁定的范围,统一地适用有关裁定的基本原理。②

基于取消现行立法中关于裁定与决定这类混乱的分类这一思路,笔者主张对于证人和鉴定人拘传应该用德国、韩国、我国台湾地区立法例,即法律文书方面采用裁定书,原因在于针对对象为证人和鉴定人,而无论是证人还是鉴定人,都是诉讼法律关系的重要参与人,对其拘传是对其诉讼权利的一种侵害,因此这种重大程序性问题宜用裁定书。

3.对于此类裁定书允许向上级人民法院要求复议

日本法上的抗告是指对判决以外之裁判提起的独立上诉。③ 抗告是对附属裁判不服、在本案中对裁定和决定不服而提起的独立的上诉手段。和控诉一样,抗告也导致对事实问题和法律问题的重新审查,不过它是一种(仿照普通法的简易程序)更为简单的、不强制要求言词辩论的程序。与控诉针对一审的终局判决或中间判决提起不同,抗告是一种独立的上诉手段,可以不依赖于终局裁判的控诉和上告而独立提起。德国抗告限于本案的法律程序,对于"明显违法"允许当事人提起即时抗告,比如(证人或鉴定)拒绝指定期日(未出庭)即属于此类情形,此类即时抗告仅限于裁定,不适用于判决。经过抗告法院的裁判,抗告途径已经穷尽,则不再允许重复抗告,在抗告期间届满,即时抗告不再合法,该期间为不变期间,期间原则上为两周,通常从被抗告的裁判送达时开始计算(德国《民诉法》第 569 条第 1 款);抗告应该说明理由,④"法院对它受到抗告的裁判,无权予以

---

① 现行民诉法第 200 条规定的申请再审的第七种情形。
② 胡思博:《民事裁定的类型对比研究——以种类界定与层次划分为考察基点》,载《法学论坛》2013 年第 2 期。
③ [日]新堂幸司:《新民事诉讼法》,林剑锋译,法律出版社 2008 年版,第 652 页。
④ 德国即时抗告程序之介绍具体参见:[德]罗森贝克、施瓦布、戈特瓦尔德:《德国民事诉讼法》,李大雪译,中国法制出版社 2007 年版,第 1124~1131 页。

变更"(德国《民诉法》第 577 条第 3 款)。① 我国没有德国为代表的大陆法系国家的抗告程序,与抗告审类似的制度是复议制度。我国现行民事诉讼法对于拘传是否可以复议并没有作出明确的规定(前文已做分析),从比较法角度,笔者主张对于拘传这一类裁定书应该赋予被拘传出庭的证人或鉴定人以向上级法院的复议权,并明确复议期间:自收到拘传通知书之日起 7 天内行使,该 7 天的规定为不变期间,复议的形式必须书面,复议以一次为限,进行复议的法院采用非言词辩论形式予以审理。但笔者主张与德国不同的是,德国抗告限于本案的法律程序,也就是说对于控诉和上告程序之中的违法性拘传行为,不得予以提起抗告。德国此项规定概因德国三审法院各自职能有明确的分工,而我国二审法院审理的范围并不完全受限于一审法院,二审法院既是事实审亦采法律审。因此笔者主张在我国二审程序之中,法院对于证人以及鉴定人之拘传,亦可允许复议。

4. 复议期间即要停止拘传的执行

德国《民诉法》第 572 条有三款规定,其中关涉证人、鉴定人不出庭而引致拘传的规定主要体现为:"对于第 380 条(证人不到场对证人拘传的规定)、第 409 条(鉴定人不到场或拒绝的结果)的裁定提出的抗告,有停止执行的效力;法院或审判长在其裁判被声明不服时,可以命令停止裁判的执行;抗告法院在裁判前可以发出暂时命令,特别是可以发出命令停止被声明不服的裁判的执行。"②德国这样一种规定,非常类似于我国的先予执行制度:受抗告的法院在作出是否维持或者撤销(不能变更)对于证人或者鉴定人拘传裁定之前,应声请抗告当事人之请求,可以发出命令暂停原拘传裁定的执行,是否恢复执行,取决于抗告审理结果。日本法上亦将抗告分为普通抗告和即时抗告。即时抗告是法律个别予以规定的、特别允许提起的抗告。法律为了谋求迅速解决,要求抗告人在(作为不变期间的)抗告期间内提起这种抗告。与此同时,当提起这种抗告时,法律通常也认可其停止原裁判执行的效力。而对于证人拘传之裁定即是可以提出此类抗告的情形。③

在现行民事诉讼法制度架构之下,对妨害民事诉讼的人采取的强制措施是决定的适用范围之一,决定一经送达或作出,便立即发生法律效力。对于可以申请复议的决定,即使当事人已经申请复议也不影响该决定法律效力的发生。④

---

① 谢怀栻:《德意志联邦共和国民事诉讼法》,中国法制出版社 2001 年版,第 135 页。
② 谢怀栻:《德意志联邦共和国民事诉讼法》,中国法制出版社 2001 年版,第 134 页。
③ 谢怀栻:《德意志联邦共和国民事诉讼法》,中国法制出版社 2001 年版,第 652～654 页。
④ 谢怀栻:《德意志联邦共和国民事诉讼法》,中国法制出版社 2001 年版,第 372 页。

这种立法的主要指导思想是：情况紧急。但是在司法实践中，适用民事强制措施应该注意"采取强制措施的严厉程度应与妨害诉讼行为的轻重程度相适应"，[①]证人或者鉴定人对于不到庭的裁定提起复议后，原审理程序完全可以中止审理。我国现行立法之所以规定不停止执行，另外一个原因在于诉讼效率的追求以及审理期限的规定，诉讼程序本身追求公正是第一要位，因此此时完全可以要求被拘传者具结，不得有妨害审判程序的行为，否则可以追究其相应的法律责任，甚至是相应的刑事责任即可。作为诉讼效率追求体现最为明显的制度之一的民事审限，学者也有主张废除的观点，[②]对于诉讼法律关系主体正当程序的保障与民事审理的拖延之间，两者没有因果关系，"诉讼实践中经常发生某些法院不顾及程序进行的正义性，压制当事人在诉讼程序中正常行使的权利，形成法院与当事人的严重对立，使得诉讼程序难以有效吸收当事人的不满"。[③]赋予被采取拘传措施者在声请复议期间以停止执行权，既是各国的立法通例，也可以有效吸收当事人不满，应为我国立法所采纳。

[①] 张卫平：《新民事诉讼法条文精要与适用》，人民法院出版社2012年版，第295页。

[②] 王福华、融天明：《民事诉讼审限制度的存与废》，载《法律科学》（西北政法学院学报）2007年第4期。

[③] 张卫平：《新民事诉讼法条文精要与适用》，人民法院出版社2012年版，第41页。

实务探微

执行权内部优化配置与规范化运行模式探析
——以山东省阳谷县人民法院为样本

石东洋　刘新秀*

摘　要　执行权规范运行须坚持执行公开,不断完善公开执行案件信息的各项措施,以公开促公正,以公开促效率,让执行在阳光下进行,不断优化执行工作环境。执行权规范运行须改革传统执行权运行模式,通过对执行案件进行分段执行、集约执行,配合繁简分流,强化节点控制,优化司法资源配置。试行新型的执行权运行模式,需要严格的监管制度保障其良性运行,通过完善执行工作制度,加强干警业绩考核,规范干警执行行为,确保廉洁执行,依法主动执行,全面提升执行工作质效。

关键词　执行权　规范运行　委托执行　实践探索

人民法院执行工作,关系到权利人的合法权益能否最终兑现,是树立司法公信的关键环节。执行权规范运行,是保障权利人合法权益、提升执行工作质效的必由之路。山东省阳谷县人民法院以开展"审判执行规范年"活动为契机,认真探索和实践执行权规范运行的相关工作机制,在考察借鉴外地法院执行工作经验的基础上,进一步深化对执行工作规范的探索。为提升执行工作效率,积极创新执行工作模式,优化执行工作环境,建立主动执行制度,健全分段集约执行工

---

* 石东洋,法学硕士;刘新秀,女,武汉大学法学硕士,现就职于阳谷县人民法院,任书记员。

作机制,将委托执行案件纳入本院执行案件统一管理,强化执行公开,促使执行权规范高效运行。

一、民事执行分权制约的系统控制

(一)执行权公开透明运行的机制建构

"执行权的运行应当遵循法定的程序、按照法定的方法、符合法定的时空要素,具有明确的指向。"[①]阳谷法院始终坚持执行公开,以公开促公正,以公开促效率,不断完善公开执行案件信息的各项措施,让执行在阳光下进行,主动接受社会各界的监督,争取社会各界对执行工作的理解和支持,不断优化执行工作环境。

1. 执行案件管理信息化

执行案件管理信息化,可突破传统人工管理低效、易错的局面,将案件管理纳入全程、动态、便捷、高效的现代化管理范畴,从而增强办案工作的规范化、透明度。阳谷法院总结执行案件流程管理的新经验,与青岛东软公司结合,开发了一套符合我院自身工作实际的新型执行案件管理系统软件。软件投入使用后,执行案件的工作流程信息等均需在执行业务管理系统中及时登记,并形成书面执行案件办理流程表,实行全程公开。同时,利用人民法院门户平台对审判、执行业务管理系统进行整合,阳谷法院干警可在门户平台查询到各部门、各办案人员所承办案件的立案、保全、送达、审判、执行、结案等信息,实现了案件全部信息内部公开的目标。

2. 完善案件信息查询机制

最高人民法院《关于司法公开的六项规定》,要求进一步健全和完善执行信息查询系统,扩大查询范围,为当事人查询执行案件信息提供方便。阳谷法院通过加强诉讼服务中心与法院官方网站建设,搭建了一个公开、快捷的执行信息查询平台。在诉讼服务中心,窗口化执行服务,将执行咨询、答疑解惑等直接面对当事人的基础性事项集中在前台,真正做到执行便民,提高服务水平。在法院互联网站上设立案件查询服务平台,执行案件当事人只需输入身份证号码及查询密码即可查询相关执行案件信息。这一平台的建设不仅方便执行案件当事人查阅有关案件信息,同时也表明了法院坚持执行公开,主动接受社会监督的决心。

3. 构建执行信息互动平台

执行信息互动平台实现了当事人与执行法官的双向互动:一方面当事人可随时向执行法官提供线索,为执行案件的顺利进展提供便利条件;另一方面,执行法官告知当事人执行案件的进展情况,便于当事人了解案情,并对执行工作进

---

① 侯希民:《民事执行权的紧急性与规范性》,载《山东审判》2013 年第 4 期。

行监督。阳谷法院在应用新的执行案件管理系统的同时,试运行了执行短信平台系统。通过执行短信息互动平台,执行人员主动将案件执行进展、执行款到位情况等执行工作信息向申请执行人公开,及时告知当事人、利害关系人执行程序的重点环节、重大事项,必要时邀请案件权利人参加执行全过程;权利人亦可通过短信平台,及时反馈被执行人去向和财产线索等信息。执行短信息平台的建设,充分保障了当事人的知情权、参与权和监督权。

4. 依法设立执行曝光台

"执行权快捷实现债权,应当重点依靠执行权的威慑力、社会机制对'赖账者'的联动制约促进问题的解决。"①阳谷法院在法院官方网站设立"执行曝光台",对有履行能力而拒不履行的被执行人,及时在我院互联网站公开曝光,形成执行威慑力。同时,阳谷法院还与公安、工商、税务、银行等部门和单位加大沟通协调力度,实现对被执行人户籍、工商登记、纳税、银行账户、信贷交易、车辆登记等信息共享,形成执行工作合力。定期确定执行开放日,邀请人大代表、政协委员、新闻媒体、社会各界人士等参加重大案件的执行过程,加大社会对"老赖"的监督力度,压缩"老赖"的生存空间,着力化解执行难的问题。

(二)执行分权制约的系统控制

执行权由法院行使是我国司法体系建构的一大特色,但法院如何行使这一权力,其行使这一权利时应受到怎样的监督和制约,是司法体制中的一大难题。人民法院在对执行权进行改革时,应遵循执行权运行规律,在分权制衡原理和系统论理论的指导下,深入探索执行权分权运行基础上的整合联动机制。为此,阳谷法院对执行权进行解构整合,完善执行权内部监督和制约,实施分段集约执行,配合繁简分流,优化司法资源配置,强化节点控制。

1. 财产查控集约行使

查控被执行人财产是最主要的执行措施,是保证执行案件顺利推进的关键所在,但是其重复性、分散性的特点必将导致执行资源的巨大浪费和执行效率的降低。执行权横向分三权,对执行案件实施信息化管理,便于查找同类型执行案件;执行纵向分段,可使同类执行案件的财产查控由专人负责,集约履职,发挥查控人员的专业优势,提高执行效率。山东省法院于近期开通的司法协助网络工作平台,对推动法院执行工作集约化、信息化和网络化,提高执行效率和实现资源共享起了极大的促进作用。阳谷法院拟推行执行财产集中查控制度,设立查控组,在积极借助全省司法协助网络平台集中查询被执行人银行账户信息的基础上,由查控组对全院执行案件涉及存款、房屋、车辆、股权等同质化查控事项实行集约处置,实现执行案件财产查控集约化,并对被执行人自动履行和执行标的

---

① 侯希民:《民事执行权的紧急性与规范性》,载《山东审判》2013年第4期。

全额查封银行存款的案件实行繁简分流,从而降低司法成本,提高工作效率。

2. 实施"三权五段"模式

解构并重新整合执行权力是执行权分权改革的应有之义,解构意味着对执行权进行科学分解,整合目的是在权力分离基础上对执行权的相关权限、权能和权力进行优化配置。阳谷法院拟改革传统执行权运行模式,按照执行分权制衡的要求,在执行管理权、实施权、裁决权"横向分三权"的总体架构下,依托执行案件管理系统软件的制约保障,试行纵向"五段运行"的具体工作模式,将整个执行流程分为执行启动、执行查控、执行处置、执行裁决、执行结案五个阶段。各段之间设置节点,明确启动、查控、处置、裁决、结案五个阶段的工作任务和办理期限,促进执行权各环节规范运行。

3. 分段管理分权制约

为避免分权制约带来的管理内部消耗,有必要加强监督与管理,协调执行机构的内设部门,做到工作配合,从而提升执行员的职责岗位意识与积极性,做到执行措施与目标从分散、粗放、单一转变为集约、精细、系统模式,从而实现模式设立的目标。阳谷法院拟由执行局的综合管理部门对分段执行实行节点控制和流程管理,统筹协调分段式执行五个阶段的衔接工作,并负责执行案件程序启动。执行查控、执行处置、执行裁决、执行结案等其他四阶段由不同的执行部门集中办理,不同部门各行其职、互不隶属。五个阶段执行权力运行互相监督,分权制衡,互相制约,实现司法资源优化配置、执行工作质量和效率提升的目标。

4. 建立案件会商制度

"民事执行权高效运行的制度设计,既可以增强民事审判权的权威,也可以促进民事执行目的的实现。"[1]在要求重大事项实行合议制的基础上,阳谷法院建立执行会商制度。分段执行过程中,要求分段执行的各部门在将案件移转其他部门时,签署本部门建议意见。如意见不同,应当进行沟通协商;意见分歧较大的,由执行局局务会议会商,制定解决方案,确保生效法律文书得到及时有效的执行,最大限度地兑现权利人的合法权益。

二、执行权规范运行的制度保障

(一)民事执行工作制度

实现生效裁判兑现胜诉权益,从而保障司法公正得以实现,需要民事执行权的强制运行,"其通过国家强制力,处分当事人利益的特性,也使得其运行必须处于有效的监督和制约之下"[2]。试行新型执行工作机制,需要严格的监管制度保

---

[1] 童心:《民事执行权与民事审判权关系探析》,载《法律适用》2008年Z1期。
[2] 张峰:《论民事执行权配置与执行的优化》,载《华东政法大学学报》2012年第5期。

障其良性运行。阳谷法院不断加强监督管理,通过进一步完善执行工作制度,加强干警业绩考核,规范干警执行行为,确保廉洁执行,全面提升执行工作质效。

1. 建章立制强化管理

"执行工作统一管理的最终目标是为了实现案件的有效和规范执行。"[①] 2013年上半年,阳谷法院制定了《执行管理工作规范(试行)》,规范了执行听证程序及执行款物的管理;制定了执行案件卷宗装订规范及案件归档报结操作规范,加强对结案交卷、归档工作的审核,提升了案件质量。同时,为规范案件执行款的过付管理,防止"暗箱操作",阳谷法院引进了专门的执行款过付软件,实行统一过付制度,提高了执行款过付效率和过付的透明度,获得了当事人的普遍好评。目前,阳谷法院又草拟了《分段式执行流程管理规定》,进一步规范执行权的运行。

2. 规范干警执行行为

阳谷法院严格要求执行法官依程序办案、依廉洁纪律办案,通过加强执行工作规范化建设,改进干警执行工作作风,进一步规范干警执行行为,有效避免执行工作中的"冷、横、硬"现象,消除当事人尤其是被执行人与法院执行人员的对立,减少执行阻力。严格限定每项执行措施的依据及实施程序,杜绝"人情案"、"关系案"等引起的拖延执行、消极执行现象,确保执行案件各个环节、措施,都能在规定的时限内完成,提高执行案件质量和效率,增强执行工作的公信度,取得当事人对法院执行工作的理解和尊重,树立司法权威和法院形象。

3. 规范财产处置分配

阳谷法院已草拟了《执行财产处置与分配的暂行规定》,拟交审委会讨论。该规定界定了执行财产的范围,对执行财产分配方案的制定以及案外人参与分配的条件和程序等作了原则性的规定。案件承办人在执行案件财产处置分配前,须通过法院执行业务管理系统对关联案件进行查询,凡涉及两个以上债权人的案件及时告知权利人参与分配,对参与分配债权人较多的案件,召开债权人会议听取意见,对符合相应条件的分配方案报院审委会讨论决定,保障执行财产分配工作的公开、公平、公正,维护当事人的合法权益。

4. 加强业绩考核引导

阳谷法院根据执行干警的职责权限和工作任务,建立与之相配套的科学的执行指标考核体系,坚持每月对执行干警的业绩进行通报。科学合理地考核直接反映每个执行干警的工作量,最大限度地激发了执行干警的积极性和创造性,从而使绩效考评制度真正起到引导、规范和促进作用。6月份,阳谷法院又制定出台了《关于评选"月办案之星"活动的实施方案》,每月评出执行类办案之星2

---

① 童心:《我国执行机构权力配置的理性考量》,载《当代法学》2011年第3期。

名,每名给予1000元奖励,从而激发执行人员公正高效司法,努力实现公正、高效、质优的办案目标。该方案实施以来,有6名执行人员被评为月办案之星,取得了较好的效果。

(二)主动执行促进执行质效提升

所谓主动执行①,系人民法院积极加强能动司法,秉持主动执行的理念,将已经生效且超过履行期限的具有财产及其他执行内容的判决书、调解书,征得债权人同意后,债务人没有自觉履行义务,由执行部门将执行程序主动启动,主动采取各种合法执行举措,从而实现生效判决书、调解书所确定的胜诉权益的制度。为进一步落实司法为民宗旨,最大限度地保护当事人的合法权益,有效化解执行难,阳谷法院结合该院执行工作实际,依法实施"主动执行"制度,并总结经验,制定了《阳谷县人民法院关于实行主动执行制度的若干规定(试行)》,将主动执行理念贯穿整个执行过程,主动启动,主动推进,确保义务人履行生效裁判文书确定的法律义务,维护当事人合法权益。

1. 创新主动执行制度

实现生效裁判文书确定的当事人合法权益,是人民法院行使执行权的最终目的。依照《民事诉讼法》第212条的规定,依法实施"主动执行"制度,建立从诉前到立案、审判、执行直至权益最终实现全过程的工作协调机制,主动加强与执行联动机制相衔接。执行难问题的解决仅靠法院一家是不能解决的,因为社会性是执行工作的典型特征,因此需要法院内部以及法院与外部范围内,实行执行联席会议,整合相互之间的资源,依靠党委、人大、政府、政协的支持,与公安机关等联合构建执行联动机制,联动执行涉及更大范围。阳谷法院积极完善已经建立的覆盖多个政府职能部门的执行联动制度,并与检察院、公安局、司法局、人民银行等部门主动合作,加强联动机制间的有效衔接,发挥全社会的力量共同解决执行难题,提高强制执行的威慑力。

2. 规范主动执行程序

"民事执行是一种与司法行为有密切联系的司法强制行为,追求效率是民事执行的最高追求。"②因此,执行部门在运用强制执行权力时,要严格遵循执行快速、连续性规则,执行流程的各个环节之间要紧密衔接,严格缩减时间差,避免出现脱扣现象,执行程序在控制性环节与处分性环节,要严格按照法律规定迅速推进,做到程序衔接、流程顺畅,达到执行高效率的效果。阳谷法院严格设计主动执行的操作规程,在立案、审理过程中主动向当事人释明财产保全的程序优点,引导当事人采取有效保全措施,以保全促调解、促执行。诉讼结案征询阶段,主

---

① 王杏飞:《能动司法与主动执行》,载《法学评论》2011年第5期。
② 肖建国:《执行程序修订的价值共识与展望》,载《法律科学》2012年第6期。

审法官在宣判有财产权益执行内容的判决书或送达有财产权益执行内容的调解书时,告知当事人,若该法律文书生效后,义务人未在法律文书确定的履行期限内履行义务的,无须其再次申请,法院可依法主动启动执行程序,若其同意法院主动执行,可在法院制订的《主动执行确认书》上签名确认。执行程序启动阶段,无须权利人再提交执行申请,主审法官在10个工作日内将《主动执行确认书》及当事人自行申请执行时应提交的相应材料移送立案庭进行立案,主动启动执行程序。执行程序启动后,执行员严格按照法定程序,通过执行短信息平台及时与权利人进行互动,充分利用已建立的执行联动机制,调查被执行人财产状况,查控被执行人财产,督促义务人积极履行法律文书确定的义务,义务人拒不履行的,法院依法采取强制措施,确保权利人合法权益的实现。

3. 主动执行及时兑现债权

"执行作为一项实现权利的制度,保证其之迅速性、经济性和简易性,是民众对司法最基本的要求。"①执行制度实现不了这些最基本的要求,就会导致司法失信,降低司法权威,因此执行必须及时、迅速、低成本。实行主动执行制度以来,该院执行案件完全执结到位案件数比去年同期上升13个百分点,查控财产标的额比去年同期上升15个百分点,有效控制了被执行人的财产,节约了因反复执行所需的人力、物力、财力,减少了债权人兑现债权和法院执行的成本,减轻了当事人的讼累,缩短了执行周期,加速了程序流转,降低了债务人转移财产逃避债务的风险,最大限度地实现了执行工作兑现权益的本质。

三、委托执行工作环境的制度优化

委托执行是指管辖法院在不便于直接执行的情况下,将案件委托外地人民法院代为执行的一种法律制度。委托执行是人民法院执行工作中的一个重要组成部分,是解决跨辖区执行案件执行难、克服地方保护主义、切实保障跨辖区案件当事人合法权益的有效措施。"委托执行较之于异地执行,有利于节约执行成本和公共资源,有利于执行活动顺利开展,有利于加强执行工作中的廉政建设。"②近年来,山东省阳谷县人民法院高度重视委托执行工作,积极采取有效措施,公正高效地执行外地法院委托案件,全力维护当事人的合法权益。

(一)委托执行工作方式的系统创新

委托执行工作是法院执行工作的一个重要组成部分,也是法院工作的难点问题。因此,阳谷法院要求执行干警从讲政治的高度,从全国法院"一盘棋"的高度充分认识委托执行工作的重要性,同时建立健全办理外地法院委托执行案件

---

① 唐力:《论民事执行的正当性与程序保障》,载《法学评论》2009年第5期。
② 张小林、刘涛:《规范委托执行 完善执行制度》,载《人民法院报》2011年6月15日。

的监督管理机制,进一步优化委托执行工作环境。

1. 委托执行与常规执行统一管理

外地法院委托执行案件普遍存在被执行人难找、财产难查的问题,执行人员往往存在畏难情绪,不愿办理此类案件。为避免在执行外地法院委托案件时发生"双重标准"和"区别对待"的问题,阳谷法院将外地法院委托执行案件纳入该院执行案件流程管理,在立案管理、工作考核等方面一视同仁,充分调动执行人员办理外地法院委托执行案件的积极性和主动性。

2. 实施双重监督与系统动态管理

"要改变目前我国委托执行案件大多有始无终的现状,就要加强委托执行工作的管理和监督,以充分发挥委托执行的效率优势。"[①]阳谷法院对外地法院委托执行案件专人负责与系统动态管理相结合。要求执行局、立案庭分别建档,双重管理。执行局办公室对收到的外地法院委托执行案件单独建立台账,专人负责后续跟踪监督;立案庭将外地法院委托执行案件统一立为该院"执字"案号,录入该院执行案件信息系统,实行动态管理,全程跟踪监督外地法院委托执行案件的进展情况。

3. 实行执行统一考核制度

"实践中,虽然委托执行可大量节约执行成本,提高执行效率,但由于现行委托执行制度的不健全,致使大量委托执行案件存在着结案难度大、结案率低、管理不规范等诸多问题,使得其并未发挥应有的便捷、快速、高效的作用,反而成了执行工作的又一'顽疾'。"[②]为保障不同来源案件的规范化执行,阳谷法院将外地法院委托执行案件考核与本地法院执行案件考核相结合,制定统一的考核标准,将外地法院委托执行案件的执行情况纳入执行人员的绩效考核。外地法院委托执行案件列入结案统计后,执行结案率、实际执行率、执结标的到位率等都与普通自收案件一样,计入执行人员年终工作考核范畴;外地委托执行案件的案卷也列入案件评查范围,严格按照省法院制定的执行案件评查标准进行检查,确保案件质量。

(二)委托执行工作方式的制度创新

"委托执行制度的设置,充分体现了人民法院的工作主题:公正与效率。"[③]为提高外地法院委托执行案件的办案效率,阳谷法院坚持因案制宜,创新执行工

---

① 胡森宝:《委托执行中存在的问题及对策分析》,载江苏法院网,2014年1月24日访问。

② 胡森宝:《委托执行中存在的问题及对策分析》,载江苏法院网,2014年1月24日访问。

③ 张韬:《对委托执行制度的探讨》,载《安徽冶金科技职业学院学报》2006年第4期。

作方式,取得了明显成效。

1. 实行执行易人易庭制度

为努力消除外地法院委托执行案件中存在的地方保护主义倾向,根据该院制定的《关于执行案件易人易庭的规定(试行)》,凡是外地法院委托执行案件在3个月内不能及时执结的,以被执行人辖区相近为原则易人易庭执行。易人易庭后,案件得以执结的,对新的执行单位进行奖励,对原执行单位予以处罚。易人易庭制度的实施,激发了执行人员的主观能动性,规范了执行行为,提高了委托执行工作水平。

2. 探索执行结案新途径

根据上级法院规定,受托法院认为执行案件应当中止或终结时,需要函告委托法院,并由委托法院作出中止或终结的执行裁定。实践中,该院遇到相当多的委托法院对该院的函告不予回复,还有的法院回复让该院自行作出中止或终结的执行裁定。针对上述情况,该院规范外地法院委托执行案件结案方式,在目前法律没有明确规定的情况下,结合自身实际规定:对穷尽执行措施、确无财产可供执行或只能部分执行的外地法院委托执行案件,在将执行情况函告申请执行人和委托法院、建议委托法院作出中止或终结执行裁定后,如委托法院经两次函告未作答复的,可视为结案,并将结案情况函告委托法院;对委托法院回复让本院作出中止或终结执行裁定的,可按其答复意见办理,避免出现此类案件被长期搁置的情形。

3. 灵活兑付案件执行款

当事人胜诉债权及时兑现,才能提升人民法院司法公信,对于执行工作而言,就是要提升执行工作效率。为提高执行款过付效率,最大限度地方便当事人,针对申请执行人身处外地,往返该院领款时间长、费用高的实际情况,法院在确保执行款安全的前提下,采取直接汇付给委托执行法院或由当事人委托代理人代领执行款等多种方式兑现执行款,尽力为外地当事人提供便利。

四、委托执行协作机制的全面优化

(一)委托执行工作机制的全面构建

委托执行工作中,外地法院委托执行案件申请执行人通常身处异地,提供被执行人财产线索难度较大。"受托法院具有地利、人和的优势,便于查找在当地的财产,便于对被执行财产进行评估、处置,便于及时有效地协调、解决执行中出现的问题,可以避免异地执行受阻和暴力抗法事件的发生。"[①] 为此,阳谷法院对申请执行人未能提供相关线索的案件,依职权强化财产查控工作,主动及时保障

---

① 张小林、刘涛:《规范委托执行 完善执行制度》,载《人民法院报》2011年6月15日。

债权兑现,努力维护当事人的合法权益。

1. 主动启动财产查控程序

外地法院委托执行案件立案后,阳谷法院主动启动调查、控制、处分被执行人财产等程序并推进执行进程,穷尽执行措施查控被执行人可供执行财产,以尽快实现权利人债权。查找到被执行人可供执行财产后,及时主动采取查封、冻结、扣押等控制措施,对已控制的被执行人财产进行变现、抵债等,尽快实现生效法律文书确定的债权。对有履行能力而拒不履行的被执行人,及时采取法定措施。对被执行人是公司、单位的外地法院委托执行案件,主动扩大案件财产调查范围,重点调查其股东的出资情况,发现虚假出资或抽逃注册资金情形的,均依法追加为被执行人,从而拓宽执行渠道。安徽省定远县法院委托执行的张某润与张某彬、邯郸交通运输集团华东运输有限公司机动车交通事故责任纠纷案,在被执行人无可供执行财产的情况下,该院主动扩大调查范围,发现华东公司的股东有虚假出资情况,先后3次赴河北邯郸调查华东公司的主管部门及股东资本注册情况,并于2012年3月12日主动追加了邯郸交通运输集团有限公司、李某勇、李某海等3个股东为案件的被执行人。该3个股东在提出执行异议的同时,提交了部分证据。为了调查核实,该院又两次赴河北邯郸,查明了华东公司成立时虚假出资、抽逃注册资金的事实。邯郸交通运输集团有限公司在充分的证据面前,终于承认了虚假出资的事实,并在其未出资的30万元内履行了28万元的义务。事后,申请人张某润和母亲王某超千里迢迢专程给该院执行人员送来了锦旗,以表达感激之情。

2. 积极运用执行联动机制

"通过执行联动机制,法院扩大了被执行人财产和人身查控措施的覆盖范围,强化了执行措施的刚性力度,提高了执行的威慑程度,这正可以有效地克服委托执行因地域问题带来的各种弊端。"① 面对外地法院委托执行案件被执行财产难寻的"老大难"问题,该院进一步加大与人民银行阳谷支行的联动力度,对执行联动过程中出现的问题开展调研,完善与县人行紧密协作的工作方案,及时有效查控外地法院委托执行案件被执行人的银行存款。针对外地法院委托执行案件被执行人难找的情况,该院通过与公安、当地基层组织等部门协作,主动查找被执行人下落。山东省法院指定执行的北京市海淀区法院委托执行的张某洪拖欠海淀区法院诉讼费一案,因张某洪的监护人张某杰下落不明,此案曾一度陷入僵局。在与公安机关实行执行联动后,该院通过公安机关的信息查询平台,查询到了张某杰的相关信息,与张某杰取得联系,告知其不履行义务所应承担的法律责任。经多次联系沟通,张某杰主动到该院足额履行了所欠缴的诉讼费用。该

---

① 王军:《委托执行制度实证研究》,华东政法大学2012年硕士学位论文。

院通过银行将此款汇到北京市海淀区法院,此案得以顺利执结。

3.建立悬赏执行工作机制

外地法院委托执行案件立案后,依据该院的悬赏执行工作办法,依法高效动员社会力量,积极运用悬赏的激励手段,通过动员社会的力量,加大对"老赖"的查找力度,最大限度地保障申请执行人的合法权益得以实现。无锡三灵干燥设备厂与阳谷县景阳科技有限责任公司、奚某平、陈某敏及阳谷县旭日食品有限责任公司承揽合同纠纷案,无锡市惠山区法院委托该院执行后,执行人员通过走访当地群众发现,被执行人阳谷景阳公司原法定代表人奚某平在案件审理过程中就已将公司的设备转移至菏泽单县,有意规避法院执行。后调查发现,作为被执行人之一的阳谷旭日食品公司所有的资产已抵押,无财产可供执行,致使案件一度陷入僵局。针对上述情况,在征得申请执行人同意的情况下,该院发出执行悬赏公告,在阳谷和菏泽单县两地张贴,拓宽财产调查范围。后根据举报人提供的线索,查实就读于上海某大学的被执行人奚某平的儿子奚某,在上海的某银行卡上有50万元存款。针对奚某平的儿子奚某尚在就读,无独立经济收入来源情况,该院执行人员赴上海调取了该账户的银行交易记录,发现所有交易均在菏泽单县某银行,综合各方面因素分析,判断该账户存款属于奚某平个人存款。该院随即冻结了该账户,在向被执行人奚某平出示该账户银行交易记录的同时,不失时机地向其宣讲隐匿财产、拒不执行的法律后果,在有力的证据面前及强大的法律攻势下,被执行人主动承认错误,并偿还了45万余元欠款,使申请执行人深受感动。

(二)委托执行协作机制的系统升级

委托执行工作中法院之间的联络和协调是决定工作成效的关键,及时有效的信息沟通有助于减少当事人的诉累和对法院委托执行工作的异议。为进一步顺畅沟通渠道,阳谷法院积极采取措施,建立健全相应工作机制,加强与兄弟法院之间的协作,齐心协力做好委托执行工作。

1.成立委托执行工作指挥中心

"由于当前我国许多地方的人民法院还没有设立专门针对委托执行案件的执行机构,专门的问责制度,因而使一些不能执行的案件难以追究法院人员的责任。"[①]为此,该院成立委托执行工作指挥中心,负责对外地法院委托执行的重大案件的统一指挥、组织和调度。指挥中心由分管副院长亲自负责,统一协调,加大指导力度;执行局长亲自督办,结合案情调配执行力量;执行人员具体负责,及时汇报委托执行工作进展情况。上海市普陀区法院委托执行艾尔斯商贸(上海)有限公司申请执行山东阳谷力达电线有限公司买卖合同纠纷一案,该院接受委

---

① 石艳芳:《完善我国执行制度的措施》,载《天水行政学院学报》2011年第6期。

托后高度重视,指挥中心立即组织精干力量研究制定执行工作方案。2012年8月7日,该院对被执行人的银行账户进行了查询、冻结,并查封了被执行人的生产设备。后查实被执行人力达电线公司有一笔70万元的货款到账,但没有进公司基本账户。指挥中心立即组织执行人员分别对该70万元货款、力达电线公司法定代表人采取了控制措施。在强大的法律攻势面前,被执行人认识到了错误,主动把该70万元货款的存折交到了法院。经过协商,现当事人双方初步达成了和解意向。

2. 成立协助外地法院执行工作组

"对于委托执行的监督,目前缺乏明确规定。两地法院之间由于并无互相制约关系,难以形成有效的监督制约,极易造成委托执行案件的搁置。"①该院在执行局成立了协助外地法院执行工作组,由执行局长亲自负责。外地法院来函要求该院协助调查的,根据案件性质及难易程度,由执行局长及时指派执行人员和法警协助,必要时倾全局之力予以协助。外地法院来阳谷执行,只要与该院联系,即使自己工作再忙、人员再紧,该院也要抽出人员、车辆予以配合。两年来,该院共出动执行人员和法警协助外地法院调查财产20多次,协助执行案件7件。

3. 设立外地委托执行案件信息联络员

及时有效的沟通,有助于提高委托执行工作效率。该院在执行局办公室设专人负责外地法院委托执行案件的信息沟通,保障与兄弟法院的经常性联系和信息共享。对于确无履行能力或找不到被执行人的案件,及时函告委托法院,以便委托法院作出裁定,确保无委托执行积案,减轻当事人诉累。两年来,该院共受理跨省委托执行案件25件,执结23件,结案率达92%,执行标的额445.58万元,取得了良好的法律效果和社会效果。

---

① 莱芜市中级人民法院课题组:《关于委托执行的调研》,载《山东审判》2011年第5期。

青年论坛

第三届民事诉讼法青年论坛概述

民事诉讼法(以下简称"民诉法")青年论坛简介

民诉法青年论坛是由河南大学法学院吴泽勇教授在2012年发起成立的学术论坛。论坛的宗旨是推进民事诉讼法学研究,为青年学者创建一个砥砺学术、交流心得的平台。青年论坛以小规模、实质性的讨论为主要形式。每届青年论坛均邀请两位知名的前辈学人来做主持人,根据论坛的议题设主报告人和评议人,并安排充足的自由讨论时间,保证每位参会人员都能深入地参与会议。论坛举办3年来,受到了全国民诉法青年学人的广泛关注,也得到了众多学界前辈的大力支持。民诉法青年论坛的成功举办,不仅促进了学术交流,而且有利于培养和发现人才,也将为我国民诉法的长远发展做出积极贡献。

第三届青年论坛概述

第三届青年论坛于2014年4月26日在河南大学小礼堂召开,来自北京大学、清华大学、台湾东吴大学等海峡两岸14所高校的20余位青年学者参加了论坛。中国民事诉讼法学研究会副会长、厦门大学法学院齐树洁教授出席开幕式并致辞。齐树洁教授、武汉大学法学院刘学在教授、河南大学法学院院长吴泽勇教授分别主持了三个单元的研讨。

本届论坛的主题为"民事诉讼法研究的新视野"。在论坛的第一单元,与会的青年学者运用法教义学的方法来研究形成之诉诉讼标的、虚假诉讼以及第三人撤销之诉讼等问题,不仅带来了知识增量,对与会人员来说更是一种方法上的启迪。

在论坛的第二单元,与会的青年学者围绕"民事诉讼制度变革的新问题"展开了积极讨论,民事督促起诉、执行和解制度以及劳动诉讼的举证责任成为大家热议的重点,并在一些具体的问题上展开了较为激烈的交锋和切磋。

在论坛的第三单元,与会的青年学者讨论了"当代民事诉讼面临的新挑战",主要针对案例指导制度、诉讼标的理论和法官说理义务进行交流。通过讨论,与会人员对案例指导制度的目的与功能、现状与未来有了一个较为清晰的把握,对两大法系国家的诉讼标的理论有了新的认识,明确了未来改革的方向。另外,也从司法改革的角度来分析讨论法官说理义务的重要性,并提出了违反说理义务的后果等需要认真思考的问题。

本辑开辟"青年论坛"板块,精选青年学者理论成果,以促青年学者学术传播与交流。

——索站超

形成之诉诉讼标的考辨
——以合同解除权为例

刘哲玮*

一、形成之诉的诉讼标的：形成权抑或形成诉权

在我国民事诉讼理论界看来，形成之诉，是与确认之诉、给付之诉并列的三大诉讼类型之一。权威教科书认为，形成之诉是指原告要求法院变动或消灭一定法律状态（权利义务关系）的请求。人们关于形成权的纠纷，形成了形成之诉，其逻辑联系是形成权—形成之诉—形成判决—形成力。[①] 中国学界关于形成之诉的诉讼标的，一般均认为是民事实体法上的形成权。[②] 形成权是指依照权利人单方意思表示即可生效从而改变相应法律关系的权利。根据权利行使方式的不同，有普通形成权（einfaches Gestaltungsrecht）与形成诉权（Gestaltungsklagerecht）之别。普通形成权依照一方意思表示即可行使，而形成诉权则须通过诉讼方能行使。[③] 中国的民事实体法中规定有"请求人民法院"或"向人民法院提出"的形成权，大多属于此类。

那么，是所有民法上的形成权都可以成为形成之诉的诉讼标的，还是只有形成诉权方能成为形成之诉的标的呢？

大陆法系民诉理论对此已有回答。德国法一致认为，只有形成诉权方能构成形成之诉的诉讼标的。日本学者也继受了这一观点。新堂幸司就在其教科书

---

* 刘哲玮，北京大学法学院讲师，研究方向为民事诉讼法学。

① 张卫平：《民事诉讼法》，法律出版社2013年第3版，第172页。

② 尽管在我国，诉讼标的的识别理论尚存一些争议，但主要是存在于给付之诉中。而对形成之诉，学界通说是采取实体法说，即以形成权作为判断的标准。参见张卫平：《论诉讼标的及识别标准》，载《法学研究》1997年第4期。

③ 朱庆育：《民法总论》，北京大学出版社2013年版，第505页。马丁博士认为，"形成诉权"的名称容易让人误将这一民事权利视为诉讼法意义上的权利，笔者同意这一判断。但由于民法学界对该概念已经基本形成共识，且目前尚未有更精确的译法，因而权从此名。但的确有必要强调，"形成诉权"是"形成权"——而非"诉权"——的下位概念，因而其本质上是一种私权。

中明确的以合同解除权为例,认为对于解除效果产生争议时,原告只要对作为解除效果之前提的标的物之所有权提起确认之诉,或者直接提起返还标的物之给付之诉即可,而并不具备提起形成之诉的诉的利益,因而不能构成形成之诉。①

但是在我国,更普遍的观点是,只要是以实体法上的形成权为对象提起的诉讼,均为形成之诉。通说的影响不仅仅体现在民事诉讼法学界中,一些民法学者也受此影响,认为普通形成权虽然不是形成诉权,但并不排除权利人可以通过向法院提起形成之诉的方式行使其权利,就如同解除权的行使除"通知对方"的方式以外,也可以采取提起形成之诉的方式一样。② 而最高人民法院在其公报案例的裁判要旨中明确提出"解除权在实体方面属于形成权,在程序方面则表现为形成之诉",③更是为"普通形成权可以作为形成之诉诉讼标的"成为中国通说添上了最后一根稻草。

在这两种观点中,笔者赞同以形成诉权作为形成之诉的诉讼标的。但是,笔者坚决反对"因为德国如此,我国也应这般"的观点和论证。前述大陆法系的通说与我国的通说的不一致,并不构成我国通说错误或需要调整的理由。如果根据我国通说,司法实践能够正常运行,法律适用能够圆满自洽,就并无调整的必要。只有需要通过我国的司法实践中的真实案例来发现以所有形成权作为形成之诉的通说存在的弊病,方能对我国的通说构成冲击。下文将以《合同法》规定的解除权为例,结合我国司法实践中的真实案情,来阐明为什么在我国,以解除权等普通形成权作为诉讼标的的民事诉讼不能构成形成之诉。

二、形成判决的效力范围

判决的效力范围,主要包括判决效力的客观范围、主观范围和时间范围三方面的内容。

(一)判决效力的客观范围

判决效力的客观范围,是指判决对哪些法律关系具有拘束力。就本文讨论的合同解除而言,并无太大的讨论空间。因为无论将这种诉讼视为形成之诉抑或确认之诉,其诉讼标的都是十分明确的,即合同解除权。

(二)判决效力的主观范围

判决效力的主观范围,是指判决对哪些主体之间的法律关系发生效力。形成判决效力的主观范围具有重大特点,是其与确认之诉和给付之诉的区别。通

---

① [日]新堂幸司:《新民事诉讼法》,林剑锋译,法律出版社2008年版,第149页。
② 韩世远:《合同法总论》,法律出版社2011年第3版,第681页。
③ 《崂山国土局与南太置业公司国有土地使用权出让合同纠纷案》,载《最高人民法院公报》2007年第3期。

说认为,给付之诉和确认之诉的判决的效力具有相对性,只对参加诉讼的当事人发生效力,唯有形成判决则不同,形成力具有绝对效力,不仅及于当事人,也及于一般第三人。①

就合同案件而言,合同本身的相对性决定了即便赋予其对世效力,合同案件的判决效力也很难拓展到合同当事人以外的民事主体,确认判决和形成判决之间并无太大差异。那么,是否还有必要以此为由将行使普通形成权的诉讼排除在形成之诉以外呢? 通过对疑难案件②的分析,我们可以看到,法院作出的解除合同的先诉判决,如果是具有对世效的形成判决,则对丙亦有拘束力,丙原本基于两个有效的租赁合同对房屋的有权占有,亦因为甲乙合同的解除,而成为无权占有,因此法院可以在后诉中直接判决丙腾退房屋。丙如果想要行使司法解释赋予的解除抗辩权,只能以原审裁判存在错误,剥夺了其辩论机会,侵害其实体权利为由,申请再审或提起第三人撤销之诉。

相反,如果解除合同的先诉判决只是具有相对性的确认判决,则该判决对丙并不产生形成力,丙依然可以在甲对其提起腾房请求的后诉中,以代替乙支付房租作为解除抗辩,从而阻断甲的解除权,继续有权占有房屋。从《租赁合同解释》的立法目的看,赋予次承租人以解除抗辩权,显然是通过突破合同相对性,以便更好地保护次承租人的利益。因此,将解除合同之诉确立为确认之诉,也更符合立法目的,且通过诉讼一次性解决纠纷,避免再审等救济程序的启动,也有利于提高诉讼效率。

(三) 判决效力的时间范围

判决效力的时间范围,是指判决作用的时间界限,即判决确定的法律关系是在某一标准时点上的权利义务关系,从而明确前诉与后诉之间既判力作用的范围。在这一意义上,确认之诉与形成之诉存在着显著的区别。确认之诉是对既有民事权利和法律关系的认定,因而判决是对过去的回应;而形成之诉则是对法律关系的变更,判决是面向未来的创造。那么,以普通形成权为诉讼标的的诉讼,其判决的标准又当如何确定?

通过对案件③的分析,不难看出,一二审法院都将以合同解除权提起的诉讼作为形成诉讼,直接用判决赋予其形成效力,也即必须等到判决生效,方才发生

---

① 张卫平:《民事诉讼法》,法律出版社 2013 年第 3 版,第 392 页。
② 案情略,请参见《陈宏图与吴崧房屋租赁合同纠纷上诉案》,北大法宝引证码 CLI. C. 314894。
③ 案情略,请参见姚蔚薇、刘丽园:《从一起不应发生的诉讼看合同解除权的行使与效力》,载 http://www.a-court.gov.cn/platformData/infoplat/pub/no1court_2802/docs/201011/d_911219.html,2014-4-10 访问。

解除效力。而原告的上诉请求已经明显表明其希望提起的是确认之诉,以告知函作为合同解除的时间。两相对比,对于本案这样的继续性合同,如果采取形成之诉说,将解除时间与判决生效时间捆绑在一起,必然导致已经没有履行必要的合同权利义务持续存在,为当事人之间继续产生纠纷埋下伏笔。相反,如果采取确认之诉说,在判决中明确解除的具体时间点,既有利于解除效力的确定,也有利于纠纷的一体化解决。

三、形成之诉与诉的合并

本文讨论的诉的合并,仅限于诉的客观合并,也即同一原告对同一被告提出的多个诉,法院将其合并到同一诉讼程序中的审理与裁判。诉的合并在法律程序上存在多个条件,例如管辖要件、同一程序要件等,但最为重要的是其本质的要件,即存在着多个诉。因此,要确定是否发生诉的合并,需要首先识别当事人是否提出了多个诉。诉讼标的也因此发生作用。

(一)形成权与抗辩权的合并审理

法律在规定形成权的同时,为了保护相对方的利益,往往也赋予其形成抗辩权,也即"法律赋予形成权的关系人以行使自己的形成权来作出回答的可能性"。这种权利相当于针对请求权提出的抗辩权,因此被称为形成抗辩权。

以合同解除权为例,《合同法》第96条第1款后句规定,"对方有异议的,可以请求人民法院或者仲裁机构确认解除合同的效力"。此条说明,解除相对方有异议权,并可以通过提起确认之诉来请求法院确认合同解除权是否发生效力。2009年5月施行的最高人民法院《关于适用〈中华人民共和国合同法〉若干问题的解释(二)》(以下简称《解释二》)第24条还具体规定:"当事人对合同法第九十六条、第九十九条规定的合同解除或者债务抵销虽有异议,但在约定的异议期限届满后才提出异议并向人民法院起诉的,人民法院不予支持;当事人没有约定异议期间,在解除合同或者债务抵销通知到达之日起三个月以后才向人民法院起诉的,人民法院不予支持。"该条进一步明确了合同解除异议权的时间条件,必须在约定异议期内或解除合同通知到达后三个月内起诉确认合同解除的效力。

《解释二》确立了合同解除异议权的行使的两种可能:第一为相对方收到合同解除通知后,向法院起诉确认解除合同无效。民法学界关于解除合同异议的权利性质存在着争议,本文采程序权利说,认为该确认之诉的诉讼标的并非一种实体民事权利,而是对合同法律关系的确定。① 第二为解除方向法院提起了合同解除之诉,诉讼中相对方向法院提出异议,要求确认合同解除无效。本文重点讨论第二种情况。

由于法律和司法解释中采取了"向法院提出异议"、"向人民法院起诉"的表述方式,因而实务中对于解除异议是否必须以起诉方式提出存在争议。这决定了在解除方通过诉讼向相对方发出了解除通知时,相对方的异议是否还必须以反诉的方式提出,从而形成诉的合并? 对此存在两种解释方案:(1)广义解释认为,异议的方式应当包括诉讼方式和非讼方式,都可以阻断解除权的效力。因此在诉讼中提出反驳,亦应当作为提出异议的有效形式。② (2)狭义解释则认为,既然法律已经明确规定了文义,必须以起诉的方式提出异议,在原告提出解除诉讼时,应当以反诉而非反驳的方式提出异议。

民法学界的主流意见是广义解释说。从诉的基本原理的角度观察,通过将解除合同的请求界定为确认之诉,也能够支持这一判断。在原告提出的确认之诉中,其诉讼请求为确认解除权的效力或确认合同解除,而被告提出的异议,其诉讼请求是确认解除不发生法律效力。虽然在诉讼请求上的表述不尽一致,但二者本质上均是对合同法律关系是否解除的确认。不过一为积极确认,一为消解确认,是一个硬币的两面。故而,原被告双方的请求属于同一诉,根本不能构成诉的合并。狭义解释要求被告的异议必须以起诉方式提起的荒谬也可见一斑。同时,由于解除合同的诉讼与异议主张属于同一诉讼标的,法院一旦判决确认解除合同后,被告不能再根据《合同法》第96条第1款后句再次提出异议确认之诉。

(二)形成权与请求权的合并审理

形成权行使后,往往会伴随着恢复原状、赔偿损失等请求权的行使。以解除合同为例,当合同解除后,根据《合同法》第97条,当事人可以要求恢复原状、采取其他补救措施,并有权要求赔偿损失。原告可将形成权和请求权一并向法院提起诉讼,构成诉的合并。如果法院支持了形成权主张,则继续审理请求权;反

---

① 《解释二》的起草者认为"异议权是一种请求权,是请求撤销合同解除行为"。参见沈德咏、奚晓明主编:最高人民法院《关于合同法司法解释(二)的理解与适用》,人民法院出版社2009年版,第176页;也有学者认为是一种形成权,参见汤文平:"论合同解除、债权抵销之异议——《〈合同法〉解释(二)》第24条评注",载《东方法学》2011年第2期;另有研究者认为这种确认之诉的发动并非基于实体权利,而仅仅是一种程序上的异议权,因此向法院请求确认的也不是任何一种实体权利,而只是原合同的法律状态,参见贺剑:《合同解除异议制度研究》,载《中外法学》2013年第3期。

② 参见杜晨妍、孙伟良:《论合同解除权行使的路径选择》,载《当代法学》2012年第3期。

之则无须继续审理请求权,可以直接判决驳回原告的所有诉讼请求。

通过对案件①的分析,可以看出,法院超出诉讼请求的范围,将原告没有主张的解除合同列为判决主文的内容,显然违背了处分原则。该案判决的关键错误依然是将诉讼中解除合同的主张当作了形成之诉而非确认之诉。法官在综合案件事实,认为合同已经无法继续履行,且乙对此有过错,因此甲主张返还预付款的主张更符合实体公正,应予支持。但依据《合同法》第 97 条,甲的返还原物请求权的前提要件是合同已经解除,因此必须对该要件予以认定。又由于甲并未向乙发出解除通知,因而只能将其向法院起诉返还原物的行为解释为其在诉讼中也提出了解除合同的主张。那么,对于该主张,应当如何处理呢?若采确认之诉论,则可以将其作为给付之诉请求权的一个先决要件,因而被给付之诉吸收,故而只需在判决理由中说明即可。若采形成之诉论,则必须将其载入裁判主文,因为根据我国通说,给付之诉可以吸收确认之诉,在给付之诉中不存在裂变出的独立的确认之诉。② 而给付之诉却并不能吸收形成之诉,形成判决的形成力必须通过判决主文方能彰显。该案法院坚持将诉讼中提出的形成权作为形成之诉,从而导致必须违反处分原则。

四、结 论

综上所述,大陆法系民诉理论关于"形成之诉的诉讼标的应当仅限于形成诉权,而不包括普通形成权"的判断,在我国也依然适用。如果将所有以实体法上的形成权为客体的诉讼都作为形成之诉,将可能在确定裁判效力、决定合并审理等事项上引发不必要的争议。

本文通过颇显冗长烦琐的论证,来验证一个大陆法系理论已经较为成熟的命题,实践价值或许要高于理论价值。毕竟,对我国司法实务而言,如果能够明确普通形成权提起的诉讼属于确认之诉而非形成之诉,那么在诸如起诉状和裁判文书的写作、诉讼费用的收缴、判决效力的识别等具体技术操作上,恐都还存在改进完善的空间,因而应当确立更加规范的技术标准,提高诉讼行为和审判行为的准确性。而就理论层面而言,虽然尝试着挑战我国现有的通说,但由于大陆法系理论已经存在正确观点,故而并不是一个有新意的发现。

但是,强调普通形成权和形成诉权在民事诉讼上的显著差异,其理论意义或

---

① 案情略,请参见《龚某某与张某某房屋买卖纠纷上诉案》,北大法宝引证码 CLI. C. 314501。

② 江伟主编:《民事诉讼法》,高等教育出版社 2002 年版,第 29 页。我国也有学者反对这一观点,认为确认问题应当通过中间裁判解决,以诉的合并的方式,而非吸收的方式来处理确认与给付之间的关系。参见傅郁林:《先决问题与中间裁判》,载《中国法学》2008 年第 6 期。

许并不在于对形成之诉诉讼标的本身的厘定,而是凸显出由于将形成诉权和普通形成权混为一谈,导致形成诉讼并未生成自身的特点的局面。形成诉讼在诉讼要件、审理方式、裁判效力等方面都亟待中国民诉法学界的研究和挖掘!

法律意义上的虚假诉讼存在吗？

■ 任重[*]

本文尝试将虚假诉讼问题的讨论纳入到民事诉讼规范研究的范式，以民事诉讼法律体系及民法规范的视角审视虚假诉讼问题。虚假诉讼法律成因分析是对我国民事诉讼法律制度的全面测试与评估，它不仅对确定《民事诉讼法》第56条第3款结果条件有决定意义，更对民事诉讼的体系结构调整有重要参考价值。虚假诉讼法律成因分析在逻辑层面包含两个紧密联系的基本问题，即法律意义上的虚假诉讼是否存在以及虚假诉讼的法律原因分析。

一、虚假诉讼的界定必要

对于第一个问题，无论是《民事诉讼法》第112条抑或是第56条第3款都以肯定结论作为制度前提。然而，这一制度前提却并非理论推导的结果或法律体系的需求，更多是对社会忧虑的回应和抚慰。随着虚假诉讼入法，其也从社会问题转化为"法律问题"。然而，虚假诉讼法律成因分析依旧有实践中和理论上的必要性：一方面，如果在法律体系中无法得出虚假诉讼直接损害案外第三人合法权益的结论，将使以《民事诉讼法》第56条第3款为代表的案外第三人程序保障制度成为装饰性条款。据此，应对虚假诉讼的法律制度将仅具有倡导意义，撤销之诉的结果条件将永远无法实现，从而阻却案外第三人适用相关法律制度。另一方面，在虚假诉讼肯定论的基础上，虚假诉讼法律成因分析也将直接决定案外第三人权益保障机制的适用对象与适用条件。不仅如此，从体系上总结和梳理虚假诉讼法律成因也对根本上解决虚假诉讼问题以及民事诉讼法律体系的系统完善有不可替代的理论价值。对虚假诉讼的概念内涵，理论界和实务界有不同的观点。《民事诉讼法》第112条仅针对四方关系作出规定，三方关系被作为《民事诉讼法》第111条的一种情形与第112条进行了立法上的区分。以四方关系为基础的虚假诉讼概念界定亦构成虚假诉讼法律成因分析的格局与基础。

---

[*] 任重，清华大学法学院博士后研究人员，德国萨尔大学法学博士。

二、虚假诉讼的实体标准

对于虚假诉讼性质的确定起关键作用的是骗取的生效裁判和案外第三人民事权益损害之间的关系。从法律文义解释出发,"民事权益"包含民事实体权益和民事程序权利,有必要分别加以分析。对于民事实体权益方面具有决定意义的民事裁判的作用方式,我国民事诉讼法并未明确民事生效裁判的作用方式,结合《物权法》第28条可以认定我国民事生效裁判的作用方式原则上依旧采取了诉讼法说,即民事生效裁判原则上并不发生变动实体法律关系的效果。通过考察我国《物权法》第28条和民事实体法中关于形成诉权的相关规定,可能通过法院生效裁判导致物权变动的情形限于以下两个类别:一类是当事人无法就共有财产分配达成一致意见,法院对共有财产分配作出的形成判决;另一类是在认可合同被撤销情况下存在物权变动时,法院作出的撤销合同的形成判决。与此相一致,只有在以上两种情况下存在通过虚假诉讼骗取生效裁判损害案外第三人民事实体权益的可能。

三、虚假诉讼的程序标准

对于民事程序权利损害而言,仅从民事诉讼的一般法理出发,他人之间通过恶意串通、虚构事实和伪造证据骗取的法院生效裁判并不会损害案外第三人的民事程序权利。基于我国民事诉讼立法和司法实践的现状,虚假诉讼可能使案外第三人无法享有充分的程序保障,无法正常行使诉讼权利。虽然从民事诉讼法律体系的视角观察,这种不利并非虚假诉讼的直接后果,而是借助于其他因素方得以产生。但以解决虚假诉讼为初衷的第三人撤销之诉某种程度上采取迂回方式,通过特别法解决了案外第三人在民事司法实践中遭遇的另诉不畅问题,其积极意义值得肯定。只是即便在撤销之诉中,案外第三人仍然会受到《证据规定》第9条限制,《民事诉讼法》第56条第3款对此并未作出特别安排。因此对于前诉裁判中确定事实的预决效力,撤销之诉的积极意义仅在于使案件回到作出错误裁判的人民法院,从而解决司法实践中广泛存在的下级法院不愿作出与上级法院不同事实认定的困局。

虽然法律意义上的虚假诉讼仅限于合同被撤销后原所有权人回复所有权、无法达成协议情况下请求法院分割共有财产的形成判决以及因虚假诉讼致使案外第三人无法另行诉讼三种情形。尽管如此,虚假诉讼依旧可以被认定为真正的法律问题,只是其法律意义上的内涵和外延都较为有限,因此并非民事诉讼的一般性问题。这种认识也直接限定了《民事诉讼法》第56条第3款的适用范围。

四、有关虚假诉讼的司法实践

以 2013 年 1 月 1 日到 2014 年 5 月 12 日为时间起止时点,以"第三人撤销之诉"作为关键词进行检索共有 100 条记录,通过分析和筛选,排除与第三人撤销之诉无关的再审案件、执行异议案件以及重复出现的法律文书,截至 2014 年 5 月 12 日共有 75 件第三人撤销之诉案件,其中获得撤销判决的案件共 11 件。通过对调查报告和学术论文进行归纳和总结并通过中国裁判文书网对有关第三人撤销之诉的生效裁判进行检索,我国民事司法实践中尚未出现侵害实体权益类型的虚假诉讼,但有个别判例肯定因为损害案外第三人程序权利启动第三人撤销之诉的可能。因此,旨在应对虚假诉讼的案外第三人撤销之诉在我国存在被滥用的情况:在司法实践中较为典型的给付型和确认型虚假诉讼损害案外第三人物权和债权的判断值得商榷,基于民事裁判作用方式和债权相对性原则的考量,前诉生效裁判并未损害案外第三人的物权或债权。对此,案外第三人可以通过另诉的方式排除损害的发生,案外第三人撤销之诉并不能替代另行诉讼的法律效果。在财产权领域,司法实践中尚未出现通过"虚假诉讼"损害案外第三人知识产权的案例。因此,法律意义上的虚假诉讼是否存在侵害知识产权的可能还有待司法实践的进一步验证。此外,司法实践中总结的"虚假诉讼"主要集中在财产权领域,在既有文献中尚不存在通过虚假诉讼损害案外第三人人身权的司法判例。从案外第三人程序权利视角出发,由于司法裁判文书对程序事项的处理缺乏充分的说理,因此既有司法判例中鲜有直接论述虚假诉讼损害案外第三人程序权利的情形。个别判例将《证据规定》第 9 条中案件事实预决效力作为仅允许案外第三人适用《民事诉讼法》第 56 条第 3 款的法律依据,然而撤销之诉却并未对案件事实预决效力作出特别安排。尽管如此,在较多案件中,案外第三人民事程序权利受损构成法院支持肯定其作为撤销之诉适格原告的背景性因素。就此而言,案外第三人因为虚假诉讼造成民事实体权益损害并非司法实践中第三人撤销之诉的主要动因。解决虚假诉讼在民事诉讼法律体系中引发的连锁反应构成《民事诉讼法》第 56 条第 3 款在民事司法实践中的主要功能。只是案件事实的免证效力在理论和司法实践中都难以作为此类虚假诉讼适用第三人撤销之诉的充分依据。损害程序权利的虚假诉讼分类仅对我国语境下下级法院不愿或不敢作出与上级法院不同的事实认定有积极意义,并可能在缺乏既判力和诉讼标的规范标准的背景下突破我国司法实践中一事不再理原则对案外第三人的不当限制。

五、对虚假诉讼的误读及其消解

司法实践中对虚假诉讼的泛化认识和对撤销之诉的滥用源于对法律意义上

虚假诉讼的内涵和外延缺乏了解，其根本原因是对虚假诉讼法律成因的忽视和误读。要从根本上解决这些问题就无法回避虚假诉讼的法律成因问题。只有明确虚假诉讼的法律成因，坚持法律意义上虚假诉讼的具体范围，才能有的放矢，从制度层面解决虚假诉讼问题，并获得对案外第三人撤销之诉的正确理解和科学定位。

民事生效裁判作用方式是在法律上界定虚假诉讼的核心问题之一，通过作用方式可以明确民事生效裁判是否会直接变动实体法律关系。对此，提起"虚假诉讼"的当事人存在广泛的误解。除了当事人，我国司法机关也存在对民事生效裁判的误读，如法院在第三人撤销之诉的要件审查中都认为错误的裁判一生效就损害了案外第三人的民事合法权益。这种现象一方面反映出我国民事诉讼法学及司法实践对裁判作用方式问题的忽视，另一方面也与我国《物权法》第28条的不明确有关。首先，我国《物权法》第28条的适用范围如何确定尚未通过司法解释和法院判例得以明确。我国民法学者一般将《物权法》第28条中生效裁判的范围限于直接为当事人创设或者变动物权的法院生效裁判，例如离婚诉讼中确认当事人一方享有某项不动产的判决、分割不动产的判决和使原所有权人回复所有权的判决。其次，《物权法》第28条尚未得到民事诉讼法学的足够重视。虽然《物权法》第28条是关于非因法律行为发生物权变动的直接规定，但该条也同时圈定了法院生效裁判的作用方式，明确了诉讼法说的例外。据此可以确定我国民事生效裁判的作用方式同样采取诉讼法说，错误裁判原则上并不发生变动实体法律关系的效果，也不会直接损害案外第三人的合法权益。因此，虚假诉讼的范围界定以及《民事诉讼法》第56条第3款的适用范围理解也理应与《物权法》第28条相协调。

与虚假诉讼及第三人撤销之诉相关的既有文献和民事司法实务有意或无意忽视了案外第三人另行起诉这条一般路径。民事司法实践存在忽略案外第三人另行起诉程序权利的现象。转换观察视角，案外第三人也无疑可以成为普通诉讼程序中的一方当事人，从而以一般程序维护自身合法权益。由此他可以获得更多的准备时间、只需满足更宽松的适用条件便可以获得更充分的审级利益等程序权利的保障。要求案外第三人只得适用相关的特别程序，就需要有正当理由，如既判力的扩张、强制执行程序的特殊要求，否则并没有充分理由强制要求案外第三人只能通过特别途径维护自身合法权益。不仅如此，我国民事诉讼法和司法解释的相关规定也并没有排除案外第三人另行起诉的可能，例如《民事诉讼法》第56条第3款只规定在满足适用条件时，案外第三人可以提起撤销之诉。在我国司法实务界和学术界对虚假诉讼的认识上，另行起诉并未被普遍作为重要的因素加以考量，进而人为扩大了虚假诉讼的范围，并且使撤销之诉的适用范围也扩张到对程序权利的损害。从我国目前的司法实践出发，由于缺乏既判力制度,因此后诉可能因为在案件事实方面与前诉的重合而被驳回。就此而言,第三人撤销之诉解决了案外第三人另行起诉路径不畅的问题。但这种方法却存在以特别程序代替一般程序的趋向。为了充分保障案外第三人的程序权利和实体权益,应当重视和加强另行起诉制度。

无论是裁判的作用方式抑或是另行诉讼制度都直接受到既判力制度的限定和制约,因此,既判力制度化缺失正是我国民事诉讼中虚假诉讼问题的症结。由于立法和相关学术研究中都未提供给民事司法实践具体和可操作的标准,因此,民事裁判的既判力理念并未被法官普遍接受。然而,民事司法实践中却无法回避前诉与后诉的一致性识别问题。从案外第三人权益保障视角出发,应当允许案外第三人针对哪些事项另行提起诉讼就直接涉及既判力问题。也正由于既判力制度化研究和相关立法的缺失,使另行起诉无法充分发挥遏制虚假诉讼和保护案外第三人合法权益的应有作用。这种状况也为案外第三人撤销之诉提供了理论和现实的必要。但从反面观察,正是由于一事不再理原则无法替代既判力制度而为我国民事司法实践提供公正和统一的处理标准,才有必要在特殊情况下通过撤销之诉加以矫正。然而,撤销之诉仅针对《民事诉讼法》第56条列举的个别情形,并且以否定前诉裁判既判力为制度代价,其并无法全面替代既判力制度的作用和功能。因此,只有在立法中建立并在司法实践中贯彻既判力制度,将既判力的主观范围原则上限定在诉讼当事人之间,将客观范围限于裁判主文,将既判力的标准时界定在最后一次言词辩论,才能够根本上解决虚假诉讼对第三人的程序风险,使案外第三人以全面和完整的程序权利消除虚假诉讼可能带来的实体权益侵害,从而在制度层面防止虚假诉讼的发生,并从根源上解决虚假诉讼问题。

论第三人撤销之诉的原告适格[*]

■ 吴泽勇[**]

根据2012年《民事诉讼法》第56条,在确定起诉人是否具有第三人撤销之诉的原告适格时,除了依据第3款规定的起诉要件进行审查,还要看其是否属于第1款、第2款规定的第三人。按照不少学者的理解,在我国,有独立请求权第三人和无独立请求权第三人的范围都很有限,不能圆满涵盖立法者期望通过第三人撤销之诉救济的虚假诉讼、恶意诉讼受害人。这种情况下,如何在立法者意图与规范文本之间取舍、衡平,就成为难题。研读新法颁行后的裁判文书可以发现,司法机关在这个问题上已经出现重大分歧。立法短期内不可能修改,但司法实践不等人。这种情况下,有建设意义的只能是整合现有资源,平衡各种立场,探索一种能为较多人接受的制度适用方案。

一、案外人申请再审的司法实践

通过考察我国案外人申请再审的制度实践,可以得到以下启示:

首先,我国法院对于判决效力问题的处理方式,无法用大陆法系经典理论来解释。在关于第三人撤销之诉的讨论中,"否定适用说"的一个主要依据是判决效力相对性理论。我国司法实践对判决效力问题的处理并没有遵循这一理论。案外人申请再审被司法解释认可并在司法实践中广泛适用,就是因为我国法院对矛盾判决的容忍度非常之低。另外,2012年民事诉讼法选择以第三人撤销之诉而非另行起诉的方式解决案外人救济问题,一个重要理由就是"另行起诉不能解决原生效裁判的效力问题"。也就是说,对于判决效力相对性原则的不接受,甚至构成了此次立法的理论依据。

其次,案外人申请再审可以在一定范围内起到规制虚假诉讼的作用,但这一制度的功能预设不是规制虚假诉讼。如果当事人制造虚假诉讼侵害了案外人的所有权、他物权、共有权,案外人当然可以援引《审监解释》第5条申请再审。但如果案外人直接以虚假诉讼为由提起再审,就可能遇到难题,而且胜诉的几率很

---

[*] 论文已发表在《法学研究》2014年第4期。
[**] 吴泽勇,河南大学法学院。

小。这意味着,尽管立法者表达了运用第三人撤销之诉规制虚假诉讼、恶意诉讼的意图,但从解释学操作的角度,这并非理解该制度的最佳出发点。

最后,对于生效法律文书侵害债权人的情形,案外人申请再审不是恰当的救济渠道。一般来说,法院不会受理案外人对原审当事人一方主张债权的再审申请,因为债权不属于"可以对执行标的物主张的权利"。如果案外人另行起诉,很多时候又会遭遇生效法律文书的阻碍。案外人固然可以以原审当事人"借虚假诉讼逃避债务"为由向法院或者检察院申诉,但这种申诉的成功率显然不会太高。

二、第三人撤销之诉的制度功能

(一)制度存在的必要性

立法机关之所以没有选择再审模式,一个重要的理由是,"再审的条件较为严格、门槛较高,且再审事由不以裁判侵害第三人权益为依据,因此第三人进入再审程序较为困难,即使法院受到再审申请,也可以裁定不再审"。这个理由是可以成立的。首先,在我国司法实践中,再审能否启动的确主要取决于法院和检察院,而不是申请人。这意味着,通过再审方式救济案外人,带有很大的偶然性和不确定性。其次,再审是一种全面否定生效裁判既判力的程序,出于维护法院裁判安定性的考虑,其启动理应慎之又慎。而第三人撤销之诉原则上只撤销前诉判决中对第三人不利的部分,对原判决在当事人之间的效力,并无影响。

(二)立法目的

我国《民事诉讼法》第56条第3款关于第三人撤销之诉适用对象的规定是:"前两款规定的第三人,因不能归责于本人的事由未参加诉讼,但有证据证明发生法律效力的判决、裁定、调解书的部分或者全部内容错误,损害其民事权益的……"如果将重点放在前半句,有可能得出该制度的立法目的与台湾地区法律类似,在于为案外人提供事后程序保障的观点。将重点放在后半句,则会得出该制度的目的在于为确保裁判正确,保护受害第三人实体权利的观点。

笔者支持后一种解读方式,理由是:诉讼参加与第三人撤销之诉的价值取向并不相同。诉讼参加除了让可能受裁判影响的人参加诉讼以保护其程序参加权外,更重要的价值在于一次性解决纠纷,避免多次争讼和矛盾判决;第三人撤销之诉的价值则在于为受生效裁判不利影响的人提供救济。由于这种区别,有可能作为第三人参加诉讼的人与有可能受到生效裁判不利影响的人很大程度上并不重合。另外,我国司法实践中第三人(特别是无独立请求权第三人)的范围本身有很大不确定性。将第三人撤销之诉的原告范围与诉讼参加人的范围画等号,会把这种不确定性带到第三人撤销之诉中来。鉴于以上理由,建议将第三人撤销之诉的立法目的界定为:为受生效裁判不利影响的第三人提供实体救济。

(三)与相关制度的关系

第三人撤销之诉实际上等于一个新诉加上一个局部的再审。因为被规定在总则,第三人撤销之诉形式上就是一个新诉。但这种新诉的目的在于撤销他人之间生效裁判当中对自己不利的部分,所以除了满足一般的起诉条件,还要符合第三人撤销之诉的特殊要件。反过来,如果案外人的诉讼请求与原生效裁判并不矛盾,也就是说,该请求的认可不以原生效裁判的撤销为前提,那么即使原生效判决可能有错误,该案外人也不能提起第三人撤销之诉。第三人撤销之诉启动后,法院面对的问题与再审之诉相当类似,都是对生效裁判当中可能错误的地方进行审查,并在确认错误时予以撤销。但第三人撤销之诉的审查仅限于与案外人利益有关的部分,因此,它顶多是一个局部的再审。

第三人撤销之诉与普通起诉、当事人申请再审的关系,可以通过下面的图展示：

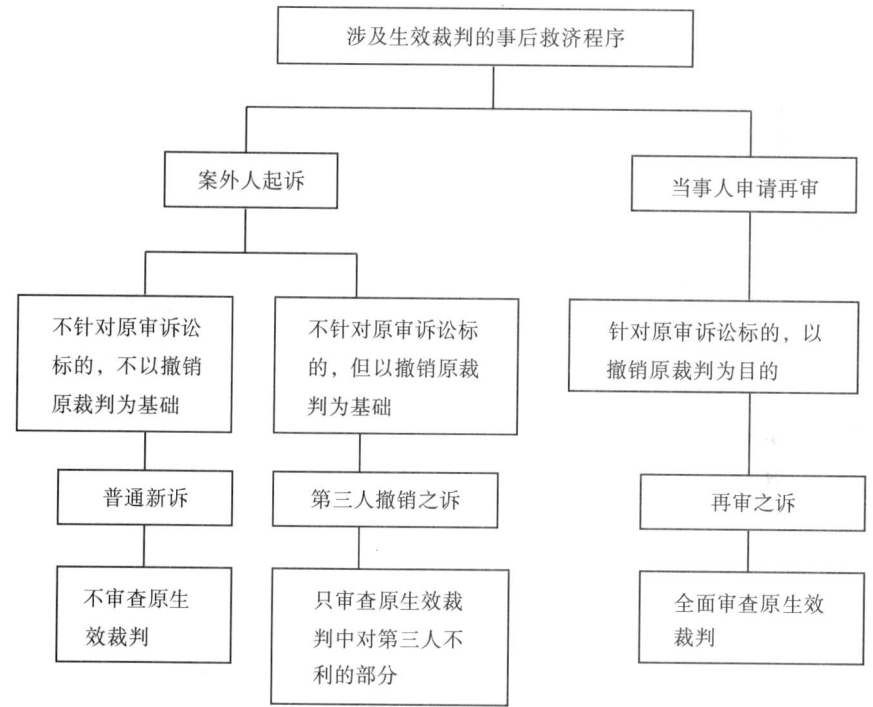

三、《民事诉讼法》第56条之解释

(一)有独立请求权第三人

考虑到第三人撤销之诉的规范目的,在《民事诉讼法》第56条第3款的意义上,不妨把有独立请求权的第三人界定为,"可以在原审诉讼标的中主张独立的实体权利的人"。

按照这一界定,过去适用案外人申请再审的给付之诉应当都可以适用第三人撤销之诉,并且不再受"原生效裁判必须涉及具体标的物"的限制;此外,对于确认物权的生效判决、基于形成权作出的形成判决,也可以提起第三人撤销之诉。

(二)无独立请求权第三人

在第三人撤销之诉的原告适格问题上,应采比较宽松的一般标准,即"原则上案件的处理结果影响到第三人的利益的,都可以作为无独立请求权第三人"提起第三人撤销之诉。因为,按照最高人民法院的权威意见,要求第三人"与案件的法律关系有关联"的限制性标准仅限于法院通知参加诉讼的被告型第三人,而这类第三人恰恰与第三人撤销之诉没有任何关系。

按照以上标准,有独立请求权第三人加上无独立请求权第三人,基本上可以涵盖所有生效裁判损害第三人民事权益的情形。由此,《民事诉讼法》第56条第3款的适用变得可能,而学者批评的所谓"立法错误"很大程度上也不复存在。

(三)必要共同诉讼人

必要共同诉讼人本来就要受原审生效裁判固有效力约束;如果其针对原生效裁判提起诉讼,通常就是对原审诉讼标的本身进行争执。考虑到这必要共同诉讼人本来就是"应当参加本案的当事人",对于判决、裁定结案的,不妨类推适用《民事诉讼法》第200条,对于调解结案的,则类推适用第201条。

(四)受诈害诉讼侵害的一般债权人

对受诈害诉讼侵害的一般债权人,不妨以现行实体为准,只将现行民法明确保护的那些债权人纳入第三人撤销之诉的原告范围;对于民法没有专门规定的一般债权人,则不赋予其第三人撤销之诉的原告适格。

检察抗诉效力与 7 号指导性案例程序规则研析

■ 郑金玉*

一、问题的引出

最高人民法院于 2012 年 4 月 13 日发布了第二批指导性案例,其中 7 号案例关键事实是:最高人民法院建议最高人民检察院撤回一起民事案件的抗诉,但检察院拒绝撤回,法院遂裁定中止案件的审查程序。然而,严格按照《民事诉讼法》(以下简称《民诉法》)第 211 条的要求,检察院抗诉,法院应当裁定再审。该法律规范中的"应当"一词即使不能理解为"必须",但至少可以理解为"原则性指令",如果承认法院有权决定"例外"情形,那么,法院必须给出相应的规范依据和具体理由,否则,"应当"所传达的原则性指令也会落空。《民诉法》第 211 条法律规范的实质内容是对法院的行为进行必要的限制,要求法院在指定的期限内按照立法的原则性要求处理抗诉案件,而最高人民法院事实上通过 7 号案例反过来对该条法律规范作出了缩限性解释,限制了检察抗诉的效力,同时对自己的权力作了扩充:面对检察抗诉,法院有权加以审查;审查之后,除了作出再审的裁定、启动实质审理程序之外,在满足某些条件的情况下,法院还可以(以至"应当")作出非"再审的裁定"。7 号案例中,法院并没有按照诉讼法原则性指令行事,而是另行创制了一套全新的程序规则。

有学者指出,在 7 号案例中,法院驳了一回检察院的面子,出现了一种尴尬的局面,但该案贯彻了处分原则,总体来看是一个妥当的案件。① 在笔者看来,该案还有值得商榷之处,其创立规则的依据——法院所援引的规范依据是否妥当,给出的裁判理由是否充分,需要重新审视。

二、7 号案例裁判依据:法律规范的分析

法院处理抗诉案,最为重要的程序规范就是《民诉法》第 211 条(原第 188

---

* 郑金玉,河南大学法学院副教授,法学博士。
① 参见李浩:《处分原则与审判监督——对第 7 号指导性案例的解读》,载《法学评论》2012 年第 6 期。

条),但最高人民法院在7号案例中回避了该条法律规范的解释和适用问题。法院给出了两条规范依据:一是原《民诉法》第140条(现行法第154条)第11项的规定;二是最高人民法院关于适用《中华人民共和国民事诉讼法》审判监督程序若干问题的解释第34条的规定。

首先,法院援引《民诉法》第154条的兜底条款(其他需要裁定解决的事项)作为裁判依据,但该条款仅是关于法院在处理哪些程序事项时可以采用"裁定"的形式性规定而已,问题的关键不是形式,而是实质,即先有了实质权限,然后才有采用什么司法形式的问题,而不可能是相反的逻辑。我们并不能从该条款中推导出立法同时也授予了法院对应的实质权限。

其次,关于《审判监督程序解释》第34条的援引。司法解释能否适用于审判监督关系与检察抗诉案件的处理尚是个问题。作为国家法律监督机关,检察院有权独立适用法律,可以根据自己对立法规范的理解,要求被监督者——法院重新审视审判行为和决定,审慎地解释法律、适用法律。如果人们要求监督者站在被监督者的立场,要求监督者遵行被监督者对法律作出的解释行事,那么,法律监督就无从发挥作用。所以,法院适用自己的司法解释处理检察抗诉案件,违背了法律监督的基本逻辑。法院应当援引监督者和被监督者共同遵循的更为权威的上位法——国家权力机关制定的法律作为规范依据才更为妥当。

再次,即使承认法院可以援引自己的司法解释处理检察抗诉案件,在检察院坚持抗诉的情况下,我们也很难从《审判监督程序解释》第34条内容中推导出法院有作出终结抗诉审查程序裁定的权限。该规范内容主要针对申请再审中的当事人"撤诉"行为的,而抗诉本身具有独立性,检察院应否提起抗诉、应否撤回抗诉,不完全取决于当事人的行为。7号案例关键问题仍是法院与检察抗诉的直接面对,拉当事人"撤诉"说事,于事无补。

三、当事人和解带来的再审困局:7号案例的裁判理由分析

7号案例中,最值得人们仔细琢磨的还是法院给出的几条裁判理由。法院声明的理由有三:一是,当事人之间达成和解并履行完毕,一方申请撤诉,纠纷已经解决,案件按抗诉程序裁定进入再审已没有必要;二是,该抗诉案不涉及国家利益、社会公共利益或第三人利益,检察院坚持抗诉缺乏相应的基础;三是,该案不予再审,是为了尊重和保障当事人在法定范围内对本人合法权利的自由处分权,实现诉讼法律效果与社会效果的统一,促进社会和谐。该三条理由值得重新分析。

首先,第一条理由。需要我们仔细追问的是,当事人之间达成和解并履行完毕,"纠纷已经解决",抗诉、再审就一定没有必要?严格按照民诉法的规定,抗诉以及再审是否有必要,取决于是否存在法定的再审事由,与"纠纷已经解决"无

关。事实上,原裁判存在法定的再审事由,检察院抗诉、法院再审,不再是有无必要的问题,而是检察院、法院是否恰当履行其法定职责的问题。

其次,第二条理由。司法判决涉及法律规范的正确、统一适用,将会影响人们对法律规范的理解,也会对社会民众的行为产生重要的导向作用,其已超越了案件本身是不是私益的问题。就7号案例而言,仅从公告中我们无从知晓原判决是否存在法律适用上的错误,但这种可能还是存在的。而随着最高人民检察院的介入,该案的恰当处理至少涉及两个国家机关行为的法律效力互认问题。所以,法院声称案件不涉及国家利益、社会公共利益等,实际上是避重就轻、回避了问题的实质。

再次,第三条理由暗示着该案若启动再审程序,会妨害当事人的处分权,激发本已平息的纷争,检察抗诉会陷入再审困局。笔者认为,如果诉讼程序中没有"两造"争讼,说明案件事实、证据等没有重新审查的必要,法院可以在征得检察机关同意的情况下采取书面审理的形式,并不存在因当事人缺失而无法应对的程序困局。再审若能恰当地处置和解协议,同样可以化解再审与"纠纷已经解决"的矛盾。判决所涉及的法律适用等私益以外的事项,当事人无权处分,应该严格依法处理。当事人的私益实行自由处分原则,法律适用等司法问题实行"法定(再审)原则",二者可以兼容、共处。当事人"和解并已履行",是判决生效后、再审前发生的新的事实,"协议"也是一种新生的法律关系,法院应当把这些关键性的"新事实"作为再审裁判的依据。法院在纠错的同时,承认无纷争的现状,承认和解协议及其履行的有效性,"纠错"并承认和解——这种"公"、"私"兼顾的处理方案,可以解决案件实体方面难以下结论的问题,也只有这样,我们才能真正同时收获司法良好的"法律效果"和"社会效果"。

四、7号案例问题本源:诉讼目的论等认识的误区

首先,法院对抗诉的法律效力可能存有误解。作为国家法律监督机关的公法行为,抗诉一经合法提起,就应当具有一定的效力,而作为被监督者,法院没有拒绝和不予承认的权力。检察抗诉的效力大致可以概括为:超越司法审查,启动再审程序;中止执行程序;限定再审审理范围等。启动再审和中止执行,需要借助法院的裁定方能发挥作用。但另一方面,除程序效力外,抗诉在实体上没有相应的约束力,原判决有无错误,由法院独立裁判,抗诉案的最终实质性结论仍由法院作出。

其次,7号案例的处理受到了唯"纠纷解决"诉讼目的论的显著影响。当代社会诉讼的功能和目的有着多元化的趋势,除"解决纠纷"之外,保护私权、维护法律秩序也是重要的诉讼目的。通过7号案例的裁判理由可以看出,最高人民法院基本上是按照"纠纷解决"诉讼目的论的逻辑处理了该抗诉案件。近些年

来，我国按照"纠纷解决论"，甚至是唯"纠纷解决论"的逻辑开展司法实践的现象比较突出，不少法官忽视了当事人之间法律责任的划分和法律秩序的维护，社会对司法、法律的期待，往往都有可能被调解糊弄过去，这样的司法对法律规范的实施缺少必要的示范意义。最高人民法院在7号案例中给出的裁判理由，可以说就是唯"纠纷解决"诉讼目的论的翻版。

最后，最高人民法院在7号案例中突出强调了本是下级法院的司法功能，忽视了自身的司法职能定位。对于处在司法金字塔尖的最高人民法院而言，在极为稀少的上诉(再)审中，不必越俎代庖，把证据、事实以及纠纷解决方案的妥当性等案件本身问题作为其关注的问题核心，案件中的重大法律问题，特别是其中涉及的法律统一解释，才是需要其关注的重点。

值得一提的是，最高人民法院实际上已经十分清楚地意识到7号案例确立的法律规则突破了民诉法的原则性要求，但其并不认为自己的"裁判"不妥，而是认为立法"表述"不清，规定不当。7号指导案例发布时，恰逢修法，最高人民法院就建议立法机关把原民诉法第188条中"30日内作出再审的裁定"改为"30日内作出是否再审的裁定"。然而，立法机关并未采纳其建议。

民事检察权之新型实现方式：民事督促起诉研究

■ 刘加良*

民事督促起诉是指检察机关以法律监督者的名义，针对已经或可能导致国有资产流失、社会公共利益受损的民事案件，督促具有原告资格的有关单位依法及时向法院提起诉讼的制度。

一、民事督促起诉的制度化路径

民事督促起诉为浙江检察系统所首创。2003年年初，浙江省检民行检察部门在总结基层检察机关以检察建议、支持起诉等方式挽回国有资产损失之经验的基础上，创造性地提出了"民事督促起诉"的设想。在多年试点实践基础上，2007年8月，浙江省检出台《浙江省检察机关办理民事督促起诉案件的规定》（以下简称《浙江规定》），对民事督促起诉的条件、情形和程序等事项作出了明确规定。最高人民检察院先后两次在全国性相关会议上对这一创新性尝试予以介绍、推广，并在《最高人民检察院2009年工作报告》第三部分将民事督促起诉定性为"检察建议"。此后，各省纷纷开展民事督促起诉专项行动，相继出台关于加强检察机关对诉讼活动之法律监督的地方性法规。《最高人民检察院2011年工作报告》时隔两年再次提及督促起诉，并将督促起诉的案件数单独予以统计。

出于在全国范围内更好地实现民事督促起诉之整体有效性的考虑，立法论者很早就提出了民事督促起诉立法化的详细建议。然而，2012年8月31日通过的修改决定却将"一审稿"第1条中"以检察建议、抗诉方式"的表述予以删除，借《民事诉讼法》2012年修改之机实现民事督促起诉立法化的意图已被立法论者看成落空之事。

学术界对民事督促起诉整体上缺乏持续性关注和着眼于微观的理论省思，只有有的放矢地运用各种解释方法对法典中的规定进行分析、解释、总结并引导相关实践，方可为民事督促起诉的制度化提供共识性路径。且民事督促起诉的立法化也注定只能是原则性规定，鉴此，解释论视角才是未来的出路所在；而且，法典中的抽象规定已为解释论视角的大展身手提供了充分空间。

---

* 刘加良，山东大学法学院硕士生导师、法学博士。

二、民事督促起诉的角色定位

(一)民事督促起诉是检察机关之一般监督权的实现方式

检察机关的一般监督权是指检察机关针对国家机关、社会团体、公职人员和一般公民是否遵守法律的行为有权进行监督。我国现行1982年《宪法》第129条关于检察机关之宪定法律监督者的规定足以说明有限的一般监督职权与专门的诉讼监督职权被组合式的配置给检察机关。民事检察权是对检察机关在民事诉讼程序中之法定权限的总和性称谓,包括针对法院的民事检查监督权与针对法院以外主体的守法监督权。如果民事检察权被等同为民事检察监督权,民事督促起诉就会被看成是民事检察监督权的实现方式,这会导致民事检察监督权之覆盖面的不当扩大,影响检察机关之资源与精力的合理配置,削弱或抵销民事检察监督权在基本领域的运行效果,进而会无端地维持或增加民事检察监督之反对力量的存量。此外,诉权的已然强大不是对不当行使诉权之行为进行规制的前提条件,民事检察权的运作,不仅不会加剧诉权的脆弱性,反而会补强诉权行使的正当性。民事检察权不能直接针对当事人之诉权的观念存在以偏概全的明显瑕疵和高估民事检察权之越界风险的倾向,此观念亦不足以从基本法理上阻止民事督促起诉成为检察机关之一般监督权的实现方式之一。

(二)民事督促起诉属于强势的检察建议

修改后的《民事诉讼法》并未明确限定民事诉讼活动的检察建议,只有再审检察建议和纠正违法的检察建议,将民事督促起诉划归检察建议具有妥当性,不会诱发突破现有法制框架的危险。对民事督促起诉检查建议的定位更需要考量被督促单位拒绝起诉之后的保障手段。国有资产流失、社会公共利益受损的背后大多隐藏着或者即将出现职务犯罪与违纪现象。被督促单位拒绝起诉的,相关行为若构成职务犯罪,检察机关的自侦部门依此可立案侦查或将有关犯罪线索移送其他有权侦查机关;相关行为若不构成犯罪但需要追究党纪政纪责任的,检察机关则可将相关情况反馈给纪检监察部门。这种后置性的保障手段与倒逼机制应该能够实质性地带来一种事实上的强制力量,迫使被督促单位接受起诉的建议,积极实施其应为之诉讼行为。因被督促单位对起诉自由权的处分会受到检察机关后续行为的强力影响,故民事督促起诉实属名弱实强、外柔内刚的检察建议。

(三)民事督促起诉不是民事公益诉讼的替代物

修改后的《民事诉讼法》第55条规定了民事公益诉讼,但"法律规定"中的"法律"被有权解释严格地限定为全国人大及其常委会制定的法律(即通常所指的狭义上之法律),"法律规定"被有权解释缩小限定为具体性规定。检察机关发动民事公益诉讼的原告资格没能得到立法的直接确认,这一方面意味着经由民事公益诉讼来防止国有资产流失、社会公共利益受损的意图落空;另一方面也意味着民事公益诉讼的入法并不能带来民事督促起诉的终结。此外,将民事督促起诉作为民事公益诉讼之后置方案的设想将会使民事督促起诉的案件范围和被督促者之外延均无法获得可观的基本面,进而将会重挫民事督促起诉的良好势头,相关管护者放任、漠视国有资产流失、社会公共利益受损的情形就会继续重回并维持在高发态势,检察机关作为权力监督者的护法角色就会无法满足民众期待,法律就会得不到严格的执行,进而还会重创法律的权威。

三、民事督促起诉的基本构造

(一)为何督促

国有资产管理者因各种原因怠于提起民事诉讼,无疑会导致更多国有资产的流失和更大社会公共利益的受损,针对国有资产和社会公共利益的法律保护将出现软化或缺位,有法必依和执法必严的法治要求将难以实现,管护者理应带头促进法律有效实施的示范角色与榜样作用将大打折扣。在此背景下,作为宪定的专门法律监督者,检察机关应以促进法律有效实施为首要任务和根本职责。为获得持续的有效性和好评的一致性,民事督促起诉宜采取"重点突破、避免贪大求全"的推进策略,其适用范围的界定不能停留在"国有资产流失和社会公共利益受损"这一抽象层面上,而应在具体列举层面有所进取。把国有土地出让金和专项财政资金的收回等常见情形排序在前、兼用正向罗列与反向排除应是将来全国性规则中具体列举民事督促起诉之适用情形的最优选项。同时把"集体利益受损"作为反向排除情形,原因在于,与国有资产、社会公共利益相比,集体利益的主体具有特定性、明确性和实在性,而且集体利益的主体属一般私权主体;集体成员对集体利益的维护拥有更为直接的方式。

(二)何时督促

若国有资产、社会公共利益之管护者的起诉行为以物上请求权为基础,固然不受诉讼时效期间的限制,但这并不等于承认其起诉行为不会构成怠于行使。笔者认为,管护者在诉讼时效起算18个月后仍未起诉的,民事督促起诉的时机即为成就。若国有资产、社会公共利益之管护者的起诉行为以债权请求权为基础,则管护者在诉讼时效届满6个月前未起诉的,民事督促起诉的时机即为成就。对债权请求权已经超过诉讼时效的,义务人一方的履行意愿是否明确不应影响民事督促起诉的启动,因为诉讼时效是否存在中止、中断或延长的事由只有在法院立案后方可查明,更何况义务人一方在诉讼程序中还有可能不提出诉讼时效抗辩或同意履行债务。

(三)如何督促

民事督促所具有之"职权监督"的属性决定了其不能采取口头方式,书面方式方可表征民事督促起诉的正式性和严肃性,方可确保民事督促起诉成为规范的有文书程序。民事督促被定性为"强势的检察建议",其文书即应划一地采取"检察建议书"的称谓,以被督促单位存在的问题、检察建议的具体内容、提出检察建议的事实依据及法律依据作为文书的构成部分,以检察机关的名义而非以其内设之民行检察部门的名义向被督促单位发出。

劳动法上证明责任分配之基本原则[*]

■ 袁中华[**]

一、案例、规范与学理

（一）案例的引入

原告柏某诉称，2009年3月2日我入职被告A公司担任保洁员，双方未签订劳动合同。2010年4月12日我因病住院治疗未再提供劳动。2010年7月12日我提出劳动仲裁，但仲裁委认为我不能证明双方存在劳动关系，故向法院提出诉讼，要求判决被告支付我未签订劳动合同双倍工资差额15400元。为支持上述主张，原告提供了下述证据：(1)有原告姓名的工资条，除工资构成外没有显示其他用人单位的信息；(2)体检表，注明体检机构为"某体检中心"，内容是身体状况，没有显示与用人单位相关的线索；(3)原告着有"A公司"字样的工作制服的照片，和拍摄于"A公司"招牌下的工人照片，原告以自己穿着为被告的制服作为证据。被告A公司辩称，我们和原告没有任何形式的事实劳动关系，原告所述情况没有事实根据，不同意原告的诉讼请求。就该项主张，A公司并未提出证据进行证明。至庭审结束，双方就争议事实未再提出任何其他证据，法官需要以双方现有的事实主张和证据材料进行裁判。[①]

在本案中构成问题的是，如果双方之间的攻击防御到此结束，则对于法官如何判断诉讼的最终结果，即到底是原告证明双方之间存在劳动关系还是被告证明双方之间不存在劳动关系？该问题如果对于一个处于司法一线的法官依靠司法经验而判断，答案几乎是不言而喻的——原告因承担证明责任而败诉。但即使我们承认司法经验对于司法裁判的确具有非常重要的意义，但却无法支撑这种证明责任裁判结果的正当化。

---

[*] 本文系国家社科基金项目"证明责任视野下民法规范的检讨与整合研究"（批准号：10BFX087）的阶段性成果之一。

[**] 袁中华，中南民族大学法学院讲师，法学博士。

[①] 本案例来自于笔者的调研。

(二) 规范之适用

学界普遍认为,劳动争议实行与普通民事争议有所区别的证明责任分配制度。而其最明显的证据则来自于 2001 年 4 月 30 日起施行的《关于审理劳动争议案件适用法律若干问题的解释(一)》(以下简称《劳动争议解释(一)》)第 13 条和 2002 年生效的《关于民事诉讼证据的若干规定》[以下简称《证据规定》]第 6 条(以下简称规范 A)。而与此相区别的是在 2008 年 5 月起实施的《劳动争议调解仲裁法》第 6 条(以下简称规范 B)。我们试将上述规则适用于本文的案例。如果试图适用规范 A,则我们发现,无论是依据原告的主张还是被告的主张,该案例中双方当事人并未有解除劳动合同的情节。最后的结果是无法适用该规范。而如果依据规范 B,则"当事人对自己提出的主张,有责任提供证据"。由此原告主张双方存在劳动关系,被告主张不存在劳动关系,则最终的结果是双方都需要"有责任提供证据"。

(三) 学理之适用

通过上文分析可以看出,无论适用规范 A 还是规范 B,其结果均无疑是令人失望的。规范不足的情形下我们依然还有选择,即相关的学理。就劳动争议的证明责任问题,学理上大致有两种选择。其一是"倒置说",以证明责任的倒置(即由用人单位承担证明责任)作为证明责任分配的基本原则。① 其二是类型说,即根据案件的类型来确定证明责任分配的原则。其代表性的观点认为应当以"谁主张,谁举证"作为劳动争议领域中证明责任分配的一般原则,但在用人单位掌控的领域则采用"危险领域说"由用人单位进行证明。如果采"倒置说",则应当由用人单位来证明"双方之间不存在劳动关系"。但这一主张却与司法实践中普遍的做法相冲突。如果采用类型说,则如果依"谁主张,谁举证"作为本案的分配原则,则上文的分析已经揭示此路不通。

二、规范说之可行性?

(一) 回到规范说

我们且暂时的跳出劳动争议领域,把目光投向主流的民事法领域对于证明责任的研究,并期望这种观察能为我们思考劳动争议证明责任问题带来助益。当下,大部分民事诉讼法学者(甚至还有部分民法学者)都已经抛弃了"谁主张,谁举证",而采用罗森贝克规范说作为证明责任分配基本原则。而劳动法学术界

---

① 参见李现平:《浅谈劳动争议案件的举证责任》,载《中国劳动》2003 年第 3 期;陈勤:《试论劳动争议案件中的举证责任倒置》,载《中国劳动》2003 年第 12 期;王全兴、吴文芳:《最高人民法院〈关于审理劳动争议案件适用法律若干问题的解释〉的不足及其完善建议》,载《法学》2002 年第 10 期。

对这种"范式转换"几乎无动于衷。迄今为止,劳动法学界几乎还普遍认为民事争议领域实行"谁主张,谁举证"。正是这种在学术节奏上慢上一拍甚至是二拍,使得相关的学说和规范依然停留在了20世纪90年代,从而丧失了解决司法实践案例的能力。

(二)规范说之分析思路与结果

我们试着用规范说来分析本文的案例。规范说的核心观点在于:主张某一法效果的当事人需要就产生该法效果的构成要件事实承担证明责任。上述案例中,其诉讼标的可以识别为《劳动合同法》第82条第1款所规范的基于事实劳动关系而产生的双倍工资请求权。[①] 原告通过起诉主张该请求权,因此依据规范说,应当就该权利的前提性构成要件事实承担证明责任。我们可以尝试对该《劳动合同法》第82条第1款的前提性要件进行学理上的拆分——这也正是法律解释学上所常用的方法——由此可以得到下述三个要件:用人单位与劳动者存在用工事实、用工事实存在超过一个月而未满一年、用人单位未与劳动者签订书面劳动合同。因此,就上述三个要件,根据规范说的原理,均应当由主张请求权的一方当事人(一般为劳动者)承担证明责任。

(三)分配的合理性

原告承担上述三个构成要件的证明责任,则在诉讼中必须提供证据证明这些要件,而在上述要件任何其中之一无法被证明时或者证明不够充分从而导致任一要件处于真伪不明时,则需要承担败诉后果。应该不会遭到质疑的是前两个要件。但就第三个要件,即用人单位未与劳动者签订书面劳动合同,可能会引发问题,因此该要件是一个典型的消极(否定性)事实。如果由原告去证明未签订劳动合同,几乎是无法直接证明的。根据规范说的法理去分析《劳动合同法》第82条第1款,要求劳动者就"未签订劳动合同"要件承担证明责任,这种分配方式并不合理。

三、对规范说的反思与超越

(一)对规范说的反思

那么,问题由此产生,为什么按照证明责任的主流学说规范说去分配证明责任,依然不合理?这就涉及规范说自身的根本缺陷。德国学者汉斯·普维庭认为,规范说几乎完全依靠文义解释(偶尔采用体系解释)在解释方法上存在重大

[①] 关于诉讼标的的学说有新旧说之分,德国的司法实务采新说(诉讼法说),而日本与中国台湾地区的司法实务采旧说(实体法说),但实际上新旧说之分仅仅在极少数案件(主要针对请求权竞合)中的处理才存在差异。而我国的通说一般认为诉讼标的是双方当事人所争议的权利或法律关系,与旧说更为接近,因此笔者直接采用旧说。

缺陷。他指出"(规范说)将证明责任的分配仅仅限制在法律文义和规范构造之内的做法,不能走的太远……""为什么系统的、历史的和目的性解释就不能用来解决证明责任问题呢?"①普维庭在继承规范说的核心原则的基础上提出了"修正规范说"。而日本学者伊藤滋夫的则从规范目的出发将实体法的构成要件根据诉讼标的(请求权)组织为"请求原因(权利发生要件)、抗辩(权利阻碍、消灭要件)、再抗辩(前者的阻碍、消灭要件)、再再抗辩(前者的阻碍、消灭要件)……"这样的体系,从而明确其证明责任分配。②借鉴上述思路,我们在对第82条第1款进行解释时就不用再过分拘泥于法条的语言表达,而应当依据规范目的对其进行更灵活的解释。原第82条第1款将"未签订劳动合同"视为权利根据事实,而笔者则考虑将其反面视为权利妨碍事实。由此原来的法条的表达和新的表达的差异如图1所示:

A. 未区分原则·例外的表达:

$T(t_1 + t_2 + t_3) \rightarrow R$

请求原因(用工事实、超过一个月未满一年、未签订劳动合同)→双倍工资请求权。(第82条第1款)

B. 原则·例外的表达:

$T(t_1 + t_2) \rightarrow R$,但非 $t_3 \rightarrow$ 非 R

请求原因(用工事实、超过一个月未满一年)→双倍工资请求权,但已签订劳动合同则该请求权不成立。

图1 两种不同的规范结构

(二)进一步修正

就上述分配方案,可能产生的疑问是,被告是否还能提出其他抗辩?必须考虑到,用人单位在签约阶段所承担的义务,应当是书面要约义务,与其说用人单位未签订劳动合同导致双倍工资请求权,不如说用人单位未履行书面要约义务即未向劳动者提供签订书面劳动合同的要约更为恰当。(参见图2)

C. 原则·例外的表达:

$T(t_1 + t_2) \rightarrow R$,但非 $t_3 \rightarrow$ 非 R

请求原因(用工事实、超过一个月未满一年)→双倍工资请求权,但用人单位已履行书面要约义务的例外。

图2 第三种规范结构

---

① [德]汉斯·普维庭:《现代证明责任问题》,吴越译,法律出版社2000年版,第412页。
② 许可:《民事审判方法——要件事实引论》,法律出版社2009年版,第132~152页。

四、结语

分析的结论显示,在我国法律规范(当然也包括劳动法规范)普遍缺乏对于证明责任问题考量的大背景下,修正规范说无疑是一种更为恰当的选择。本文尽管提出了劳动争议领域证明责任分配的一般性原则,但这一原则必须与劳动法上诸多实体法规范相结合才能对该领域的各种证明责任问题给予恰当的答案。正是在这个意义上,本文仅仅是一个引论。

民事诉讼诉讼标的理论之研究
——以未来民事诉讼之发展方向为中心

■ 刘明生[*]

民事诉讼,就诉讼标的之意涵应如何理解,于学说上产生甚大之争论。尤其在民事实体法上发生请求权竞合或形成权发生竞合之情形,于诉讼法其诉讼标的为何,究构成几个诉讼标的,存在甚多不同之理解。台湾地区实务上目前在通常诉讼程序仍采用旧诉讼标的理论之立场,学说上则有主张采用旧诉讼标的理论或诉讼标的相对论之见解,亦有主张采用新诉讼标的理论两个构成要素或一个构成要素理论之见解。值得留意者,于德国之长期立法上、学说上与实务上乃采取新诉讼标的两个构成要素理论,并非采用旧诉讼标的理论、诉讼标的相对论或新诉讼标的一个构成要素理论。民事诉讼最基本之诉讼标的概念应如何理解,究以采用何种诉讼标的理论较为妥当,何项理论可成为未来民事诉讼立法上与实务上发展之方向,深值研究。两个构成要素理论认为诉讼标的之构成要素为生活事实(Lebenssachverhalt)与诉之声明(Klageantrag)。生活事实与诉之声明即为诉讼标的之要素(Sachverhalt und Antrag als Elemente des Streitgegenstandes)。生活事实与诉之声明则成为同等价值之要素(gleichwertige Elemente)[①]。于学说上则称其为二分肢说,本文并不使用此项用语,因其无法彰显诉讼标的有两个构成要素之特征。实际上德文 der zweigliedrige Streitgegenstand,不宜翻译成二个肢体之诉讼标的,此乃生物学上或医学上之用语,毋宁系有两个构成部分(zwei Bestandteile)之诉讼标的之意思。于德国教科书与文献上主要都在就欲采新诉讼标的两个构成要素或新诉讼标的一个构成要素理论而有所争论,而非旧诉讼标的理论与诉讼标的相对论。于德国民事诉讼不论于立法上、实务上与极为多数之学说均采取新诉讼标的两个构成要素理论,并未区分律师强制代理程序或当事人本人诉讼程序,且于诉讼实务上已长时间实行,而

---

[*] 刘明生,东吴大学法律学系专任助理教授,德国雷根斯堡大学法学博士。

[①] Rosenberg/Schwab/Gottwald, Zivilprozessrecht, § 92 Rn. 10; Schilken, Zivilprozessrecht, Rn. 229; Hans-Joachim Musielak, Grundkurs ZPO, 7. Aufl. , 2004, Rn. 144.

非采取旧诉讼标的理论、诉讼标的相对论或一个构成要素理论。① 德国民事诉讼不论于立法上、实务上与学说上就诉讼标的之界定采取两个构成要素理论之立场,可谓几已成定论。如此一来,乃使民事诉讼最基本重要之诉讼标的之概念确定,不作太大之争论,以使民事诉讼程序之运作有明确化之目标,促进民事诉讼程序之发展,深值肯定。

旧诉讼标的理论认实体法上权利之主张即构成诉讼标的,此项见解并未顾虑请求权竞合或形成权竞合之情形,本质上系基于同一生活事实而引起之纷争,于诉讼上应认为当事人仅具有一次性使用诉讼制度之权利,不应承认原告可一一慢慢就个别之请求权分次起诉,以使他造当事人造成就同一生活事实纷争多次应诉之重大之不利,且使法院造成审理上之不经济。依旧诉讼标的理论或诉讼标的相对论而原告选择以某特定单一请求权为准特定诉讼标的,原告于起诉时须表明特定之请求权以此作为诉讼标的,并表明其诉之声明,法院于阐明当事人漏未主张之法律关系后,当事人仍不主张该法律关系,基于处分权主义之要求,法院不得将该法律关系采为判决之基础。反之,依新诉讼标的理论两个构成要素之理论,原告于起诉时仅须表明生活事实及诉之声明即符合起诉之合法要件,其无须表明特定之请求权,即使不懂实体法上请求权之原告仍可起诉,对原告较为有利。基于法院知法原则,依原告所表明之生活事实,法院须为原告审查可能存在之请求权,并不受其所主张之请求权之拘束。法院须阐明告知原告所忽略或误认之重要请求权。法院于阐明后基于法院知法原则得直接认定原告所忽略或误认之请求权法律观点,依此作出对其有利之判决。不论依德国之立法、通说与实务之见解,于适用当事人本人诉讼之程序,仍采取两个构成要素理论,并未异于适用律师强制代理之程序而设有不同之规定,不论于律师诉讼或本人诉讼,法院均负有法律观点之阐明义务(德国《民事诉讼法》第139条第2项),借此以弥补律师或当事人能力之不足,并同时防止法观点之突袭性裁判。② 我们未来民事诉讼诉讼标的理论发展之方向——两个构成要素理论与法院法观点阐明义务之结合。

就诉讼标的相对论而言,诉讼标的相对论之主张固可于某种程度弥补旧诉讼标的理论之缺点,亦即当事人选择采取新诉讼标的理论的情形,但其仍无法完全避免旧诉讼标的理论的缺点,因原告仍可能选择采取旧诉讼标的理论。持诉讼标的相对论之论者,试图借由权利失效或权利滥用之法理,认为当事人可能于

---

① Becker-Eberhard, Vor §§ 253 Rn. 32.

② Vgl. Rosenberg/Schwab/Gottwald, Zivilprozessrecht, § 92 Rn. 10; Schilken, Zivilprozessrecht, Rn. 229; Habscheid, Die neue Entwicklung der Lehre vom Streitgegenstand im Zivilprozeß, in Festschrift für Karl Heinz Schwab, 1990, S. 184, 185.

后诉即无法再主张法院已阐明之请求权或形成权之主张,促使当事人于前诉讼即提出法院所阐明之请求权或形成权之主张,借此弥补旧诉讼标的理论之缺点。① 诉讼标的相对论试图以此再事后弥补诉讼标的相对论自身所创下论理上之不足,因其一刚开始承认原告可选择采用旧诉讼标的理论,如依向来旧诉讼标的理论之看法,将会产生确定判决后同一生活事实纷争无法一次性解决之问题。唯此已违反旧诉讼标的理论之本旨,依旧诉讼标的理论,当事人就诉讼标的之决定享有主导权,其既判力不会扩张及于当事人未主张之诉讼标的,法院之阐明义务亦不具有替代当事人主张之功能。诉讼标的相对论权利失效之立场与既判力客观效力原则上仅及于原告所表明诉讼标的之立法(台湾地区"民诉法"第400条第1项)相违背。依台湾地区"民诉法"第400条第1项之规定既判力原则上仅及于原告所表明之诉讼标的,而不会及于原告未表明之诉讼标的,此为民事诉讼上关于既判力客观范围认定之基本原则。依诉讼标的相对论之权利失效法理之运用,实质上已造成使原告未表明之诉讼标的,亦发生如同"既判力"所发生之效果相同,均发生原告不能再主张其先前未主张请求权之失权效果。诉讼标的相对论只不过换另一个"权利失效"之名称,以达发生与既判力相同之失权效果而已,实质上即系认为原告未表明之诉讼标的,也会发生与"既判力相同"之失权效果。但如此之立场则显然违背"既判力原则上不会及于原告未表明之诉讼标的"之基本原则。法院阐明后,原告仍不主张该请求权,基于处分权主义之要求,法院亦不得就该请求判决,该请求仍未成为该诉讼之诉讼标的,就此亦无法发生既判力。倘若欲避免旧诉讼标的理论之缺陷,避免同一纷争再燃,造成被告与法院之不便,毋宁应实行两个构成要素理论,而非透过法院阐明义务产生权利失效之效果或扩张其既判力之客观范围。

此外,诉讼标的相对论权利失效之论理,与其当初为保障原告之实体利益,顾虑原告因举证困难承认其可选择以权利为单位起诉之旨趣相互违背。② 原告关于特定权利相关要件事实之举证困难不会因法院阐明该权利之主张后而消失。而且,因顾虑原告就特定权利之存在其事实有证明上之困难即认须承认原告可选择采用旧诉讼标的理论,亦有其疑问存在。原告自己手中无充分证据证明该权利相关事实存在,自己将重要证据之遗失或根本无相关证据存在,即应自己承担举证责任,而非认为起可拖延至后诉再起诉主张该请求权。如在其个别确实有举证上困难之情形,可透过举证责任转换、减轻或个别性之文书提出义务加以补充,不得因此认为其可拖延至后诉再起诉主张该请求权。

---

① 丘联恭:《民事诉讼法修正后之程序法学》,载《程序利益保护论》,第201页;许士宦:《诉之变更、追加与阐明》,载《程序保障与阐明义务》,第150页。
② 丘联恭:《口述民事诉讼法讲义(二)》,第163页。

倘若采用诉讼标的相对论，原告选择采用新诉讼标的理论二分肢说，其可能于诉讼进行中改采旧诉讼标的理论，因二个请求之审理数据同一，符合台湾地区"民事诉讼法"第255条第1项第2款之请求基础事实同一之要件，如此则提供原告透过如此之诉之变更，避免即将败诉之请求不发生既判力，此种情形被告与法院已就新诉讼标的理论之诉讼标的为充分之准备，且两造当事人已为充分攻击防御之能事，原告应不得将新诉讼标的理论意义下之诉讼标的变更为旧诉讼标的理论意义下之诉讼标的，被告与法院亦有追求纷争解决一次性之利益。①民事诉讼所欲保护者不仅为原告之程序主体地位，尚亦包含被告之程序主体地位。对于民事诉讼处分原则（处分权主义）之解释，不能为了保障原告之处分权，可完全不顾被告利益之保护而作无限制之扩张。

此外，甚有疑问者，在诉讼标的相对论之下，原告并无表示采用以纷争为单位抑或以权利为单位以特定诉讼标的之责任，而透过事后之评价以决定诉讼标的及既判力之客观范围。如此之立场，造成整个诉讼程序之不安定，使法院审判之对象不明确，对被告造成防御上之重大不利。反之，依新诉讼标的理论两个构成要素之理论，原告于起诉时须表明生活事实及诉之声明，诉讼标的于起诉时即已特定，充分被告之防御权及使法院有明确之审理对象。

---

① ．参照 MünchKomm-ZPO/Gottwald, 3. Aufl., § 322 Rn. 114.

司法改革中的法官说理义务

■ 熊德中[*]

2013年11月12日,中国共产党第十八届中央委员会第三次全体会议通过了《中共中央关于全面深化改革若干重大问题的决定》(以下简称《决定》)。其中,"推进法治中国建设"的政策要求深化司法体制改革,使司法正义惠及人民群众。《决定》把法律文书说理作为司法公开的前提性条件。毫无疑问,这项政治性要求将会增强司法文书的正当性、权威性,从而为深化司法改革再添燃料和助力。本文主要以民事判决书说理为例,探讨其说理的制度细节。

虽然法院系统不断地致力于"增强法律文书说理性,推动公开法院生效裁判文书",但是,实践经验表明其并没有触及说理深层次内容。

第一,法院系统制定了一系列判决书说理的司法政策。1992年5月,最高人民法院通过了《法院诉讼文书样式(试行)》。1996年10月,为了进一步提高裁判文书质量,最高人民法院成立了诉讼文书修改领导小组决定对诉讼文书试行样式进行全面修订。1999年4月6日,最高人民法院制定的《法院刑事诉讼文书样式》实现了民事诉讼文书与刑事诉讼文书的分离。2000年4月,最高人民法院把民事诉讼文书改革列为重点调研课题之一。2000年6月19日,最高人民法院宣布,将有选择地向社会公开本院审理的判决书和裁定书并要求各级人民法院逐步公开裁判文书。2001年12月6日,最高人民法院通过最高人民法院《关于民事诉讼证据的若干规定》,要求审判人员"公开判断的理由和结果"、"人民法院应当在裁判文书中阐明证据是否采纳的理由。对当事人无争议的证据,是否采纳的理由可以不在裁判文书中表述"。2004年10月21日,在《关于印发〈关于进一步加强人民法院基层建设的决定〉的通知》中,最高人民法院要求各级法院"建立科学的审判质量评估体系,促进审判质量提高"。2006年6月27日,最高人民法院发布了《关于加强民事裁判文书制作工作的通知》,要求各级法院积极探索民事判决书说理的形式。2007年4月,最高人民法院向各级法院下发了《〈关于民事裁判文书的若干规定〉征求意见稿》。2007年6月4日,在《关于加强人民法院审判公开工作的若干意见》中,最高人民法院强调"人民法院裁

---

[*] 熊德中,烟台大学法学院博士。

判文书……按照繁简得当、易于理解的要求,清楚地反映裁判过程、事实、理由和裁判依据"。2009年12月8日,最高人民法院印发了《关于司法公开的六项规定》和《关于人民法院接受新闻媒体舆论监督的若干规定》,对审判公开作了细致的规定。其中,强调"裁判文书应当充分表述当事人的诉辩意见、证据的采信理由、事实的认定、适用法律的推理与解释过程,做到说理公开"。2009年,《人民法院第三个五年改革纲要(2009—2013)》要求"加强和完善审判与执行公开制度,研究建立裁判文书网上发布制度和执行案件信息的网上查询制度"。2012年8月31日,新修订的《民事诉讼法》第152条第1款增加了"判决书应当写明判决结果和作出该判决的理由"。毫无疑问,这些司法政策、司法解释、法律规定等促进了判决书说理,积累了丰硕的实践经验。然而,它们只是一些政策性的要求,并没有把说理的内容具体化。很大程度上,它们依赖于各级法院的司法实践。

第二,在最高人民法院司法政策的要求下,地方法院不断地探索判决书说理的具体内容。1996年6月,上海第二中级人民法院在判决中首次附设"法官寄语"以增强说理效果。1999年7月,广州海事法院在该院制作的裁判文书中公布了法官的个人意见。2000年年初,广州海事法院修改了原有的裁判文书格式,从而突出了质证、认证过程。2005年6月,北京一中级人民法院在李冰诉华星影院的裁判文书中公布了合议庭的不同意见。2007年2月27日,湖南省高级人民法院制定了《关于规范裁判文书制作的意见》。2007年10月23日,浙江省高级人民法院制定了《关于加强裁判文书说理工作的若干意见》,要求裁判文书应当归纳各方争点,围绕案件争议焦点进行说理。2009年年初,针对各基层法院裁判文书存在的忽视说理、说理不充分、不准确、不到位的现状,辽源市中级人民法院制定了《关于加强裁判文书说理工作的若干意见》。这些地方法院的实践是对最高人民法院司法政策的回应。可是,它们各有侧重,并没有形成统一的、稳定的做法。

第三,最高人民法院的司法政策还致力于塑造法官说理的制度环境。2010年1月11日,最高人民法院出台了《关于改革和完善人民法院审判委员会制度的实施意见》。该文件要求吸收不担任领导职务的法官进入审判委员会,仅仅将那些疑难案件交给审委会,即"人民法院审判工作中的重大问题和疑难、复杂、重大案件以及合议庭难以作出裁决的案件,应当由审判委员会讨论或者审理后作出决定"。过去审委会的会议制决定方式被改为审理制。不仅如此,为了改变上下级法院在审判业务方面的"案件请示、审批"现象,2010年12月28日,最高人民法院通过了《关于规范上下级人民法院审判业务关系的若干意见》,"改革和完善上下级人民法院之间的关系:规范下级人民法院向上级人民法院请示报告制度"。尤为甚者,2010年,最高人民法院成立审判管理办公室之后,各地方法院才开始成立审判服务中心或者审判管理办公室,使审判法官从法院行政事务中摆脱出来。

由此可见,最高人民法院的司法政策、法律解释以及地方各级人民法院的司法实践都是在判决书说理的外围层面改革。这些改革使得判决书说理具备了深入"深水区"或者判决书说理的核心、具体内容的条件,为判决书说理的内容改革夯实了坚实的基础。鉴于此,笔者认为,有必要借此力量推动判决书说理细节的落实。

第一,判决书说理的内容必须具体化。虽然判决书必须说明适用法律和认定事实的理由,但是,并没有相应的司法解释表明其理由包括哪几项内容。笔者认为,无论民事诉讼、刑事诉讼还是行政诉讼,都必须把四项内容呈现在裁判文书中,即诉讼标的、证明责任分配规则、证明标准、程序规则之遵守。详言之,诉讼标的是诉讼主体请求法院审判的法律关系。这是对案件性质的界定。证明责任规则是法官在举证通知中告知诉讼主体应当证明什么事实,提供何种证据以及不提供证据可能面临的后果。证明标准是法官向诉讼主体、人民群众表明其根据证明过程,对案件事实的认知状态是否达到了排除合理怀疑或者达到了内心确信状态。程序规则之遵守反映了诉讼程序是否公正,是否保障了当事人的权益,是否保证了裁判的中立性。这几项内容是判决书的核心内容。

第二,判决书说理的对象必须清晰、确定。一般而言,法官说理义务的对象有三个,即当事人、律师以及所有法院法官(包括自己)。法官必须在判决书中向当事人履行说理义务。法官阐明所认定的事实、法律适用的理由能够使当事人服判息诉,接受判决结果。同时,法官必须向律师履行说理义务。这是对当事人参与诉讼活动的尊重,从而能够增强律师对判决的认同,甚至能够促使律师说服当事人接受判决结果。同时,法官还必须向所有法官履行说理义务。这也是上诉制度、案例指导制度内容的一部分。除此以外,法官说理义务的对象还包括社会一般民众。因为,一般民众是通过媒体报道、法庭审理活动以及判决书等形式接触司法。可是,法律术语、法律职业、法律活动与社会生活空间的相对隔离,在一般民众之间容易产生某种程度上认知的藩篱。所以,法官有必要向人民群众说理。那么,这些说理对象孰轻孰重?孰主孰次?笔者认为,它并没有统一的答案。它需要法官根据裁判所适用的诉讼程序、有无律师代理、是否涉及疑难法律适用、是否涉及隐私、是否具有典型性或示范性等诸多因素来衡量。质言之,在制作判决书时,法官必须考虑判决书对象。因为,如果选择不同的主体为对象,那么,在认定的事实和理由、适用的法律和理由方面,详略呈现出不同程度的差异。

第三,说理的模式必须以当事人为中心。例如,判决书说理可以分为"原告诉称"、"被告诉称或者辩称"、"经审理查明"、"本院认为"、"判决结果"五个部分。

法官说理内容主要集中在"本院认为"部分。这种逻辑结构安排是由具体到抽象,直接反映了法律适用过程,容易让人明白事情的经过与由来。然而,这种说理模式是以法官为中心的审判方式缩影,或者说是以法官为程序的主导者而展开的。法官无须说服谁,而只是阐述这样的事实以及根据法律所应该获得的结果。它是一种"是什么"的描述。然而,笔者认为,说理要求说理者说服对象,说明"为什么"获得了相应的认知结果。它是给予说服对象解释"为什么",是一种认知后的说理形式,即从结果推导出原因。因此,可以把判决书说理分为三个部分:结果、事实、理由。这种逻辑结构安排本身就暗含着说理的要求。在某种程度上,它能够对法官形成一定的制约,让法官围绕着推论结果展开,以使人信服。

因此,在判决书说理的司法政策、制度环境不断地改善的条件下,如果判决书说理的内容、对象、模式更加清晰,那么,判决书的正当性和权威性就会增强,更有利于判决书公开。党的十八届三中全会把该细小之问题上升到政治层面,足见其在推动深化司法体制改革、实现司法公正方面的决心和气魄。这种政治力量必将推动司法改革细致、深入发展,创造公平正义的社会环境。

紫荆学术沙龙

从诉讼法视角论共同危险行为之构成要件与免责事由*
——以《侵权责任法》第10条为中心

■ 许可**

摘　要　本文以《侵权责任法》第10条条文为中心,从民事诉讼法学原理出发,结合民法解释学相关方法,就诉讼实践所要解决之共同危险行为之构成要件与免责事由进行了梳理。笔者认为,应根据共同危险行为所涉不同归责原则识别共同危险行为的主观构成要件,加害人不明不应作为客观构成要件,从法律上的事实推定制度的原理出发,应当采用因果关系排除说作为行为人的免责事由。

关键词　立法目的　攻击防御方法　归责原则　法律上的事实推定

一、问题的提出

共同危险行为在民法理论上也称为准共同侵权行为,属于一种广义的共同侵权行为。从我国的立法实践来看,《中华人民共和国民法通则》和最高人民法院《关于贯彻执行〈中华人民共和国民法通则〉若干问题的意见(试行)》均未对共同危险行为作出规定,《最高人民法院关于民事诉讼证据的若干规定》则从证明

---

* 本文系教育部人文社科规划项目"要件事实理论在侵权案件中的适用研究"(项目号:11YJC820146)与北京市社科规划项目"侵权责任法实施研究——以要件审判为视角"(项目号:11FXC025)的中期研究成果。
** 许可,国际关系学院副教授。

责任负担的角度首次对共同危险行为作出了规定。最高人民法院《关于审理人身损害赔偿案件适用法律若干问题的解释》第4条则首度从实体法的角度对共同危险行为的构成要件和免责事由进行了初步总结。在比较法的视角上,大陆法系各国多将共同危险行为视为狭义的共同侵权行为的特殊形态,并采用同一条文予以处理。比如德国《民法典》第830条第1款规定,数人因共同实施侵权行为构成损害的,各人对损害均负责任。不能查明数关系人中谁的行为造成损害的,亦同。我国的《侵权责任法》则创造性地采用了逐条立法的模式,采用五个独立的条文(第8条至第12条)分别对四种形态的共同侵权行为进行了明确规定,其中的第10条规定,二人以上实施危及他人人身、财产安全的行为,其中一人或者数人的行为造成他人损害,能够确定具体侵权人的,由侵权人承担责任;不能确定具体侵权人的,行为人承担连带责任。本条确立了我国法上的共同危险行为制度。

从《侵权责任法》的制定过程以及颁布实施以来的情况来看,学界关于共同危险行为制度的争论对象主要集中在共同危险行为是否需要主观构成要件以及行为人免责制度的设计上,上述研究对于诉讼实践的重要意义不言而喻,但从更有效地服务于审判实践的角度,笔者认为当前的研究尚存在如下不足:既有的研究忽视了相关问题在诉讼法层面所具有的含义,也鲜有立足于诉讼法学原理展开的论述。这不可避免地削弱了各自的结论对于诉讼实践的指导价值,同时也导致相关问题依然如同雾里看花一般,难以得到确实的解决办法。

二、共同危险行为的构成要件

本文所采共同危险行为的构成要件这一习惯性称谓,从诉讼法学的角度来看,实质上是指受害人作为原告在诉讼中提出的诉讼请求——行为人承担连带损害赔偿责任的发生要件,也即原告请求权的发生要件。并非受诉人民法院在案件审理终结时判断是否作出原告胜诉判决的全部要件。后者还包括原告请求权的妨碍要件,即被告的免责事由。原告对于发生要件所对应的案件事实负担主张证明责任,被告对于妨碍要件所对应的案件事实负担主张证明责任。这一分类的意义在于指导受诉人民法院正确划分当事人的主张证明责任以及科学合理地行使诉讼指挥权。比如,如果我们将"数人实施了危及他人人身、财产安全的行为"作为责任的成立要件,那么原告就应当对该要件存在所对应的案件事实负担主张证明责任,而不是由被告对该要件不存在的案件事实负担主张证明责任。而且,对于一个具体的诉讼而言,原告欲获得胜诉判决,应当在诉讼中首先对那些与责任成立要件一一对应的案件事实加以主张和证明。在原告的证明获得法官确信的心证后,被告欲获得胜诉判决,则应当对那些与妨碍要件一一对应的案件事实加以主张和证明。如果被告证明成功,则应获得胜诉判决。①

(一)共同危险行为的主观构成要件

关于共同危险行为之成立是否需要主观构成要件这一问题,在法典的制定过程中一直存在着肯定说和否定说的对立。肯定说阵营中的主流意见是共同过失说,该说认为行为人之间主观上具有共同过失,具体体现为对于危险的形成(而非损害结果的形成)具有共同地疏于注意义务的过失,该过失一般为推定过失,即只要行为人实施的危险行为造成了损害后果,即可推定行为人在主观上存在共同过失。② 否定说认为,共同危险行为制度的初衷是防止因无法指认具体侵权人而使受害人的请求权落空,重要的是每个行为人都实施了危及他人人身、财产安全的行为。而且,共同危险行为不仅在一般过错责任中适用,在过错推定责任、无过错责任中也有适用的余地。③ 笔者认为共同危险行为之成立不应以行为人之共同过失为要件,基本理由如下:

首先,从体系解释的角度,通说认为《中华人民共和国侵权责任法》第8条规定的是狭义的共同侵权行为,即有意思联络的共同侵权行为,其条文中存在"共同"之要件,在解释上包括共同故意、共同过失以及故意与过失之混合状态;第11条和第12条规定的是无意思联络数人侵权的聚合与竞合情形,条文中均有"分别实施侵权行为"之要件,在解释上均强调"分别"之意味在于否定数行为人之间存在意思联络。因此,就涉及共同侵权行为的立法而言,法典中的"共同"均指数行为人的主观状态,而第10条条文中并无"共同"字样,故而很难认为立法者有将"共同过失"作为共同危险行为构成要件之立法用意。其次,从目的解释的角度,既然立法者认为共同危险行为制度在无过错责任中也有适用余地,因此

---

① 按照法律要件分类说的观点,针对实体法中不同性质的权利,该说将所有的构成要件区分为请求权的发生要件、妨碍要件、消灭要件和阻止要件。除发生要件外,均应由被告负担主张证明责任。关于法律要件分类说以及证明责任的相关学说,主要可参见李浩:《证明责任与不适用规范说——罗森贝克的学说及其意义》,载《现代法学》2003年第4期;陈刚:《证明责任法与实定法秩序的维护》,载《现代法学》2001年第4期。另可参见许可:《民事审判方法》,法律出版社2009年版,第66~67页。

② 持共同过失说立场的学者主要有杨立新教授和张新宝教授。参见杨立新:《侵权责任法》,法律出版社2010年版,第104~105页;张新宝:《侵权责任法立法研究》,中国人民大学出版社2009年版,第247页。

③ 持否定说立场的主要是立法机关和司法机关,王利明教授曾经持肯定说,但后来转为否定说。参见王胜明主编、全国人大法工委民法室:《〈中华人民共和国侵权责任法〉条文解释与立法背景》,人民法院出版社2010年版,第54页;奚晓明主编、最高人民法院侵权责任法研究小组编著:《〈中华人民共和国侵权责任法〉条文理解与适用》,人民法院出版社2010年版,第84、85页;王利明:《侵权行为法研究》(上卷),中国人民大学出版社2004年版,第745页;王利明:《侵权责任法研究(上)》,中国人民大学出版社2011年版,第521~523页。

舍弃"共同过失"这一主观要件对于该制度与无过错责任的无缝衔接具有重要意义。虽然肯定说主张采用过失推定之方式对行为人之"共同过失"加以认定,但如果行为人能够举证证明自身并无过失,则法院并不能认定构成共同危险行为而要求行为人承担连带责任。

在否定共同过失说的同时,是否就意味着共同危险行为不需要主观构成要件呢?自《侵权责任法》颁行之后,民法学界对这一问题的研究进一步深化,部分学者在批评共同过失说的同时,从共同危险行为制度的立法目的出发,将共同危险行为的主观构成要件类型化,即根据共同危险行为适用的不同侵权类型,个别化地讨论是否需要主观构成要件。比如程啸博士认为:

"共同危险行为是解决因果关系不明而设立的制度,而在一般侵权行为(即适用过错责任的侵权行为)和特殊侵权行为(适用过错推定责任、危险责任或公平责任的侵权行为)中都有可能出现因果关系不明的情形,所以共同危险行为既适用于一般侵权,也可适用于特殊侵权……是否需要过错应依据归责原则的不同而有差异。如果是一般侵权行为中,则受害人应当证明每个共同危险行为人存在过错……如果共同危险行为适用于那些采取过错推定责任的侵权行为中,则受害人无须证明共同危险行为人的过错。如果共同危险行为适用于采取无过错责任(危险责任)的侵权行为,则受害人更无须证明行为人的过错。"①

笔者对此表示赞同,并补充如下理由:

首先,从域外立法来看,共同危险行为制度在立法之初就属于广义共同侵权行为(包含主观共同侵权行为和客观行为关联共同侵权行为)的特殊类型,其立法目的在于当加害人不明之时向受害人提供损害填补之可能性。这一点通过主要立法例均采用本文+但书的条文结构即可一目了然。这也就说明,对于共同危险行为而言,与广义的共同侵权行为相比,除因果关系这一要件的主张证明责任的分配出现变化外,关于行为人之个别的主观样态(即过错)在一般的侵权行为中仍应成为构成要件。

其次,如果一律认为共同危险行为之成立不需要主观构成要件,则极可能在一般侵权行为案件中造成一般条款向特殊条款逃逸的现象。作为广义共同侵权行为的特殊条款,共同危险行为与广义共同侵权行为在责任承担上均体现为行为人承担连带责任。而从受害人证明负担的角度,对于一般侵权行为,如果是主观共同侵权行为,受害人需要证明行为人之间存在共同过错(即意思联络);如果是客观行为关联共同侵权行为,受害人需要证明行为人各自存在过错;如果是共

---

① 程啸:《论共同危险行为的构成要件》,载《法律科学》2010年第2期。此外,李锡鹤教授也从行为人免责的角度作出了类似的分析,参见李锡鹤:《论共同危险行为》,载《华东政法大学学报》2011年第2期。

同危险行为,受害人又不需要证明行为人各自存在过错,则会诱使受害人在本应构成前两类行为的案件中通过主张行为人构成共同危险行为而逃避相关的证明责任。如此一来,实务中涉及的真正的共同侵权案件,就可能出现受诉法院大量援引《侵权责任法》第10条,而弃用第8条、第11条和第12条的现象。当然,对于当事人而言,如何选择诉讼标的以及诉讼事由完全是当事人的权利,但如果由于构成要件设计得不周全而出现上述一般条款向特殊条款逃逸的现象,立法的科学性就值得探讨了。

此外,是否应将"不存在意思联络"也作为共同危险行为的主观构成要件呢?笔者认为,如果我们采取前述立场,即关于共同危险行为是否需要主观构成要件之问题,应根据案件所应适用的责任类型而有所不同的话,即过错责任和过错推定责任案件中行为人须具有各自的过错(故意或过失),无过错责任案件中则不需要行为人之主观要件,则"不存在意思联络"这一所谓要件并无必要。详言之,所谓"意思联络",按照目前学界通说,即共同过错,包括共同故意和共同过失。那么,在任何一个具体的过错责任或者过错推定责任案件中,如果行为人各自过错成立的话,则不可能再同时成立共同过错——行为人的主观样态不可能既对危险行为可能导致损害存在个别的故意或者过失,又同时彼此联络或客观上对行为可能导致之损害存在共同认知。换言之,个别的过错与共同的过错两者不可并存,相互排斥。因此,在过错责任和过错推定责任案件中,"不存在意思联络"与"行为人存在个别过错"乃为同义反复。而在无过错责任的案件中,由于行为人之主观样态不构成责任要件,因此讨论行为人之间是否存在"意思联络"是没有意义的。

(二)共同危险行为的客观构成要件

关于共同危险行为的客观构成要件,一般认为包括如下几项:

要件一:数人实施了危及他人人身、财产安全的行为;

要件二:一人或者数人的行为已经造成他人损害;

要件三:加害人不明(不能确定具体侵权人)。

首先应予指出的是,从受害人负担的主张证明责任的角度,只有"数人实施了危及他人人身、财产安全的行为"和"一人或者数人的行为已经造成他人损害"为共同危险行为之客观构成要件,应由受害人于诉讼中加以主张和证明,而"加害人不明"则不属于该行为之客观构成要件,受害人无须对该要件负担主张证明责任。理由如下:所谓"加害人不明",即不能确定具体的侵权人,从因果关系证明的角度观察,实际上是对证明结果的描述,而非对证明对象的描述。从当事人攻击防御的角度,任何构成要件均须成为当事人主张和证明的对象,因此,将"加害人不明"作为构成要件显然是不合适的。

其次,就要件二"一人或者数人的行为已经造成他人损害"而言,从证明的角度,实际上包含两部分内容。其一,受害人的损害已经产生;其二,该损害只能是行为人中的"一人或者数人"造成的。第二部分实际上属于对"可能的因果关系"的证明,即受害人虽然不需要证明真正的加害人(选择性因果关系),但仍需要证明导致损害形成的原因范围,即损害不可能是由行为人之外的原因造成。理论上似可将行为人视为一个不可分割的整体,该行为整体与损害结果之间具有的因果关系类似于相当的因果关系。从受害人于诉讼中实际加以主张的角度,其只需要主张并证明"损害结果由行为人之危险行为造成"即可,并没有必要明确行为主体究竟为一人或者数人。因为后者实际上属于对选择性因果关系的主张。

综上所述,在应适用过错责任和过错推定责任的共同危险行为侵权责任案件中,"行为人存在个别过错"、"数人实施了危及他人人身、财产安全的行为"以及"一人或者数人的行为已经造成他人损害"构成共同危险行为成立的要件,应由受害人(原告)在诉讼中就相应的案件事实加以主张并证明之;在应适用无过错责任的共同危险行为侵权责任案件中(主要包括:产品责任、高度危险责任、环境污染责任、动物损害责任、用人单位的替代责任、无民事行为能力或限制民事行为能力人的监护人责任等),"数人实施了危及他人人身、财产安全的行为"以及"一人或者数人的行为已经造成他人损害"构成共同危险行为成立的要件,也应由受害人(原告)在诉讼中就相应的案件事实加以主张和证明。在证明成功的前提下,即法院就上述事实之存在形成确信的心证时,如果行为人(被告)未提出免责事由,或者虽然提出了免责事由但法院未形成确信之心证,则行为人之共同危险行为成立,应承担连带损害赔偿责任。

三、共同危险行为的免责事由

如何规定共同危险行为的免责事由,在侵权责任法的制定过程中一直存在着"因果关系排除说"和"因果关系证明说"的争论。

"因果关系排除说"认为,行为人只需证明自己的行为与损害结果之间不存在因果关系即应免责。该说的主要理由在于,共同危险行为与损害结果之间的"选择性因果关系"本质上是一种法定的因果关系推定,既然是推定,当然允许行为人通过证明予以推翻,从而达到免责的目的。另外,"既无因果关系,自非侵权人"也符合侵权构成要件的原理。[①] "因果关系证明说"则认为,行为人只能通过

---

① 参见奚晓明主编、最高人民法院侵权责任法研究小组编著:《〈中华人民共和国侵权责任法〉条文理解与适用》,人民法院出版社 2010 年版,第 86 页;张新宝:《侵权责任法立法研究》,中国人民大学出版社 2009 年版,第 248 页;程啸:《论共同危险行为的构成要件》,载《法律科学》2010 年第 2 期;李锡鹤:《论共同危险行为》,载《华东政法大学学报》2011 年第 2 期。

证明真正的加害人才能免除自己的责任。该说的主要理由在于，共同危险行为制度设立的宗旨就是为了保护受害人，倘若行为人仅需要排除自身行为的因果关系，则有可能出现全体免责的情形，对受害人不利。此外，行为人对于危险行为的实施具有过错，而且因其距离危险行为更近，也有利于收集证据。① 在侵权责任法颁行之前，最高人民法院的两个司法解释均采用了因果关系排除说的立场，②而法典在这一问题上究竟采取了何种立场，目前尚未形成通说。

笔者的观点是，因果关系证明说的主要立论依据并不充分。理由如下：

首先，将法官自由心证领域可能出现的问题作为设计构成要件的考量因素是不科学的。因果关系证明说的主要担心在于，如果采用因果关系排除说，审判实务中可能出现行为人证明成功而全体免责的情形，从而导致受害人无从获得救济。此种担心表面合情合理，实则毫无必要。所谓行为人证明成功，实际上是指法官认为各行为人关于自身危险行为与损害结果之间不存在因果关系的证明均满足了证明标准的要求，由此在事实认定的结论上只能作出有利于行为人的认定，即各行为人之危险行为与损害结果之间不存在因果关系这一事实为真。根据现行民事诉讼制度，法官在进行事实认定的时候须遵循自由心证的原则，即由法官凭借"良心"和"理性"对证据的证据能力以及证明力自由作出判断，并依据心证形成的内心确信对案件事实作出认定。③ 如果法官的"良心"和"理性"未出现问题，那么只能认为事实认定的结论是正确的，由此说明受害人在被告的选择上出现了偏差，遗漏了真正的加害人。在这种情况下，受害人理应就自身的失误"埋单"，而不应转嫁他人。如果法官的"良心"或者"理性"出现了问题，对待证事实的认定出现错误，诉讼法已经设计了相应的救济途径，即通过上诉或者再审制度加以解决，而没有必要诉诸实体法的制度设计。再者，无论是因果关系证明说还是因果关系排除说，都无法预防法官心证出现错误。而如果采用因果关系证明说，受害人的损害固然可以获得补偿，但却极有可能导致对行为人的"不公"。比如，在加害人只有一个的情况下，由于行为人无法证明真正的加害人，由

---

① 王利明教授对该说的主要理由归纳得较为完整。参见王利明：《侵权责任法研究（上）》，中国人民大学出版社2011年版，第525～526页。另可参见王胜明主编：《〈中华人民共和国侵权责任法〉条文解释与立法背景》，人民法院出版社2010年版，第54～55页。

② 2002年的最高人民法院《关于民事诉讼证据的若干规定》是最早采用因果关系排除说的立法例，该司法解释第4条第1款第7项明确规定："因共同危险行为致人损害的侵权诉讼，由实施危险行为的人就其行为与损害结果之间不存在因果关系承担举证责任。"2004年的最高人民法院《关于审理人身损害赔偿案件适用法律若干问题的解释》也承袭了这一规定，该司法解释第4条规定："共同危险行为人能够证明损害后果不是由其行为造成的，不承担赔偿责任。"

③ 参见江伟主编：《民事诉讼法》，高等教育出版社2007年版，第148页。

此导致非加害人也要负担连带赔偿责任,这对于非加害人是否过于苛刻?更为可怕的情形是,如果采用因果关系证明说,还有可能诱使行为人之间通谋指认某一行为人为加害人,从而达到转嫁赔偿责任的不法目的。

其次,将行为人承担因果关系证明责任的理由归结于行为人实施共同危险行为之过错并不十分妥当,有过于苛刻之嫌。笔者认为,行为人之过错应主要用于说明在无法查清加害人的情况下,全体行为人须就损害承担连带赔偿责任之理由,即归责的事由。如果在此基础上,再责令行为人负担因果关系的证明责任则过于苛刻。在普通的侵权责任案件中,侵权人尚不需要就因果关系之不存在负担证明责任,何以在共同危险行为侵权案件中,就需要由行为人证明真正的加害人呢?难道危险行为较之一般的侵权行为更具有法律上的可责难性吗?

一如上述,因果关系证明说的主要立论依据并不十分充分,在因果关系证明责任分配的问题上,恐怕还是采用因果关系排除说为宜。笔者另补充相关理由如下:

首先,从法典第10条的条文规定来看,不能认为立法者采取了因果关系证明说的立场。所谓"不能确定具体侵权人的,行为人承担连带责任",是从法官裁判的角度进行的说明性规定。因为"确定"一语,实指法官对于当事人证明活动的最终心证状态。它所要解决的是,当案件经过开庭审理,而法官就何人为真正的侵权人这一事实无法形成确信的心证,此时应当如何裁判的问题。而在"何人为真正的侵权人"这一证明主题方面,是需要行为人仅排除自身与损害结果之间的因果关系即可,还是需要证明真正的侵权人,本条立法并未明确。如果立法者将本条中的"确定"一词改为"证明",则毫无疑问是采用了因果关系证明说的立场。

其次,作为共同侵权行为的特殊形态,共同危险行为制度的特殊之处,主要是由于受害人就因果关系成立的要件事实存在极大的证明困难,如果坚持共同侵权行为制度在这一问题上的一般规定,即受害人只有在证明行为人之行为与损害结果之间存在因果关系的情况下,行为人方承担侵权责任,则受害人很难得到法律的救济。除此之外,应当认为该制度与共同侵权行为制度不存在其他任何差异。也就是说,从行为人的角度来看,与普通的共同侵权行为制度相比,共同危险行为制度在要件构成上不可能加重行为人的证明负担。由是观之,如果认为行为人只有在证明了"谁是真正的加害人"这一事实的前提下才可以免除侵权责任,本质上则改变了因果关系这一构成要件的性质以及相应攻击防御方法的性质。这种本质上的变化超出了共同侵权行为制度的范畴,而且一如前述,似乎并不存在充分的理由。

最后,共同危险行为制度在因果关系证明方面作出的特殊设计,是采用了法律上的事实推定这一立法技术,以达到减轻受害人证明负担的目的。这一点,无论是因果关系排除说还是因果关系证明说的论者均不持疑义。而从技术分析的角度,法律上的事实推定制度与因果关系排除说能够实现更好的融合。

所谓法律上的事实推定,属于减轻某一方当事人证明负担的立法技术,是指法律规定当A事实存在时推定B事实的存在。此时,A事实被称为推定的前提事实,B事实被称为推定事实,其实体法性质,乃是能够导致某一特定法律效果发生的要件事实。如果某一方当事人对于B事实需要负担证明责任,则在存在法律上的事实推定的情况下,只需证明作为前提事实的A事实,如果获得法官确信的心证,则法官应推定B事实存在。法律上的事实推定在共同危险行为制度中的应用,其困难之处在于法典第10条并未明确规定何种事实为推定事实,因此需要进行一番理论上的分析。思路有二:其一,将"全体行为人之危险行为与损害结果之间均存在因果关系"作为推定事实;其二,将"部分的,或者个别的行为人之危险行为与损害结果之间存在因果关系"作为推定事实。笔者认为,在危险行为制度中,受害人的损害结果只能由部分的,或者个别的行为人之危险行为所导致。理由在于,如果法律推定全体行为人之危险行为与损害结果之间均存在因果关系,则共同危险行为应转化为客观的共同侵权行为,在责任承担上应适用《侵权责任法》第11条或第12条之规定,而非第10条之规定。此外,在大多数实际的案例中,损害结果只是由个别的或者部分的危险行为所导致,如果将"全体行为人之危险行为与损害结果之间均存在因果关系"作为推定事实,则与实际的案件情形无法吻合,在解释上存在较大的困难。因此,关于因果关系的推定事实应当是,而且只能是"部分的,或者个别行为人之危险行为与损害结果之间存在因果关系"。如果上述结论正确的话,则在法的逻辑上,因果关系证明说很难与此处的法律上的事实推定实现有机的融合。理由较为明显。因果关系证明说要求行为人证明"何人为真正的侵权人",而该证明主题与上述推定事实——"部分的,或者个别行为人之行为与结果之间存在因果关系"实际上是同一个证明主题。这就明显违背了以下诉讼法理:其一,推定事实无须证明。法律上的事实推定制度本身即不要求当事人就推定事实之存在加以证明,而只要求就前提事实之存在加以证明。因此,如果某一事实成为当事人需要实际加以证明的事实,则不应再成为推定事实。其二,按照因果关系证明说的要求,对于真正的加害人而言,他要么证明自己是加害人,要么制造伪证证明他人为加害人。对于前者而言,法律只会要求当事人证明对其有利之事实,而不可能要求证明对其不利之事实,"证明自己是加害人"明显属于自证其罪,与诉讼法理相悖。对于后者而言,伪证的现象在诉讼实践中并不少见,固然应予处罚,但因果关系证明说却有诱使行为人做伪证之嫌,在制度设计上难谓妥当。综上所述,如果论者均认为共同危险行为制度中关于因果关系的问题采用了法律上的事实推定加以解决的话,则该推定制度与因果关系证明说存在着上述矛盾关系,理论上很难自圆其说。

在明确了推定事实之后,则应考虑应以何种事实作为前提事实的问题。笔者认为,其前提事实应当是"全体行为人之危险行为与损害结果之间存在可能的因果关系"。当受害人关于前提事实的证明获得法官确信的心证,法官应启动该推定规定,即推定部分的,或者个别的行为人之危险行为与损害结果之间存在因果关系。在其他构成要件成立的情况下,全体行为人应承担连带责任。

最后需要解决的问题是,行为人在该事实推定制度中的反证对象以及证明标准。一般认为,在事实推定制度中,受到推定规范不利影响的当事人可以就推定事实不存在提出反证予以推翻。因此,当"全体行为人之危险行为与损害结果之间存在可能的因果关系"这一前提事实获得法官确信心证的情况下,行为人可以就"部分的,或者个别行为人之危险行为与损害结果之间存在因果关系"这一推定事实提出反证予以推翻。那么,什么样的事实构成行为人的反证对象呢?由反证的定义可知,只能是与推定事实相反的事实才能成为反证的对象。因此,"部分的,或者个别行为人之危险行为与损害结果之间不存在因果关系"是行为人的反证对象事实。一般情况下,行为人会选择"自身之行为与损害结果之间不存在因果关系"作为反证的对象事实。此时存在的另一个问题是,如何确定反证的证明标准?也就是说,反证的证明效果是仅需要动摇法官对推定事实存在的心证,还是需要形成法官对于反证事实确信的心证呢?笔者的观点是,就法律上的事实推定制度本身而言,该制度只是减轻了一方当事人的证明负担,但并不意味着同时加重了对方当事人的证明负担,是否需要加重对方当事人的证明负担,需要求诸具体的实体法制度的立法目的。就危险行为制度而言,其立法目的在于消除受害人关于因果关系证明之困难,强化对受害人的保护。因此,在因果关系证明的问题上,需要适当提高行为人关于反证事实的证明标准。也就是说,只有在行为人关于"自身的危险行为与损害结果之间不存在因果关系"的证明达到使法官形成确信的心证状态时,该行为人的证明活动才能被认为是成功的。①

---

① 民法学界关于该问题的讨论多冠之以"免责事由",这一通常的称谓实际上与法律上的事实推定制度之间存在一定矛盾。从民诉法学的角度来看,所谓共同危险行为的免责事由,在构成要件的性质上属于受害人求偿权之妨碍要件,在攻击防御方法上属于抗辩,应由行为人加以主张和证明,从证据分类的角度,相关证据应属于本证。而从法律上的事实推定制度来看,"行为人之自身行为与损害结果之间不存在因果关系"并非推定事实,而是对前提事实的否认,也就是与前提事实相反的事实,在攻击防御方法上不属于抗辩,而属于积极否认,相关证据属于反证,而非本证,自然也不构成受害人求偿权之妨碍要件。因此,"不存在因果关系"在严格的意义上不应作为行为人的免责事由来看待。但由于在该问题的讨论上已经形成了"免责事由"这一较为固定的名称,而且在该事实的证明标准问题上,笔者从共同危险行为制度的立法目的出发,主张采用与本证相同的证明标准,这与将该事实的证明责任倒置于行为人负担并无太大的差异。有鉴于此,本文就该问题的讨论依然遵从民法学界的习惯称谓,未予严格区分。

第一届紫荆民事诉讼沙龙实录

时间:2014年6月22日
地点:北京国际关系学院学术交流中心第一会议室
记录人:清华大学法学院博士研究生曹云吉

主持人(蒲一苇教授):各位,我们现在开始吧。我先按照名单顺序介绍一下与会的成员。由于大家相互之间都比较熟悉,就不做隆重介绍了。我说一下名字,大家相互示意一下,相互认识一下。复旦大学法学院教授段厚省、天津师范大学法学院教授郭小冬、宁波大学法学院教授蒲一苇(也就是我)、华北电力大学法学院教授王学棉、河南大学法学院教授吴泽勇、北京师范大学法学院副教授郭翔、中央财经大学法学院副教授林剑锋、国际关系学院副教授许可、北京化工大学讲师冯珂、北京大学出版社编辑李铎、湖北民族学院讲师李文革、北京大学法学院讲师刘哲玮、南京师范大学法学院马丁、北京大学法学院博士曹志勋、清华大学法学院博士研究生曹云吉、中国人民大学法学院博士研究生黄忠顺、清华大学法学院博士研究生周洪江、清华大学法学院博士后任重。另外还有两位参会人员,中国政法大学法学院副教授韩波、国家开放大学讲师董疆。他们两位因故要晚到一会儿。另外,待会儿我们还要隆重地介绍莅临会议的张卫平教授。

张卫平:不用了,不用了。

主持人:现在会议正式开始。我们这次研讨会"预谋"已久,早前就和张老师商量这件事,张老师也一直想做一个这样的诉讼法专业的研讨会,做一些深入的研讨。虽然"预谋"已久,但实施起来有很大的难度。现在我们欣喜地看到,这一计划终于启动了,今天我们济济一堂,坐在这里做一个高端的研讨,从与会人员来看是非常高端的,基本上都是博士以上的专业诉讼法学者,除了年龄不是很高端,其他都是很高端的。另外一个高端就是本次研讨会有幸邀请到张卫平教授,张老师的亲自与会无疑使我们的会议更添光彩,提升到一个更高的高度。在这次会议上,我刚刚在介绍时,没有做过严格排序,大家坐的时候也没有严格的位次,我觉得这个就体现了我们研讨会的会风和精神,我们不讲究身份和地位,大家都是以一个学者的身份发表意见,畅所欲言。希望这次会议开一个好头,以后都要按照这个风气,充分发挥学术的自由精神,对事不对人,可以各抒己见,恶意针锋相对,并且不因为不同意见或者批评造成其他的一些想法,我们纯粹就是为了学术研讨,如果我们把这个精神保持下来,这个会坚持下去,一定会形成一个有独特风格的有较高水准的民诉法研讨会,并且充分发挥它的魅力,吸引更多的研究者加入进来。下面我们欢迎张老师致辞,不用专门介绍了吧,介绍就有点过分了。(鼓掌)

张卫平:在此,我想表达这样几个意思。第一,要感谢各位不辞辛苦,来参加这个会议,尤其是京外的各位学者。第二,我们的会议想朝着探讨精细化的方向发展,尤其是将重点放在规范分析和研究上,要从基本的民诉理论出发,如果我们再走以往粗放式研究,大会式群言杂语的这种方式,不利于我们提升理论研究水平,尤其是如果在研究方法和一些细节问题的探讨和把握方面不够,尽管我们现在的形势,尤其是对我国的法治来说,现在看得还不是很清楚,但是我相信总有一天我们会走上法治的正轨。如果到了那个时候,我们需要规范的理论来指导的时候,可能我们找不到我们所需要的理论,没有理论的承继人,找不到能够了解民事诉讼基本理论的人,因而我们的精细、深入的学术研究依然是很有必要的。不因为现在我们司法的粗放,而认可这种现实,那是司法制度的问题,司法制度也总有一天会现代化。我们各位要做的是非常高端的理论研究,涉及制度的原理。在这个方面,我认为民事诉讼法学与实体法学的研究相比有一定的差距。当然实体法不需要去顾忌实践,和我们必须考虑实践,这之间有一定的差别,所以他们在理论研究的单纯化方面走得更高、更远一些。因而,在这方面我们要向实体法学的研究学习。同时,也需要紧跟国外民事诉讼理论发展研究的动态,不能掉队,否则我们会对不起下一代人。上次在《中国法学》杂志成立三十周年时,我特别强调了一下,我们的研究对于理论的追根溯源,梳理学术的发展和历史渊源、整理概念、弄清其内涵,虽然是纯学术,形而上的,但是非常必要的。我们现在的研究过于实用化、庸俗化,缺乏理论支撑。这是我那次针对会上个别老师所说的要研究现实,不要太抽象、太学术会而发表的一些看法。我认为不用担心理论的非实用性,《中国法学》一定要发表那些纯学术的,哪怕是纠缠于某些概念,也要进行研究,如果弄不清楚基本的概念,尤其是最初的概念弄不清楚,很可能误导我们以后的研究。第三,我们这个会很不容易,希望坚持下去,一苇的话总体很不错,但有一点我觉得值得商榷,是否会议的规模越大越好,我认为还是要走精英化,我们在座的就是民事诉讼法学界精英当中的部分精英,我们一定要把有研究实力、有很好的学术训练,又有志向从事理论研究的人聚在一块,做一些高端深入的研究。每一次会议规模不一定太大,太大也不太容易组织,不容易对问题进行细致和深入的研讨,一大可能又成了年会赶集式的,回复到了传统会议上。当然我们研讨会参加的学者不一定每次都是这些人,有一些轮换,尽量吸收对此问题有思考研究的学者参加。通过这样的研讨会把大家聚集起来,推动学术研究的发展和深入。第四,这是一个纯学术性的研讨,就像一苇教授所说,我们只针对理论,只针对观点,不针对人。我们需要"纠缠"某一些观点,要追根溯源,把它弄清楚,如果在会上弄不清楚,在会下再进行研讨,但是一定要深入、细致,一定要有一种开放和学术民主的氛围,我参加主要是意思一下,因为民事诉讼法学的发展重任是在你们肩上。当然,我们现在也还需要继续学习。把现在作为学术研究的新起点,需要我们大家共同努力。好,我就说这么几点意思,最后预祝我们这次研讨会取得圆满成功。谢谢各位。(鼓掌)

主持人:非常感谢张老师的致辞,张老师短短的几句话,我们感到了对我们在座的青年学者的殷切希望,并且也流露出张老师在学术上的高瞻远瞩和强烈的责任感。张老师还如此的虚怀若谷,我们都很惭愧,我们要赶上张老师这样的阶段,距离还很遥远。我们接下来要学习的任务还很重。还要补充一下,许可于第一次来做研讨会的主题发言,把自己树立成第一个靶子,还是需要很大勇气的,因为我们当时在讨论谁上第一个的时候,大家也是反复斟酌,还是比较需要勇气。许可身先士卒,首先抛出他的第一篇论文,我们现在进入研讨会流程。在做主题报告之前,我先交代一下会议规则。第一,刚才我们讨论了一下,考虑到会议时间的紧凑,所以我们对与会发言有一点小要求,就是大家的发言和提问要紧扣主题,因为按照张老师说的,我们要做精细化研究,就是不要将它泛开。第二,每个发言的人第一轮每人时间不超过10分钟,控制在10分钟以内,既然张老师临时受命让我做主持,给我很大的自由裁量权,我再把这个权利拓展一下。如果发言过程中,大家兴致高昂,如果讲的话题有所偏离,或者超越时间的话,那么不好意思,我要稍微打断一下,就是稍微阻止一下,请大家谅解,包括报告人许可我们给他的时间不超过20分钟,他很谦虚地说15分钟就够了,反正我们不让他超过20分钟。论文大家手里都有,并且提前发给大家看过,内容都比较熟悉,恐怕也作了比较充分的功课,所以许可来迎接这一次挑战吧。下面我们欢迎许可来做这次研讨会的主题报告,他报告的题目是"从诉讼法视角论共同危险行为之构成要件与免责事由"。大家欢迎(鼓掌)。

许可:谢谢主持,谢谢张老师,谢谢各位同人。

按照沙龙的规则,还是要有录音,这个录音会后还不能修改,但是我认为是第一次,还是与张老师商量一下,大家不太习惯,尤其是提到学术以外的东西,我认为还是可以修改,或者允许不登载在研究会的会刊上。在正式开始之前我还是想说几句题外话,首先感谢张老师把这个艰巨的光荣的任务让我来承担,刚才早到时,李铎老师已经跟我讲了,说:"许老师,这文章写了几年了,写两年了吧。"我说你咋知道,他说你上面写的"侵权责任法实施两年以来",你算一算,我说真是很不好意思,确实是两年前写的,这个东西放的时间也比较长。另外也想这次拿出来请各位同人批评指正。当时张老师把这个任务交给我,我就承担了,所以也没有问题。其次,感谢各位来到国际关系学院,尤其是几位远道而来的老师,分别从上海、开封,还有从宁波,天津反正不是太远,马上就一体化了,当然也要欢迎,还有从湖北来的。远道而来的各位,有的是我的师兄师姐,有师弟,我表示衷心的感谢和欢迎。再次,张老师把这个任务交给我,实际上也是有个希望,这个希望也就是张老师在沙龙刚开始讲到的沙龙宗旨,这里面也寄予了张老师对民事诉讼法学界年轻学者的厚望,一种要求,也是我们的一种责任与担当,这一点与我们今天第二阶段要讨论的民事诉讼法研究的贫困化有密切关系,我想张老师的这篇文章也给我们沙龙和民事诉讼法学界今后的研究提出了一个重要方向。张老师在文章中提出了两点:一个是方法问题;一个是实体法与程序法隔阂的问题。这两个问题也是我们今后需要完善和补充的内容。我这篇文章主要是从要件事实理论的角度来讲,也涉及一点研究方法问题。另外也结合了实体法与程序法,也有打破实体法与程序法隔阂的想法,所以由我来做要件事实在侵权责任法中的适用,我想可能张老师也有考虑,当然我有勇气承担这个任务,最后完成的质量如何,不好讲,所以请各位同人批评指正。

下面我就简短地报告一下文章的内容,因为在一个月之前任重老师已经将文章发给诸位,而且按照沙龙规则,最好是在一周之前将相关的意见、问题、建议反馈给我。我在一周之前大概就接到一点点,所以蒲老师说允许大家提问,大家都作了充分准备,我觉得也没问题,但如果是突袭性提问,我可以保持沉默。另外张老师提到很重要的一点就是我们还是要把问题搞清楚,无论是在会上还是会下。我想终究是要搞清楚,然后形成文字,集中登载在会刊上。

我的文章主要是围绕《侵权责任法》第 10 条,也就是共同危险行为的构成要件及免责事由。当时写这个文章的动因主要还是我在清华大学法学院师从张卫平老师做的研究的一个继续。因为当时在张老师指导下完成的博士论文主题是要件事实的一个理论探讨,那么大致在那篇文里面,已经就要件事实理论在民事实体法中的应用作了若干尝试,当时有合同法总则部分、知识产权部分,但没有侵权责任法,因此也是博士研究的后续。之所以选择《侵权责任法》第 10 条,主要是因为关于危险行为的构成要件及免责事由本来都是民事实体法学者关注的重点,在争论过程中,也形成了不同的结论和观点。但是到目前为止,据我的观察,还未形成主流说。而从要件事实理论来看,我们主要关注的是实体法的条文结构问题。那么第 10 条在条文结构上有它的特点,这个特点与我们一般的实体法的表述以及从比较法的角度,与德日以及我国台湾地区的表述都有所不同,所以选择第 10 条,第一点是看一下从要件事实的角度,从民事诉讼法学的角度,能不能够为实体法学者关注的重点问题给予一定诉讼法学科的知识支撑。第二点,对于我们现在民事实体法的立法现状,立法技术相对粗糙,从诉讼法角度能够提供哪些建议。大致从这两个角度来分析这个问题。这是文章写作的背景。在我的研究当中,第一个问题已经得到基本解决。从我研究的结论来讲,实际上是对实体法学者关于相关问题的争论给出了一个诉讼法角度的答案。当然这个答案实体法学者是否认同,现在还不知道。第二个问题还有待研究,即从诉讼法角度,民事实体法的立法技术还需要从哪些方面完善提高。这个部分问题没有回答。这篇文章重点探讨了两个问题,即共同危险行为的构成要件与共同危险行为人的免责事由。这两个问题的研究分别应用了诉讼法学要件事实的视角,使用了诉讼法学事实推定的制度原理,主要从这两个诉讼法学方法论的角度对上述问题展开讨论和分析,研究的过程可能各位会有一些疑问和问题。也希望在后边的研讨中提出来。

首先这样的研究方法可不可行,因为我们的这种研究面临的一个比较大的风险就是涉及很多实体法知识。民事实体法的知识先不说作为诉讼法学者,作为我们这代人掌握的情形如何,就像张老师在开幕词以及"贫困化"这篇文章中提到的,民事实体法学实际上无论是在研究广度和深度都取得了很好的成绩,我们很难企及,所以用这样的方式研究,存在的最大风险就是能不能紧紧跟上民事实体法研究的最新成果。另外的一个风险可能就来自于要件事实理论本身。在博士论文写作阶段,包括在毕业之后工作学习中也还在继续思考这一问题。我记得在博士答辩时,当时就有老师提出来,要件事实理论无论是从思维方式还是方法论主要脱胎于日本,日本的本土化特征比较明显的法律思维方式能不能够直接适用于中国的诉讼实践,实际上这也是张老师文章中提到的比较法研究视角所必须关注的问题。当然我们在讨论是否要移植某一个外国法制度时,不仅仅要关注这个制度本身,还要关注这个制度植根的法律体系及社会体系,因此用这种方法论存在的风险就是要件事实理论作为发生于日本实务界的这种思维方式能不能适用于中国民事实践,需要回答这样的问题,当然这个问题在我的博士论文以及大家见到的我的那本专著中也有部分回答,到目前为止,我觉得它还是一个具有普世性的工具。当然在运用这个工具解决某些具体问题上,得出的结论可能会与日本、我国台湾地区有些不同,但是它的基本工具性,它所应当具有的内涵,我觉得有意义。这也是我继续运用这个理论进行研究的一个出发点,当然大家可以批评讨论。文章的具体内容我就不再详细报告了。

在这里可能还要提一个问题,就是我们对于自己的诉讼法领域的一些基本制度到目前为止可能还未形成统一见解。比如法律上的事实推定问题。这个制度可能还未形成一致意见。这里我用了这个分析工具,是否可以,我用的这个法律事实推定的基本内容是否准确,能否如此应用,可能也需要大家讨论和分析。实际上文章结论并不重要。虽然文章的结论对于当事人的攻击防御,对于法官的诉讼指挥以及审理判断具有重要意义。但是从沙龙的宗旨来看,这个结论并不重要,重要的是在于我们用这样一种视角,这种研究方法去尝试做这样的事情,尤其更为重要的是在尝试过程中,能够把涉及的民事诉讼基本理论和概念厘清。因为要借鉴多学科,不管是实体法还是程序法结合,还是要跳出法学范畴,广泛地运用政治学、经济学、社会学以及其他学科的知识和方法来支持法学研究的话,最基础的恐怕还是要把民诉法学最基本的东西搞清楚。实际上也有一些同人提出了一些问题,有些问题是基于这篇文章,有的是基于这篇文章升华出去的问题,有的还涉及重大的理论问题,比如德日两国关于辩论主义适用范围存在的差异问题,这实际上都是非常重大的理论问题,可以借我这篇文章形成讨论,最好在会上会下能够形成一致性的东西。

我就说这么多,谢谢大家。

(鼓掌)(以上是许可副教授的报告内容)

主持人:感谢许可做的主题报告,以及他对民事诉讼法学研究方法所做的尝试。下面我们进入讨论和提问的环节,请大家自由发言。

郭翔:我是郭翔。许可的文章我看了,因为时间比较仓促,有两个感觉:第一个就是关于主观要件部分。我觉得思路很好,这个不评价了。但对于客观要件部分有一个疑惑,在文章的"三、共同危险行为的免责事由"上面这一段,如果取消了"实际行为人无法确定"这个要件后,许可老师说的一般条款向特殊条款逃逸的现象是不是也会发生?因为论文这一段中提到了"在应适用无过错责任的共同危险行为侵权责任案件中"有两个共同危险行为成立的构成要件:一个叫"数人实施了危及他人人身财产安全的行为",这是第一个要件;第二个要件是"一人或者数人的行为已经造成他人损害"。我可以举个例子,如果有人造假药,就是美国的那个案件,我也知道哪个公司造的假药,但我考虑到他偿还能力有限,我不告他这一个人,而是用许可老师提出的这两个构成要件,提共同危险的诉讼,这是不是也是一般条款向特殊条款的逃逸呢?这是第一个疑惑。

第二个疑惑就是许可老师给我的一个启发,他提到了一个关于要件取消的问题,他提到了"加害人不明"不属于该行为之客观构成要件的理由,文中解释为加害人不明,即不能确定具体的侵权人,从因果关系证明的角度观察,实际上是对证明结果的描述,而非对证明对象的描述。从当事人攻击防御的角度,任何构成要件均须成为当事人主张和证明的对象,因此,将'加害人不明'作为构成要件显然是不合适的。我不知道是否可以理解为因为"加害人不明"是难以作为证明对象的,因此不能作为构成要件。如果是这样,就与高桥宏志在《重点讲义民事诉讼法》"辩论主义"这一章里面所提到的一个观点冲突。在高桥看来,法条对于要件事实的规定,有两个类型:一个是确定能够被证明的;另一个是抽象的表述,比如说过失。后者只能作为证明的指引,而不能作为证明对象。按照高桥的观点,法条中的规定,如果属于抽象的表述,本来就是无法直接证明的。这样一来,许可老师以对证明结果的描述难以证明作为不将"加害人不明"作为构成要件的理由,是否合适,我就有疑惑了。

许可:这个不需要主观构成要件指的是过错责任原则,在应当适用过错责任或者过错推定这样的制度中,还是需要主观构成要件,在严格责任或者无过错责任的案件中,过错不作为要件存在,所以它不需要作为要件。

郭翔:你这里取消的是"实际行为人无法确定"这个要件以后的后果,不是主观要件,主观要件没有问题,你的分析很有道理。就是关于客观这一方面,关键是取消了"实际行为人无法确定"这一要件,那么就会导致从一般条款向特殊条款逃逸这种现象。比如刚才所说的,我知道是谁卖给我的药,我也知道药是谁制造的,但是这个企业偿付能力很差,我根本不告他,我就主张共同危险,完全符合这个要件规定。

许可:那可以啊,如果事实存在并不是一个厂家制造了这种导致损害危险的药物,那当然可以,因为两个要件构成不一样,那么需要主张证明的案件具体事实以及要件事实也是不一样的。按你说的,你刚才说的是一个普通侵权案件,但是因为侵权责任人偿还能力有限,在这样一个事实情境下,如果还符合其他条件,比如说是共同危险行为,一人或数人行为导致危险状态,即除了一个厂家生产这样的药物,还有其他厂家。如果存在这种情形,可以利用共同危险行为主张证明,要求损害赔偿。这是一点。另外,如果说其他两个厂家,乙和丙最后知道受害人遭到损害的药物来源于甲厂家,而不是乙丙厂家,那么可以通过证明生产的药物与受害人所遭受的损害之间不存在因果关系而免责。

郭翔:这个是免责,还是证明不是共同危险。

许可:证明免责。

郭翔:这个时候可不构成共同危险。

许可:从要件事实的角度来讲,这里面可能涉及诉讼标的问题。诉讼标的本身来讲,所谓的共同危险只是在解决因果关系无法证明时的一个特别的制度。在诉讼标的层面上,可能并不存在特殊一类叫作共同危险之类的请求权,它只是一个要求对方承担连带责任或者独立责任这样的一个请求权。对于行为人来讲,他不需要证明你的共同危险不成立,我只需要通过反证来动摇法官对于原告主张证明的要件事实的心证状态,在无法动摇时,我只需要主张和证明妨碍要件,也就是民法学者经常用到的免责事由。这是我的理解。

郭翔:那能不能这样理解,按照你的观点,共同危险是不能首先主张的,一定要先主张共同故意、共同过失,或者主张无过错案件侵权人为多数,但是到最后环节,我无法证明是一个人干的还是数人干的时候,法官这个时候依职权适用共同危险的条款。

许可:这种理解在实践中可能大量存在。因为它涉及最后一个证明的问题,所以很可能会出现狭义的共同侵权,即原告起诉的是狭义的共同侵权,要求若干人共同承担连带责任,最后有可能根据证明的实际情况,只有一个人是实际的加害人,其他人不是。也有可能在满足了共同危险的成立要件的基础上,因因果关系证明不清楚,而适用第10条,让三个人都承担连带责任,这种情况可能会出现的。但是在共同危险里面行为人的过错主要是体现在他们的行为使受害人陷入了一个危险境地,而对于损害结果不存在故意或者过失,如果存在则应转化为其他的侵权形态。

主持人:郭翔的问题和研讨暂时告一段落。如果后面涉及相同疑问,我们再进一步展开。下面有请下一位。

吴泽勇:之所以抢在前面,是因为我对许老师的文章没有研究,这是第一次读这样的论文,害怕后边的其他老师把批评意见提完了,自己就没话说了。我先从论文研究方法说起。许可兄刚才说到他想尝试一种兼跨程序法与实体法学的这么一种解释学的研究方法,他也提出想问一下这么一种研究方法是否可行,以及如何操作。我的意见是这种方法不仅可行,而且应该鼓励。实务中也好,立法中也好,都要兼跨实体法与程序法这两个领域,因此我觉得许老师的论文是一个很好的尝试。作为尝试,总是免不了有一些问题,尤其是在论证的细节方面。这是我总的看法。下面我就论文论证细节提出一些问题。因为我是昨天晚上才读到这篇论文,没来得及与许老师交流,可能有些问题比较牵强仓促,请求原谅。第一个问题是反驳共同过失说的理由。第二页第一个理由从体系解释的角度这段话中,他把法条的语词适用作为重要分析依据,因为第8条运用了"共同"这一术语,而第10条没有用,这样是不是第十条未将共同过失作为要件。我的想法是共同危险行为与共同过失行为一般理解为广义的共同加害行为,如果说从这个理论出发,是不是可以把第10条作为第8条的延伸,也同样可以成立的。即如果把"共同"这一术语用在第10条这一点作为解释的出发点是否有点牵强。之所以这样说是牵涉到我们解释学的研究方法问题,法解释学一定要从语词出发,但是我们知道中国法的语词适用可能是相对随意的,可能立法者在使用一个语词写一个法条时,并没有考虑得那么全面,因此我们在解释时,除了语义,还要用到理论。一面是语词的使用,一面是理论的使用,中间应如何取舍,这可能会影响到解释的结论。这是第一点。

第二点是论文中引用的案例,为了说明在无过错责任中也是可以运用的,我觉得在论文的这部分引用这个案例,可能不太合适。因为我觉得这个案例并不是共同加害行为,而是一个个别侵权行为。这里作者要讨论的"共同过失行为"这么一个主观要件是否可以作为共同危险行为的要件,在这儿引用这么一个案例,就有可能文不对题。我后来仔细把论文读了一遍,觉得作者论证的逻辑可能有点问题。因为许老师先讨论了共同过失是不是一个主观要件,然后又在程啸老师的论文的基础上说共同危险行为同时适用于过错责任与无过错责任。在过错责任中,自然就有个别的过错作为主观要件,在无过错责任中,则谈不上了。从逻辑的角度,如果先谈是不是要这么一个主观要件,然后再谈共同过失,从逻辑上可能比较好理解。因为是否要把共同过失作为主观要件,中间可能要讨论的是行为之间的意思联络,而这一点许老师并没有充分讨论。这个可能是因为论文结构安排的问题,导致读者理解上有一些困难。

第三个问题,许老师论文中将无意思联络是否作为共同危险行为的主观要件这一点,似乎持否定见解。理由是共同过失也好,无意思联络也好,本身与个别过错是排斥的,如果认为行为人有个别过错的话,那么不可能同时认为他们存在共同过失。我本人由于民法知识欠缺,对这一点不太理解,论文中间也没有更多的解释。我后来查了一下程啸老师的论文,他的思路是把无意思联络作为共同危险行为的消极要件,即每个人的每个行为都可能有个别过错,如果个别过错都成立的话,就成立了共同危险行为,但是如果行为人有意思联络的话,就超出了共同危险行为,而成为共同加害行为。因此他把无意思联络作为消极要件。他是为了区分共同危险行为和共同加害行为的。所以程啸的依据是德国法上的通说,他的思路我是可以理解的,但是本文否定把无意思联络作为共同危险行为的消极要件,我觉得不是很好理解。

第四个问题,就程啸的论文来说,把无意思联络作为区分共同加害行为和共同危险行为的要件,这是德国法上的通说。这一通说是否可以从中国法的解释中得出,这也是需要讨论的。因为许老师的论文是解释学的论文,如果说中国法的法条表述以及逻辑体系安排,不能够得出这么一种"无意思联络"与个别过错相互排斥的结论的话,那么这个论点就需要进一步的论证。

第五个问题是关于免责事由的两个学说。许老师的观点我完全同意。因果关系排除说是符合民诉法原理的,因为把因果关系作为一种推定,如果要排除它,只需要反证就可以,完全不需要证明加害人是谁。如果要让受害人证明加害人是谁才能排除因果关系的话,那么就等于不存在共同危险责任了。因为一旦证明加害人是谁,就不存在共同危险责任了。这是很荒谬的。这一点我支持许老师的论点。

第六个问题,许老师论文在讨论推定事实的前提事实时,对共同危险行为的立法目的进行了讨论。他对适用过错责任原则和无过错责任原则两种情况的立法目的进行了区分。我觉得这个区分可能必要性不大。许老师说在适用过错责任与过错推定原则的案件中,该责任的基础可以归结为行为人的过错。在后一种情况,即无过错责任的情况中,它的责任基础可以归结为保护弱者地位的受害人之利益。我觉得两种情况都可以用保护弱者地位的受害人之利益这个立法目的来解释。过错责任的情况下,过错也不是承担责任的必要充分条件,因为在适用过错责任的一般案件中还需要因果关系,但是在共同危险责任中并不需要因果关系。所以我觉得这个区分不一定特别必要。

第七个问题,即反证的证明标准问题。许老师的结论我赞成,他认为对于因果关系推定的反证的证明标准应当达到一般的证明标准,即内心确信,而不仅是一种反驳,但是我的思路跟他的思路不太一样。他是从共同危险行为的立法目的这方面来分析的。但是我觉得不必援引这么一个立法目的来论证,因为反证一般情况下是一个独立的证明活动,其是一个单独的证明责任分配。立法上已经推定了因果关系一般情况下存在了。你要证明其不存在,就要承担完全的证明义务,即反证事实完全存在。从这个角度讲,对反证事实的证明,本来就是一个新的证明活动,而并不是对另一个证明活动的反驳。因为一般情况下对另一方证明活动的反驳只需要动摇法官内心确信即可,但是它是一个新的证明活动,自然要达到内心确信的标准。

这是我对论文细节问题的看法,没有和许老师交流,可能会有些地方谈得不准确。最后还有一句就是关于研究方法问题。我觉得许老师的论文提供了一个很好的范本。这篇论文也是一个法解释学的规范分析论文。究竟在中国语境下民事诉讼法解释学应该如何做,我们应该对它有何种期待,这是需要大家仔细讨论的。从我的预期来讲,我可能会期待更多地从实务出发,特别是在讨论每一种理论选择时,要关注这种选择对实务有什么影响。这一点许老师可能有考虑,但是在论文中没有体现。另外在做中国法解释学研究时,要特别谨慎地使用外国法的理论,因为比如说德国的理论通说,是对德国法的解释结果,它不一定是放之四海皆准的,因此我们在中国法的解释学论文中引用它的话,要去将它与中国实务相比较对照,去看它们之间是不是相互排斥的。

好,可能有点超时了。

主持人:感谢吴泽勇教授提出的几个问题,看来他对这个论文作了很深入详细的解读,许可说他回应两句。

许可:谢谢吴教授。刚才提到的好几个问题,前面的几个问题我虚心接受。有两点从诉讼法角度需要大家关注的问题,所以我做一个简单的回应,请大家再继续批评讨论。一个是刚才涉及的不存在意思联络这样一个消极要件,在我的观念当中,"不存在意思联络"不应当作为一个要件出现,这是和实体法学的一个很大区别。因为之所以会存在这样的区别,主要还是从诉讼实践证明的角度以及证明责任负担的角度出发,因为从要件事实角度来讲,同一个要件事实只能由固定的一方当事人负担主张和证明责任,这也是要件事实的基本特性,即在法律效果上是相互排斥的,但是在生活逻辑上可以同时存在。反过来讲,如果两个事实在生活逻辑上不能同时并存,也就不可能成为两个独立的要件,所以从这一点出发,从要件事实理论的这一基本要求出发,来分析民法学者关于构成要件的结论时，实际上不仅仅体现在共同危险行为的构成要件上，也体现在其他很多类似问题上，我们会发现实体法学者关于构成要件的讨论结论，有很多脱离诉讼实践。如果从要件事实理论来讲，可能会存在若干问题，一个比较严重的现象就是把一个同样的事实分别从肯定和否定的角度规定为积极要件和消极要件。这从要件事实的角度来讲，是不合适的，比如共同危险行为，只要行为人存在个别过错，不管是个别故意和过失，这里的故意和过失指的是行为人对自己行为导致受害人限于危险境地存在故意或过失，而且是个别的。既然是个别的，一定不会存在意思联络。从这个角度来讲，这两个要件所针对的案件具体事实，在诉讼实践中指向是一样的，只不过是从肯定和否定不同的角度来阐述而已。所以有这样的区别，即从诉讼角度理解实体法学者关于构成要件分析结论的问题。

另外一个就是泽勇教授提到的一个非常重要的问题。法律上的事实推定制度的法律效果到底是什么。是把证明责任进行了转换倒置，还是并没有发生倒置，而仅仅减轻一方当事人负担，而并没有加重对方当事人的证明负担。学界主要观点是法律事实推定导致证明责任发生转换，但是我的基本结论是并不当然发生证明责任转换，它只是减轻了原来负证明责任之当事者的证明负担，但并没有与此同时加重对方当事人的证明负担，是否需要加重对方当事人的证明负担，即证明责任是否需要转换，实际是一个司法政策问题。法律事实推定并不当然带来这样的法律效果，我认为它的法律效果是单一的，既减轻负担证明责任人的证明负担，是否同时加重对方当事人负担，需要叠加司法政策这一条件。在共同危险行为制度中，如果司法政策在于着重加重共同危险行为人的证明负担的话，那么加重的方式即是对反证的证明标准的提高，提高到了与本证同样的标准。谢谢。

张卫平：我建议让许可简单地说一下，因为有的法院是按照要件事实论来处理案件，它们在试行。试行的情况如何呢？

许可：据上海市长宁区法院的情况来看，试行要件事实理论给他们解决了很多积案。

张卫平：看来这个理论还是有很大用处的。

段厚省：我在上海与长宁法院打过交道，但是对他们是否按照要件方法展开诉讼程序却没有直观的感受。我经常在上海市法官培训中心上课。记得有一次，我上午讲完，下午就是邹碧华讲他的要件审判方法。我上午讲的是侵权责任与违约责任的竞合问题，其间也涉及证明这一块，我看法官们对要件审判方法的反应，不以为然的占一部分。因此这种审判方法作为一个公式具有引导性，也很有价值，但是实践中遇到个案时，首先遇到的问题便是要件如何确定。由于老法官们对法教义学的原理掌握得不太好，因此确定很困难。其次就是生活事实是一个整体，如果要从法律的角度对其进行评价，有可能出现一个生活事实形成两个构成要件的内容,然后人为地要求当事人反复证明。就是基础事实已经证明,但是是否有过错本来是法官评价的问题,可是也要当事人证明,证明其有过错。但是我也看到上海高级人民法院的相关部门为了配合这样一个做法,发了一个指导性的文件,好像把整个民法里面的请求权都涵盖了,最重要的就是侵权与契约两部分,婚姻法也弄了,我就要了一份看了一下,里面错漏还是蛮多的。

张卫平:他们是否参照了司法研修所的要件事实那套办法?

许可:没有那么高的水平。

段厚省:我举个简单例子。婚姻法上起诉离婚是一个形成权,他们说成是离婚的请求权。在诉讼上讲有离婚请求是对的,但是实体法上的离婚请求权是有问题的。另外撤销、变更合同都是形成权,确认物权叫作确认请求权,概念有点乱。

张卫平:按照您的说法,他们主要是理论基础功底有问题。

段厚省:我看这是最关键的。

张卫平:如果把这个问题解决了,那还是好用的。

段厚省:接下来我就评论一下许老师的这篇文章。我从方法论的角度来谈一下。根据我的记忆,程序法学者对实务的关注已经比较早了,大概在2002年到2004年之间,或者再晚一点,我与陈刚教授在一起谈到他的证明责任理论研究这本书。他说他有一个心愿,如果能把民法领域所有的证明责任分配问题全部用规范研究整理一遍,那该多好啊。法官们拿过去就能用。他当时就举了一个合同法的例子,他想写一个证据合同法学,合同法里面的证明责任分配问题,现在好像还没有出,后来我也和他提到过,他说这个东西工程量巨大。因此我认为程序法学者中关心实体问题的,并不是从现在才开始。只是大家心有余而力不足。实体法学者里也有关心程序法的,比如说王利明教授在一二十年前授课时就有案例教学,其间也涉及程序问题,他还出过司法改革的书。梁慧星教授讲课的讲义出版的一个小册子,叫《裁判的方法》,其间也涉及证明责任分配问题,也涉及证明标准。有两次和我在一起谈论民事诉讼法修改时还提到公益诉讼问题,他说诉讼法学界应在这个问题上多做推动。可见他们也看到程序与实体割裂开来,对各自的研究都有障碍。

今天看到许老师的文章和报告,他的书我也看了,尤其是这篇文章给我一个感觉,即是我们程序法学者在关注实体问题研究时陷入了一个困境,即如果按照学术分工来说,由实体法学者对要件进行阐述,我们在他们的基础上对证明责任问题、证明标准问题,包括具体程序如管辖等展开研究。现在的问题是一旦我们涉及程序中的要件事实时,发现他们的学说都不一致,他们实体法领域中对于同一个问题的认识不一致,使得我们程序法的进一步研究就有了很大的困惑。我看了许可文章的第二部分共同危险行为的构成要件,严格来说作为程序法视角来观察时,就不再讨论这个问题了。构成要件实体法有通说,法教义学很发达,我把这一块的原理拿过来,在这个基础上,仅关注证明问题就可以了。哪些应作为证明对象,哪些不应该作为证明对象。成为证明对象后,证明责任如何分配,分配好证明责任后,每一个证明对象的证明标准如何。怎么去把握,在把握过程中,最后进行评价时,法官应运用何种模式进行评价,我们可能在这个基础上进行探讨会更好,现在的问题是花了很大篇幅在探讨实体法领域没有解决的问题。当然我对共同危险行为也有个人看法,这个我就不再展开。

我接着多讲两句。我有一次在复旦大学法学院一个年度的小型学术沙龙中,也就是复旦年年搞的校庆学术研讨会,我提到过程序法的构成要件问题。我当时受到台湾地区学者杨建华的启发。他说我们所谓的追求客观真实,还是陷入了自由心证。这个客观真实还是由法官来判断。他其中提到了自由心证的构成要件问题。比如自由心证要件包括四点即综合全辩论意旨,不能断章取义。所有证据必须经当事人双方充分辩论,法官推理判断必须符合论理法则、逻辑法则,最后心证之事由包括过程应公开于裁判文书。这个给我很大启发,符合构成要件,自由心证结果就可作为裁判基础,不符合要件,可成为上诉理由。我提出这个时,一个刑法学者有一些不同看法。他认为正常情况之下,从实体法角度来看,经常说要件,程序法的要件如何理解?他一时之间觉得不能理解,说程序法不需要要件。我说程序法也需要要件呀。因为程序法也有法律效果呀。比如说诉讼中止需要哪些要件,出现哪些情况才能诉讼中止。诉讼终结需要哪些要件。起诉立案达到何种条件才必须立案。为什么这样说,我们现在轻程序,就是因为程序没有严密的构成要件,如果有严密的构成要件,我一看法官的某一行为违背了这个要件,就违背了这个程序,法官作出的程序决定就是无效的或者违法的,或者是可以上诉的、可撤销的。这是我自己的想法。当然也受到了许老师那本书的启发。能不能在程序领域专门作一个民事诉讼的要件研究。

张卫平:你的研究可能面临一个问题,因为有任意规范、强制规范。如果你不区分是强制规范下的诉讼行为还是任意规范下的诉讼行为,这个要件就会有不同的问题。因为民事诉讼与实体法有很大的不同。我们要研究外国民事诉讼理论中的责问权,有了责问权,就有了责问权丧失或者放弃,使得不符合要件的行为依然有效,这一点作为实体法学者特别难以理解。但是诉讼法有它的特点。所以我认为你的研究把这一块弄清楚,再来研究这些行为的要件,那就非常有意义了,如果这一点有点模糊的话,恐怕就会面临一些问题。

段厚省:这个研究我想首先对规范进行区分,但是我一直没想通的问题就是张老师刚才提到的责问权的问题,因为我也思考到为什么有些行为不符合要件仍然有效。比如符合再审条件的案子,当事人没有申请,法院没发现,此时就不能说程序行为无效。我就是没想到责问权的问题。在这里谢谢张老师。

张卫平：德国、日本举的最典型的例子是反诉，即反诉的一个要件是反诉与本诉要有关联，但是没有关联也提起了，法院也受理了，我只要不责问，则反诉就是有效的。这就很有意义。而且责问权很多地方都会用。但是用的时候会有一个前提，这就涉及任意规范、强制规范，还有新堂提出的评价规范和行为规范。这一套是一个整体，很有意义。但是我想顺便问一下，你们5月27日青年学者聚到一块，青年学者之间能讨论起来吗，因为大家都是不同的学科的？

段厚省：当时也有过担忧，我曾经在会上提出过，就像我们这样，其中一个人报告，其他人从不同领域去探讨，这样每一次讨论都会有一些成果，但是他们搞得不行，就是每人给15分钟发言。如果人多了，参会者坐满了，那么半天每人就有15分钟。今年还可以，因为就来了5个人，大家展开讨论，反倒讨论得很好。

王学棉：我是王学棉。非常高兴参加这个会议。首先我对研究方法谈一下看法。许可的文章是程序法和实体法结合得很好的文章，但是我觉得这个方法可以更丰富，因为这里面没有案例。也就是说你在研究时，脱离了我们的司法实践，就有可能导致空对空。因为现在的判例很好找，最高人民法院已经有一个网站，用来公布裁判文书，即人民法院裁判文书网，你可以找很多案例，然后在案例基础上，再把实体法与程序法相结合，可能在研究方法上比现在应该更成功。所以我认为以后民诉法的研究应当注重程序与实体结合，程序与实务结合，现在的实务不一定是你必须去做律师，不做也可以，直接从法院裁判文书网上下载，你就可以把案例找来，然后作类型化分析，最后再提炼。第三种方法就是到法院挂职。看看法院内部是如何管理、法官如何审案子、如何讨论的。北京也有。所以这也是条路子。以后民诉要想发展，可以多条腿走路，不一定抓着程序法与实体法结合这一条路。所以我觉得可以再找一些实际的判例来充实文章。下面我们涉及一个更为精细化的问题，论文谈到法律上的事实推定的问题，这个问题我还是做过一些研究的，我现在对您的事实推定理论有一些不同的看法，但是没有提前把我的意见给你，希望见谅。我觉得以后应该制定规则，应该提前将意见发给报告人。

张卫平：以后这一点肯定要补充，即不同意见一定要提前发给主报告人。

王学棉：如果现场无法答复我，也没关系。事实推定必然会涉及两个事实：基础事实或前提事实（p）和推定事实（q）。许可文章认为"基础事实是全体行为人的危险行为与损害结果间有因果关系"，通过这个基础事实推出的推定事实是"部分的，或者个别行为人之危险行为与损害结果有因果关系"。按照我的理解，我们在做推定时，首先是进行选择，基础事实（p）往往会与两个或多个事实（q或者r、s）有联系，然后在后面的多个事实（q或者r、s）中选择一个作为推定事实，其他的就不选了。之所以不选，是因为它们是偶然事件，前一个事实是一个概率很高的事件，但是在这里我没有看出来你是如何选择的，你为什么认为可以全体行为人的行为与损害结果有因果关系,推出部分的,或者个别行为人之危险行为与损害结果有因果关系,你不选的那个推定事实(r 或 s)是什么,我不太清楚。

许可:这是您看错了,那是推定事实,不是前提事实。

王学棉:论文定义前提事实是"全体行为人的危险行为与损害结果存在可能因果关系",然后推出"部分的,或者个别行为人之危险行为与损害结果之间有因果关系",不就是这样推出来的吗?我们为什么设定推定,就是因为前提事实比较好证明,推定事实难以证明,但是现在按照您的结论,第一个事实就很难证明,您如何证明全体行为人的危险行为与损害结果之间存在因果关系。这是非常难证明的。但是相对而言证明个别行为人给我造成损害似乎更好证明。因为我只证明一人行为即可,所以按照您的结论,我认为证明难度更大,因为证明全体人更难证明,这是生活常识。

更为严重的问题是既然推定事实是"部分的,或者个别行为人之危险行为与损害结果之间有因果关系",但法律后果(其他构成要件成立)却是"全体行为人承担连带责任"。该后果显然不是建立在推定事实之上。设立事实推定的目的就是因为法律后果要建立在推定事实的基础上,但推定事实又难以证明,为此允许当事人证明较为容易的前提事实,然后推导出推定事实。许可的文章显然意识到了这一冲突,为解释这一冲突,将其归结为"着重保护弱者地位的受害人之利益"这一立法目的。但这一解释并没有很大的说服力。保护弱者的立法目的确实需要通过具体的立法技术,如推定、举证责任倒置等来实现,但这些立法技术不能与其他的法理冲突。许可文章中所界定的事实推定显然与其他法理相悖,此时,用立法目的来解说不能从根本上解决问题。

第二个问题是推定出来的事实是可以反驳的,既然可以反驳,那么所有受到不利影响的人都可以反驳,但是您现在的推定事实是部分人的行为与损害结果有关系,那就意味着只能部分人来反驳,但是事实上,所有的被告都可以进行反驳,反驳我的行为与你的损害是没有因果关系的。因此您设置的推定与我们的诉讼实践是不吻合的。诉讼实践中肯定是所有的人都可以反驳。反驳能否成功则另当别论。这也是我认为文章不能自圆其说的地方。

第三点我顺便说一下郭翔说的那个问题。就是关于从一般条款向特殊条款逃逸的现象,我觉得这个问题不会存在。因为当事人如何主张事实,选择哪个法律权利做依据是当事人的事情,每一个当事人都有对法律的理解,他有他的诉讼策略。不可否认,原告选择不同的法律权利,因其构成要件不同,原告的证明难度会有差异。不可忘记的是,法官的判决根据是证明结果而不是原告的选择。如果根本不存在共同危险行为,原告却要选择按共同危险行为起诉,案件的证明结果必然是无法满足共同危险的构成要件,其请求最终并不能得到支持。考虑到客观事实与证据所证明的事实之间的差异,可能会出现极个别本不是共同危险行为,原告按共同危险行为起诉并最终得到支持的情形。但这也不足以诱惑原告动辄主张共同危险行为。毕竟原告依据何种法律制度提起诉讼,那是他的权利。因此不会存在当事人动不动就主张共同危险这一条款。我觉得不存在从某个条款向另一个条款逃逸的问题。

第四点就涉及"加害人不明"这个兜底要件,你现在认为这个不是共同危险行为的构成要件,我的观点不太一样。我觉得应该是一个要件,因为作为原告来说,他现在只能证明所有的被告都有危险行为的可能,自己受有损害,但是又不能说清楚是哪一个人的行为所致,即无法完全证实因果关系。此时法官就开始转移举证责任,改由被告,即由加害人来证明自己的行为与原告之间不存在因果关系。当加害人证明了自己的行为与原告损害结果之间确实不存在因果时,就可以免责。当被告们不能证明自己的行为与原告的损害之间没有因果时,就意味着案件事实陷入真伪不明,即加害人不明。加害人不明这一结论的得出实际上是原告与被告共同证明的结果。在因果关系陷入真伪不明后,根据证明责任的分配,由被告承担连带责任。加害人不明既然是当事人证明的结果,就说明它是一个证明对象。虽然证明对象包括很多类,如实体法要件事实、程序法事实、证据、外国法律等,加害人不明显然只能属于实体法要件事实,而不能是其他种类。更为重要的是,如果不具备这个构成要件的话,法官让所有被告承担连带责任就缺乏基础,缺乏正当性。

马丁:各位老师好!我是南京师范大学法学院的马丁。这篇文章我读得比较仓促,体会并不深,也提不出什么像样的看法,请各位老师多包涵。首先,刚才吴泽勇老师发言的时候,我有个问题没来得及向吴老师请教。我想问问,刚才您提到"无意思联络"属于共同危险行为的消极要件?

吴泽勇:这是清华大学程啸老师的观点。

马丁:我觉得这个表述是不是有点问题。"无意思联络"的构成共同危险行为,有意思联络的构成共同侵权行为。

吴泽勇:他的意思应该是这样的。

马丁:如果是这样的,那么从语义逻辑上讲,"无意思联络"应该是积极要件,而"有意思联络"才是消极要件吧。

其次,承接王学棉老师刚才提出的观点,我想问问最终由谁来决定行为性质,到底是共同危险行为还是共同侵权行为?是当事人还是法官?确定行为的性质是一个大问题,它将直接影响到最后的责任认定和承担。当然这一点我也没有想得很清楚。

最后,许老师论文提到"一般条款向特殊条款逃逸"的表述。这个内容根据您的文章来看应该指的是不适用上位条款,而用下位条款。但是从法学方法角度而言,如果有一般条款也有特殊条款的话,肯定是用特殊条款的,因为特殊条款是对一般条款的具体化。从法学理论上讲,适用特殊条款是适宜的,不存在"逃逸"的问题。在德国法上有所谓"向一般条款逃逸"的说法,指明显有能够适用的具体规范不用,而诉诸相应的法律原则的情形。不知您使用"一般条款向特殊条款逃逸"的表述和这种"向一般条款逃逸"的表述是否有某种联系或比对意味?我在想,"一般条款向特殊条款逃逸"这个表述本身是否会产生歧义。因为一般条款在大陆法系尤其是在德国法中,一般指的是原则,而不是上位的法律规则。我觉得是否有调整表述的必要。

任重: 我叫任重。首先向许可老师道歉。由于欠缺经验以及时间上的原因,事先并没有向各位老师说明应该提前一周向许可老师提出意见和问题。所以今天还是有"突然袭击"的感觉,因此非常抱歉,也非常感谢许可老师的理解和支持。

我想提三个小问题。

第一点,我觉得许老师的论文和报告本身就是实体法与程序法结合的一次非常有益的尝试。刚才各位老师都强调程序法与实体法要紧密结合,但似乎并未对结合的具体举措达成一致。我认为首先需要回答的问题是民事实体法与程序法是不是一回事。由于程序法与实体法在概念体系以及思维方式上都存在较大差异,因此结合之路首先需要重视和强调二者之间的差异性,例如不能将民事法律行为的理论和制度直接套用在民事诉讼法律行为上,在此基础上寻找二者之间的结合点。许老师的文章给我的启发就是我以前只将目光集中于形式意义上的民事诉讼法及其司法解释以及相关裁判,实际上民事实体法上的很多条文都具有程序法含义,或者我们可以说它本身就是一个程序法规范或裁判规范。与此相关,进一步的问题是判断第10条到底构成一个实体法上的请求权基础还是一个裁判规范。比如说是否有一种侵权行为就叫共同危险侵权行为,还是说我们在裁判时,无法确定相当因果关系时,在这种情况下,根据《侵权责任法》第10条由法官依职权直接适用法律上的事实推定即可。实际上前面的讨论我们都已经把第10条看成是与其他请求权基础同质的规范,如果他本身是一个程序性规范,似乎就可以不用讨论是否会存在从一般条款向特殊条款逃逸的情况,所以我觉得许老师的文章已经意识到了这个问题,所以他说在主观要件上就不用再区分是过错责任还是无过错责任,而是根据侵权法的一般规定,在诉讼中进行综合考量,他的逻辑前提就是第10条本身并不构成一个独立的请求权基础。

第二点,关于法律上的事实推定,许可老师在论文和报告中都已经作了较为充分的说明。此外我也读了许老师《民事审判方法》一书的相关部分,也有非常充分的说理,包括张卫平老师的教科书上都有。所以我建议对法律上的事实推定再次进行讨论,比如它的识别标准。我们在之前讨论时也有疑问,第10条本身是不是法律上事实推定。相关规范需要满足什么样的条件才能够被识别为法律上事实推定。另外法律上事实推定的基本结构中,一般认为被推定事实既不需要当事人主张也不需要当事人证明,在此基础上,我们可以说通过法律上事实推定是变换了证明主题,从而达到较低证明标准的效果。在共同危险行为里面,将相当因果关系降低到了选择因果关系,进而判定侵权责任成立。作为免责事由,其也和法律上事实推定有非常密切的联系。在一个具体诉讼程序中,特别是一方当事人并未被律师代理的情况下,法官在必要时需要释明其可能要适用法律上事实推定以及法律上事实推定引发的证明主题转换以及可能的证明责任倒置,从而使双方当事人都对诉讼发展有充分预期。如果对方当事人在法官释明后不能进行反证,动摇法官对于推定基础事实的确信,这时被告就只能对构成要件要素的反面进行本证,因此就此意义来说,其是本证而并非反证。当然,侵权责任法意义上的免责事由和抗辩事由在民事诉讼抗辩中如何具体定位直接影响到构成要件要素反面是否可能被归入免责事由的内涵和外延,但这个问题与今天的主题偏离较远,因此不再做详细的分析和讨论。

  第三点,我之前和许可老师沟通过,即要件事实论的定位问题。要件事实来源于德语的"Tatbestandsmerkmale",其为法官三段论的大前提。但是在日本以及许可老师的论述里,还是有一种倾向,即将要件事实拉入到了第二个层次,即小前提,作为一个证明对象来讨论,这是一个比较纯粹的翻译和理论问题,可能与许可老师的论文以及今天的沙龙关系不大。我只想讨论一下"Tatbestandsmerkmale"的翻译问题。德文词"Tatbestandsmerkmale"在相关文献中有两种翻译方法:一种为构成要件要素;另一种为要件事实。虽然德文词"Tatbestand"有"事实"的语义,但"Tatbestandsmerkmale"意指法律规范的具体组成部分,虽然部分法律规范是在归纳和总结众多具体生活事实类型基础上抽象而成的,但其依旧构成了法官三段论的大前提,属于法律问题而非事实问题。不仅如此,一些法律规范的具体构成并非基于事实的归纳,例如过错、因果关系。为了避免因为误解将"Tatbestandsmerkmale"归入小前提的风险,并使相关翻译更能够体现词源的内涵和外延,更适宜将"Tatbestandsmerkmale"翻译为构成要件要素,而非要件事实。通过将"Tatbestandsmerkmale"翻译为法律构成要件要素,也能够使这一概念与日本法意义上的要件事实相区分,不至于在德日比较时产生不必要的混淆和误解,也为日本法的要件事实是否与德国法构成要件要素相对应的讨论留下了比较清晰的概念基础和进退余地。

  以上是我的三个问题,非常感谢。

  郭小冬:我是郭小冬。我就文章中的这个推定问题说一说。第一,这是不是一个推定?对这个问题我其实是比较疑惑的。第二,如果依照作者的观点,这是一个推定,那么基础事实是什么,推定事实是什么?文章好像没有怎么说清楚。刚才作者说,把全部因果关系作为前提事实,部分的因果关系不成立作为推定事实,好像有点问题。我自己提出来一个想法。从法条来看,只要实施了行为,就应该承担责任,然后经过反证排除。那么,是不是可以把行为和损害结果两个结合起来作为前提事实,因果关系作为一个推定事实?大家可以批判。

还有一个问题就是在论文中作者讲到"推定会不会加重对方的证明责任负担要取决于司法政策",这个观点怎么理解?是不是可以理解为:推定本身不加重,但是在共同危险的情形中会加重?这是基于一种什么样的司法政策?况且司法政策是会经常调整的。司法政策对于共同危险的态度如果发生了变化怎么办?您的解释只有一句话,即"立法目的在于消除受害人关于因果关系证明的困难,强化对受害人的保护,因此需要适当提高"。这是您论述的一个很重要的内容,但是论据很少,我觉得结论有点牵强。这是我的主要看法。

李铎:大家好,我叫李铎,来自北京大学出版社,是一名法律编辑,同时也是一名业余的民诉法爱好者。为什么说是业余,因为我硕士期间本身学的是法律史,同时我也没有继续读博士,但是对民诉法非常喜欢,也因此结交了很多民诉专业的朋友。从编辑业务角度,关于许老师的文章,包括民诉法的规范研究,我有一点自己的思考,如果有不对的地方,请各位多多包涵。

首先,就文章形式上,我认为存在以下瑕疵:

第一点,文章第二部分,在主观构成要件部分,先谈了两种学说的对立,然后作者对"共同过失说"作了批判性分析;接着作者又引出程啸老师的观点,又对程老师的观点作了分析并作了补强,后面又对是否将"不存在意思联络"也作为主观构成要件进行设问并作答。虽然前后论述有一个时间上的先后逻辑关系,但我个人觉得还是稍显凌乱,如果再分两到三个小节从结构上看会更清晰一些。

第二点,本着自己虽然写不出来,但总希望别人写得更好、追求完美的目的,如果文章能够结合一些审判实践中的案例进行阐释就更完美了,这样在解释力上可能会更强一些。这一点,刚才王学棉老师也提到了。

第三点,就是在问题提出部分,许老师指出的目前的诸多不足,似乎与下文探讨的内容关系不大,譬如作者声称立足于诉讼法学原理展开,但实际上,文章的前半部分主要是民法的内容,后面关于免责事由的探讨也不是基于诉讼原理出发,推定属于民事诉讼证明中的一个技术而已。

其次,文章的内容上,以下几点有值得商榷之处:

第一点,文章有关于"共同危险行为制度的特殊之处,主要是由于受害人就因果关系成立的要件事实存在极大的证明困难"的表述,不够准确,因为按照共同危险行为的本意,此处受害人应该是就部分或者个别行为人的危险行为与损害结果之间的因果关系证明存在困难,而不是对行为整体与损害结果之间的因果关系存在证明上的困难,所以表述还需要准确一下。

第二点,文章中,作者称"在明确了推定事实之后,则应考虑应以何种事实作为前提事实的问题",从逻辑关系角度讲,我觉得许老师这句表述有误,违反了三段论中"由前提到推论"的基本逻辑。

第三点,作者谈到"事实推定制度中的反证对象及证明标准"问题。实际上,这里的反证对象事实"部分的,或者个别行为人之危险行为与损害结果之间不存在因果关系"与行为人的免责理由内容上是重合的;我们都知道,免责理由对于行为人进行举证证明而言,在证明责任上属于本证,在证明标准上按照许可老师《民事审判方法》一书中所要求达到80%以上;而反证对象事实,对于行为人而言,举证证明的标准比较低,只需要动摇审判人员的内心确信即可;虽然作者在此声称"基于立法目的,强化对受害人的保护,需要提高行为人对反证事实的证明标准",达到使法官内心确信的程度,似乎与免责理由的证明标准拉平到一个水准,解决了存在于内在的证明程度上的矛盾问题。但实际上,"强调对受害人的保护"这一侵权法中的理念,是否需要贯穿于具体的诉讼证明环节,或者具体来说在适用无过错责任案件中,与过错责任案件相比,强调保护处于弱者地位的受害人的利益是否合适,我个人觉得值得探讨。

最后,关于会议的主题之一,民诉法规范研究方法,结合我本人日常的编辑工作,我想提以下几点不成熟的想法:

第一,这篇文章应该称得上是运用了法解释学或者法教义学的规范研究方法,这一研究方法将自身的研究领域严格限定在现行有效的实证法秩序之上,其基本功能在于对实证法的各种材料进行体系化和解释。为了实现这一基本功能,法教义学或者规范法学必然预设法的三重属性,即作为规范研究基础的法本身其同时要具有真值性(陈述为真主张)、正确性(内容正确主张)和现实性(社会接受主张)。其中,所谓的真值性就是"法一定主张自己因符合某种识别标准而具有拘束力",它必须建立在一定的社会形式标准之上,而且这种形式一定是客观、可被相互识别的;法教义学对真值性的追求,能够最大程度上为法律人的交流提供一个可预期的概念与制度的平台,大幅度节省法律人交流的成本。在我看来,今天我们这个活动,通过对"要件事实"这个关键概念的讨论,就是形成共识、共享共识的一次有益尝试。

第二,任何一个概念,尤其是一些核心概念,历史地看,都有自己的一套理论体系,其含义有一个流变的过程。因此,我认为我们在使用一些核心概念时,从规范层面讲,要对概念的确切含义做一限定,譬如,且不说诸如"国家"、"人民"这种宪法层面的概念,单就民诉中的攻击和防御,大家的书中或者文章中都会运用这两个概念,但实际上,具体指代的内容是什么,每个人的理解并不相同。

第三,在我的编辑业务中,经常碰到一种现象,对于一本专著或者一本专著中的某一部分,基于对同一问题的研究,作者前后所持的基本观点是自相矛盾的。同样涉及诉讼标的问题,为了研究的需要,前面作者采传统诉讼标的理论,后面作者就采用了新诉讼标的理论中的"二分支"说,缺乏基本理论的前后统一贯彻。

我的发言完毕,谢谢大家!

张卫平:像李铎这样的业余民诉法研究者,我还是第一次见到,也是第一次听到这种说法。

主持人:下面一位。

韩波:我是韩波,来自中国政法大学。许可的论文下了很多功夫,溢美之词就不说了。刚才所有的溢美之词我都赞同。为了促进许可进一步的思考,谈一些有疑问的地方。刚才郭小冬教授提到的一点就是诉讼法视角比较大,我也认同,实际上就是从证明责任的角度来谈的,这篇论文是找到这样一个实体法与诉讼法结合的切入点。我想谈一谈研究视角和论证结构。不论是从诉讼法视角讲,还是从证明责任的角度讲,如果视角不同,论证结构就应该有所变化。比如说到共同危险行为的构成要件,这是民法上的写法,民法思维的体现。从诉讼法的角度讲,如果让我写,我可能写的是基础规范及其构成要件,免责事由可能写成对立规范及其构成要件。这样看起来给人一种诉讼法思维发挥作用的感觉。当然要从是否构成基础规范角度来看,刚才任重提出了一个观点,共同危险行为这一规范到底属于基础规范还是裁判规范,我认为还是一种基础规范,它是请求权的基础。上次张老师让我们看一下民法思维方面的论著,我就看了一下王泽鉴先生的《请求权基础》,看得不是特别深入。他一开始写得比较清楚。有这样的意思"进行诉讼,首先要搞清楚谁告谁的问题",当然这里面就包含是告一个人还是几个人的问题,或者说是让一个人还是几个人承担责任的问题。这就必然涉及了作为责任承担方式的共同危险行为。它在侵权行为法中作为一个责任承担方式,与共同侵权、无意思联络的连带责任,和无意思联络的个别责任放在一起的,所以说它是一个基础规范,但是它又不是一个完全的基础规范,因为它比较抽象,没有一个法律关系作为支撑。在我国的案由中,没有一个案由叫作共同危险侵权,案由中涉及的前边的是人格权纠纷,后边的侵权纠纷也没有涉及共同危险侵权,而是直接按照后边的责任承担方式来安排案由。因此我们既要解决责任承担主体的单数与复数的问题,又要解决一个具体法律关系中,需要承担责任的人的问题。所以这个基础规范如果涉及多人,而且像援用共同危险行为这样的责任承担方式的话,那么势必就会形成一个基础的法律关系比如未成年人侵权的监护人责任的条款,同时再加上第10条共同危险侵权条款。这个基础规范是当事人主张责任范围内的事项,同时也是行使处分权内的事项。我认为不能够由法官来定的,在诉讼实践中也不是这样安排的。我们经常看到的案例,原告提高度危险作业侵权之诉败诉,然后转而提共同危险行为侵权,法院不但受理,而且当他援用共同危险行为的法条作出裁判时,原告就会胜诉。这是由当事人选择的基础规范。

但是在涉及相关部分时,有些结论我觉得还是需要明确一下。刚才前面几位老师也都探讨了一下,我们要看一下第 10 条这个结构,"二人以上实施危及他人人身、财产安全的行为,其中一人或者数人的行为造成他人损害,能够确定具体侵权人的,由侵权人承担责任;不能确定具体侵权人的,行为人承担连带责任"。这里面有一个分号,分号前后是什么关系,是并列,还是条件关系。我想是条件关系。它是想说明,如果几个人侵权,但是能够确定是谁,那就不是共同危险行为。真正的共同危险行为是不能确定侵权人。因此基于我的理解,我对于一些结论还是不太认同。比如主观要件的结论,这里面就存在一个问题,共同危险责任是没有过错责任与过错推定责任之说的,它只有无过错责任。这是我的理解,不一定对,这么多年在教学中我们都是这么理解的。因为如果有个别过错,只能是确定侵权,那就不是共同危险,因此只能是无过错责任。因此有没有过错,是不需要探讨的。即共同危险行为的基础规范是不需要主观方面的要件。

这是我的理解。紧接着是客观构成要件,要件写得很明确,里面提到"加害人不明",既然提到这一点,也就排除了能确定侵权人的情形。因此从逻辑上讲还是需要考虑一下。

主持人:请注意时间。

韩波:马上结束了,对立规范里面,主要涉及免责事由。许可用了民法学说上的争议来探讨这个问题。其实《民事证据规定》中关于共同危险行为侵权的免责事由规定得已经很清楚了,实践中也在按照这个规则走,没有大问题。被怀疑有共同危险行为的人要证明自己和损害结果没有因果关系,这是证明责任分配问题,这里面没有推定。对此,如果从立法论角度讲,从完善民法的角度讲是有意义的,但是从实践角度讲,我觉得运用推定原理得出的这个结论可能与实践存在紧张关系。

刘哲玮:我是刘哲玮,来自北京大学。有机会能和民诉的青年学者用这么集中的时间讨论一篇文章,感到非常高兴。前面很多前辈说到了很多内容,有的是论文结构,有的是研究方法。关于研究方法,觉得张老师在今年《清华法学》的那篇文章已经把很多问题涵盖到了,我完全拥护赞成。因此这里仅对许老师文章提一个技术性的问题,也希望我们的会能够在宏大的研究方法等问题之外,就微观的问题形成一些共识性的东西。

我想问的是许老师关于因果关系的判断的问题。其实文章中谈到了两个因果关系。一个是构成要件方面,即要件二"一人或者数人的行为已经造成他人损害",在解释时,说到其是属于可能因果关系的证明,这里面其实已经有关于因果关系的分析了。然后文章讲免责事由时,讲到因果关系的各种学说以及推定等,也有一个因果关系。因此文章中有两个因果关系。我的问题是构成要件中的因果关系与免责事由的因果关系之间的关系是什么？我觉得这可能是一个核心问题。从文章中间谈到的免责事由中"推定的前提事实"恰恰是构成要件中的前提事实,这样的话,对于同一个事实,即是构成要件的前提事实,又是免责事由中的前提事实,这好像不符合我们对于要件的一般认知。我对共同侵权行为比较外行,不知道理解得对不对。但是从实践的角度来讲,这是一个比较重要的问题。就是如何来处理因果关系的问题。

我就提这个问题。谢谢！

林剑锋：我是林剑锋,来自中央财经大学。客观地讲,本人从实体法角度对于共同危险行为侵权的构成要件问题没有实质性的研究。受会议中张老师论文的启发,我想基于许可老师提交的会议基调论文,稍微跳出我们刚才讨论的范围来谈一点自己关于要件事实方法论的感想。

我对许可老师在所研究的要件事实论这个问题一直很关注。大陆法系采用"法律要件—法律效果"法规构成逻辑,决定了要件事实论为大陆法系解释法学的基本思维与范式。在国外,尽管对于要件事实思维也存有争议,甚至有"在司法审判中机械化、僵硬化"之批判,但仍然不能否定这种思维贯穿于立法、司法及法律解释始终的基础地位。要件事实方法论对于实现"立法控制司法"、"禁止法官造法"之精神乃至孟德斯鸠"自动贩卖机式"审判的理想具有根本的意义。尤其放眼于司法欠缺规范的我国现状而言,这种方法更显现出独特的现实意义。就要件事实所发挥的规范化具体内涵而言,其基本体现在立法的规范化与司法的规范化。

第一,就其对实体法规范的立法规范化来讲,要件事实论有独特价值。在大陆法系,实体法之要件设定、规范形成更关注于实体法的社会规范性视角,而忽略了其作为裁判规范的作用。例如,当我们聚焦于民事诉讼有关证明责任问题领域,就会发现,由于很多条文表述得不规范,或者是忽略从证明责任分配角度思考法规的设定,导致我们对证明责任分配的解读产生混乱。如果基于要件事实角度,使立法者在设定法条或进行表述时,主动地顾及证明责任分配或其他司法裁判等问题,明确相应法律要件的属性（是根据规范、妨碍规范抑或是消灭规范）将会减少司法过程中适用实体法规范的混乱,进而有助于实现司法的规范化。

第二,要件事实思维更重要的价值体现于其对于司法规范性的影响,而这种规范性主要通过要件事实思维所承载的司法技术化得以实现。"诉讼标的—实体法请求权（效果）—（实体法）要件—要件事实—间接事实（证据）"这一要件事实思维构成了成文法国家司法审判最基本的范式。这个思维不仅成为双方当事人构建"案件"的基础,同时也构成法官审判纠纷实体内容的主线。而这一基本范式所蕴含的并以概念、原则与制度等要素构建起来的司法技术就将社会纠纷与作为司法审判对象的"纠纷"(诉讼标的)区分开来,并进一步使得在纠纷主体(当事人适格)、纠纷解决的事实认定规则、纠纷解决依据(法律适用)等一系列问题上区别开社会纠纷的解决与法律纠纷的解决,这也是作为纠纷解决方式之一的审判专业化与技术化基础所在。如果原告、被告与法院能够规范化、技术化地按照上述思维分别来构建"案件"和攻击体系、构建防御体系、把握审理裁判对象。不仅使得一些诉讼法上似是而非的争议获得澄清,比如对于被告的某个主张,是抗辩还是否认?对于双方某个争议事实归结到哪个要件事实进而科学地确定证明责任之分配?乃至对于诉讼标的如何把握、对于确定判决既判力范围如何确定等问题,在要件事实理论和思维获得强调和推广后,都将技术化地规范起来。而此种司法规范化路径的另一个价值在于诉讼效率的提高上,比如起诉状的格式、裁判文书的格式。比如在日本,比如诉讼请求并不是泛泛的表述。应该依据要件事实的思维来确定诉讼请求是什么。事实和理由的描述也不是泛泛地对生活事实的描述。必须将相应的要件事实、主要事实,甚至准要件事实、重要事实等予以表述,这样对争点的归纳,包括后续程序的进行,其效率的提升,是毋庸赘言的。

　　就以上两个意义而言,如果许可老师强调侧重于诉讼法的视角来探讨本文侵权责任的构成要件,那么我想从裁判规范视角出发,恐怕是区别于实体法学者真正诉讼法视角之所在。正是这个原因,反思到这篇文章,我觉得文章第一部分关于主观构成要件和客观构成要件,许可老师很努力地从诉讼法角度想为实体法争议提供更具有支撑性的论证,但我觉得论文的论述还是相对单薄,即诉讼法视角的独特性不够凸显。其原因可能在于这两种要件的讨论可能还停留在相关实体法规的社会规范意义之层面上,而对其作为裁判规范方面很少有足够的论据来完善和补充,换言之还是更多地从实体法秩序来论证哪种观点更具有价值。民法中共同危险行为理论我不太懂,但是我觉得恰恰相反,共同危险责任即《侵权行为法》的第10条本身是纯粹的裁判规范,请求权基础的性质是很淡薄的。以此为根据,从诉讼法角度,尤其是从事实认定角度来提我们的一些观点的话,研究的价值就凸现出来。最后还是需要强调,许可老师的文章在当下的民事诉讼法学界,无论就其研究方法及路径的创新性而言,还是规范性与细致化而言,都令人耳目一新。

　　张卫平:我们今天与会的学术先进,有很多都有德国背景,都有"洋枪洋炮",泽勇、任重、志勋、马丁,都是喝过洋墨水的人。

　　主持人:"洋枪洋炮"中出来的,应该让我们感受一下域外法的风采啊。

　　曹志勋:我是曹志勋,北大的博士。作为年轻后辈,能够参加讨论会我很高兴,从各位老师的发言中我也学到了很多东西。许可老师对要件事实论的介绍,是我了解这个理论最初的启蒙读物。

对于研究方法论方面,我没有资格发言,也完全同意老师们的观点,即现在至少在从立法论向解释论转型。刚才各位发表的许多观点我也很赞同,比如第10条规范本身不是独立的请求权基础,而是一种限定。至于其是一个独立的裁判规范,还是对因果关系这个要件的限缩性法条,可以再讨论。另外许可老师认为法律推定本身不转移证明责任,我基于对德国法的认识,在学说上有不同的看法。不过由于许老师没有展开,所以也就不专门讨论了。后边许老师提出了"个别过错排斥无意思联络"的问题,我深表赞同,因为既然能够成立个别过错,那么从逻辑上不太可能构成意思联络。

下面我从一些小问题提出一些粗浅的看法。

首先是论文讨论的"加害人不明"能否作为客观构成要件的问题。我觉得这里是否可以考虑民法上构成要件与民诉法研究中的要件事实论在功能和定位上的区分问题。换言之,即在民法构成要件理论中,一定要列上"加害人不明"以及前面的"无意思联络"的问题,主要考虑的是与其他侵权类型的区分。但是从要件事实论的角度来看,主要考虑的则是主张责任、证明责任这些问题。我们可能需要完成语境转换,在这些地方能否考虑将"加害人不明"要件转换为许可老师提到的"选择因果关系的问题",选择因果关系可能构成共同危险行为的客观构成要件。与此相关的问题,比如关于"过错"这一抽象法律概念,到底能不能构成要件事实或构成要件要素,也值得讨论。许可老师论文和高桥宏志教授的书也都提到,德国通说认为过错本身不是要件事实,而具体行为类型才是要件事实。

第二个是法律推定的具体构成问题。我自己开始认为该条是纯粹的证明责任分配规范,类似于过错推定。但是后来我又觉得应该遵循许可老师的想法,将它理解成一个法律上的事实推定。主要理由是,从规范层面上看,独立的证明责任规范与事实推定的区别在于事实推定有一个基础事实的证明责任问题。而且独立的证明责任规范的力度强于事实推定,直接将证明责任转换了,而事实推定则增加了一个中间过程,即基础事实的证明问题。

下一个问题,许可老师提出了免责事由与事实推定的冲突问题。我觉得这里应该回到许可老师关于前提事实与推定事实的定义上。如刚才刘哲玮老师提到的两个因果关系的问题,许可老师在文中分别提到了可能的因果关系和选择因果关系。我觉得这里的前提事实是否应当是全体行为人的危险行为和损害结果之间的选择因果关系。就我自己的理解,可能的因果关系界定的是可能的危险,即这些人从事了一些行为,但是无法证明是谁干的,而把在现场出现的其他人排除在外。而选择的因果关系解决的问题是,这里的一群人都干了这件危险的事情,究竟是谁干的,因果关系还不清楚。我觉得要改成选择因果关系,因为在狭义共同侵权行为中,也会涉及可能的因果关系问题。比如参考王泽鉴老师对不同共同侵权类型的分析可见,如果用可能的因果关系,那么可能无法区分共同危险行为与狭义的共同侵权,这是我的粗浅看法。这样也许就可以推出因果排除说应当作为免责事由的理解。

最后,许可老师似乎讨论的是自由心证的问题,实际上则是实体法的立法论的问题。这一部分不是诉讼法角度的论证,可能有区分的必要。

我能想到的就是这些。谢谢各位老师。

主持人:下面一位。

黄忠顺:我是人民大学的博士生黄忠顺。我今天主要是来学习的。作为晚辈不敢抢先发言,刚才各位师长经过详细讨论已经逐步达成某些共识。鉴于时间关系,我想仅对"加害人不明"是否应该作为适用第10条后半句的要件事实问题发表一点不成熟的看法。第10条其实包括两部分内容,分号之前的"二人以上实施危及他人人身、财产安全的行为,其中一人或者数人的行为造成他人损害,能够确定具体侵权人的,由具体侵权人承担责任"属于对个别侵权和共同侵权责任规则的规定,是对第3条和第8条的重申,并不是第10条规定的核心内容,而只是为分号之后的"不能确定具体侵权人的,行为人承担连带责任"奠定语境基础。换言之,即便没有第10条的规定,在"二人以上实施危及他人人身、财产安全的行为,其中一人或者数人的行为造成他人损害"的情形下,被害人只有证明具体侵权人才可以获得救济,否则因被告不明确而不符合《民事诉讼法》第119条有关"起诉条件"的规定,也就是说在"二人以上实施危及他人人身、财产安全的行为,其中一人或者数人的行为造成他人损害"的情形下,不能确定具体侵权人的受害人不能获得救济。因而,第10条分号之前部分属于无害条款,而分号后部分改变了常规的侵权责任承担形态,才是本条的核心。当代《侵权责任法》强调受害人中心主义并彰显行为规范功能,立法者之所以打破常规赋予受害人以连带责任请求权,就是为了避免被害人权益被损却因法律技术原因而无法通过诉讼方式填补其损失的情形发生,而且也是为了遏制不特定第三人因侥幸心理而从事所谓的"共同危险行为",契合《侵权责任法》的价值追求。但如果将"加害人不明"(不能确定具体侵权人)作为构成要件而要求被害人提供证据证明则将在相当程度上妨碍立法宗旨的实现,而且要求加害人证明"加害人不明"并不比要求其证明"具体侵权人"容易。在这种意义上,我倾向将第10条后半部分理解为裁判规则。尽管法院应当引导受害人尽可能确定具体侵权人,但考虑到证明不了具体侵权人对受害人存在更大的利益驱动(连带责任更有利于保障受害人权益的实现),而试图避免承担侵权责任的共同危险行为实施人对证明具体侵权人或者证明自己不是具体侵权人存在明显的利益驱动(免于承担侵权责任或者免于对其他侵权人的侵权责任提供连带保证责任),不宜将加害人不明作为民事诉讼法上的要件事实加以理解。因而,共同危险行为实施人承担连带侵权责任并不是立法者主观上追求的结果,而是客观上迫不得已"两害取其轻"的价值衡量结果,它具有公平责任色彩在里面,如果当事人(主要是共同危险行为实施人)能够证明具体侵权人,或者法院能够在审判过程中通过必要调查确定具体侵权人的话,就不能使用共同危险行为。我就补充这么一点。谢谢。

主持人:关于今天的议题我也有几点个人的观点,不吐不快。我想作为主持人,也是不能被剥夺了发表意见的权利的(笑)。我因为长期以来一直同时主讲民法和民事诉讼法课程,所以对民法理论有一些了解,谈不上深刻。

关于许可老师的论文大家刚才陈述了很多意见,很多意见也是很中肯的。比如说研究方法上,大家都持肯定态度,这次我们也同时准备和学习了张老师的《对民事诉讼法学贫困化的思索》这篇论文,大家看了都很有启发,尤其是我们研究方法的缺陷和需要加强的地方。许可的这篇论文正好形成这样的一种呼吁,我们可以启动多重研究方法,特别是从诉讼法与实体法结合的角度,这种尝试是非常好的。但是作为一种尝试,难免存在不足,大家也提出来了,我觉得许可老师也能感觉得到。首先一个问题是论文在很多地方过于倾向于或者说束缚于实体法的理论和观点,这个从文章的内容上看是比较明显的,尤其是在构成要件这个部分,基本上是实体法的内容,诉讼法的视角不突出。后面一个部分感觉要好一些,体现了诉讼法的视角和理论。

第二个问题就是关于共同危险的构成,许可老师是按照程啸博士论文的观点,根据归责原则的不同,区分为不同的构成要件,主要是体现在主观要件上,客观要件没有太大区别。这种思路也是一个研究方法,但也有值得斟酌的地方。按照这个观点,我们抛开无过错责任不讲,就以过错责任或者过错推定来看,如果是以各自过错作为判断前提的话,必须要考虑的问题是:如果是各自的过错为什么承担的是连带责任。这个是必须要考虑的问题,即共同危险的"共同性"用什么来体现。应该说承担连带责任的其中一个重要基础是它发生在共同危险之中,即有一个共同性作为基础。各自过错的话,共同性如何体现?我觉得这是个很大的问题。

第三个问题就是免责事由。我认为首先要考虑的问题是,某一个行为人证明自己行为不是造成损害的原因,这一事实到底是免责事由还是要件事实。如果按照实体法学者的见解,将其界定为免责事由的话,那么根据证明责任分配的理论和规则,本来就应该由行为人(被告)承担证明责任,因为它是对立规范,因此也就谈不上反证、推定等。关键是实体法学者认为它是免责事由,从诉讼法视角来看是否正确,是否符合诉讼法学上要件的分类。这个是需要斟酌的,由行为人来对此承担证明责任的理由,究竟是因为在实体法上其属于免责事由呢,还是因为在诉讼法上进行了举证责任的转换(或者说倒置)呢?如果按照实体法学者的见解,将其界定为免责事由的话,其实根本就不涉及证明责任的倒置问题。所以首先应该明确"因果关系"由行为人来证明的基础是什么。

第四个问题是,在这个事实的证明上,是否存在法律推定,我觉得值得斟酌。许可老师认为这是一个反证,而且比一般的反证证明标准高,其实不用说得这么复杂。如果认定它是免责事由的话,由行为人来证明就应当属于本证,不是反证,因为本证是由负有证明责任的人来承担的。它的证明标准就是本证的标准,不是反证的标准。所以我觉得这一事实的定性更为重要,究竟其属于哪一种要件事实,需要进一步明确。

最后一个问题和方法论有关系,文章在前面列举了德国、日本、我国台湾地区一些关于共同危险的规定,其实我觉得应该有个比较法视角的研究,就是看一下他们对要件事实是如何进行证明的,证明责任是如何分配的。有这样的比较很重要,因为他们的规范和我们的差别很大,对于你的要件的确定也很有帮助。比如德国和我国台湾地区,关于共同危险的规定都是放在共同侵权之后的,首先规定共同侵权,然后才说侵权人不明时,亦同,也是负担连带责任。按照它的规范,实际上共同危险是属于共同侵权中的特殊形态,是以共同为前提的。这与我们的规范差别在哪里,是很需要明确的问题。因为就"有没有意思联络",或者"构不构成共同侵权"来看,这个区别就非常大了,所以是需要进行比较的。另外,假如你采纳了程啸老师的观点,根据不同的归责原则来确定不同构成要件的话,有一个很重要的问题是,需要对无过错责任的情形进行类型化、精细化的研究。因为无过错责任的情形是明确的,并不是每一种情形都会发生共同危险的,需要进行类型化研究才能说明其要件的合理性。

以上是我个人的一些粗浅看法,供许可老师参考。

主持人:大家还有什么意见要补充?

主持人:如果没有什么意见,那我简单归纳一下。今天参加这个会议,我相信对于大家来讲都受益匪浅。这次研讨会,大家的关注点主要集中于民诉法的研究方法上,而且对许可老师的这种研究方法都持赞成态度,并且提出了很多完善建议。

另外,大家针对共同危险行为的构成,从诉讼法的视角提出了很多见仁见智的观点。共同危险行为并不是我们每一个与会者都关注或者熟悉的问题,但是经过今天研讨,不仅涉及方法论的问题,而且使我们进一步明确了从诉讼法或者从证明责任的角度,可以看到某一个实体规范里面存在的问题。这对我们来说是非常具有启示意义的。并且不管是方法论,还是对文章具体问题的意见,相信对许可老师都是非常宝贵的,对他进一步完善这篇论文肯定是大有助益的。不仅如此,今天大家对诉讼法学研究方法的尝试和所达成的共识,对我们将来进一步的研究,或者看待一些诉讼问题的视角都会有一些启示,应该说给我们开启了一个新的角度和窗口。如果沿着这个路径,相信在将来我们一定能够改善张老师所忧虑的诉讼法学研究的贫困化问题。我想这不仅是张老师的愿景,也是我们在座青年学者的共同愿景。

今天我们的研讨会就到此为止,未解决的问题会下可继续探讨,谢谢大家的参与。

民事诉讼教学模式改革报告

民事诉讼法学教学模式改革报告

■ 刘哲玮[*]

摘 要 民事诉讼法学作为法学院的一门基础课程,经过30余年的积累,形成了固有的教学模式。这一模式虽然诸多优点,但也存在一些问题。一方面学生无法完全掌握民事诉讼法学的基础理论和思维方法,另一方面也导致了司法实务中的任意裁量。与民法案例课程的对比更突显了传统教学模式的不足。因此,民事诉讼法学教学在教学内容、教学体例、教学方式、考试机制等方面都应作出相应改革和调整。

关键词 民事诉讼法学 教学模式 改革 案例课程

一、问题的提出

民事诉讼法学从来都是法学教育中的一门基干课程。无须从六法全书的民国时代开始论证,即便从20世纪70年代末法制重建开始观察,民事诉讼法学也一直是我国高等法学教育的基础课程,是各高校法学院本科生以及后来法律硕

---

[*] 刘哲玮,法学博士,北京大学法学院讲师。本报告的写作得到众多民诉法学界同人的鼎力帮助,由于涉及其所在学校的信息,在此不再一一具名感谢。

士的必修课程。经过30余年的积累和沉淀,我国民事诉讼法学的教学已经形成自己的内容体系和方式方法,本文统称为传统教学模式。笔者本人既是传统教学模式的产品,在较短的执教生涯中,也承继前辈老师的传统,基本按照此种教学模式教授民事诉讼法学。在积累教学经验的同时,也产生了一些困惑。

在2013—2014学年秋季学期,笔者协助北京大学法学院民商法专业的葛云松老师和许德峰老师,共同开设民法案例研习课程(以下简称"民案"),组织学生通过讨论分析民事案例,在分析民事法律关系的基础上,又讨论和学习了当事人适格、诉的合并、一事不再理、诉讼和解的效力、诉讼中的抵销等民事诉讼法中的疑难问题。该课程是北大法学院的试验课程,在教学方法和教学内容上都与传统的法学教学大相径庭。此种比较促使笔者在观察和反思传统教学模式时,有了更为直观的参照系。而参加当期民案课程的同学中有40余名法律硕士,其先期修习的民事诉讼法课程,正是由笔者讲授。在对他们的跟踪和比较中所观察的现象,能够更加突出地反映出传统教学模式的不足和问题。

为了检验个人经验的准确性,提高研究结论的普适性,笔者还通过问卷调查和访谈的形式,向数名在985综合性大学法学院从事民诉专业教学的青年教师和博士后了解情况。

在自我总结和反思的基础上,笔者撰写了这份十分粗略的关于民事诉讼法学教学改革的报告,希望能够总结传统教学模式存在的问题及其原因,并提出一定的改革方案。下文第二部分简述综合性高校民诉法学课程的一般特征和传统教学模式的概况;第三部分提出传统教学模式存在的各类问题;第四部分将分析出现上述问题的原因,并提出模式上的转变思路;第五部分提出具体的改革策略;第六部分为简要的结论。由于笔者从教时间尚浅,经验多有不足,许多判断未必周延,论述也不够详尽,权作抛砖引玉,等待前辈和同人的指正。

二、民事诉讼法学的传统教学模式

(一)综合性高校的民事诉讼法学课程

民事诉讼法学在法学教育中具有基础性地位。自20世纪以来,司法部、教育部关于高等法学教育的专业纲要虽然历经数次增删修改,但民事诉讼法一直是法学专业核心课程。[①] 也因此,在各高校的各类学生培养中,民事诉讼法学的课程往往都会占据一席之地。限于篇幅,本报告仅讨论本科和法律硕士(非法本)这类零起点学生的民事诉讼法学课程,而不涉及法学硕士、法学博士、在职法律硕士、法律硕士(法本)、外国留学生等类型的学生培养方案中的民诉法课程。

---

① 最近的一次修改,参见中华人民共和国教育部高等教育司编:《普通高等学校本科专业目录和专业介绍》,高等教育出版社2012年版。

此外,我国的高等法学教育还可以分为综合性大学的法学院系和专业政法院校,二者在师生比例、课程设计、考核要求上都有显著差异,限于个人的经验和能力,本报告只以综合性重点大学高校法学院系的教学情况为模本①。

从个人经验和调查问卷中可以看出,综合性高校法学院系中的民事诉讼法学教学有以下共性特点:

1. 课程类型

民诉课程为各校本科教学和法律硕士的必修课程。在此之外,各校根据各自的需求,还由民诉专业教师开设了2—3门民诉类的选修课程,主要包括证据法学、仲裁法学、纠纷解决、强制执行法学、法律文书写作、破产法、法律诊所等,其中证据法学和仲裁法学是较受青睐的课程。

2. 课时

作为必修课程的民事诉讼法学均只开设一学期,学时为每周3—4学时,总计48—64学时②。相关选修课程的学时各校差异较大,总学时在30—54学时之间。

绝大部分民诉法教师都认为,伴随着民诉法的修改,民事诉讼法的内容在不断扩充,课时严重不足。而一些对民诉法有充分了解的民商事实体法教师,也认为较之民诉的重要地位,现有课时并不与其基础性地位匹配。③

而学生方面,却呈现出分化的局面:一方面根据笔者对北大法学院法律硕士的调查,大多数学生在学习完民诉课程后认为,经过一学期的学习,已经基本掌握了民事诉讼法的知识,因此既有的课时安排已经足够了;另一方面,部分参加了民案课程案例分析的学生,又深感"原来关于民诉,自己什么都不会"。这种在分析具体案例前后的反差并非个别现象。虽然在学生时代,与金融法、房地产法等"高大上"的课程相比,民诉课程并非学生关注的热点,但一旦毕业从事法律工作之后,就有不少学生感叹"当初民诉没学好啊!"④

3. 教师人数和教学工作量

绝大多数高校专职从事民诉法教学的老师人数不超过3人,但也有个别院校(如中国人民大学、北京师范大学)的民诉教师达到4—5名。由于还有法学硕士等类型的学生,多数学校的民诉老师平均每学期要承担两门课程,在当前以科

---

① 事实上,本报告调查的范围,基本集中在985综合性高校的法学院系。
② 一些高校的法律硕士课程的学时数会更少,不足40学时。
③ 参见葛云松:《法学教育的理想》,载《中外法学》2014年第2期。
④ 这也绝非北大法学院一家的现象,一位清华法学院的毕业生在目睹了投行客户对争议解决条款的高度关注后,也发出了这样的感慨:"我准备以后念个民诉的硕士,以深刻地了解这些大尾巴狼的心理。"参见 http://ar.newsmth.net/thread-47d435ee13a9f9.html,2014年2月8日访问。

研为纲的考核模式下,绝大多数民诉教师都能完成基本的教学工作量,因而也不愿意再承担新的课程任务。

4.考试与作业

作为必修课程的民诉法的期末考试均为闭卷考试,考试类型兼采名词解释、简答、论述、案例等多种题型。闭卷考试和题型设置决定了主要是考查学生对基础知识的记忆和理解,学生如果能够准确记忆教材或笔记上的重要知识点,一般都能获取较好的分数。平时成绩方面,由于课时不足,大多数教师都是通过安排学生撰写期中论文或根据课堂提问等日常表现以评定平时成绩,只有个别教师安排有专门的半期考试。

在考试题目设计上,所有教师都会参考司法考试的题目,但重视程度并不一致。有的老师会密切关注司法考试,力争与司法考试的广度和深度接近,甚至会直接以司考题目为原题或模板来作为自己的考试题目;但也有的老师表示只是作为参考,考试方式和内容还是以自己的教学计划为准。

作业方面,虽然大多数教师都会布置阅读材料让学生课下阅读,但共识性意见是,学生的课下阅读效果并不甚好,绝大多数学生不会阅读相关材料。在有限的调查范围内,没有老师给学生布置必须完成的课后作业,作业反馈更无从谈起。

(二)传统教学模式的特征

从调查中可以看到,综合性大学的民诉课程有很多教学方法上的共性特点,从而形成一种通行的教学模式,也即是前文所指的在我国已经有约30年发展过程的传统教学模式。下文拟从三方面对该模式的特征做简要概括:

1.教学方式:大班教学,课堂讲授

教学方式,是指教师在要求学生获取知识,提高能力的过程中所采用的方法。

除中国人民大学、南京大学等个别院校采取分班教学外,绝大多数高校的民诉课程采用的是集中教学模式。重点高校的法学院招生规模一般在每年100人以上,作为必修课程的民诉课程必然是大班教学[①]。伴随大班教学的,则必然是以教师的课堂教授为主导的教学方式。

课堂讲授是以老师在课堂上讲授具体知识为主,辅以教材、案例、参考书目等教学资料,要求学生预习和复习的一种教学方式。教师是课程的主导者,学生是跟随者,因而老师具有无可替代的重要性。老师讲得好,大多数学生的学习效果就较高,反之亦然。

---

① 即便是前述分班教学的法学院,每个班的平均人数也在50人以上,实质上依然是大班教学。

必须肯定的是,课堂教授是一种较为高效的知识传承方式。它能够在较短的时间内,将知识体系完整清晰地传递给学生。结合课堂笔记和教学资料,学生也对教师的讲授内容有较为完整充分的了解。据前辈老师介绍,北大法学院过去还有答疑和质疑的教学方式,即在讲授之外,另外安排时间回答学生的各种问题(答疑),抽查学生学习的状况(质疑),从而督促学生通过课后学习,完成对课堂讲授知识的补充。在信息量有限的时代,通过优秀的教师引导学生阅读经典文本,从而完成知识体系的传承,的确是较为高效的教学方式。

2. 教学体例:倚重法典,结构完整

教学体例,是指教学内容的结构性安排。教学体例,既决定了教学的先后次序,也决定了教学的内容取舍。

大多数老师在教授民诉课程时,都会指定1—2本教材。该教材既作为课堂讲授的依据,也是学生预习复习的内容。而我国民诉法教材的体例,大多都是以民事诉讼法典的结构为依据,一般分为如下几编:总论、诉讼制度、诉讼程序、非讼程序、执行程序和涉外民事诉讼程序。这与我国1991年民事诉讼法典确立的四编体例——总则(除第一章"任务、适用范围和基本原则"具有总论性外,剩余的第二章至第十一章均为各诉讼制度)、审判程序(包括诉讼程序和非讼程序)、执行程序和涉外民事诉讼程序的特别规定——基本吻合对应。可以说,教学的体例受制于教材的体例,而教材的体例又决定于法典的体例。教学中,也必须对教材和法典所覆盖的各章内容都有所涉及,从而保证内容和结构的完整性。

对于成文法国家,传统教学模式的这一教学体例并无任何不妥。根据留学德国、日本等大陆法系国家的同人反馈的经验看,这些国家的讲授体例也大抵如此。

3. 教学内容:偏重规则,强调技术

教学内容,是指教师在课堂上讲授强调的主要内容。由于教学内容往往也是考试内容,因而是学生重点学习的对象。

如前所述,由于教学体例受制于民事诉讼法典,因而教学内容也必须围绕民事诉讼法典和司法解释的各种规则,逐渐展开。在我国民事诉讼法典和司法解释中规定的各种诉讼制度的要件和流程,很多都是纯操作性和技术性的内容,但为了兼顾教学体例的完整性,依然必须涉及。

法律是运用规则解决问题的应用型学科,强调规则和技术并无任何不妥。但也应当看到,民事诉讼的理论问题在教学中的地位相对较低。由于我国民事诉讼法典中并没有专门的条文直接规定既判力、诉权等核心理论问题,与诉讼标的有关的条文也仅仅存在于当事人一章中,使得大陆法系民事诉讼三大基础理论——既判力论、诉权论、诉讼标的论——在我国民诉教学中很难找到自己的位置。虽然一些老师在讲授该部分知识时会着重强调其重要性,但由于其与其他技术性操作性内容并无直接关系,因而讲授效果也并不理想。也因此,一些教师直接放弃讲授,选择让学生自学。总之,不是教师轻视忽略民事诉讼的理论问题,而是民诉的理论问题在现行的教学内容中没有合适的位置安放。

(三)传统教学模式的优势

尽管本报告的写作目的是反思检讨传统教学模式的问题,但我们万万不可忽视传统教学模式的优点,因而有必要专门强调:

第一,高效稳定。经过几十年的教学经验的积累,我们已经形成了一套系统稳定的教学方案,几代民诉学人都是如此培养长成。它可以在较短时间内让对民事诉讼没有认知的学生初步建立起关于我国民事诉讼法的框架性认识,大大缩短学生吸收消化知识的时间。

第二,夯实基础。对零基础的本科生和法律硕士学生来说,掌握基本概念、基本制度和基本原理至关重要。传统教学模式通过讲授、复习、考试的反复强化,对民诉法典中规定的各类重要制度均有所涉及,有助于学生对本学科确立基本认识。

第三,体系完整。民事诉讼法的内容既包括诉讼制度,又包含诉讼程序,还涉及非讼程序、执行程序等诉讼以外的内容。因此,只有在整体上理解了各种诉讼制度的位置,学生才能对一些概念和制度的结构与功能有正确的认识。传统教学模式强化体系的完整性,有利于学生对本学科知识框架的搭建和知识体系的构筑。

三、传统教学模式的问题

检验教学模式是否成功的最简便的方式是考查教学目标是否实现。根据我国的教学大纲,教学目标一般分为识记、理解和运用三个层面。因此,各类考试——学科期末考试、研究生入学考试、司法考试等——往往都从这些角度命题。例如名词解释等类型的题目主要考查学生识记层面的知识,简答题论述题主要考察理解层面,而案例分析题主要考察运用层面。考试虽然是考学生,但也是考教师。负责任的教师,大多会根据学生考试中反馈的问题,对自己的教学进行调整。

然而,这种调整可能更多是技巧上的、策略上的调整,并没有触及民诉教学的本质性问题。一个例证是,在对传统教学模式进行总结反思时,多数教师都有一些共识性意见,例如理论和实践脱节,实体法和程序法结合不够。但既然这样的问题普遍存在,为什么一直没有解决呢?是否可以认为,如果不对传统教学模式做根本性的变革,此类问题就将是不治之症?笔者这种模糊的意识在与民法老师合作开设民案课程的过程中得到了强化。尤其在观察了由传统教学模式培训的学生在面对案例时的困惑和挫折后,对传统教学模式的问题有了更直观的

感受:

(一)案例课程中暴露的问题

1. 不熟悉民事诉讼法典和相关司法解释

在民案课程中,学生在分析案例中的民诉问题时,除非该问题需要援引的法条是课堂讲授或教材中明确提到的内容,否则鲜见根据法条和相关司法解释作出回答。这暴露出两方面的问题:

首先,学生对民诉法和司法解释中究竟存在哪些法条规定不熟悉,也不清楚一本民诉法典和若干司法解释中的内容究竟能解决什么问题。例如在分析移送管辖时,学生大多根据教材内容,直接援引《民事诉讼法》第 36 条,但不清楚在一项司法解释中①也有关于移送案件的规则,且与案件更加契合。

其次,学生并不清楚法条之间的体系关系。对于教材中没有着重讲述的内容,无法准确找到对应的法律依据。例如在分析诉的合并时,学生即便答出了诉的合并,但往往是从必要共同诉讼、普通共同诉讼等章节中寻找法条,而无法找到《民事诉讼法》第 140 条②作为诉的(客观)合并的法律依据。

2. 未掌握民事诉讼法学基础理论

不能熟练地运用现行法依据对案例提问作出回应,那么同学们在分析讨论案例时的基本工具又是什么呢?绝大多数同学选择了运用民事诉讼法学原理,以教科书上的表述作为论证依据,并得出最终答案。但是,在使用民诉基础理论时,同学们也暴露了非常多的问题:

第一,熟悉基本原则,但不清楚民诉法学的基础理论。在遭遇疑难问题时,同学们依然习惯用"诚实信用"、"公平正义"、"高效快捷"等作为分析工具,并以此为依据,直接推导出民事诉讼法上的制度安排。固然,这些价值判断和利益衡量是整个立法学和法解释学必须考量的因素,但是在进行部门法的学习时,跳过部门法的法条和规范而直接上升到最终极的自然正义,恐非法学学习的吉兆。

第二,能够使用基本概念,但不能运用基础理论。也有一些同学知道诉权、诉讼标的、既判力等基本概念,并且能够运用它们作为分析案例的工具。但从其论证过程看,学生只是掌握了概念和定义,却并不能运用该理论去分析具体的法律问题。换言之,对于理论与法条之间的关系,以及在法条缺少规定时如何使用

---

① 最高人民法院《关于在经济审判工作中严格执行〈中华人民共和国民事诉讼法〉的若干规定》[法发〔1994〕29 号]第 2 条:当事人基于同一法律关系或者同一法律事实而发生纠纷,以不同诉讼请求分别向有管辖权的不同法院起诉的,后立案的法院在得知有关法院先立案的情况后,应当在七日内裁定将案件移送先立案的法院合并审理。

② 《民事诉讼法》第 140 条:原告增加诉讼请求,被告提出反诉,第三人提出与本案有关的诉讼请求,可以合并审理。

基础理论进行漏洞填补和扩张解释,大多数同学还没有入门。因此,在教科书给出的概念定义和背景知识与最终的技术解决方案之间,就出现了深深的断裂。而这种断裂背后,则是同学们对具体解决方案的无限纠结。

第三,能够了解基本原理,但不清楚基础理论之间的关系。最典型的例子是在分析一事不再理时,学生普遍运用既判力的概念和既判力的客观范围,来作为论证一事不再理的依据。但实际上该案例需要解决的问题是前诉已经进入诉讼系属,尚未取得生效裁判时,后诉提起后法院应当如何处理。这个问题需要运用诉讼标的的识别,部分请求的可诉性,以及诉的合并和诉的变更等理论来共同解决。因此,僵化地将既判力的概念套用于一事不再理,而对其他理论毫不涉及,只能说明其并未建立起民事诉讼法学的理论体系。

3. 未理解民事诉讼法学的思维方法——与民法的对比

如果说前述问题主要是知识层面的,那么更让人担心的是方法论层面的问题。普遍的现象是,同学们在分析民诉疑难问题时不知该如何下手,这与同一案件中的民法分析形成了鲜明的对比。

在民案课程的案例设计上,学生对同一个案例需要进行两轮作业,首先分析其中的民法问题,而后分析民诉问题。民法的问题无一例外的是分析案件中相关民事主体之间的法律关系,要求学生运用请求权基础的检索方法,考虑各个主体之间可能存在的请求权及其抗辩。经过一学期的训练,几乎所有的同学都能严格按照确定的请求权基础的理论体系,来统合运用各类民法知识。虽然在具体的分析时,也会见仁见智有所差异,但统一的分析框架却已经融入学生的血液之中。

相比之下,在面对民事诉讼法学的问题时,同学们普遍的反应是不知从何下手。最极端的例子是,在分析第四个案例时,民法问题较为简单(只有甲乙两个主体之间的合同法律关系),而民诉问题较为复杂——涉及(1)执行和解协议的效力和(2)诉讼中的抵销两大疑难问题——但由于对民法分析方法的熟稔,很多同学能够充分调动民法资源,对请求权和抗辩权作出判断;而在面临民诉问题时,却颇显捉襟见肘之感。由于教科书中相关问题论述有限,同学们普遍不知道该如何下笔分析问题,导致案例分析作业中民法分析的篇幅远长于民诉部分。

总之,只要面对教科书没有涉及或较少涉及的民诉问题,同学们往往就不知道如何分析,如何论证,如何检索资料,如何查询法条和案例,如何确定通说和其他学说,如何将该问题与其他制度和程序衔接。

4. 必要的解释和说明

上述分析尽管是对问题的集中总结,但并无夸张。然而,若仅以一学期的数个案例分析中暴露出的缺陷来完全否定民事诉讼法学的传统教学模式,显然也有失偏颇。

譬如,前述和民法的对比,本身就存在起点不一致的问题。我国民法大体继受了大陆法系的潘德克顿民法体系,该体系本就已经具备一套完整的概念和理论体系①,加之中国民法学者若干年的磨炼,已经逐渐将发轫于德国法上的请求权基础理论体系内化为较为成熟的中国法上的民法思维体系。相比之下,无论是大陆法系国家还是我国,民诉法学都并没有形成能与民法相匹配的整体性思维体系。尽管理论界和实务部门已有一些专业人士有意识地从不同角度切入,希望构建民事诉讼或民事审判的思维体系和裁判技术②,但与民法尚有较大的距离。因而要求学生立即掌握一套成熟的分析技术,也是不切实际的想法。

又如,民案课程中分析的民诉问题,本身都是民诉法学研究中比较疑难艰深的问题,诸如诉的合并、诉讼中抵销的性质、执行和解协议的效力等问题,在中国民事诉讼法典上并无现成的制度安排,在理论上也存在诸多争议,所以学生难以回答,亦在情理之中。

但是,不容忽视的是,由于民案课程本身的筛选机制,坚持选修该课程的学生基本都是在学习兴趣、学习能力和学习自觉性上都很优秀的同学——至少在民商法和民诉法方向应是如此。如果法学院中优秀的学生经过完整的民诉法教育,在面对民事诉讼的疑难问题——哪怕这些疑难问题只是司法实践中10%甚至1%的案件——时依然无所适从手足无措,甚至不知道该如何查找资料分析问题,我们就只能说民诉法教学没有成功,至少没有完全成功!

(二)延伸的问题:司法实务中的任意裁量

上述现象,恐怕并非笔者所在的北大法学院民诉教学的独有问题。在与实务部门(法官、律师)的交流中,我们也经常能够感觉到,他们对于民诉法条、民诉法原理的熟悉程度要远远逊于对实体法的关注,尤其是在面对法律或司法解释没有明确规定的问题时,实务工作者并不擅于运用诉讼法原则和理论去解释法律,进而实现法律适用的规范化和统一化,而往往将程序问题划入"自由裁量"的范畴,将其变为法官擅断的个性化问题。长此以往,将会导致在程序问题上各地同案不同判的境况,毫无规律可言,遑论事后的救济。

在2013年民事诉讼法第二修正案正式实施前,为了便于各地理解民诉法的实施,最高人民法院以"高民智"的名义,在《人民法院报》连发若干篇文章,作为

---

① 仅从参考书籍来看,直接以请求权基础为题的理论性书籍就已经很多。既有简明扼要的简介性文献,例如[德]梅迪库斯:《请求权基础》,陈卫佐等译,法律出版社2012年版;也有系统深入的说明性文献,例如王泽鉴:《民法思维》,北京大学出版社2009年版。

② 例如许可:《民事审判方法》,法律出版社2009年版;邹碧华:《要件审判九步法》,法律出版社2010年版;段文波:《规范出发型民事判决构造论》,法律出版社2012年版;曹志勋:《民事一审裁判技术研究》,北京大学法学院2014届博士论文。

在司法解释出台前各地法院适用民事诉讼法的参考依据,其中有多处理解明显违背现行法律。譬如其主张"(实现担保物权)案件应当按件收取申请费,而不应以申请实现抵押物权标的额为依据收取"①,但根据国务院《诉讼费用交纳办法》,特别程序的案件一律不收取案件受理费,申请法院处理法定事项方应当缴纳申请费。在实现担保物权这种适用特别程序的案件中,并不存在法定的收取申请费的事项,因而所谓按件收费毫无法律依据。又如,其主张"将遗漏必要共同诉讼人等情形也列入(第三人)撤销之诉范围",无须根据《民事诉讼法》第200条第8项中"应当参加诉讼的当事人,因不能归责于本人或者其诉讼代理人的事由,未参加诉讼"来申请再审,而是应当以第56条第3款提起撤销之诉。② 全然不顾56条第3款明确限定适用对象仅为"前两款规定的第三人",也即"有独立请求权第三人"和"无独立请求权第三人"两种类型。最高人民法院尚且如此随意,各地法院在适用民诉法时的任意性亦可想而知。从司法实践暴露出来的问题看,对于实体法疑难问题,法院至多是适用法律错误,而对于程序法问题,法院更多的是不适用法律。是法院太过肆意妄为吗?或许真正的原因是对于这些疑难问题,法官其实也如我们的同学一样,并不知道该如何检索法律和理论学说,如何确定不同的诉讼法制度之间的关系。

综上所述,如何培养学生在面对问题时运用民事诉讼法学知识进行分析的能力,如何运用一套较为规范和统一的原理来理解和适用民事诉讼法,其实并不是某一院校自身的问题,也不是单纯的法学教育的问题,而应当引起我国民事诉讼法学界和司法实务部门的共同关注。

四、原因分析

(一)根本原因

传统教学模式为什么会导致这样的现象与问题?最直接的解释自然是民诉教师的授课水平不够。作为民诉学人,虽然笔者并不愿意承认这一点,但如果和实体法以及刑诉法等学科相比,我们也必须看到客观的差距。由于"重实体轻程序"、"重刑轻民"的传统,民诉学人和民诉教员的整体实力在中国法学界的大家庭中,绝难谈强盛。前述各校民诉教师的数量也可以说明,从事民诉教学的老师总量并不多。本校教师之间不存在竞争压力,加之课程量基本饱和,也就难有在教学方面前进的动力。没有量的保证,也就难有质的提高。因此,加强民诉学科

---

① 高民智:《关于实现担保物权案件程序的理解与适用》,载《人民法院报》2012年12月9日。

② 高民智:《关于案外人撤销之诉制度的理解与适用》,载《人民法院报》2012年12月11日。

的教师梯队建设,引导优秀人才从事民诉教学和研究工作,是提高教学质量的根本。

(二)模式原因

然而,人才的建设不是一朝一夕就能完成的,但制度的变革和模式的转换却可能迅速实现。事实上,在民案课程中暴露出来的很多问题,正是由传统教学模式的自身特征所决定的。因此,适当地调整现有的教学模式,或许就可以在一定程度上解决部分问题。

1. 教学方式:从被动接受知识到主动运用知识

在教学方式上,传统教学模式以老师课堂讲授为主,辅以教材、案例、参考书目等教学资料,要求学生预习和复习,教师是课程的主导者,学生是跟随者。这种教学方式虽然有助于知识的高效传授,但也存在致命的缺陷,即知识介绍的有限性。在信息爆炸的今天,学生可以接受的知识和信息已经不能用五花八门丰富多彩来形容,其可以获取知识的来源也绝非课堂教学这一条途径。因此,面对较为枯燥晦涩的法学理论和法律条文,大多数学生都很难产生浓厚的兴趣,更不用说将时间和精力花在预习复习教师指定的各种教学资料上。这也就可以解释为什么大多数学生并没有掌握民事诉讼的基础理论,只知其名却不知其意。因为,如果没有认真地阅读经典文献,仅凭教材和课堂笔记,无法全面掌握既判力、诉讼标的、证明责任等民事诉讼法学基础理论。

即便教师做到了重点突出,详略得当,风趣幽默,循循善诱,也只能帮助学生较好地掌握教科书中提供的各种知识,而思维方法的训练却是大班教学的讲授模式难以实现的目标。这是因为,思维方法不是依靠记忆或理解就能掌握的技能,而只有通过练习和运用方能完成。传统教学模式训练的最优秀的学生,距离直接适用法律解决具体问题依然有一段距离。一旦面对鲜活的案件,特别是当其复杂程度远远超过教科书提供的教学案例时,缺乏方法指导的学生就会陷入不知所措的境地。

因此,必须引导甚至强迫学生主动地分析问题。民案课程中,老师仅仅扮演引导者和总结者,而由学生扮演参与者和实践者,查找资料,发现问题,从而自己完成对案例的分析。老师抛出一个案件和问题后,引导学生自己去分析该问题中的民事诉讼疑难点,学生需要自己去寻找法律,并且在法律规定不甚清晰时,借助于原理、判例、学说等工具来完成自己对法律的解释说明。在这一过程中,学生真正成了学习的主体,他们需要有针对性地去主动发现理论,而不是被动地接受理论。而教师只是适时地对学生的错误进行矫正,对有争议的问题进行总结和说明。经过这样的训练,学生就可以加强对知识的记忆理解,更重要的是通过主动地运用知识解决问题,掌握了面对问题时的思维方法,并能体会到法律的内在魅力。

当然，笔者绝不是说只有辅以案例研习课程才能完成这一目标。教学方式的改革可以从多方面进行，例如从布置阅读材料改为布置课后作业，通过反馈讲评，让学生了解到自己的知识漏洞和方法误区；又如系统的诊所课程，由学生参与一个案件的全部流程，同样能发挥这一作用。只有在被动接受的教学方式中增加主动运用的元素，方能完成对学生思维方法的引导和训练。

需要特别指出的是，这种教学方式的改革也将面临很多困难。例如教学成本的增加，教师不仅要主管课堂教学，还要负责布置作业、撰写答案、批改作业、讲评反馈，负担必然大增。同时，学生学习所花费的时间也可能增加，原本由教师开门见山直指要害地讲授变为学生自行摸索试错，必然会提高学生的学习成本。

2. 教学体例：从记忆法典到运用法典

在教学体例上，传统教学模式以民事诉讼法典为基本架构来组织教学内容，并且注重面面俱到和体系完整，因而需要将从总则到涉外程序的全部内容一一覆盖。在20世纪80年代，北大法学院以每学期20周，每周4学时共计80学时的教学计划尚能勉强维持对法典内容的全部介绍，而现在一方面每学期缩短至16周，学时减少了1/5；另一方面民事诉讼法典本身的修订和众多司法解释的出台，又大大丰富了教学内容。传统教学模式在新形势下就显出了捉襟见肘的窘迫感，在教学时只能蜻蜓点水，点到为止。最终的教学变成了熟悉记忆民诉法典的过程，无暇顾及法典条文背后的民诉原理，而相关考试也大多是考察对法典的概念和条文的识记。因此，学生在学习完一学期的课程后，往往只是平面地接受了中国民事诉讼法典的条文，对具体的法条适用却有囫囵吞枣不求甚解之感。

例如，在管辖制度一章中，几乎所有教科书都按照法典的体例，按顺序讲授级别管辖（第17条至第20条）、一般地域管辖（第21条至第22条）、特殊地域管辖（第23条至第32条）、专属管辖（第33条）、协议管辖（第34条）。然而，即便学生完全记忆了这些法典条文乃至与之相关联的司法解释后，在面对案件时，就能马上准确地确定管辖了吗？显然未必。从实践看，确定管辖一般应当首先考虑是否具有专属管辖的因素，其次考虑是否存在有效的协议管辖，再次是地域管辖的法定规则，最后才是级别管辖。这种法律思维的背后是各种管辖规则之间的内在逻辑联系，而只有把握了此种规则之间的逻辑关系，才能避免遗漏或误用连接点。遗憾的是，由于法典并没有对这些理论问题作出规定，其在教科书中也几乎没有容身之地，我们的教学内容也就难以安排这类问题。

因此，必须改变按法典顺序来组织授课内容的教学体例。这一工作堪称任重道远，因为其需要教科书的更新，而这种更新要能获得成功，不仅需要理论界的总结，还需要实务界的回应。但这一工作却又十分必要，且是未来的发展趋势。一方面，在民法、商法、行政法等领域陆续产生了一批这样的成功教科书，堪作范本①;另一方面,一些民诉学者的教科书已经逐渐放弃了因循守旧地按照法典组织内容,转而在尊重法典文本的基础上对民诉法学的知识体系作出重构,并取得了业界的广泛认可②。

必须说明的是,重构教学体例绝不意味着抛弃法典,而只是对法典内容的扬弃:强化其精要,简化其繁芜。对于法典本身体例已经完善的地方,可以直接适用其内容,而只有那些囿于立法体例导致内容分离的部分,才有必要从理论的角度着重讨论。这也就是为什么德国、日本和我国台湾地区的民事诉讼教科书大多都是按照法典顺序渐次展开,盖因其法典本身的编撰体例已经趋于完善,学者无须再作结构性变动。

通过教学体例的变革,教学的目标也就从对法典知识的记忆转变为对法典体例及其蕴含的民诉法原理的掌握和理解,从而使学生在完成民诉法的学习后,能够真正地运用该部法律解决现实的问题。

3. 教学内容:从法院流程法到权利实现法

在教学内容上,传统教学模式受教学体例的限制,以民事诉讼法典为主,因而只能主要关注民事诉讼的操作流程,在每一种诉讼制度中讲述法院和当事人具体的操作规范。而在民事诉讼法典和司法解释中规定了各种诉讼制度的具体要件和流程,很多都是纯技术性的内容,但为了兼顾教学的完整性,依然必须讲授。长此以往,诉讼法学的课程就变成了脱离具体司法案例的法院流程演练课。这也是在我国,民事诉讼法学、刑事诉讼法学、行政诉讼法学长期可以共享很多知识的原因。

然而,法学院的教师再精通实务,也不可能比法院的书记员更了解该院的运作流程;法学院的学生再努力学习,也不可能比在法院或律所实习半年更熟知操作规范。高等法学教育不应是,至少不应只是对操作性流程性问题的技术说明,而应该更多地强调部门法内部的理论问题,彰显该部门法的内在价值。就民事诉讼法而言,最重要的理论问题就是当事人的处分权和法院的审判权之间的关系,最核心的内在价值就是要通过公权力高效但又不逾界地保护私权利。

因此,必须将教学内容从操作性规则转换为理念性规范。具体而言,应当将

---

① 例如朱庆育:《民法总论》,北京大学出版社2013年版;邓峰:《普通公司法》,中国人民大学出版社2009年版;何海波:《行政诉讼法》,法律出版社2011年版。

② 张卫平教授撰写的《民事诉讼法》(法律出版社2004年第1版,2009年第2版,2013年第3版),均在一定程度上背离了法典的组织架构。例如在最新的第3版中,张氏将民事公益诉讼和第三人撤销之诉独立成章,而并不按照法典的安排,在当事人一章中讨论;又如讨论民事诉讼法基本原则时只涉及平等原则、辩论原则、处分原则和诚实信用原则,而不再根据民诉法典其他原则。经过重构后的民诉体系更符合民事诉讼法学的自身规律,因而也就更容易被学生和大众接受理解。

一部分操作性规则从作为必修课程的民事诉讼法学中移除,从而将教学的重点放置在那些能够体现民事诉讼法基本原理的内容上。例如,在对送达制度的讲授上,现在的教科书内容遵循法典的体例,介绍各种送达的具体方式,很多教师也自觉地将其作为非重点内容,简要略过。但事实上,送达制度关系到当事人听审权的落实和法院审判权的行使边界,在理论上具有一定的意义,在实务界更是十分重要的问题。所以,送达的具体规则应当移除出教学讲授的内容,但送达的理论却应当成为教学的要点。

当然,教学内容完成理论升华后,可能会直接面临"无用屠龙术"的尴尬,过于抽象的民诉理论会让学生产生陌生感和疲倦感。此时,实际案例的引入就十分必要。民事诉讼法涉及民事纠纷的解决,在关注公权私权关系的同时,本就契合民事实体法以权利为中心的基本思维。因而,以案例为载体的基础理论教学,既能彰显民诉理论的解释力量,实现从无用到大用的转变,又能完成民事实体法和民事诉讼法的融会贯通,实现民事诉讼法与民事实体法的衔接。

五、民事诉讼教学的改革方案

在互联网2.0的时代,所有的教学模式都面临着信息爆炸和网络教学的冲击,民事诉讼法学的教学也概莫能外。但如何应对冲击,进行改革,都还在试验阶段。法学院的案例教学课程等课程调整方案,本身也是实验探索的产物。因此本报告所提供的改革方案,也仅仅是在探索实验意义上的抛砖引玉。

(一)资源供给

改革需要一定的代价。尤其是改革并不是废除既有的传统教学模式,而是在此基础上增加新的教学思路,就更需要增加教学资源的配置。因此,在奢谈具体的改革措施之前,还有必要先确定改革所需要的基本条件。如果没有足够的资源投入,则后续的教学措施也就难免沦为空谈。

1. 学时资源

如前所述,民事诉讼法教学的学时至多不过16周×4=64学时,除此以外在本科阶段未必还有专门的民诉类课程。作为一门基干课程,这样的学时并不足以达到让学生对民事诉讼的基础理论、重点法条和运行流程全盘掌握的预期目标。如果我们认可实体法的所有权利最终都可能需要通过司法程序来保障和实现的命题,那么如今实体法课程与程序法课程的学时比例显然并不匹配这一命题。事实上,一些院校已经通过分拆执行法、证据法、调解等课程内容,来确保民事诉讼法学的基本教学学时。

而如前文所述,传统教学模式在教学方式上的缺陷,更需要通过增进作业点评、加大课堂讨论等措施来提高师生之间的互动和反馈,从而将被动学习转化为主动学习。而此种主动学习更需要课时的保证。当然,学时的增加既可以是直接开设新的课程,例如增加民事诉讼案例研习课;也可以是从现有的课程中挖掘潜力,例如对法律诊所的课程进行完善。

2. 人力资源

除了课时的增加投入,人力资源的投入也是民诉教学改革的必然要求。以北大法学院的民案课程为例,面对60余名学生,我们投入了3名教师,10名助教,方得以完成小班教学、作业批改、分组讨论等工作,师生比约为1:20,助教学生比为1:6。而传统教学模式由于本身的高效率,因而标准配置是1名教师,2—3名助教,对应约200名学生,师生比为1:200,助教学生比为1:100。尽管可以通过限制选课人数来降低学生人数,但2—3人的民诉教师队伍绝难应付以案例研习课程为代表的新型教学模式下的民诉教学。同时,目前民诉专业的硕士生和博士生的数量,也难以胜任新型教学模式中繁重的助教工作。

对于目前平均2—3名民诉教师的基本配置水平,尽管教师们普遍反映课时不足,但却并没有增加课时、增设课程或引入新型教学模式的改革动力。长此以往,民诉课程的教学质量将与实体法拉开更大的距离,形成恶性循环。

3. 教辅资源

在传统教学模式下,由于以教师讲授为主,学生只是被动地接受相关信息,因而最重要的教学资源是教师本人,而对教辅资料的依赖程度并不大,主要表现为教师提供的参考书目等阅读材料。而若要对教学方式等进行改革,则意味着学生自学内容的大幅度增加,这就要求必须配备必要的教辅资料。

首先,经典教科书。教科书决定着教学的体例,没有真正具有理论体系的教科书,民诉法的教学就只能是对法典的低层次重复和注释,而无法形成具有解释力的法律思维。虽然张卫平教授等学者已经在尝试着对教科书的体系作出重构,但就整个民诉法学界而言,目前尚未就体例结构等宏观性问题形成通识性的看法,因此有深厚知识底蕴的经典教科书就愈发显得不可或缺。

其次,反映诉讼流程的教学软件。传统教学模式过于关注流程性的技术性规则,要改变这一现状,并非完全放弃对此类规则的教授,而是应当改变教学方式,由过去抽象的教师讲授改为具体的实践运用,起到事半功倍的效果。但从了解的情况看,目前有一些政法院校正在研制此类诉讼流程软件,尚未在全国推广。

最后,判例集成。与民事实体法相比,民诉法的资料库存在严重缺陷。一方面,囿于我国法院文书制作技术的限制,关于诉讼程序的判例和案例太少,很多程序性问题没有在裁判文书中体现;另一方面,理论界和最高人民法院也很少就民事程序问题整理制作专门的案例汇编,从而导致学生在学习民诉法时,不知如何查找民诉法资料,撰写案例分析,而实务部门也不清楚同行究竟如何适用法律,中国的通说又为何物。

总之,与其他成熟学科相比,民诉法的辅助资料实在是太少,而这一资源的匮乏恐不是短期内能够解决的问题,需要中国民事诉讼法学界和司法实务部门的共同努力。

(二)改革方案

如果上述资源能够在一定程度上得到满足,民事诉讼法学教学应当做适当调整。

1. 调整教学内容

如前所述,既有的民事诉讼法学课程已经难以负担全部的教学内容。与其面面俱到地蜻蜓点水,不如将一些内容剥离到其他课程。譬如非讼程序、执行程序完全可以单独成课,涉外民事诉讼程序可以划归到国际私法的内容之中。如果剥离上述内容,可以节约3—4周的时间,从而充实民事诉讼法本身的教学。

除了分拆教学内容之外,还应考虑改革传统教学的体系,强化民事诉讼法学的系统性和理论性。一方面,我国绝大多数民诉教材都是以现行民事诉讼法典的体例为基本结构,将诉讼制度和诉讼程序做人为地分割,导致部分内容学生要反复多次学习,缺乏体系感,造成了知识点的混淆。例如民事诉讼法中的"调解",先后在"民事纠纷解决"、"民事诉讼基本原则"、"法院调解"、"特别程序之司法确认程序"等章节学习,前后跨度甚大,却又缺乏统合性的总结,"法院调解"、"诉讼中调解"、"诉讼和解"等概念之间的关系也并不十分清晰。而大陆法系国家大多以诉讼流程作为学习的体系,将各种诉讼制度贯穿于民事诉讼程序之中,从而使得学科体系更加清晰。另一方面,对于诉讼标的、既判力、诉的合并等理论性知识,由于现行民事诉讼法典未曾涉及,绝大多数教材对此也轻描淡写地一笔带过,教师在讲授时大多也不做要求,导致的结果是民事诉讼法学的基础理论在本科和法律硕士的教学阶段被严重忽视,学生在学习完民事诉讼法学课程后只记住了操作层面的规则(法院流程法),而缺乏从理论上把握民事诉讼法的体系框架。这就导致一旦在实践中遇到法律未规定的内容时,不知如何正确地根据法律原则来进行操作,从而将法律解释和法律适用的权力完全让渡给具体的承办法官,使得法官自由裁量权过大。如此造成恶性循环,学生会认为学校中关于民诉法的教学过于烦琐枯燥不如从实践中直接学习,而实务部门在面临各种疑难案件时又无法从理论界获取资源只能胡判一气,最终完全架空了民事诉讼法学。可见,如果不加强对基本原理的讲授,不提高对基础理论的要求,使民事诉讼法回归到权利实现法的层面,那么我们的民事诉讼法学教学就将是死路一条。

2. 增设配套课程

无论如何调整教学内容,也无法改进以讲授为主的传统教学模式自身的缺陷,而只能通过新型教学模式的增补,来填补传统模式留下的空白。

首先,被分拆的执行法、非讼程序、证据法等内容应当成为单独的课程,作为民诉课程群,供高年级有兴趣的同学选修学习。由于这些课程与民事诉讼法学都有十分紧密的联系,在民事诉讼法学的课程学习中学生已经对相关原理和制度有所了解,加之作为高年级的选修课程,选课人数必然会降低,因而这部分内容的教学可以适当引入新型教学模式。在一段时间的集中讲授后,剩下的学习以案例演练、实务研判为主,引导学生运用民事诉讼法和相关法律,解决各种具体案件,实现相关民事权利。①

其次,在条件成熟时开设与讲授课程配套的民诉习题课。在大陆法系国家,民诉等基础课程都配以习题课,基础课程一般由资深教授讲授,而习题课程大多由年轻教师或博士生引导学生对教授讲授的部分做习题分析,学生需要通过写作习题答案来加深对法律规则和法律适用方法的学习。习题课程与讲授课程配套,是讲授课程的深化,也是对讲授知识如何应用的训练。需要注意的是,习题课程一般采用小班教学的模式,教师要对学生的作业进行批阅审查,需要投入的人力资源较多,其开设方式和开设时间还有待进一步的论证研究。

3. 改革考试机制

教学模式的改革,还有赖于对考查机制的改变。以讲授为主的传统教学模式,其考察方式是以闭卷考试为主,主要考查学生对知识的记忆和理解能力。而在学生看来,这种教学方式就是笔记教学法:上课记笔记、考试考笔记、复习背笔记、考完忘笔记。诚然,这种考察方式对于加强学生对基本概念的记忆不无裨益,但带来的结果是学生运用法律的能力较差,一旦面临课堂中没有提及的疑难案例,就难以从容应对。

因此,考试方式应当略作调整,在保留闭卷考试的同时,加大案例分析等开放性考察方式,应当增加课外作业、定时作业等开卷的考察方式,培养学生适用法律规则和法学原理解决问题的能力。这也可以在一定程度上激励学生主动选择习题课程等新型教学模式课程。

六、结 论

富勒曾经指出,"美国法律教育的成功秘诀在于这样一个事实,即它以问题

---

① 当然,开设选修性新课的可行性还有待具体论证。有民诉老师反映,由于民诉类课程并不具备高大上的特质,所以很难引起学生的注意和重视。而根据小范围调查,高年级本科生选修课程要么是偏重实务,要么是突出兴趣。从产品供给的角度看,民诉类选修课程只有往这一方向努力,方能赢得同学们的青睐。

为中心"①。尽管中国的法学教育迥异于美国,但作为一门应用性学科,民事诉讼法的教学可以也应当以解决司法实践中的问题作为导向。在民事诉讼法学的教学中,以大班教学、课堂讲授为基本教学方式,以倚重法典、偏重规则为主要教学内容的传统教学模式具有固有的优势,但随着中国法律发展从立法向司法的转变,法学研究和法学教育全面转向重视法律适用的规范法学②,其在理论阐释和法律适用方面的弱点也在逐渐暴露。要改变这一现象,就需要变革教学方式——从被动接受知识到主动运用知识;改变教学体例——从记忆法典到运用法典;革新教学内容——从法院流程法到权利实现法。然而,由于课时、人员等客观原因的限制,导致民诉课程的教学陷入了巧妇难为无米之炊的困境。传统教学模式的弊病,依然在年复一年地重复着。

诚然,或许所有的教学改革措施,最后都可以归结为"要钱、要人、要课时"。但笔者依然希望法学理论界和法律教育界能够更多地关注民事诉讼法学的教学工作。这不仅仅因为笔者自身的本位思想,更因为"无救济则无权利"的基本法律理念。无须讨论程序正义等抽象的哲学命题,仅仅从工具主义的角度出发,我们也应当意识到,实体法律体系再发达再精细,如若没有配套的程序保障,如若在民事诉讼中充满着法官的擅断和独裁,法教义学的精华将毫无用武之地,而法社会学也将失去描述价值和解释意义。

十年树木,百年树人。制度革新易,观念变革难。民诉教学的改革,任重而道远!

---

① [美]朗·富勒:《论法律教育》,王家国译,载《法学教育研究》(第10卷),法律出版社2013年版,第294页。当然富勒对美国法律教育的批评和中国现在的问题明显不一样。

② 这是黄卉6年前的预言,参见黄卉:《一切意外都源于各就各位》,载《读书》2008年第11期。

图书在版编目(CIP)数据

民事程序法研究.第12辑/任重执行主编.—厦门：厦门大学出版社,2014.11
ISBN 978-7-5615-5222-3

Ⅰ.①民… Ⅱ.①任… Ⅲ.①民事诉讼法-中国-文集 Ⅳ.①D925.104-53

中国版本图书馆 CIP 数据核字(2014)第 204327 号

厦门大学出版社出版发行

(地址：厦门市软件园二期望海路 39 号　邮编：361008)

http://www.xmupress.com

xmup @ xmupress.com

沙县方圆印刷有限公司印刷

2014 年 11 月第 1 版　2014 年 11 月第 1 次印刷

开本：787×1092　1/16　印张：19.25　插页：2

字数：368 千字　印数：1～1 200 册

定价：60.00 元

本书如有印装质量问题请直接寄承印厂调换